근대 동아시아의 종교다원주의와 유토피아

근대 동아시아의 종교다원주의와 유토피아

1판 1쇄 발행 2011년 11월 15일
2판 1쇄 발행 2016년 9월 23일

지은이 장재진
펴낸이 강수걸
편집장 권경옥
편집 윤은미 정선재
디자인 권문경 구혜림
펴낸곳 산지니
등록 2005년 2월 7일 제14-49호
주소 부산광역시 연제구 법원남로15번길 26 위너스빌딩 203호
전화 051-504-7070 | 팩스 051-507-7543
홈페이지 www.sanzinibook.com
전자우편 sanzini@sanzinibook.com
블로그 http://sanzinibook.tistory.com

ISBN 978-89-6545-374-1 94210
　　　978-89-92235-87-7(세트)

* 책값은 뒤표지에 있습니다.
* 이 도서의 국립중앙도서관 출판예정도서목록(CIP)은 서지정보유통지원시스템 홈페이지(http://seoji.nl.go.kr)와 국가자료공동목록시스템(http://www.nl.go.kr/kolisnet)에서 이용하실 수 있습니다.(CIP제어번호: CIP2011004751)

아시아총서 05

근대 동아시아의
종교다원주의와 유토피아

장재진 지음

산지니

추천사

장재진 박사의 노작에 부쳐

　인류의 역사는 고난과 좌절, 동시에 그에 못지않은 동경과 이상으로 점철돼왔다. 동아시아가 '무릉도원'을 내세우면 서양이 곧바로 '유토피아'를 그려 보이는 게 그 방증이라면 방증이다. 그 터전에서 자란 숱한 신화와 전설, 민담, 다시 그로부터 젖을 먹고 자란 서사시며 로망스가 오늘의 문학작품에까지 그림자를 드리워 '낙원 지향'의 주지를 전하고 있다.
　한국인들이 경험한 근대기는 고난의 시기였다. 그러나 그 시기에 얻은 체험이 단지 좌절감이었다고만 말할 것도 아니다. 비록 힘으로 남의 나라를 점령한 제국의 역사는 없었을지 모르나, '무극대운(無極大運)'과 '후천선경(後天仙境)'을 소리쳐 알린 수운과 증산, 두 사람을 비롯한 신종교 지도자들이 있었다. 그들 덕분에, 비록 열강의 각축장으로 남루해진 한반도는 도리어 동경과 이상으로는 '새로운 세상'이 열릴 터전으로 지목되었다.
　근대기의 체험이 험난하기로는 이웃 중국도 마찬가지라서, 꿈에도 생각 못했던 서양의 침탈은 '중화(中華)'의 자긍심마저 무색케 했다. 그러나 그 침탈을 되받아친 동아시아인의 자존심은 수전과 장소 등, 두 사람으로 하여금 '태평천국(太平天國)'과 '대동세계(大同世界)'를 그리게 했다.
　이번에 내놓는 장재진 박사의 저서는 근대 이전 같으면 중화(中華)나 사대(事大)로만 엮이던 한국과 중국 두 나라의 근대사상가

네 사람을 병렬하여 다루고 있다. 유·불·도에 기독교를 두루 아우른 다원주의적 종교혼합주의(syncretism)의 형성과정을 소개하고, 이를 토대로 한 유토피아니즘의 구축으로 논의의 영역을 한껏 넓혔다. 그 논의 중, 시공을 초월한 토착적 원형(原型)과 외래적인 것의 주체적 수용이 어우러진 '원고(遠古)'의 개념을 동아시아 정신의 진수로 건져 올렸다. 나아가 각 사상가의 유토피아니즘에서 동아시아 근대사의 참담과 질곡을 구원과 재생으로 바꿔줄 실천윤리를 추출하여 제시하였다.

그 작업이 워낙 거창하다 보니 부분적으로는 다소 무리도 없지 않다. 하지만 정신의 연원은 물론, 내력마저 불확실한 오늘의 동아시아인에게 이 책이 던지는 메시지는 제법 분명하다. 비록 질곡에 찬 삶이라 하더라도 꿈이 있는 한, 이상만은 얼마든지 새롭고 웅대하며 힘차도 좋다는 것, 모름지기 그래야만 인간성 회복과 공동체 부활도 가능하리라는 것을 웅변하고 있다.

그런 동아시아인 정신의 본령 찾기에 단초를 자임한 장박사의 작업이, 장차 이루어질 본격적인 탐색의 전조(前兆)요 선구임을 믿고, 응원을 보내고자 한다.

2011년 10월
서강대 명예교수 김열규

차례

추천사 5

I. 서론 11
  1. 연구 목적과 대상 13
  2. 연구 방법과 순서 26
  3. 선행연구 검토 35

II. 현실비판과 유토피아니즘 형성 51
  1. 현실 인식과 비판 53
    1) 최제우(崔濟愚) 53
    2) 강증산(姜甑山) 59
    3) 홍수전(洪秀全) 64
    4) 강유위(康有爲) 68
  2. 각 사상가의 유토피아니즘 형성배경 73
    1) 최제우의 득도(得道)와 개벽(開闢) 73
    2) 강증산의 득도(得道)와 해원(解冤) 77
    3) 홍수전의 환몽(幻夢)과 천국(天國) 80
    4) 강유위의 자각(自覺)과 대동(大同) 85
  3. 유토피아니즘의 유사성과 상이성 91

III. 기성종교의 수용과 비판을 통한 유토피아니즘   99

1. 기성종교의 수용과 비판   104
  1) 유교사상   104
  2) 불교사상   135
  3) 도교사상   150
  4) 기독교사상   160

2. 종교 다원주의적 통합관념   173
  1) 최제우의 천도(天道)   173
  2) 강증산의 신도(神道)   179
  3) 홍수전의 원도(原道)   187
  4) 강유위의 대동(大同)   193

3. 통합관념에 나타난 상이성과 유사성   198
  1) 통합관념의 비교   198
  2) 상이성과 유사성   199

IV. 대망(待望)의 유토피아   207

1. 최제우의 무극대운(無極大運)   209
  1) 후천개벽(後天開闢)   209
  2) 동귀일체(同歸一體)의 지상선경(地上仙境)   216

2. 강증산의 후천선경(後天仙境)   220
  1) 천지공사(天地公事)   220
  2) 중통인의(中通人義)의 용화선경(龍華仙境)   227

3. 홍수전의 태평천국(太平天國)   234
  1) 상제교의(上帝敎義)   234
  2) 천하일가(天下一家)의 지상천국(地上天國)   236

4. 강유위의 대동세계(大同世界)   245
   1) 천하위공(天下爲公)   245
   2) 거고구락(去苦求樂)의 대동합국(大同合國)   246

5. 유토피아의 유사성과 상이성   251
   1) 유토피아의 공간개념(空間槪念)   251
   2) 유토피아 실현의 시간개념(時間槪念)   254
   3) 유토피아의 생사관(生死觀)   256

Ⅴ. 유토피아를 향한 실천윤리와 의의   263

1. 실천윤리의 바탕이 된 사상   268
   1) 최제우의 시천주(侍天主)   269
   2) 강증산의 중통인의(中通人義)   271
   3) 홍수전의 천하일가론(天下一家論)   272
   4) 강유위의 원기론(元氣論)과 서구사상   274

2. 평등이념   278
   1) 신분의 평등   281
   2) 민족·국가의 평등   295
   3) 경제의 평등   304

3. 도덕정치를 통한 유토피아   317
   1) 최제우의 도성덕립(道成德立)을 통한 군자정치(君子政治)   321
   2) 강증산의 조화정부(造化政府)를 통한 도인정치(道人政治)   326
   3) 홍수전의 천조정부(天朝政府)를 통한 천하일가(天下一家)   331
   4) 강유위의 대공정부(大公政府)를 통한 천하위공(天下爲公)   337

4. 유토피아 실현을 위한 교육관   345
   1) 최제우의 시천교육(侍天敎育)   347
   2) 강증산의 후천교육(後天敎育)   353

3) 홍수전의 태평교육(太平敎育) 358
　　　4) 강유위의 대동교육(大同敎育) 363
　5. 유토피아 실현을 위한 여성해방과 남녀평등 371
　　　1) 최제우의 부화부순(夫和婦順) 372
　　　2) 강증산의 정음정양(正陰正陽) 376
　　　3) 홍수전의 남녀분리(男女分利) 384
　　　4) 강유위의 거계독립(去界獨立) 389
　6. 실천윤리의 이동(異同)과 의의 396
　　　1) 평등이념 396
　　　2) 도덕정치 404
　　　3) 이상교육 411
　　　4) 여성해방과 남녀평등 418

VI. 결론 425

참고문헌 433
찾아보기 444

Ⅰ. 서론

1. 연구 목적과 대상

인류역사가 진행되는 동안 시대의 문제점을 자각하고 변혁하려는 의지, 그리고 이상사회를 지향하는 의식은 '이상세계관'을 형성하여 면면히 전해져왔다.1)2)3)4) 오늘날에도 '이상세계관', 혹은 '유토피

---

1) 서양에서 '이상향'에 해당하는 개념은 황금시대(Golden age)·파라다이스(Paradise)·천년왕국(Millennium)·협의의 유토피아(Utopia) 등이 있다. 동양에서의 이상향은 옥야(沃野)·낙토(樂土)·동천복지(洞天福地)·선경(仙境)·승지(勝地) 등의 용어가 있다. 그중 황금시대는 크로노스(Cronos)가 지배하던 목가적인 시대로서 사람들은 슬픔과 고통을 모르고 힘든 노동도 하지 않으며, 신들의 축복 속에서 행복하고 풍성한 삶을 누렸다고 한다. 파라다이스는 곧 낙원으로, 『구약』 「창세기」에서 묘사된 에덴동산의 상황이 그 원형이다. 천년왕국은 성서의 묵시록에 표현되어 있는 지복천년(至福千年)의 개념에서 유래된 대망(待望)의 세계이다. 협의의 유토피아는 토마스 모어에 의해 제기된 개념으로 현실의 부조화와 모순을 딛고 개혁, 건설하고자 하는 새로운 이상세계를 의미한다. 옥야(沃野)는 『산해경』에 등장하는 곳으로 물질적 풍요가 보장된 천혜의 공간으로 이곳에는 모든 식물과 금·은·보석의 재화가 무진장으로 존재한다. 아울러 짐승, 자연과의 조화가 이루어지고 있는 이곳은 전형적인 낙원의 정경을 보여준다. 낙토(樂土)는 『시경』에 등장하는 곳으로 착취가 없고 살기 좋으며, 영원히 울부짖을 일이 없는 유토피아이다. 동천복지(洞天福地)는 『포박자』에 등장하는 곳으로 명산 깊은 곳에 실재한다고 믿었던, 신선들이 사는 별천지를 가리켰으나 일반적으로 속세와 격리된 산중의 살기 좋은 땅을 의미한다. 선경(仙境)은 신선이 사는 곳을 뜻하는 곳으로 속세를 떠난 좋은 곳, 이상적이고 완전한 곳 등의 의미로 확대되어 쓰인다. 승지(勝地)는 십승지지(十勝之地)와 관련하여 우리나라에서 많이 사용해온 유토피아와 관련 있는 어휘이다. '굶주림이 없고 병화(兵禍)를 피할 수 있는 선택된 땅'이라는 의미로서 승지는 원래 풍수지리설의 길지(吉地) 관념에서 발생한 것이지만, 고려 이래로 풍미했던 도참설(圖讖說)과 직접적인 관계가 있다.(정재서, 『도교와 문학 그리고 상상력』, 푸른숲, 2000, pp.242-249.)

2) 동서양 유토피아의 유형에 대해서는 피넬리(M. I. Fineley) 같은 학자에 의해 재화(財貨)의 충족 상태를 기준으로 정적(靜的) 유토피아와 동적(動的) 유토피아로 구분되고, 사회의 평등의식을 기준으로 평등적 유토피아와 계층적 유토피아 등의 두 가지 분류방식을 제시한다.(정재서, 앞의 책, pp.249-250.)
3) 김영한은 서양의 유토피아를 크게 코케인(Cockaygne, 환락국)형·아르카디아(Arcadia, 낙원국)형·천년왕국(Millennium)형·협의의 유토피아형이라는 네 유형으로 분류하였다. 코케인(Cockaygne, 환락국)형은 모든 소망과 욕구가 충족되는 환상적인 공간으로서 무한히 풍요로운 나라이며 끝없이 쾌락을 추구하는 세계이다. 아울러 법과 규범이 없고 영원한 삶이 지속되는 신화적 공간이다. 아르카디아(Arcadia, 낙원국)형은 황금시대나 파라다이스로 대표된다. 인간의 욕구 충족이라는 측면에서 코케인과 비슷하나 코케인이 인간의 욕망과 쾌락이 무절제하게 추구되는 곳이라면 아르카디아는 욕망의 자제, 자연과의 조화가 이루어지는 곳이다. 동양 유토피아의 형태론적 유형은 산해경형(山海經型)·무릉도원형(武陵桃源型)·삼신산형(三神山型)·대동사회형(大同社會型) 등의 네 유형으로 구분될 수 있다. 산해경형(山海經型)은 『산해경』에 주로 등장하는 유토피아 유형으로, 태초의 이상세계를 반영하고 있는 완전한 신화적 공간이다. 무릉도원형(武陵桃源型)은 도교적 낙원관에서 유래한 저명한 이상세계 유형이다. 이의 원형은 『노자(老子)』에서 찾아볼 수 있으며 '무위이치(無爲而治)'의 도리에 따라 인간의 역사 진행이 거부된, 폐쇄된 공간 위에 건설된 유토피아이다. 삼신산형(三神山型)은 도교적 이념에서 도출된 이상세계로 『산해경(山海經)』에서 나타나며 해도(海島) 뿐만 아니라 산중(山中), 수중(水中), 천상(天上) 등의 모든 공간에 존재한다. 대동사회형(大同社會型)은 유일하게 유교적 상상력에 의해 구성된 유토피아 유형으로, 그 원형은 공자가 언급했다는 『예기(禮記)』에서 볼 수 있다. 대동사회는 인간이 창조한 세계 질서를 긍정한다는 점에서 태초의 자연 상태로 회귀한다고 역설하는 신화, 도교적 이상사회론과 근본적으로 배치된다.(정재서, 앞의 책, p.251-267.)
4) 진정염(陳正炎)은 중국 고대 대동사상의 발전을 첫째, 몽롱한 동경으로부터 선명한 구상으로, 둘째, 천당의 묘사에서 인간적인 추구로, 셋째, 신명(神明)을 우러러 바라보는 것에서 자기의 역량에 의존하는 것으로 전개되는 세 가지 추세를 보였다고 한다. 이 과정을 일종의 역사발전의 필연이라고 말할 수 있다면, 이것은 곧 역사의 진전에 따라 인간의 의식이 날로 제고되었음을 반영하는 것이라고 보고 있다. 또한, 진정염은 중국 고대의 대동사상을 계급사회에 대립된 사상으로 보고 '착취의 반대, 재산의 공유, 모든 사람의 노동, 천하를 공기로 삼는 것'의

아니즘'이라고 하면 대체로 환상과 공상에 머무는 것으로 이해하는 경향이 강하다. 그러나 인간이란 현존(Sein)만이 아니라 현존해야 함(Sollen)을 지향한다는 점에서 볼 때 본래가 이상적 존재이다.

이에 대해 데이비스는 "이상세계를 구상하는 모든 사상가들은 한 사회 내에서 조화와 만족감을 극대화하고 갈등과 빈곤을 최소화하는 데 관심을 갖고 있다. 이들은 사회통합과 공동선이 개인적 사욕에 의해 타락하지 않은 완전한 사회의 건설에 관심이 있다."[5]라는

네 가지 기본 내용을 설정하고 그 표현 형식을 여섯 가지로 분류하였다. 첫째, 遠古에 의탁하여 원시사회를 동경하며 '기존의 관념자료'를 가공하고 미화하여 대동사회의 아름다운 풍경을 그렸다. 도가의 '소국과민(小國寡民)', '지덕지세(至德之世)' 및 유가의 『예기(禮記)』 예운편(禮運篇)은 모두 이 유형에 속한다. 둘째, 인간의 사회적 추구를 비인간의 세계에서 구하였다. 종교사상은 대체로 이 형식을 취하였다. 예컨대 불교의 '정토(淨土)'와 '극락세계', 원시기독교의 '천국', 도교의 '선경(仙境)' 등이 바로 그것이다. 셋째, 형상적인 언어로 대동사회의 모형을 만들었다. 소설가와 시인의 작품, 예컨대 도연명(陶淵明)의 '도화원기(桃花源記)' 왕우칭(王禹偁)의 『록해인서(綠海人書)』, 강여지(康與之)의 『작몽록(昨夢錄)』 중의 '서산은처(西山隱處)', 이여진(李汝珍)의 『경화록(鏡花錄)』에 보이는 '군자국(君子國)' 등이 여기에 속한다. 넷째, 정치가·사회개혁가 및 역사학자들이 제시한 사회의 구상, 예컨대 전국시대의 맹자, 동한의 하휴(何休), 북송의 장재(張載) 등의 정전제(井田制) 설계, 전국시대 농가(農家) 허행(許行)의 '군신병경(君臣幷耕)', 위진시대(魏晉時代) 포경언(鮑敬言)의 '무군무신론(無君無臣論)' 등이 제시한 사회상이 그것이다. 다섯째, 서양 공상사회주의자가 창립한 '화랑제(Phalang)'와 유사한 사회실험, 예컨대 동한 장노(張魯)가 시행한 '의사(義舍)', 명대(明代) 하심은(河心隱)이 창립한 '취화당(聚和黨)' 및 선종(禪宗)의 '선문규식(禪文規式)' 등이 그것이다. 여섯째, 농민기의(農民起義)가 제시한 행동강령과 투쟁구호, 예컨대 당대(唐代)의 황소(黃巢)·왕선지(王仙芝)의 '균평(均平)'·'천보(天補)', 송대(宋代) 방납(方臘) 양幺(楊幺)의 '등귀천(等貴賤) 균빈부(均貧富)' 등이 그것이다. (陳正炎·林其錟/이성규, 『중국의 유토피아 사상』, 지식산업사, 1990, pp.46-47.)

5) Davis, J. C., *Utopia and the Ideal Society*: A Study of English Utopian Writing Cambridge University Press, 1983, p.19.

말로 갈파한 바 있다.

　동아시아에서도 어느 시대, 어느 국가에서나 이상향을 추구하는 염원은 끊임없이 나타났으며, 이는 근대기에 이르러서도 마찬가지였다. 특히 한국과 중국에서 나타나는 이상세계에 대한 동경과 그 동경을 현실화하려는 노력은 종교 혹은 정치의 형태로 나타났다. 그러한 예를 본고는 한국의 경우 수운(水雲) 최제우(崔濟愚, 1824~1864, 이하 수운)와 증산(甑山) 강일순(姜一淳, 1871~1909, 이하 증산), 중국은 수전(秀全) 홍인곤(洪仁坤, 1814~1864, 이하 수전)과 장소(長素) 강유위(康有爲, 1858~1927, 이하 장소)에게서 찾고자 한다.6)

　수운의 사상은 훗날 동학운동의 바탕이 된 '무극대운(無極大運)'을 현실화하려는 '이상사회 건설론'으로 요약할 수 있다. 또, 증산의 사상은 이른바 '후천개벽'을 도모하고자 '천지공사(天地公事)'에 의한 이상사회 실현, 곧 '후천선경(後天仙境)', '용화선경(龍華仙境)'으로 요약할 수 있다. 그런가 하면 수전은 기독교와 흡사한 '상제교

---

6) 홍수전과 강유위가 정치가적인 면을 지니고 있음에도 불구하고 최수운과 강증산이라는 종교가의 사상과 비교가 가능한 것은 홍수전과 강유위의 사상에 종교적인 속성이 있기 때문이다. 수운과 증산은 전반적으로 종교가의 면모를 보이고 있지만, 수전의 경우 14년에 걸친 태평천국 정부나 그 이전의 상제교, 상제회의 과정에 있어서도 종교단체 내지는 종교국가의 양상을 강하게 보이고 있다. 장소의 경우에 있어서도 무술변법 실패이후의 대부분의 행적에서 보이는 저서 그리고 이에 따른 그의 주장이 총체적으로 함의된 대동서의 내용을 볼 때 종교적인 양상을 보이고 있다. 한편으로 장소는 공자를 교조로 하는 '공자교'의 창시를 시도할 정도로 종교적인 면모를 보여 왔다. 그러므로 필자는 수전과 장소의 정치가적인 일면보다는 이들의 사상에 내재된 종교적 행태를 중심으로 수운, 증산과 비교하고자 한다. 그러므로 필자는 기성종교에 대한 수용과 비판을 통한 통합개념을 형성함에 있어서, 그리고 이를 바탕으로 한 실천윤리의 전개에 있어서도 이들의 비교에 무리가 없다고 보기 때문에 본고에서 이들의 사상을 논하고자 한다.

(上帝教)'를 앞세워 '태평천국(太平天國)'이라는 이상사회를 건설하고자 했다. 이에 비해 장소는 이른바 '무술변법(戊戌變法)'이라는 현실정치 개혁을 통해 이상과 공상이 두루 혼합된 '대동세계(大同世界)'라는 이상사회를 건설하고자 했다.

이들은 모두 기존의 종교적, 정치적 관념들을 습합하고 그 위에 자신들이 자각한 바를 제시하였다. 이러한 이념에는 "공동체의 위기와 병행하여"[7] 나타난 이상주의가 저변에 깔려 있었다. 다시 말해서 이들의 이상향에 대한 동경은 현실에서 나타나는 문제점을 자각하고 이를 극복하려는 의지를 수반하고 있었다는 것이다. 즉, 역사의 진행과정에서 현실적으로 발생한 문제를 극복하는 방법인 동시에 목표가 '가상의 세계'로서의 이상향이었다는 것이다.

그러한 '이상사회론'은 어차피 더 나은 사회상에 대한 희구(希求)이므로 거기에 이미 현실에 대한 반대상(反對像)으로서의 비판과 부정이 내포되게 마련이었다. 이상사회론은 현실사회의 부조리와 악을 고발하는 비판의식을 전제로 하여 사회개혁을 고취하는 역할을 함으로써 어느 정도 역사적 진보와 창조의 바탕으로 기능한다.[8] 여기서 필자는 앞서 언급한 동서양의 다양한 유토피아 개념이 수운, 증산, 수전, 그리고 장소의 사상에 수용 혹은 내재되었다고 보고, 이를 가리키는 총체적 개념을 '이상세계관'이라 부르기로 한다.

이를 시대와 결부지어 좀 더 구체적으로 살펴보자. 19세기 초반에서 20세기 초반까지 100여 년 동안 동아시아세계는 서구열강의 침략과 내부적 모순에 의해 위기에 빠졌다. 특히 이 시대를 살아가는

---

7) 김열규, 『동북아시아 샤머니즘과 신화론』, 아카넷, 2003, p.387.
8) 김성윤, 「姜甑山의 理想社會論과 '天地公事'」, 『지역과 역사』 제7호, 부산경남역사연구소, 2000, p.39.

민중들은 구시대의 봉건적 모순에서 벗어나지 못한 채 외세의 수탈과 억압에 짓눌려 기아에 허덕이고 도탄에 빠져 희망 없는 나날을 보내야 했다. 이러한 당대 민중들에게 위에서 열거한 네 사상가들은 새로운 이상세계의 도래를 그려 보이면서 현실적으로 실현가능하리라 확신한 실천윤리를 제시해 보였던 것이다.

기존세계의 문제점을 지적하며 구질서를 바꾸자는 주장, 그리고 새로운 이상세계를 건설하자는 주장을 접한 당대의 민중들로서는 자각의 계기를 얻었다고 느꼈다. 지금에 와서 면밀히 고찰해보면 다분히 몽환적이라고 비판받을 수도 있는 이론마저 당대 민중들에게 '구원의 복음'으로 여겨진 사정은 그 당시의 논리로 이해해야 할 것이다.

필자가 이들 네 사람의 사상에 주목하는 이유를 좀 구체적으로 나열하면 다음과 같다.

첫째, 이들의 사상이 기성종교나 기존의 사상들이 갖고 있던 원리주의적 특성에서 벗어나 다원주의적인 경향을 가졌으며, 이러한 경향은 공동체를 우선시하여야 할 상황에서 대립과 갈등을 해소할 해결책이 되리라 보기 때문이다.

둘째, 이들의 사상은 근대라는 역사적 전환기에 형성되었으므로 시대에 대한 비판적 인식의 획득에 실마리를 제공해줄 수 있으리라 보기 때문이다. 구체적으로 이들은 정치제도, 신분제도, 교육제도, 과거제도, 경제제도 등 제반분야에서 봉건적 요소를 비판하였다. 그러면서도 근대를 무조건 수용한 것이 아니라 근대로 인한 제도와 사상, 물질주의 등에 대해서도 비판을 통한 극복의 의지를 보였다고 보기 때문이다.

요컨대 필자는 이 네 인물이 변증법적 역사발전의 법칙을 인식한 바탕 위에서 이상세계관을 주장한 동아시아 최초의 사상가들이었다고 보고자 한다. 이에 이들의 이상세계관을 비교, 분석하여 그 유사성 및 상이성을 밝힘으로써 '동아시아인의 이상세계관'이라는 큰 관념을 포착할 수 있으리라 기대한다.

물론 이들의 사상이 현실에서 실제로 실현되었는지 여부에 주목하여 결과적으로는 실패라고 보는 이도 있다. 그러나 아직 그 성패를 속단하기는 이르다고 본다. 그 이유는 오늘날까지도 많은 사람들이 이들의 사상에 관심을 갖고 있고, 실제로 현대사회의 정치이념, 혹은 종교이념에 막대한 영향력을 끼치고 있기 때문이다. 이들의 사상은 정치, 경제, 사회, 문학, 예술, 페미니즘 등에 걸쳐 확대재생산되어 현재까지 이어져 오고 있다.

단적인 예로 수운의 사상은 2대 해월, 3대 의암에 이어 동학의 정치사상, 경제사상, 그리고 방정환의 어린이 사상, 그리고 여러 여성해방운동가의 사상에 끼친 지대한 영향이 면면히 이어지고 있다. 한편으로 전봉준으로 이어진 동학혁명 역시 현재까지 여러 분야에서 그 사상이 재해석 재평가되어 전승되고 있다. 마찬가지로 증산의 사상도 100여 년 간 여러 분야에 걸쳐 지대하게 공헌한 바 있다.

수전과 장소의 경우에도 근대에서 현대에 이르기까지 사상적 영향의 정도를 감히 헤아리기 어렵다. 수전의 '태평천국운동' 역시 실패로 끝났다고는 하더라도 중국 공산당정부는 신중국 체제의 건설에 그중 많은 부분을 응용했다. 또한 장소는 그의 제자 양계초를 통해 이후 손문 등 사상가와 정치가 등 많은 사람들에게 지속적인 영향을 끼쳤다.

필자는 근대라는 시대적 상황을 배경으로 한 이들 네 사람의 이상세계관이 오늘날에도 고찰되고 전승될 가치가 충분하다고 본다. 그 이유는 우선 이들의 이상세계관이 훗날 미친 영향은 실제 사회발전의 동인이 되었기 때문이며, 오늘날의 정치, 경제, 사회, 문화 등 분야에서 산적한 과제 해결에 이를 참조해야 할 점이 적지 않다고 보기 때문이다.

위의 네 사상가들의 이상세계관이 비록 공상과 환상처럼 여겨진다 하더라도 그것은 현실을 변혁하고 이상의 실현을 향해 나아가는 지향성을 지닌 관념이라 할 수 있다. 실제로 이들의 이상세계관은 단지 관념의 제시에만 그치지 않고 이를 현실에서 실천할 수 있는 구체적인 방안까지를 제시해 보이고 있다.

근대기 동아시아사회의 '이상세계관'을 고찰하고 이에 대해 재해석과 재평가를 가하는 일은 전승의 가치를 되묻는 일이기도 하다. 따라서 필자의 연구목적은 먼저 유사 이래 인류가 꿈꾸어 온 '이상세계'에 대한 생각이 근대기 동아시아인에게 어떻게 이어지는지를 고찰하려는 것이다.

이미 알려졌듯 네 사상가는 각기 다른 체험과 인식을 통한 특유의 관념들을 제시했다. 수운은 '각도(覺道)'의 과정을 통하여 '하느님'에게서 받은 '무극대도'를 세상에 펼치는 것이 자신의 역할이라고 자각했다. 증산은 자신이 세상에 현신한 '상제'이자 '미륵'이므로 '삼계(천계·지계·인계)의 대권'을 주관할 수 있는 권능으로 여러 신명들과 더불어 '천지공사'를 감행하여 후천선경을 이룰 수 있다고 확신했다. 이에 비해 수전은 '천부상제'인 '황상제'의 계시를 통하여 구체적인 교의와 정치적 경제적 변혁을 통해 지상에 '태평천국'을 건설하려고 하였다. 여기서의 '하느님', '상제', '미륵', '천부상제' 등은 각각 앞서 각 기성종교에서 사용되어온 호칭이면서도 이들에 의해 약간씩 다르게 해석된 것들이다. 바로 그 점이 이들의 사상이 지닌 전승에 의한 공통점이자 새로운 해석에 의한 변별점이기도 하다.

다음으로는 네 사상가의 이상세계관이 어떻게 실천되어야 시대를 구할 수 있다고 보았는지를 살피고자 한다. 역사의 전개과정에서는 항상 세상이 어지러워지고 사회적 병폐가 심화될 때 '이상세계관'이 대두되었던 것처럼 근대기 동아시아사회에서도 마찬가지였다. 그 이상세계관은 기존의 사회적 병폐를 치유하기 위한 대안이었던 만큼 인식의 강도가 강했기 때문에 그에 맞는 변혁적이고 미래지향적인 전망을 거느리고 있었다.

증산은 자신이 바로 '상제의 현신'으로서 이상세계의 건설을 주도하는 존재라고 인식하였다. 그러나 수운과 수전은 자신들이 '우주 최고의 존재'로부터 세상을 구원하여 이상세계를 건설할 계시와 역할을 부여받았다고 인식했다. 이와 달리 현직 관료였던 장소는 '무술변법운동(戊戌變法運動)'으로 현실을 개혁하고 '대동사회론'으로 사회를 바꾸고자 하였다.

주지하다시피 네 사람의 이상세계관은 거시적이고 공상적이면서도 당대 현실에서의 실천을 염두에 둔 구체적이고 현실적인 것이었다. 필자는 그런 초월성과 현실성이야말로 사실은 그들 각 사상의 특성이자 근대 동아시아의 특성일 수도 있다는 전제 아래 이를 구체적으로 구명해나가고자 한다. 이를 위해 이들의 사상을 드러낸 대표적 텍스트를 중심으로 그들의 종교적 이상관념과 실천 방법에 대해 비교 분석하고자 한다. 즉, 네 사상가의 초기경전을 중심으로 이에 내재된 유교, 불교, 도교, 그리고 기독교의 수용과 비판을 통한 통합관념을 비교분석하고, 나아가 그 안에 나타난 평등이념과 이를 바탕으로 한 도덕정치, 이상교육, 그리고 여성해방을 통한 남녀평등의 사회문제에 대하여 논의하고자 한다.

그러나 이들의 사후에 형성된 종교교단이나 여러 단체를 중심으로 형성된 후대의 자료는 그 범위를 극히 제한하고자 한다. 이는 이들이 생존했던 당시 직접 기록했던 저서나 초기 제자들에 의하여 서술된 내용만을 토대로 함으로써 이후 종교나 사상의 재구성 내지 체계화 과정에서 본래의 의도와 다른 방향으로 논의되었을 가능성을 배제하기 위해서이다.

수운의 사상에 대해서는 그가 생존 시 저술한 내용을 담은 『동경대전(東經大全)』과 『용담유사(龍潭遺詞)』를 1차 자료로 하고 이후에 발간된 자료들은 참고로 활용하면서 논의를 전개하고자 한다. 그의 제자인 해월 최시형으로부터 이어진 사상의 흐름이나 동학농민혁명을 중심으로 전개된 사상에 대해서는 논의를 극히 일부대상에 한정하기로 한다. 그래서 수운의 현실인식과 비판과정에서 형성된 인식의 성립, 그리고 '득도(得道)'라는 과정을 통하여 세상을 개혁하고자 한 부분에 논의의 초점을 맞추고자 한다.

증산의 사상에 대해서도 생존 시에 저술된 『현무경(玄武經)』과 『중화경(中和經)』을 중심으로 그의 사상의 연맥을 정립하고자 한다. 더불어 증산 사후 나온 『증산천사공사기(甑山天師公事記)』와 『대순전경(大巡典經)』도 논의의 중심자료로 삼고, 이러한 경전들과는 출간시기에 다소 격차가 있지만, 필자 나름대로 증산사상의 중요한 자료라 생각하는 『천지개벽경(天地開闢經)』도 논의자료로 활용키로 한다.

그러나 필자가 보기에 증산 사후부터 지금에 이르기까지 수백 개에 이르는 증산종단의 교파들이 펴낸 자료들은 각 단체 나름의 교리체계화를 위해 각색하고 변질시킨 요소가 다분하다. 그래서 그런 자료에 대해서는 가급적 거리를 두어 논의를 전개하고자 한다.

수전의 경우에는 태평천국의 모태가 된 상제교(上帝敎)의 교리를 체계화하는 과정에서 저술한 『원도구세가(原道救世歌)』, 『원도성세훈(原道聖世訓)』, 『원도각세훈(原道覺世訓)』과 수전의 사상 형성에 큰 영향을 끼친 『권세양언(勸世良言)』을 중심으로 논의를 전개하고자 한다. 대신 태평천국의 형성과정에서 영향을 끼친 홍인간, 양수청 등의 사상에 대해서는 논의의 중심에서 제한하기로 한다.

장소의 경우에는 그의 이상세계관을 가장 잘 담고 있는 『대동서(大同書)』를 저본으로 그의 사상체계를 집대성한 책인 『강유위전집(康有爲全集)』9)을 주된 자료로 활용하기로 한다. 또 유교사상에 대한 가치를 기존의 유학파가 가지고 있던 기존의 논리에 반대하여 모든 유교사상이 공자의 사상이며 고대에 가탁한 것임을 주장하는 『신학위경고(新學僞經考)』, 『공자개제고(孔子改制考)』도 참고하기로 한다.

여기서 필자가 근대 동아시아인의 이상세계관의 연구모델을 한국과 중국에 한정하여 찾은 이유에 대해 설명하자면 다음과 같다.

첫째, 본고는 유교, 불교, 도교, 그리고 기독교라는 네 종교를 수용한 사상가들의 통합관념을 비교·고찰함으로써 이상세계를 향한 실천윤리의 현실화 방안을 고찰하려는 목적 아래 전개하는 연구이다. 그러한 조건을 모두 충족시켜줄 수 있는 시대상황과 사상의 유사성을 근대기 한국과 중국에서 찾을 수 있었다.

둘째, 근대이전의 한국과 중국이 정치적, 사회·문화적 배경에 있어서 밀접한 연관성을 지니고 있었다고 생각하기 때문이다. 그와

---

9) 康有爲撰/姜義貨, 張榮貨 編校, 『康有爲 全集』, 中國人民大學出版社, 2007. 叢 12集

같은 연관성이 당대와 미래를 지향하는 지역성과 시대성에 지속적인 영향을 끼쳤을 것으로 생각하기 때문이다.

셋째, 서세동점(西勢東占)이라는 시대상황을 비슷한 시기에 공유했다는 유사성 때문이다.

이와 같은 연구범주에 일본사상가를 포함시키지 않은 이유는 근대기의 일본이 천황제를 지향하고 있었기 때문에 한국과 중국과는 다른 정치적 배경을 지녔다고 보았기 때문이다. 또 일본은 앞서 언급한 서세동점의 시류를 한국과 중국의 경우와는 다른 차원에서 맞이함으로써 그에 대한 인식과 대처방안에서도 큰 차이가 있었다고 보기 때문이다.

일본은 이미 근대 이전 중세의 가마쿠라 시대(かまくらじだい, 鎌倉時代)에 들어와 도겐(道元), 니치렌(日蓮), 신란(親鸞) 등 신불교(新仏敎) 창시자의 사상 속에서 구불교의 극락정토 염원관에서 현세의 유토피아 추구관이 강조된 예가 있고, 근세 에도 시대(江戶時代)의 "부세물어(浮世物語)" 사상 속에서도 현세지상적인 유토피아관을 찾아볼 수 있다. 그리고 에도시대 말기에 유행한 권선서(勸善書)인 태상감응편(太上感應篇), 공과격(功過格), 음즐록(陰騭錄)의 유토피아적인 신선사상 등이 있다. 그리고 성격이 약간 다르지만 에도시대 중기 이후 모토오리 노리나가(本居宣長)의 현세 긍정론 속 미적 이념의 일종인 '모노노아와레론(もののあはれ論)', 혁신 사상가 안도쇼에키(安藤昌益)의 유토피아론, 요시다 쇼인(吉田松陰) 등 우익사상가의 천황을 중심으로 한 이상세계론이 후에 일본중심 이상세계론의 일환인 대동아공영권으로 이어지는 문제가 있다.

그리고 근대의 신종교 교주 나카야마 미키(中山みき)의 감로대(甘露臺), '세계는 하나', '인류애와 선', '만교동근(萬敎同根)'을 기본

교의로 하는 오모토교(大本敎)의 유토피아관이 있다. 하지만 위에서 언급한 한국과 중국의 네 사상가와 비교 연구할 경우 여러 면에서 공통성이 적을 것이라 보았다. 그래서 이에 대한 연구는 다른 주제 아래 차후에 다루기로 하겠다.

2. 연구 방법과 순서

　본고는 연구를 수행하는 방법론으로, 우선 네 인물의 현실에 대한 인식이 어떻게 '이상세계관'의 형성에 영향을 미쳤는지를 살피고, 나아가 그 사상으로부터 어떤 현실적 실천윤리가 배태되었는지를 비교하고자 한다.
　이는 '동아시아의 근대'라는 현실상황에서의 봉건사상에 대한 평가와 현실에 대한 인식, 그리고 미래에 대한 비전이 무엇인지 유사성을 살피려는 시도로, 비교에서 드러나는 상이성은 유사성에 수렴되는 측면 위주로 다루려 한다.
　한국과 중국에서의 근대에 대한 인식은 봉건적 인습 내지 사회이념에 대한 비판으로 시작되었다. 이는 서구적 의미에서의 근대가 합리주의, 평등주의, 능동주의를 바탕으로 이전의 봉건적 체제에 대해 반역 내지 거부를 의미하는 것과 어느 정도 일치한다. 이제 근대인 개인은 지난날처럼 신이 부여해준 피동적 속성이 아니라 인간 스스로 생각하여 이법을 찾아내고 실천에 옮기는 데카르트적인 의미에서의 코기토(Cogito) - 스스로의 이성(理性)에 의존해 자연의 이법과 사회 환경을 지각하려 했다. 그런 변화에서 출발하여 삶과 종교, 예술 등에 대해 새로운 인식을 갖게 되었고, 차차 통신과 교통 등의 발달로 움직임과 속도, 음향, 빛 등에 대한 새로운 감각을 갖게 되면서 시간과 공간에 대한 기존의 관념마저 수정해야만 했다.
　하지만 차차 근대가 무르익어가자 동아시아인들은 전근대적 불합리의 배제나 봉건의 타파만으로 근대가 안겨준 삶에 만족하기 어려워졌다. 인간 자신의 이성에 기대느라 종교적 확신을 소홀히 하면서 신(神)과 사후세계, 영생(永生)에 대한 신앙이 미약해졌고, 그에 따라 인생의 한계와 죽음의 무의미함에 대한 인식이 닥쳐와 자기의식의 위기마저 안겨주었다.10) 근대가 초래한 그러한 문제는 동아시아인들에게서 심각한 위기감을 불러일으켰다. 수운이 동학을 창시할 무렵의 조선을 예로 들면, 극에 달한 정치적 부패와 민생의 병폐는 이미 구제의 발원을 요구하고 있었다.11)

그런데다 동아시아사회는 서구로부터 받아들인 근대성 위에 식민성까지 중첩되어 있었다. 동아시아에 근대를 소개한 서구는 단지 시혜(施惠)만 베푼 게 아니라 간섭과 억압을 자행하는 문화적, 정치적, 사회적 식민의 주체이기도 했다. 자본주의적 생산양식과 결부된 '근대'는 식민 내지 반(半)식민 체제로의 이행이 주된 내용인 시대범주와 새로운 행위 및 사고방식을 동아시아사회에 강요했다.

특히 한국에서는 일제의 간접자본 확대로 농민이 토지를 상실하고 소작농으로 전락하거나 도시의 임노동자가 되어서도 착취를 당하는 등 식민적 사태에 직면했다. 이는 경제적 빈곤이나 기아, 질병, 종교적 정치적 억압으로부터의 해방이라는 서구적 의미에서의 '근대'12)에 비춰 볼 때 가히 '반역적인 실체'라 부를 만했다. 더구나 신도(神道)를 내걸고 국체명징(國體明澄)을 추구하거나, 황도주의(皇道主義)를 합리화하고자 '충효사상'을 '천황에 대한 충성'에 접합시킨 일제13)는 근대를 역류시키는 식민적 정신풍토까지 조장하는

---

10) 다니엘 벨/김진욱 역, 『자본주의의 문화적 모순』, 문학세계사, 1990, pp.66-78.
11) 노영택, 「일제 침략과 민족의 종교문제」, 단국대 동양학연구소, 『한국 근대민속의 이해I』, 민속원, 2008, p.326.
12) 김경동 외 공저, 『근대화』, 서울대학교 출판부, 1982, pp.57-58.

판이었다.14)

따라서 근대를 수용하면서도 비판해가며 동아시아적 정체성을 확보하려면, 우선 전근대적이고 봉건적인 제도나 문물을 배척하고 타파하는 동시에 예로부터 고수해온 동아시아사회의 진수를 찾아내어 이를 앞서의 성과에 배합해야 한다. 그럼으로써 자체의 모순을 고치면서도 자체의 장점을 살리고, 서구제국뿐만 아니라 제국화된 동아시아국가의 식민지배에서 벗어나는 '내외모순(內外矛盾)의 변증법적 지양(止揚)'을 이루어내야 했다.

그래서 혹자에 따라서는 그 동아시아적 정체성을 민족이나 민족국가, 민족사회,15) 동아시아 전통사회의 생활윤리인 가족주의나 정(情), 인간관계(人間關係)에서 찾으려 시도했다. 혹은 "한국적(중국적) 합리성", "근대적 전통" 등 서구에서와 유사한 덕목을 찾거나 만들어내어 대체하고자 했다. 하지만 단지 '전통'의 묵수(墨守)는 '근대'의 이념에 맞지 않고, '근대'의 기준에 맞추어 찾거나 만들어낸 '전통'은 또 다른 '근대'일 뿐이라는 비판의 소지가 다분했다.

따라서, 비록 복잡하고 어렵기는 하더라도 동아시아인들은 '전통'만도 아니고 '근대'('근대적인 것')만도 아닌 변증법적으로 '합(合)'에

---

13) 나름대로 자신의 아이덴티티를 보존하면서 서구적 세계관을 수용하려 한 이 방법은 천황제의 강조라는 그릇된 길로 흘러갔다.(장석만, 「돌이켜보는 '망국의 종교'와 '문명의 종교'」, 역사문제연구소 엮음, 『전통과 서구의 충돌』, 역사비평사, 2001, pp.200-201.)
14) 趙東杰, 『韓國近代史의 試鍊과 反省』, 지식산업사, 1989, pp.22-23. 도리이 류우죠우가 주창한 '조선 무격론'도 일본 神道와 한국 샤머니즘의 동질성을 표방하여 식민정책에 도움을 주고자 한 시도였다.(최석영, 『일제의 동화이데올로기의 창출』, 서경문화사, 1997, pp.175-246.
15) 佐伯有一, 野村浩一 外 著/ 吳相勳 譯, 『中國現代史』, 한길사, 1980, p.38.

해당하는 사상의 근거를 필요로 했다. 그래서 격렬한 변혁의 시대에도 끈질기게 전해져 동아시아 사상16)의 근간을 지탱해오던 '원고(遠古)'에 주목하고자 한다. 이에 본고는 이 '원고'를 되살려내어 응용한 수운 등 한국과 중국 네 인물의 사상 내지 신종교 교리에 주목하고자 한다. 이 경우 '원고(遠古)'는 비록 과거적인 속성이긴 하지만, 그것은 과거 자체를 의미하는 용어만은 아니다. 도리어 그것은 봉건을 부정하면서 동아시아의 근대를 현실화하기 위하여 외래적인 것에 대항하는 토착적인 것이면서도, 동시에 외래적인 것의 변용(變容)을 가능케 만들어주는 동아시아적인 정체성17)의 진수(essence)이자 핵(核)이라 볼 수 있다.

물론 앞서 언급한 것처럼 수전의 태평천국 수립이나 수운의 사상을 배경으로 전개된 '동학혁명'이 "정치적 실권의 획득에 실패"18)한 것으로 볼 수도 있다. 그들의 사상이 19세기, 20세기 한국과 중국의 현실에서 반봉건, 반식민의 현세적 실천이나 제도화에 이르지 못했다고 비판할 수도 있다.

그러나 현실에서 겪은 실패가 정신적 패배까지를 의미하는 것이 아니라고 본다면, 장소의 변법운동에서 보듯이19) 현세극복의 논리를 창조해낸 점은 이제라도 숙고할 가치를 충분히 지니고 있다. 이는 경제적 욕구불만과 정치적 압박의 결과, 사회집단 내에 생긴 불

---

16) 동경대 중국철학연구실, 조경란 옮김, 『중국사상사』, 동녘, 1992, p.232.
17) 전형준, 「한・중 문학과 동아시아문학」, 정문길 외, 『발견으로서의 동아시아』, 문학과지성사, 2000, p.278. "서양을 다시 한 번 동양에 의해 바로 잡는다. 역으로 서양 자신을 이쪽으로부터 변혁한다."(竹內好, 「方法としてのアジア」, 정문길 외, 『동아시아 문제와 시각』, 문학과지성사, 1996, p.208. 각주 재인용)
18) 千寬宇 著, 『韓國史의 再發見』, 일조각, 1979, p.265.
19) 동경대 중국철학연구실, 앞의 책, p.235.

안감 및 열등감정이 보상을 받기 위해 찾아낸 "과장된 자존(自尊)의 감정"으로 설명할 여지도 충분하다.[20] 요컨대 필자는 동아시아에서의 근대라는 현실에 맞는 '이상세계관'의 수립을 위해 동아시아적 봉건을 타파하면서도 '구미형의 근대'를 넘어서고자 한, 변증법적 지향으로 이루어낸 근대 극복의 노력을 살피고자 하는 것이다.

그러한 방법에 힘입어 본고는 다음과 같은 순서에 따라 본고의 논지를 전개해가고자 한다.

먼저 Ⅱ장에서는 주로 네 사상가가 당대의 현실을 어떻게 인식했는가에 대해 고찰하고자 한다. 즉, 이들의 현실인식과 비판이 근대라는 시점에서 신분제, 정치제도와 사상, 경제적 문제, 여성문제 등 총체적 모순을 지닌 봉건을 비판하는 측면에서의 유사성 및 상이성을 비교하고자 한다. 더불어 근대기에 이르러 서구문명을 수용하는 일방으로 물질만능의 자본주의적 요소와 서구제국주의를 비판함으로써 근대를 극복하고자 한 태도의 유사성과 상이성을 비교하고자 한다. 나아가 현실인식과 비판의 과정에서 이들 각자의 종교적 체험과 이상세계 구현의 동기가 어떻게 형성되었는지에 대해서도 비교하고자 한다.

Ⅲ장에서는 이들이 어떤 모티프를 통해 기성종교를 수용하고 비판하였는지를 찾아보고자 한다. 즉, 이들이 비판하면서도 수용하게 된 종교 관념을 유교, 불교, 도교, 그리고 기독교로 나누어 비교 고찰하기로 한다. 기성종교를 수용, 비판하는 과정에서 형성된 이들의 사상체계는 원리주의적 기성종교관을 탈피하여 다원주의적 신종교 관념을 주장하고 있다고 보고자 한다. 그 통합관념을 수운에게서는

---

20) 제베데이 바르부/임철규 역, 『역사심리학』, 창작과비평사, 1983, p.77.

'천도(天道)', 증산에게서는 '신도(神道)', 수전에게서는 '원도(原道)', 그리고 장소에게서는 '대동(大同)'이라 보고자 한다. 이들은 이 통합 관념을 토대로 미래 이상사회의 중추가 되는 종교 관념을 형성하고 이를 실천 윤리로 확장하고자 한 것으로 보인다. 필자가 이런 다원주의[21]적인 사상에 주안점을 두는 이유는 이들이 과거의 종교를 비판적으로 성찰한 기반 위에서 미래를 향한 새로운 비전을 제시한 것이라 보기 때문이다

물론 절대성과 궁극성을 확신하는 원리주의적 성향의 종교라면 어느 것이나 종교다원주의를 자신들의 종교체제에 대한 심각한 도전으로 인식한다. 그러나 이들 네 사상가의 종교관념에 내재된 다원주의는 현실적 해결책이 되리라는 기대와 궁극적 실재에 대한 모색이라는 주장을 동시에 내포하고 있다. 필경 그래서인지 오늘날 종교

---

[21] "pluralism"은 그것이 쓰이는 상황에 따라서 약간씩 다른 의미로 번역된다. 예를 들면 다원주의, 다원론, 다원성, 또는 다원현상이나 다원 상황 등으로 다양하게 표현된다. 따라서 현재 사용되고 있는 "religious pluralism"라는 용어는 역시 종교의 다원성, 다(多)종교 상황, 종교 다원 현상, 다종교의 공존, 그리고 종교 다원주의 등 매우다양하게 표현될 수 있다. 용어 사용에 있어서 이러한 불일치는 다양한 종교들이 공존하고 있는 상황을 표현하는 데 있어 그러한 사실에 강조점을 두는가, 아니면 그것에 대한 이론 또는 현상에 초점을 맞추는가 하는 강조의 차이에서 기인한 것이기도 하고, 또 동양적 문제의식에서 자생적으로 만들어진 것이 아니라 서구 특히 기독교의 문제의식에서 출발된 용어인 "religious pluralism"을 번역한 것이므로 번역 과정에서 나타나는 번역자의 차이 때문이기도 하다. 엄격하게 말하면 "religious pluralism"은 두 가지 측면을 갖는 것으로 정의될 수 있다. 첫째, 오늘날 사회에서 이질적인 다양한 종교집단이 경쟁적인 상태로 공존하고 있다는 명백한 사실을 의미하는 사실적인 측면과 둘째, 그러한 다양성의 공존을 바람직한 것으로 보는 견해를 뜻하는 평가적인 측면을 지닌다.(H. 카워드/한국종교연구회, 『종교다원주의와 세계종교』, 서광사, 1990, p.4.)

다원주의 세계적인 현상 중의 하나로서, 이는 세계가 하나의 공동체로 발전하고 있음에 부합하고 있다.22)

본고에서 다루는 네 사상가는 다원주의적 성향으로 종교적 혼합주의를 지향했다고 볼 수 있다. 이러한 종교적 견해를 오늘날의 종교다원주의에 비추어 보면 근대동아시아의 종교혼합주의적 전통을 고찰하는 계기를 마련할 수 있으리라 본다.

Ⅳ장에서는 Ⅱ장과 Ⅲ장을 통해서 형성된 이상세계관의 미래지향적 측면을 '원고(遠古)의 이상적 모델 수용'이라는 틀로 밝히고자 한다. 이는 이들 네 사상가가 종교의 원형적 관념을 동원하여 그려 보인 미래지향적 세계, 달리 말해 미래를 향한 비전을 살피기 위해서이다. 그것을 수운의 '무극대운', 증산의 '용화선경', 수전의 '태평천국', 그리고 장소의 '대동합국'을 구현할 수 있는 방법, 그리고 이상세계인 '지상선경', '용화선경', '지상천국', '대동합국'의 범주로 나누어 설명하고자 한다. 그로써 이들이 이상세계의 도래를 어떻게 확신하고 있는지를 알아보고자 한다.

Ⅴ장에서는 네 사상가가 주장한 신분의 평등, 국가 민족의 평등, 경제의 평등관에 대한 비교 고찰을 통해 이상세계가 실현될 가능성을 살피고자 한다. 동아시아 봉건전통에서 극복해야 할 중요한 요소 중 하나가 불평등의 문제였으므로 이상세계관에서의 구체적 실천 방법론은 존재의 평등이 선행돼야 한다고 보았다고 여겨진다. 불평등의 문제를 극복한 평등한 사회로의 지향을 반봉건과 근대 극복의 올바른 방향이라 보는 것이다. 근대기에 이르러 그 세 가지의 평등은 민중의 화평과 복락을 위해 반드시 해결해야 할 과제로 보았다고

---

22) H. 카워드/한국종교연구회, 앞의 책, pp.10-11.

여겨지기 때문이다.

　나아가 이러한 평등의 이념을 현실적으로 실천하기 위한 법과 제도로 정착하기 위해서는 도덕정치가 필요하다고 보고, 이의 실현 가능성과 가치를 논하고자 한다. 그것은 수운이 이상세계의 모델로 삼는 도덕적 인격을 통한 '군자공동체' 주도의 정치관, 그리고 증산의 '조화정부'라고 하는 통일정부를 통한 '중통인의'를 이룬 도인에 의한 정치관에 대해 논하고자 한다. 또 신의 의지에 부합되는 '천조정부'에 의한 통치를 주장한 수전의 정치관을, 마지막으로 장소의 '대공정부'라고 하는 세계통합정부에 의한 정치관에 대해 논의하고자 한다. 이 또한 봉건정치를 극복한 이상 정치에 대한 주장으로 반봉건, 근대의 극복이라는 관점에서 비교 분석하여 논의를 전개하고자 한다. 이들의 정치관은 현실적인 요소도 있지만 이에 더 나아가 비현실적인 이상적인 주장도 보인다. 그러나 중요한 것은 이들의 정치관을 공상적인 환상으로만 볼 수는 없다고 본다. 왜냐하면 어느 시대를 막론하고 당대에는 비현실적인 공상으로 여겨졌던 것들 중 많은 부분이 현실 속에 실현되었기 때문이다.

　다음으로, 이상교육에 대해 살피고자 하는데, 이는 이상세계를 실현하려면 그 이념이 교육을 통해야 현실적으로 구현될 수 있다. 이에 이들 네 사상가가 이상교육을 실천하려는 목적과 의의 그리고 방법에 대해 고찰하고자 한다.

　이에 필자는 '시천'의 사상에 내재된 인간관을 중심으로 한 군자공동체의 양성에 의의를 지닌 수운의 교육관과, '후천 대학교'라고 하는 새로운 교육기관을 통한 '중통인의'를 이룬 신선과 같은 존재를 양성해내는 교육을 주장한 증산의 교육이념에 대해 논하고자 한다. 또한 '기독교와 유교의 혼합적' 교육관으로 중국의 유교적 전통 관념과 서구 기독교의 평등 관념을 융합시킴으로써 '십관천조(十款天條)'를 통한 종교의식과 함께 교육의 방향성을 설정한 수전의 교육이념과, '중체서용(中體西用)'을 토대로 한 교육의 민주화와 평민화를 주장하여 그의 저서인 '대동서'에서 '인본원(人本院)', '육영원(育嬰院)', '소학원(小學院)', '중학원(中學院)', '대학원(大學院)'에 이르기까지 그 과정을 상세히 밝힌 장소의 교육이념에 대해서 논하고자 한다.

마지막으로 여성해방에 따른 남녀평등의 문제를 논의하고자 한다. 이유는 남녀가 가족으로, 가족이 종족이나 부족, 공동체, 국가와 민족으로 확장되면서 세계를 형성하기 때문이다. 그처럼 사회를 구성하는 기본단위인 개별남녀 차원에서 평등이 선행되는 것이 이상세계 형성의 근간이라 보기 때문이다.

이와 관련하여 수운의 '부화부순론(夫和婦順論)'에 따른 여성관과 증산의 '정음정양론(正陰正陽論)'을 통한 남녀동권의 주장, 그리고 수전의 '만민평등(萬民平等)'의 '천하일가(天下一家)'의 논리에 입각한 여성해방론, 장소의 '거계독립(去界獨立)'에 근거한 여성해방사상을 비교해가며 고찰하고자 한다.

3. 선행연구 검토

기존의 이상사회에 대한 연구는 성서와 신학, 철학과 문학, 종교와 사회, 문학과 경제, 정치와 사회복지 등의 분야에서 광범위하게 연구되었다.23) 그러나 이러한 사상들의 범위가 너무 넓으므로 본고에서는 동양의 이상세계관을 종교사상의 분야로 한정하여 논의를 전개하고자 한다.

서양의 유토피아니즘은 그 사상의 형성에 있어서 직선적인 역사관을 배경으로 했기 때문에 전 단계의 사상에 대한 부정을 통해서 미래의 이상이 제시되었다. 이와 달리 동양의 유토피아니즘은 원환

---

23) 이 개념의 발상지인 유럽, 특히, 영국에서 편찬된 사전을 찾아보면 유토피아라는 단어에 대해 모순적인 평가를 담고 있는 정의를 병렬시키고 있다. 1) '정치적 사회적 및 여타 조건으로 보아 이상적 사회상태 혹은 국가'라는 설명에, 2) '이상적이기는 하나, 비현실적이며 실현 불가능한 것으로서의 사회적 진보의 모범'이라는 설명이 뒤따른다. 우리의 국어사전 역시 "1) 공상적인 이상사회, 이상향, 2) 실현성이 없는 공상"으로 설명하고 있어 비슷하다고 할 수 있다. 이는 인류 사회에, 현재 상태를 비판하고 새로운 세계를 꿈꾸는 것을 귀하게 여기는 긍정적 유토피아관과 더불어, 현실의 변혁을 불가능한 몽상 정도로 치부하고 비웃는 비관적인 반유토피아니즘이 동시에 존재하는 것을 단적으로 보여주는 예이다. 유토피아 개념이 갖는 정치적 함의가 이렇게 다양하다 할지라도, 의미 요소에 있어서의 한 가지 일치점이 존재하는데, 이는 이 개념이 기존의 지배질서에 대한 부정 및 비판에서 출발한다는 점이다. 이런 점에서 유토피아 사상은 사회 비판과 시대진단으로서의 의미를 갖게 된다. 따라서 유토피아 문제에 대한 입장은 기존 질서에 대해 어떠한 입장을 갖는가에 따라 달라질 수밖에 없으며, 따라서 이데올로기적 비판의 문제와 맞물려 있다고 할 수 있겠다.(최현덕,「서양에 있어서 유토피아사상의 역사」,『21세기 사회와 종교 그리고 유토피아』, 생각의 나무, 2002, pp.216-217)

적 사유체계를 토대로 형성되었기 때문에 어떠한 원형을 모델로 했는가에 따른 방향제시의 차이를 보였다. 그러므로 서양에 있어서의 유토피아에 대한 연구나 관련 저서들은 시대적 마디를 통하여 그 개념과 이상에 대한 지향성이 변해왔다. 이와 달리 동양의 유토피아 연구는 시대적 분류보다는 이상론자들의 원고에 대한 모델의 설정에 따른 연구 분류가 정해졌다. 그러므로 필자는 서양의 유토피아에 대한 선행연구를 검토하고 다음으로 동양의 유토피아에 대한 선행연구를 검토한 다음 기존의 연구들에 대하여 이 논문의 필요성과 범위를 밝히고자 한다.

역사적으로 서양의 이상세계관은 주로 유토피아라는 개념을 사용하였는데 '유토피아'라는 개념은 다양한 맥락에서 사용되었다.[24] 현재 상태를 비판하고 새로운 세계로의 지향을 긍정적으로 평가한 유토피아니즘에 대한 견해와 현실의 비판과 이에 따른 변혁을 불가능한 몽상으로 평가한 부정적 견해가 동시에 있었다. 이런 점에서 유토피아 사상은 사회 비판과 시대진단으로서의 의미를 갖게 된다. 서양의 이상세계관은 유토피아적 개념을 중심으로 성립되었다.[25] 대표적으로 최현덕은 서양의 유토피아니즘을 시기별로 첫째, 16세기에서 17세기 중반에 이르는 르네상스와 종교개혁 시대, 둘째, 17세기 중반에서 프랑스혁명의 시기까지로 절대주의와 계몽주의 시대,

---

24) 일상용어로 쓰이는가 하면, 정치적 투쟁의 용어이기도 하며, 또한 학술적 논의에서 사용되는 일종의 철학적 범주이기도 하다. 그뿐 아니라, 이 단어가 품고 있는 뉘앙스의 측면에서 볼 때, 때로는 비방적이며 냉소적 감정을 전달하는가 하면, 때로는 그와는 정반대로 열렬한 지지, 찬양의 감정을 동반하기도 한다.(최현덕, 앞의 책, p.216. 재인용)
25) 최현덕, 앞의 책, p.216.

셋째, 19세기 산업혁명과 기술국가의 시대, 넷째, 20세기 고전적, 근대적 유토피아관의 완성과 변증법적 반전-'흑색 유토피아'의 등장으로 분류하여 제시했다.26) 본고에서 동아시아 근대의 이상세계관

---

26) 첫째 시기에는 플라톤의 '공화국'을 최초로 하고, 이어 모어의 '유토피아'가 등장하게 되며 이후 많은 유토피아 사상을 담은 저작들이 나오게 되는데, 이 시기의 유토피아 사상가들은 공산주의적 재산 공유 제도를 전체 사회로 확대해야 한다고 생각하였다. 이들의 사상은 플라톤에 비해 훨씬 더, 현실 지향적인 사상이라 볼 수 있는데 이는 천상의 이데아로 도피하려 하지 아니하고, 사회 질서 형성의 책임자는 바로 인간(신 혹은 여타의 초자연적 존재가 아니라)임을 분명히 한 데서 나타난다.

　두 번째 시기의 사상은, 자연법적 보편적 이성 개념에 기초한 합리적 사회 건설의 가능성에 대한 확신과 시대비판에서 그 특징을 볼 수 있다. 이 시기의 가장 현저한 특징으로는 공간적 유토피아 개념에서부터 시간적 유토피아 개념에로의 전환을 들 수 있다. 이 시대의 유토피아 사상은 또한 시대 구분을 정당화해 주는, 고유한 특성들을 갖고 있는데, 이전의 유토피아 사상이 현 상태를 이상적 상태의 단순한 부정으로 파악했다면, 이 시대의 유토피아 사상은 자기 시대 사회의 부정적 상태는 이상적 사회로 나아가기 위해 필연적 과정의 한 단계라고 파악한다.

　세 번째는 산업화와 이에 동반되는 정치 사회 문화적 변화가 그 역사적 배경이 되는 시기로서 산업발달로 인한 생산력의 증가가 자연과학과 기술을 유토피아적 구상의 물질적 토대로 삼게 되었다. 서양의 근대적 고전적 유토피아에 대한 사상은 이상적 사회에 대한 구체적인 구상(정치, 경제, 가족, 교육, 사법, 종교, 예술 등)을 갖고 이를 묘사하고 있다는 점에서 공통점을 가진다. 근세 초 유토피아 개념이 처음 등장했을 때, 이는 공간적 개념이었다. 그러나 계몽주의 시대에 이르러 이 개념에 시간적인 차원이 곁들여지면서 그 범위를 확대해 가게 된다. 실현 불가능하다는 비난에 맞서, "아직 실현되지는 않았으나 미래 언젠가는 실현될 내지는 실현에 접근할 이념"이라는 개념을 내세운 것이다.

　네 번째는 사회주의 혁명 운동과, 러시아의 10월 혁명, 볼셰비키의 집권이라는 역사적 사건은, 자본주의 사회의 한 대안으로서 출발하는 사회가 현실적으로 건설된다는 점에서, 유토피아적 문제의식과 직결되는 사건이었다. 러시아 혁명에 기대를 걸었던 많은 사상가들이 그 전개 과정에서 실망을 하게 되었으나, 러시아는 금세기의 유토피아적 담론에 명시적 묵시적으로 영향을 미치게 된다.

에 대해 중점적으로 비교연구할 것이므로 서양의 유토피아에 대한 선행연구는 시대별 분류에 의한 간략한 소개로 그치고자 한다.

동양의 이상세계관에서 중국과 한국의 사상가들이 원환적 사유체계를 토대로 이상세계를 지향했다는 점에 있어서 유사성이 보인다. 중국의 이상사회의 유형은 원시이상형인 '산해경(山海經)'형, 협의의 대동사회(大同社會)형인 '예기·예운'형, 무릉도원(武陵桃源)형인 노자의 '소국과민(小國寡民)'형으로 요약할 수 있다. 이러한 관계가 유가(儒家)와 도가(道家)의 사상을 수용한 한국 사상가들의 연구나 작품에 내재되어 전승되어왔다.

이와 같이 전승된 한국의 이상세계관은 한국의 이상사회론 가운데서 무시할 수 없는 비중을 차지하면서도 기존의 연구에서 많은 관심이 주어지지 않았던 '정감록(鄭鑑錄)'을 비롯한 '비기류(秘記類)'와 '후천개벽사상'이다. 설총의 '비결', 무학대사의 '무학비결(無學秘訣)', 이고·류성성의 '신교총화(神敎叢話)', 남사고의 '격암유록(格菴遺錄)', 북창 정염의 '용호비결(龍虎秘訣)'과 '궁을가(弓乙歌)', 토정 이지함의 '토정가장결(土亭家藏訣)' 이서구의 '춘산채지가(春山採芝歌)' 등 많은 비기들은 기본적으로 예언서의 성격을 강하게

그리고 1920년대에 들면서, 그때까지 인류의 건설적이고 긍정적인 노력으로 평가되어 온 과학기술의 발전을 회의적으로 보는 견해들이 퍼져나가게 된다. 과학기술 비판과 더불어 단일한 합리성의 기준에 의거하는 전체적 사회 운영에 대한 비판은, 소위 "흑색 유토피아"라고 불리는 일련의 작품들을 등장하게 한다. 이는 희망적 이상사회에 대한 구상이 아니라, 인류가 일면만 보고 낙관해 온 것들을 일관되게 극단으로 발전시켰을 때 도래하게 될 인류사회의 끔찍한 모습의 재현으로서, 종말론적 비전을 제시해 주고 있는 것이라 할 수 있다. 인간 해방의 가능성의 조건으로 열광되었던 과학기술의 발전은, 인간 노동을 기계의 부속적 기능으로 격하시켰으며, 진보라고 하는 것이 보다 큰 고통과 수난에로의 전진이었을 뿐이라는 자각이다.(최현덕, 앞의 책, p.219-234.)

띠면서 한결같이 난세의 도래를 지적하고 있지만, 아울러 그러한 난세가 도래하는 이유를 설명하는 속에 강한 현실비판(그것이 집필 당시의 시대에 대한 것이든, 아니면 미래의 어느 시대에 대한 것이든)을 담고 있고, 나아가 새로운 시대의 도래를 말하고 있는 경우가 많다. 이러한 비기들은 어쩌면 다른 종류의 저술보다도 더 민중의 현실인식에 영향을 미쳤을지도 모른다. 그러므로 이들 비기류도 또 다른 형식의 이상사회론으로 적극적으로 취급할 필요가 있다.27)

기존의 이상사회에 대한 연구는 현실인식과 극복방안을 제시하고 대망의 이상사회를 구성하는 가교가 될 수 있다는 점에서 학적 의의를 지닌다고 본다. 그러므로 수운, 증산, 수전, 그리고 장소의 개별적 이상세계관에 대한 선행연구는 본고와 관련된 부분에 한정해서 본론을 통해서 언급하기로 하겠다.

왜냐하면 본 연구의 내용을 형성하고 있는 기성종교인 유교, 불교, 도교, 그리고 기독교에 관한 이상세계의 연구와 실천적 윤리인 신분의 평등, 민족·국가의 평등, 경제의 평등, 그리고, 도덕정치, 이상교육, 여성해방을 통한 남녀평등과 관련된 선행연구는 그 범위가 너무 광범위하여 이와 같은 내용에 대한 연구 자체가 하나의 연구과제에 해당한다고 생각하기 때문이다. 그러므로 여기서는 네 명의 사상가들에 대한 비교연구에 관련성이 있는 기존의 연구 논문을 중심으로 검토하고자 한다. 우선 유토피아니즘과 직접적인 내용을 주제로 하는 대표적 연구는 다음과 같다.

수운의 사상 가운데 이상세계에 대한 연구는 동학이라는 큰 범주

---

27) 김성윤, 「姜甑山의 理想社會論과 '天地公事'」, 『지역과 역사』 제7호, 부산경남역사연구소, 2000, p.39.

에서 일부분으로 언급되어왔거나 동학을 설명하기 위한 원초적인 단서로 제기되어온 경우가 많다. 수운의 사상에 대하여 초기 동학의 시기를 중심으로, 대망의 이상사회 관념을 후천개벽이라는 사회변혁을 모티프로 한 김죽산의 연구28)가 있다. 여기서 김죽산은 수운의 이상세계관을 역사적 순환론에 바탕을 둔 후천개벽의 시운관(時運觀)으로 보고 있다. 이를 바탕으로 수운의 사상을 광제창생(廣濟蒼生)하는 민중해방설과 민족・민주주의 사상으로 보았다.

그리고 수운의 이상세계관을 19세기 조선사회가 당면한 총체적 위기, 그중에서도 '근대적' 서구 세력의 침입을 극복하기 위한 종교적 대안으로 본 차남희의 연구29)가 있다. 여기서 차남희는 시운론(時運論)에 따른 후천개벽설을 김일부의 정역의 원리에 근거하여 금화교역의 원리로 설명하고자 했다. 수운의 이상세계에 대한 대망의 사상을 기존의 유학적 사유의 틀을 내포한 주역적 사유를 넘어선 정역적 패러다임으로 보고자 했다. 그러므로 필자는 본고에서 수운의 이상세계관을 논의함에 있어서 순환론의 관점과 시운론의 관점을 수용하고자 한다. 특히 정역의 사상에 근거한 이상세계관은 증산의 사상에서도 유사하게 적용된 경우이다.

증산의 사상을 중심으로 고찰한 연구는, 후천세계의 이상향으로 불교의 용화세계를 모델로 한 구사회의 연구30)가 있다. 여기서 구사회는 증산이 건설하려는 이상세계가 불교의 미륵관련 경전에 나오

---

28) 김죽산, 「수운 최제우의 후천개벽사상」, 『민족문제연구』 8, 경기대학교 민족문제연구소, 2000, pp.295-310.
29) 차남희, 「최제우의 후천개벽사상: 『정역』의 금화교역을 중심으로」, 『한국정치학회보』 제41집 제1호, 한국정치학회, 2007, pp.81-99.
30) 구사회, 「미륵사상과 강증산」, 『불교어문논집』 3, 1988, pp.39-48.

는 순수한 미륵세계만을 묘사한 것이 아니라, 유·불·선 통합의 이상세계라고 주장하고 있다. 하지만 삼교의 합일이라는 주장을 뒷받침할 만한 구체적인 삼교의 사상이나 수용과 비판을 통한 새로운 개념에 대한 설명은 미흡하다.

증산이 시대인식과 그 극복 행위로서 '천지공사'를 했으며 지향하는 이상사회를 증산의 도수에 의해 전개되는 것으로 이해한 김성윤의 연구[31]가 있다. 여기서 김성윤은 증산이 기존의 이상사회론에서 그 건설의 주체로 상정해온 자연의 섭리나 메시아, 인간 자신의 노력 모두를 스스로 포괄하고 있다고 언급하고 있다. 그리고 증산이 주장한 이상사회의 모습이 불교의 미륵용화세계와 거의 유사하게 묘사되고 있다고 주장했으며, 이상세계가 과거지향적 이상향이 아니라 미래지향적 이상향으로 장소의 이상세계와 유사함을 언급했다. 이 연구에서는 불교의 미륵용화 세계가 증산사상과 어떤 관련성이 있는가에 대해서 '미륵하생경'의 내용 중 '대순전경'에 나오는 내용과 연결하여 유사성을 밝히고 있다. 하지만 증산사상에서 보이는 유토피아니즘은 불교의 '미륵하생경'뿐만 아니라 '미륵대성불경', '미타신앙', '약사여래신앙' 등과도 관련성이 있음을 본고에서 논하고자 한다.

수전의 사상을 중심으로 고찰한 연구는, 중국 유토피아의 특색을 서구에서 기원한 유토피아란 용어를 인간문명의 보편성을 전제로 하고 중국의 역사를 통해 유토피아의 동아시아적 특징을 검토한 조병한의 연구[32]가 있다. 여기서 조병한은 '유교 관료세계의 고전적

---

31) 김성윤, 앞의 책, pp.39-92.
32) 조병한, 「무릉도원에서 태평천국까지」, 『내일을 여는 역사』, 서해문집, 2007, pp.29-39.

유토피아', '도가적 재야 은일의 유토피아와 후기 유교의 개혁 이념', 그리고 '전통시대 민중과 근대 중국의 유토피아'로 나누어 논의했다.

태평천국을 세 번째의 범주에 포함시켜서 "태평천국이 일부 근대적 특징을 내포한 전통적 민중반란의 집대성으로 높이 평가를 받아 왔으며, 천조전무제도가 '주례'의 관료제와 정전제를 도입하고 토지 균분과 공동창고 등을 기초로 관료적 농업공동체사회를 구상했다"라고 평가했다.

장소의 사상을 중심으로 고찰한 연구는, 장소의 이상세계관에 대하여 중국의 대동사상을 근대적 학문형태로 종합하여 중국적 특색을 지닌 유토피아 사상으로 발전시킨 것으로 본 이연도의 연구[33]가 있다. 여기서 이연도는 장소의 대동사상에 대한 분석을 통해, 유가 대동사상의 특징과 유토피아 사상의 연관성 내지 차별점 등을 고찰했다.

그리고 『대동서』 전체를 일괄하고 있는 장소의 의식 상태와 행위방식을 살펴본 신하령의 연구[34]가 있다. 여기서 신하령은 장소가 주장한 불인지심(不忍之心)과 대동의 관계에 대하여 불인지심의 무한 확장을 통해 구상한 세계가 바로 대동이기 때문에 대동사회에는 괴로움이 없는 것인가에 대해 의문을 던지고, 불인지심이 다 발휘된 완성된 세계 모델임에도 불구하고 불인지심이 아직도 적용되어야 할 영역이 남아 있다면 그 세계는 완벽한 세계가 아니라고 말한다.

장소가 자본주의의 세계적 규모로의 확산과정과 연관하여 대동

---

33) 이연도, 「대동과 유토피아: 강유위 사상의 특색」, 『한국철학논집』 제18집, 2006, pp.241-263.
34) 신하령, 「강유위의 불인지심과 대동의 유토피아」, 『사색』 제20집, 2004, pp.25-40.

의 유토피아를 어떻게 구상했는지에 대한 이규성의 연구35)가 있다. 여기서 이규성은 장소의 세계의식과 이상론을 인간성의 형이상학적 자기완성과 역사변형에의 실천적 참여로 보는 구조와 연관하여 논의하고 있다. 그리고 장소의 유토피아 사상이 담긴 『대동서』에 대한 조병한의 연구36)가 있다. 여기서 조병한은 장소의 이상세계관을 19세기 말 제국주의하의 정치 및 종교 개혁 운동과 관련해 형성되기 시작했으나 현실 정치와 단절된 후의 순수한 미래 지향의 유토피아라고 정의했다.

위에서 언급한 4인에 대한 연구는 이상세계와 관련성을 지닌 내용으로 본고의 연구에 있어서 선행연구로의 가치를 부분적으로 함의하고 있다. 그러므로 위의 선행연구에서 논의된 기본적인 내용을 수용하는 차원에서 본고의 연구를 진행하기로 하겠다. 그러나 필자가 본고를 통하여 의도하는 연구의 방향은 한 개인의 사상에 그친 단편적 연구가 아니라 근대라는 시점에서 동아시아의 밀접한 역사적 관계를 지니고 있는 두 나라의 대표적인 사상가들의 이상세계관을 포괄적 의미에서 비교 고찰해 보고자 하는 데 그 목적이 있다. 그러므로 다소 그 범위나 내용의 분석 및 비교 고찰에 있어서 방대한 작업이라는 무리에도 불구하고 4인에 대한 연구를 하는 것이 목적이므로 위에서 논의된 단편적 연구를 확장하여 연구하고자 한다. 그래서 종교 다원주의적 입장에서 기성종교의 수용과 비판을 통하여 형성된 종교적 통합관념을 중심으로 네 명의 사상을 비교

---

35) 이규성, 「강유위의 세계의식과 이상사회」, 『철학사상』 제17호, 서울대학교 철학사상연구소, 2003, pp.75-113.
36) 조병한, 「'대동서'와 중국 최초의 근대 유토피아론」, 『비평 통권』 7, 생각의 나무, 2002, pp.306-326.

분석하는 방향으로 논의하고자 한다.

이들 사상가들에 대한 비교를 중심으로 한 선행연구를 살펴본 결과 네 명의 사상에 대한 비교 연구는 필자가 처음 시도하는 것이다. 수운과 증산, 수운과 수전, 수운과 장소에 관한 비교는 선행된 연구가 있지만 다른 사상가들 사이의 비교 연구는 거의 없는 것으로 파악되었다. 우선 수운과 증산에 관한 비교는 한국에서 연구된 것으로 다음과 같다. 근대에 출현한 신종교이자 한국의 민족종교인 동학, 증산교, 원불교가 형성과정 및 체계화의 과정에 있어서 기성종교인 유교의 어떤 영향을 받았는가에 대한 논점을 중심으로 한 정규훈의 연구[37]가 있다.

이 연구는 신종교의 형성과정 및 체계화의 과정을 중심으로 논의되었다. 그리고 연구범위가 수운과 증산의 초기 사상을 중심으로 진행된 것이 아니라 종교 교단의 성립과정에서 교리가 체계화되고 변용된 것을 포함하여 확장된 범위를 대상으로 진행된 것이다. 또한 이러한 과정에서 유교에 국한된 연구이다. 그러므로 필자가 본고를 통하여 논의하고자 하는 종교다원주의적인 방향과 초기의 사상가들에 한정된 이상세계관 연구라는 범위 및 연구방향과 성격 달리한다.

김탁의 「한국종교사에서의 동학과 증산교의 만남」[38]은 동학과 증산교가 어떤 과정을 거쳐 만나게 되었으며, 각기 다른 주장에 대한 실제적인 모습을 동학에 대한 증산교의 비판적 계승, 및 어떤

---

[37] 정규훈, 「한국민족종교에 미친 유교의 영향 : 동학·증산교·원불교를 중심으로」, 『동양철학연구』 제29집, 동양철학연구회, 2002, pp.7-30.
[38] 김탁, 「한국종교사에서의 동학과 증산교의 만남」, 『증산사상연구』 제22집, 증산사상연구회, 2000, pp.281-413.

형태의 대안을 제시했는가에 대한 비교연구이다. 이는 증산사상의 유래가 동학과 유관함을 밝히는 것으로 본고의 연구에서 동학의 위상을 이해하는 데 도움이 된 연구이다. 그리고 강영한의 「한국 근대 신종교운동의 성격과 사회변동: 동학·증산교·대종교·원불교를 중심으로」39)는 한국 근대의 전형적 신종교 운동인 동학, 증산교, 대종교, 원불교를 중심으로 그 성격을 분석하고 이들 신종교운동이 반외세운동, 반봉건운동을 비롯한 새로운 사회변동에 작용하여 전근대적 사회체계를 붕괴시켜 사회변동을 초래할 수 있었음을 고찰했다. 이는 한국 근대사회의 신종교운동을 사회변동과 관련시켜 연구한 것으로 기존의 종교연구가 종교자체의 호교론적인 연구라는 한계를 극복하여 사회구조적인 조건에 중점을 둔 것으로 그 의의가 있다.

강돈구·고병철의 「근대 한국 신종교의 민족 개념: 동학·증산교를 중심으로」40)는 근대라는 시점에서 한국 신종교가 민족 개념 형성에 기여한 측면을을 살펴보는 데 목적을 둔 것이며, 정규훈의 『한국의 신종교: 동학, 증산교, 대종교, 원불교의 형성과 발전』41)은 근대 시기에 출현한 신종교들의 사상을 고대부터 형성, 잠재되어 온 각종 사유체계를 압축적으로 담고 있는 것으로 보았다. 이는 신종교가 한국 정신사의 지표를 마련할 수 있는 바탕이 된다는 관점으

---

39) 강영한, 「한국 근대 신종교운동의 성격과 사회변동 : 동학·증산교·대종교·원불교를 중심으로」, 경북대학교 박사논문, 1995.
40) 강돈구·고병철, 「근대 한국 신종교의 민족 개념 : 동학·증산교를 중심으로」, 『종교문화비평』, 청년사, 2004.
41) 정규훈, 『한국의 신종교 : 동학, 증산교, 대종교, 원불교의 형성과 발전』, 서광사, 2001.

로 한국 신종교의 형성과 논리체계 그리고 종교운동의 실제와 이러한 종교사상을 현대적 의미에서 고찰한 것이다. 그리고 근대에 발생한 한국의 신종교들의 발생원인 및 현황에 대한 연구인 김홍철의 『한국 신종교 사상의 연구』[42]가 있으며, 수운의 인내천(人乃天)과 증산의 인존사상(人尊思想)의 관련성을 두 인물의 우주관, 인간관, 종교관을 개관하여 21세기 한국 정신사의 방향을 가늠하고자 한 배영기의 「동학사상과 증산사상의 대비론」[43] 등이 있다.

앞에서 논의된 수운과 증산의 사상에 대한 비교연구는 필자가 연구하고자 하는 것과 다른 방향성을 지닌 연구이다. 필자는 수운과 증산에서만 한정하더라도 이들의 기성종교 수용과 비판을 통한 통합주의를 중심으로 한 실천윤리를 논하고자 했다. 위의 연구는 본고와는 다른 방향에서 연구된 것으로 교조 이후 전개된 교리의 체계화 과정이나 민족의 개념, 혹은 사회변동의 문제를 중점으로 연구된 것이다. 두 사람의 사상에 대한 비교적 성격의 연구를 확장하여 한국과 중국의 사상가에 대한 비교연구를 고찰해본 결과 수운과 수전의 사상을 비교한 연구가 대부분이며 중국에서 수전과 장소의 사상을 비교한 연구가 소수 보인다. 이에 대해 수운과 장소, 증산과 수전, 증산과 장소의 기성종교 및 유토피아니즘과 관련된 비교연구는 거의 없는 것으로 보인다. 수운과 수전의 사상에 대한 비교연구는 다음과 같다.

한국의 동학과 중국의 태평천국을 단순한 농민봉기 또는 농민반란의 관점에서 본 것이 아니라 새로운 시대정신을 창조한 혁명이라

---

42) 김홍철, 『한국 신종교 사상의 연구』, 집문당, 1989.
43) 배영기, 「동학사상과 증산사상의 대비론」, 『고조선단군학』 제6호, 고조선단군학회, 2002, pp.241-260.

는 정치사상사적 관점에서 고찰한 연구44)와 동학과 태평천국의 의의를 단순한 농민봉기가 아닌 농민전쟁이라는 관점에서 이들의 사상이 기존의 유가사상을 어떻게 평가했는가에 대한 고찰을 중심으로 한 비교연구45)가 있다.

또한 동학사상과 태평천국혁명에 내재된 민족의식을 중심으로 한·중 근대사에 가장 규모가 큰 농민혁명을 비교 고찰한 강문호의 연구46)와 동학과 태평천국을 종교적 관점에서 신관을 비교 고찰한 임태홍의 연구47)가 있다. 그리고 근대라는 시기에 발생한 세계적인 혁명과 동학혁명을 비교 고찰한 갑오동학농민연구회의 연구48)와 수운과 수전의 개인적 생애와 사상을 중심으로 비교 고찰한 윤석산의 연구49) 및 한국 신종교 인물들의 이상적인 인간상을 비교 고찰한 박규태의 연구50)가 있다. 수전과 수운의 생애를 비롯하여 이들의

---

44) 노태구, 「동학혁명과 태평천국혁명의 정치사상비교」, 『동학연구』 창간호, 한국동학학회, 1997, pp.203-230.
   노태구, 『韓國民族主義의 政治理念 : 東學과 太平天國 革命의 比較』, 새밭, 1981.
   노태구, 「중국태평천국의 민족주의 정치사상 : 동학혁명과 비교」, 『국제정치논총』 36집, 한국국제정치학회, 1996, pp.301-337.
45) 노재식, 「동학농민전쟁과 태평천국농민전쟁의 비교연구 : 두 농민전쟁의 목표와 유가사상에 대한 태도를 중심으로」, 『인문과학연구』 제20집, 강원대학교 인문과학연구소, 2008, pp.113-138.
46) 강문호, 「동학사상과 태평천국혁명의 민족의식」, 『동학연구』 제13집, 한국동학학회, 2003, pp.99-132.
47) 임태홍, 「종교와 사회변혁-동학을 중심으로; 배상제교와 동학의 신관비교 -황상제와 한울님-」, 『동학학보』 8권, 동학학회, 2004, pp.133-188.
48) 윤철상, 「세계근대혁명과 동학농민혁명의 비교」, 갑오동학농민연구회, 『국회보』 통권 442호, 국회사무처, 2003, pp.152-155.
49) 윤석산, 「최제우와 홍수전 비교 고찰」, 『동학학보』 15권, 2008, pp.5-37.
50) 박규태의 「한국 신종교의 이상적 인간상 : 조화의 이상과 관련하여」, 『종교와

사상 중에 수전의 '상제'에 대한 함의와 수운의 '천과 인의 관계'를 비교함으로써 19세기 조선과 중국의 사회구조적인 문제와 이로 인한 내외적 갈등의 차이를 연구한 몽고인 조빙의 연구51)가 있다.

위에서 언급된 대부분의 연구에서 동학과 태평천국을 혁명 내지는 운동, 전쟁으로 평가하여 그 위상과 의의를 긍정적으로 평가한 것과 달리 동학과 태평천국을 난으로 규정하여 그 가치와 의의를 낮게 평가한 조환래의 「동학난과 태평천국난에 대하여」52)가 있다. 그리고 중국에서 나온 연구로 수전과 수운의 신학사상을 비교 연구한 북경대학 철학계의 「洪秀全與崔濟遇的 神學思想比較硏究」53) 등이 있다. 이 논문은 두 사상가의 종교사상 형성동기와 과정 및 종교현상학적 의의에 대해 비교 고찰한 것이다. 또한 이들이 좌절과 역경을 겪는 과정에서 발생한 종교적 신비체험에 대한 유사성을 비교 고찰한 것이다.

마지막으로 수전과 장소를 비교한 연구로 라준(羅峻)의 「洪秀全, 康有爲大同理想之比較硏究」54)는 중국인 수전과 장소의 유토피아니즘을 대동이상이라는 관점에서 비교연구한 것이다. 여기서 라준은 이들의 대동사상이 중국전통 유가의 대동을 재해석하여 새로운 가치를 창출한 데서 유사성이 있는 것으로 보고 있다. 그리고 장세준(臧世俊)의 「論洪秀全, 康有爲, 孫中山的理想社會的異同」55)는

문화』 7, 서울대학교 종교문제연구소, 2001, pp.265-281.
51) 조빙, 「홍수전과 최제우 사상 비교연구」, 서울대학교 국제학과 한국학 전공, 석사논문, 2005.
52) 조환래, 「東學亂과 太平天國亂에 對하여」, 『대원기』 3집, 1962, pp.87-99.
53) 北京大學 哲學系, 「洪秀全與崔濟遇的 神學思想比較硏究」, 『當代韓國』, 北京大學, 2001.
54) 羅峻, 「洪秀全, 康有爲大同理想之比較硏究」, 『船山學刊』 4期, 2003.

근대 중국에 있어서 대부분의 사상가들이 구국(救國)의 길을 찾은 것에 대해서 수전과 장소, 그리고 중산(中山)은 공상적 사회주의 이상사회를 주장한 것으로 보아 이에 대한 공통점과 차이점을 중심으로 비교 논의했다.

이와 같은 비교연구는 역사연구방법 중에서 중요한 한 항목이고 또한 현재 국제 역사학계에서 광범위하게 운용되고 있는 연구방법이다. 서로 다른 시공간에서 발생하였던 비슷한 유형의 역사현상에 대한 분석과 비교는 시야를 넓혀주고 사고의 폭을 넓혀주는 것이고, 역사적인 연계와 본질을 진일보하게 게시해주어 역사 발전변화의 규율을 찾는 데 도움을 준다.56) 그러므로 필자가 앞에서 언급한 기존의 연구를 종합해본 결과 이상세계를 주장한 사상가들 개인에 국한된 연구이거나 두 사람에 한정된 신관, 사회변동에 따른 현상, 민족에 관한 견해, 개인적 생애에 대한 비교 등의 연구가 대부분이었다.

또한 이와 같은 연구가 이들 사상가들의 초기에 형성된 이론 또는 종교적 관념에 한정된 것이 아니라 이들의 사상이 전승되어 확장된 종교나 정치관의 체계화의 과정에서 나타난 포괄적 범주의 사상에 대한 연구가 대부분이었다. 그러므로 앞에서 언급한 선행연구는 본고의 연구의 목적과 범위 및 방법과는 상당한 차이점이 있다. 이에 필자는 본고를 통하여 네 명의 사상가의 기성종교 수용과 비판을 통한 통합관념을 바탕으로 한 실천윤리를 논하고자 한다.

---

55) 臧世俊, 「論洪秀全, 康有爲, 孫中山的理想社會的異同」, 『學術研究』 1期, 1997.
56) 王曉秋, 「중국 태평천국 농민혁명과 한국 동학 농민혁명의 비교」, 동학농민기념사업회편, 『동학 농민혁명의 동아시아사적 의미』, 서경문화사, 2002, p.549.

II. 현실비판과 유토피아니즘 형성

1. 현실 인식과 비판

1) 최제우(崔濟愚)

수운 최제우(1824-1864)의 본관은 경주(慶州)이고 초명은 복술(福述)·제선(濟宣)이다. 1824년 지금의 경주시 현곡면 가정리에서 아버지 최옥과 어머니 한씨 부인 사이에서 태어났다. 어려서부터 경사(經史)를 공부하여 학문에 정진하던 수운은 스물이라는 젊은 나이에 주유팔로(周遊八路)의 길을 떠나 10여 년의 방랑을 통해 당시의 혼란한 시대상과 함께 각자위심(各自爲心)의 세태를 파악하게 된다.

조선을 포함한 동아시아의 나라들은 19세기 후반에 봉건시대에서 근대로 전이를 경험하게 된다. 외부적으로는 서구 제국주의의 침탈에 따른 혼란과 위기로, 내부적으로는 봉건적 가치를 형성했던 유학의 지위 변화로 "유학적 가치의 강고화, 전면적 부정, 부분적 변용"[1] 등의 여러 모습으로 나타났다. 이는 지배계층의 유학적 지식인들에 의해 주도된 위정척사 운동과 개화사상으로 대표된다. 이와 달리 고통받는 민중의 입장에서 현실극복과 초월의 의지를 담은 사상인 동학이 출현했다.

이 시기는 사회적·경제적·정치적으로 어지러울 뿐 아니라, 조선

---

[1] 박경환, 「동학과 유학사상」, 동학학회 편저, 『동학과 전통사상』, 도서출판 모시는사람들, 2004, p.71.

조의 지배 체계인 봉건 질서와 주자학적 세계관이 결정적으로 붕괴되고, 이를 대체할 만한 새로운 신념체계가 아직 형성되지 않은, 그러므로 극도의 아노미 상태에 빠져들던 시기였다.[2] 이러한 시대적 혼란과 위기를 극복할 수 있는 것은 기존의 유교나 불교적 가르침도 아니요, 또 민간신앙적인 요소나 새로운 기운으로 밀려오는 서학도 아니라는 사실을 깊이 인식하고 기존 질서를 대체할 새로운 신념 체계가 무엇보다도 절실히 필요함을 이러한 주유팔로를 통하여 깨닫게 된 것이다.

수운은 구도의 길에서 종교적 신비체험인 '을묘천서(乙卯天書)' 사건을 통하여 지금까지 자신의 밖에서 도(道)를 구하는 방식을 버리고 자신의 안에서 도를 구하는 방식을 택하게 되었다. 그리고 세상으로부터 도를 얻고자 했던 방식을 버리고 기도를 통해 한울님이라는 절대적 존재로부터 도를 얻고자 하는 방식을 택하였다. 을묘천서 이전까지는 무신론(無神論)의 입장에서 깨달음을 얻고자 했다면, 이후부터는 유신론(有神論)의 입장에서 신(神)으로부터 도를 받고자 했다는 것이다. 즉 을묘천서 이후 수운은 종래의 성리학(性理學)의 이법천(理法天)이 아닌, '섬겨야 할 대상으로서의 천(事天)', '기도해야 할 대상의 천(祈天)'으로 그 인식을 전환한 것이다.[3]

수운은 세상을 구할 도를 구하지 못하고 고향으로 돌아와서 자신이 세상을 떠돌면서 구하고자 했던 '올바른 도'를 구하지 못한 마음을 이와 같이 읊었다.

---

2) 윤석산, 『동학교조 수운 최제우』, 도서출판 모시는사람들, 2004, p.60.
3) 윤석산, 앞의 책, pp.89-90.

구미용담 찾아오니 흐르나니 물소리요
높으나니 산이로세 좌우산천 둘러보니
산수는 의구하고 초목은 함정(含情)하니
불효한 이내 마음 그 아니 슬플소냐.4)

 방안에 '불출산외(不出山外)'를 맹세하는 글귀를 써 붙이고, 세상을 올바르게 제도할 도를 깨닫지 못하면, 이제는 다시 세상에 나가지 않겠다는 각오로 수련에 전념한 수운은 입춘절을 맞이하여 입춘시(立春詩)를 써서 각오를 다진다.

도(道)의 기운이 오래 지속되면 사악함이 들지 못한다.
세상의 뭇 사람들에게 돌아가 함께하지 않으리라.5)

 수운은 당시의 세상을 '천리를 따르지 않고, 천명을 돌아보지 않는 세상'6)이라고 하여 오제(五帝) 이후부터 천명(天命)을 공경하고 천리(天理)에 순히 따랐던 이상적인 세상7)에 대비하여 난세가 된 근본적인 원인에 대하여 언급하고 있다.

---

4) 『용담유사』 「용담가」
5) 『동경대전』 「立春詩」, "道氣長存邪不入, 世間衆人不同歸."
6) 『동경대전』 「포덕문」, "又此挽近以來, 一世之人, 各自爲心, 不順天理, 不顧天命, 心常悚然, 莫知所向矣."
7) 『동경대전』 「포덕문」, "自五帝之後, 聖人以生, 日月星辰, 天地度數, 成出文卷 而以定天道之常然, 一動一靜一盛一敗 付之於天命, 是 敬天命而順天理者也. 故人成君子, 學成道德, 道則天道, 德則天德. 明其道而修其德故 乃成君子 至於至聖 豈不欽歎哉."

근래로 내려오면서 온 세상 사람들이 각각 자기 자신만을 위하는 마음을 가져서 천리(天理)를 따르지 아니하고 천명(天命)을 돌아보지 않는 것이다.8)

그리고 당시의 사회 실정에 대해서 조선은 오랫동안 하늘을 공경하고 따르지 않으며 도덕이 불순했으므로 상해(傷害)의 운이 되었고, 서양은 물질문명의 발달과 더불어 약소국가를 침략하고 있다고 비판했다.

이러므로 우리나라는 악한 병이 세상에 가득차서 백성은 사시에 편안할 때가 없으니, 이 또한 상해의 운수요, 서양 사람은 싸우면 이기고 치면 빼앗아 일에 이루지 못하는 것이 없으니……9)

이러한 세상에 대한 실망스런 마음을 수운은 '효박(淆薄)한 세상'이라고 하여 안타까워하고 있다.

효박(淆薄)한 이 세상에 사람들은 어찌 해서 천명을 돌아보지 않는단 말인가?10)

효박(淆薄)한 이 세상에 그 근본을 잊지 않도록 하여라.11)

---

8) 『동경대전』 「포덕문」, "又此挽近以來 一世之人 各自爲心 不順天理 不顧天命"
9) 『동경대전』 「포덕문」, "是故, 我國 惡疾滿世, 民無四時之安, 是亦傷害之數也. 西洋 戰勝功取, 無事不成而天下盡滅, 亦不無脣亡之歎. 輔國安民, 計將安出."
10) 『용담유사』 「권학가」
11) 『용담유사』 「권학가」

효박(淆薄)한 이 세상을 동귀일체 시키지 않으시겠느냐?12)

여기서 본 수운의 현실인식에 따른 비판은 유교적 가치관에서 연유한 이상적 질서에서 그 연원을 두고 있는 것으로 보인다. 이는 『동경대전』 「포덕문」에서 중국의 전설적인 임금이자 유교적 이상세계의 모델이 되어온 '오제(五帝)'가 다스리던 시대가 '천명을 공경하고 천리에 순종하던 시대'였으며 이러한 시대정신이 이어오지 못했으므로 당시의 세상과 같은 무도와 혼란이 난무하는 시대가 되었다는 것이다. 그래서 당대 세상의 기존의 법으로는 더 이상 돌이킬 수 없는 극단적인 상황에까지 이르게 되었다고 본 것이다.

아서라 이 세상은 요순(堯舜)의 정치라도 족히 베풀 수가 없고 공자 맹자의 도덕으로도 족히 말할 수가 없도다.13)

요순(堯舜) 임금이나 공자 맹자와 같은 성인의 법으로도 이상적인 세상이 이루어지기 힘들다는 수운의 현실 비판은 개벽(開闢)의 필요성에 대한 대망(待望)으로 전개된다. 그러나 이는 "유학적 윤리규범 자체나 공맹에 대한 부정이 아니라, 윤리규범이 외재적 형식으로 굳어버림으로써 인간 내면에 호소하는 자율적 실천 덕목으로서의 기능을 상실하고 현실과 유리되어가는 현상을 비판한 것이다."14)

---

12) 『용담유사』 「도덕가」
13) 『용담유사』 「몽중노소문답가」
14) 동학학회, 『동학과 전통사상』, 모시는사람들, 2004, p.77.

강산구경 다던지고 인심풍속 살펴보니 부자유친 군신유의 부부
유별 장유유서 붕우유신 있지마는 인심풍속 괴이하다.15)

위의 내용은 수운이 봉건적 유교의 사회질서를 비판하면서도 전
승되어야 할 유교의 예법에 대하여 이를 망각한 근대의 사회적 풍속
에 대하여 통탄한 마음을 보이는 것이다. 유교사회질서 및 유교적
가치관의 해체 과정에 놓인 당시의 사회적 상황에 대하여 기본적인
유교적 윤리를 고수하려는 수운의 의지가 보이는 대목이다.

수운은 현실을 비판하는 과정에서 피지배층에게 봉건사회의 질
서를 비판하고 자각하는 동기를 부여하고 하원갑(下元甲)의 새로운
이상사회를 향한 희망을 제시하였다. 수운의 사회비판 기준은 '한
번 다스려지면 한 번 어지러워진다.'는 유교적 순환사관과 맹자의
천명사상에 근거를 두었다.16) 이러한 사관과 사상을 토대로 수운은
19세기 서세동점(西勢東漸)의 시기에 보국안민(輔國安民)을 하지
못한 기득권 세력을 비판했다. 동시에 민중에 기초한 근대적 민족국
가 형성의 사상적 토대를 마련함으로써 평등주의를 통한 하층민중

---

15) 『용담유사』 「권학가」
16) 맹자가 전 인류의 역사를 왕도에 의한 치세 난세의 반복 과정으로 규정한 것과
는 달리 19세기 중엽 당시를 불고천명(不顧天命) 불순천리(不順天理)의 난세로
간주하고, 천리와 천명에의 순응을 기준으로 해서 역사를 해석하려 한 점이 다르
다. 다시 말하면 각자위심(各自爲心)의 민심 이탈과 방향 상실의 무규범 상태에
까지 이른 조선왕조 사회의 혼란상을 도덕적 타락에 기인한 사회질병으로 진단
하여 천명이 이미 왕조를 떠난 것으로 단정하고 동학에 의하여 후천개벽이 불가
피하다는 것을 합리화했다.(황선희, 「한국 근대사상과 민족운동」, 『한국민족운
동사연구』 제14집, 한국민족운동사학회, 1996, p.57.)

의 정치 참여의 전기를 마련한 근대성을 발현하였다. 또한 '시천주'로서의 주체적 자각을 통해 봉건적 신분 차별을 철폐하고 만인이 다 같은 군자로서 평등하다는 인식과 더불어 천하를 만인의 공유물로 생각하게 하는 계기를 마련했다. 이는 동학의 사상적 근대성을 드러낸 것이요, 인간 중심주의가 초래한 근대의 역사적·사회적 상황 극복과 관련하여 '패러다임 전환'을 내포한 것이라는 점에서는 근대성을 넘어선 것이다.[17]

2) 강증산(姜甑山)

증산 강일순(1871-1909)은 조선왕조 고종 8년 신미(辛未)년에 전라도 고부군 우덕면 객망리에서 태어났다. 24세 되던 해에 동학혁명(東學革命)이 일어났는데, 겨울이 되면 패망할 것을 예언하여 사람들에게 적극 가담치 말 것을 권유하였다.[18] 동학혁명은 실패로 끝나고, 이로 인한 경제적 수탈과 정치적인 혼란에서 비롯한 억압, 전염병, 세상인심의 흉흉함, 외세의 침략, 가치관의 혼란 등에서 오는 민중이 겪는 고통을 몸소 체험한 그는 고통받는 민중을 구제하기 위해서 25세부터 1년간 동양의 전통 사상인 유불선(儒佛仙) 음양참위(陰陽讖緯)를 비롯한 많은 책을 읽게 되었다.[19]

한국사회가 근대사회에 접어들면서 직면하게 되는 사회적 모순은 민중에 대한 지배계급의 억압과 수탈을 의미하는 계급모순과,

---

17) 최민자, 『동학사상과 신문명』, 도서출판 모시는사람들, 2005, pp.190-191.
18) 『대순전경』 1장 14절
19) 『대순전경』 1장 27절

민족의 역사가 민족의 자주적 결단에 의해서가 아니라 외세 열강의 이해관계에 의해 결정되는 민족모순으로 나타난다. 이와 같은 사회의 모순이 심화될수록 이를 극복하려는 노력은 광범위하게 전개된다.[20] 증산은 이를 극복하기 위한 노력으로 사회적 현실을 비판하고 대안으로 방법을 제시한다.

증산은 기존사회의 현실에 대해서 두 가지 관점에서 논하고 있다. 첫째는 구체적이고 현실적인 부분에 대한 설명으로 이어지고 있으며, 둘째는 선천과 후천이라고 하는 거시적인 구분에 의한 범주의 인식을 보인다. 구체적 현실에 대한 증산의 인식은 다음과 같다.

> 혁명 난(革命亂) 후로 국정(國政)은 더욱 부패(腐敗)하여 세속(世俗)은 날로 악화(惡化)하고 관헌(官憲)은 오직 포악(暴惡)과 토색(討索)을 일삼고 선비는 허례(虛禮)만 숭상(崇尙)하며 불교(佛敎)는 무민혹세(誣民惑世)만 힘쓰고 동학(東學)은 혁명(革命) 실패(失敗) 후에 기세(氣勢)를 펴지 못하여 거의 자취를 거두게 되고 서교(西敎)는 세력(勢力)을 신장(伸長)하기에 진력(盡力)하니 민중(民衆)은 고궁(苦窮)에 빠져서 안도(安堵)할 길을 얻지 못하고 사위(四圍)의 현혹(眩惑)에 싸여 의지할 바를 알지 못하여 위구(危懼)와 불안(不安)이 온 사회를 엄습(掩襲)하거늘[21]

> 상제 비록 미천(微賤)한 사람을 대할지라도 반드시 존경(尊敬)하시더니 형렬(亨烈)의 종 지남식(池南植)에게도 매양 존경하시거

---

20) 노길명, 「한국 신흥종교의 민족의식과 사회변동 : 초기 증산교운동을 중심으로」, 『인문대론집』 15, 고려대학교, 1997, p.218.
21) 『대순전경』 1장 27절

늘 형렬이 여쭈어 말씀드리기를 "이 사람은 나의 종이오니 존경치 말으소서." 상제 말씀하시기를 "이 사람이 그대의 종이나 내게는 아무 관계(關係)도 없나니라." 하시며 또 일러 말씀하시기를 "이 마을에서는 어려서부터 숙습(熟習)이 되어 창졸간(倉猝間)에 말을 고치기 어려울지나 다른 곳에 가면 어떤 사람을 대하든지 다 존경하라." <u>이 뒤로는 적서(嫡庶)의 명분(名分)과 반상(班常)의 구별(區別)이 없느니라.</u>22)(밑줄 필자)

양반을 찾는 것은 그 선령의 뼈를 오려내는 것 같아서 망하는 기운이 이르나니 그러므로 양반의 습속(氣習)을 속히 빼고 천인(賤人)을 우대하여야 속히 좋은 시대가 이르리라.23)

특히 서양의 문명에 대해서는 더욱 신랄한 비판을 가한다.

서양에 날아다니는 기계가 있어 흉기를 싣고 다니며 재앙을 퍼붓다가.24)

현대문명은 다만 물질과 사리(事理)에만 정통(精通)하였을 뿐이요 도리어 인류의 교만과 잔폭(殘暴)을 길러내어 천지를 흔들며 자연을 정복하려는 기세(氣勢)로써 모든 죄악을 꺼림 없이 범행

---

22) 『대순전경』 3장 5절
23) 『대순전경』 6장 6절
24) 李重成, 『天地開闢經』, 「乙巳篇」 8章, 大道研修院 附設 龍鳳出版, 1992, p.234. "曰西國에 有飛器하야 載凶肆虐하리니." 이후부터 『天地開闢經』으로 표기함.

하니 신도(神道)의 권위가 떨어지고 삼계(三界)가 혼란하여 천도(天道)와 인사(人事)가 도수(度數)를 어기는지라.25)

서양의 문명이 인류에 죄악을 끼치고 결국에 큰 혼란을 야기한다고 생각한 증산은 이 또한 근대비판의 대상으로 바라보았다. 그러나 서양의 문명을 지하신(地下神)이 천상으로부터 받아내어 인간에게 전한 것이라고 인식하여 '선천'의 세상에서 잘못 사용한 문명의 이기(利器)를 '후천'에 가서는 사용할 수 있는 것으로 인식하였다.26) 거시적 차원의 세상에 대한 증산의 인식은 다음과 같다.

선천은 상극의 운(運)이라서 악(惡)을 기반으로 하여 삶을 영위함으로 웅패(雄覇)의 세상이요, 후천은 상생의 운이라서 선(善)을 토대로 하여 삶을 영위함으로 성현(聖賢)의 세상이니라.27)

선천의 운수는 상극의 운(運)이니 강약이 상극하고 남녀가 상극

---

25) 『대순전경』 5장 12절
26) 『天地開闢經』, 「壬寅篇」 2장, '大先生曰 我世에 利瑪竇난 神界之主擘이니 可敬也니라. 曰, 利瑪竇之功이 天地에 彌之也니라. 曰, 利瑪竇가 將建設仙境하야 東來러니, 政敎積弊하야 知不可爲하고 作曆하야 明民時하고, 率東方文明之神하야 越西이니라. 曰, 天地之間에 開水火旣濟之運者 瑪竇오, 曰 天地之間에 開放神域者 瑪竇也라.' p.40.
앞의 책, 「戊申篇」 17장, '曰, 京石아. 在前하야난 汝聽於我어니와, 自今하야난 我聽於汝호리니, 西來器物을 用之可乎아, 捨之可아. 京石이 對曰, 似可爲利於用也니이다. 曰, 汝言이 是也라. 西來器物이 模形天上仙境之制하니, 爲我世之用하노라.' p.504.
27) 『天地開闢經』, 「辛丑篇」 11장, '先天은 相克之運이라 以惡爲生하니 雄覇之世也오, 後天은 相生之運이라 以善爲生하니 聖賢之世也니라.' p.32.

하고 빈부가 상극하고 귀천이 상극하여 천하의 모든 사물이 상극하니 웅패(雄覇)의 세상이니라.[28]

묵은 하늘이 오로지 사람 죽이는 공사(公事)만 하므로 내가 고치겠으나.[29]

선천에는 상극지리(相克之理)가 인간 사물을 맡았으므로 모든 인사(人事)가 도의(道義)에 어그러져서 원한이 맺히고 쌓여 삼계(三界)에 넘침에 마침내 살기(殺氣)가 터져 나와 세상에 모든 참혹한 재앙을 일으키나니 그러므로 이제 천지도수(天地度數)를 뜯어고치며 신도(神道)를 바로잡아 만고(萬古)의 원을 풀고 상생의 도(道)로써 선경(仙境)을 열고 조화정부(造化政府)를 세워 하염없는 다스림과 말없는 가르침으로 백성을 화(化)하여 세상을 고치리라.[30]

증산이 바라본 '선천' 세상은 원래부터 잘못 만들어진 구조로 되어 있었고 이로 인하여 원한이 발생했다고 인식했기 때문에 구조적인 모순을 해결하여 '상생'의 세상을 만들려고 한 증산의 의지가 보인다. '원(怨)'과 '한(恨)'으로 얼룩진 기존의 세계질서에 대하여

---

[28] 『天地開闢經』,「壬寅篇」5章, '先天은 相克之運也니 强弱이 相克하고 男女가 相克하고 貧富가 相克하고 貴賤이 相克하야 天下之事事物物이 皆相克하니 雄覇之世也라.' pp.48-49.
[29] 『天地開闢經』,「己酉篇」8章, '曰舊天이 專爲殺人之公事故로 我改之나.' p.608.
[30] 『대순전경』 5장 4절

증산은 '묵은 하늘의 질서'라고 평하고 그릇된 도수(度數) 때문에 여기서부터 모든 문제가 발생했다고 보았다. 그러나 증산사상 전반에 깔려 있는 내용을 볼 때 기존의 세계질서 또한 유구한 우주질서 속의 하나로 간주하고 있음을 알 수 있다. '원형리정(元亨利貞)', '생장염장(生長斂藏)'의 이치를 받아들이는 증산의 순환적 사고를 볼 때 증산이 언급한 '묵은 하늘' 역시 큰 범주에서는 필요한 우주순환의 구조라고 인식했다고 본다.

3) 홍수전(洪秀全)

수전은 1814년(嘉慶 18년) 광동성 화현(花縣)에서 셋째 아들로 태어났다. 객가(客家)출신인 수전은 어린 시절부터 사서오경(四書五經)을 위주로 한 유교서적을 배웠으며 이것이 그의 교양의 배경이 되었다. 16세가 되자 가정형편 때문에 서당을 그만두고 학우와 함께 1년간 독서하였으며 18세 때에는 고향에서 교사에 임명되었다.[31] 네 번에 걸친 과거시험에 낙방한 그는 다시는 청조의 과거를 치지 않고 스스로 과거시험 제도를 만들고 인재를 뽑겠다는 결심을 하게 된다.

수전은 두 번에 걸친 계기를 통하여 당시의 사회를 비판 혹은 변혁의 대상으로 여기게 된다. 이 시기의 사회적 상황은 남경조약과 이듬해 맺어진 호문조약(虎門條約) 등 부속조약에 의해 중국은 불평등조약 체제에 편입되게 되었다. 또 대내외적으로 청조의 권위는

---

31) 簡又文, 『太平天國起義記』, 中華書局, 1967, pp.837-838.

심각하게 실추되었다. 국내적으로는 18세기 말 이래 현저해진 사회 질서의 붕괴와 재편이 가속되었다.32) 아편전쟁 이후 중국이 빠른 속도로 반식민지로 전락하고 중국 사회의 모순이 점점 본격화되어 가는 과정에서 발생한 최초의 커다란 사건이 태평천국 운동이었다. 이 운동의 기본적 성격은 조직된 농민운동이며, 기독교 정신에 의해 지도되었다는 점이 큰 특징이다.33)

전통적인 유교경전의 교육을 받고 과거(科擧)를 통하여 이루려고 한 희망이 좌절되었으며, 이에 대한 회의와 불만의 확장으로 자신의 불운을 시대적 불운함의 산물로 간주하여 세상을 바꾸려는 생각을 하게 된 것이 첫 번째 경우에 해당한다. 과거에 세 번째 낙방한 후 열병을 앓는 가운데 본 환몽(幻夢)과 『권세양언』이라는 기독교 복음서와의 만남이 두 번째 계기가 된다.

수전이 과거시험에 응시하여 낙방한 것은 반란 지도자로 변신하는 것과 직접적인 동기가 되었다고 볼 수 있다. 수전은 과거를 통해 공명을 획득하는 데에 자신의 앞날을 걸었으나 연이은 낙방에 크게 실망하였고, 자신의 낙방이 과거제도 나아가 그 운영상의 문제에 원인이 있다고 생각하였으며 이러한 회의와 불만은 차츰 청 조정에 대한 불만으로 전환되었다. 그리고 당시 사회의 부패상을 관찰한 그는 사회적 문제를 난세의 산물이라고 인식하였고 난세를 바꿀 수 있는 진리를 찾기 시작하였다. 그래서 수전은 기존의 세상을 총체적으로 바꾸려는 생각을 가지게 되었다.34)

---

32) 강진아, 『문명제국에서 국민국가로』, 창비, 2010, p.47.
33) 시게자와 도시로/이혜경, 『역사 속에 살아 있는 중국사상』, 예문서원, 2003, p.242.
34) 최진규, 「홍수전의 환몽과 상제교의 창립」, 『史叢』 제 43집, 1994, pp.148-

환몽(幻夢)과 『권세양언』의 영향35)으로 새로운 종교에 귀의하게 되고 상제교를 창립하게 된다. 수전이 병을 앓는 가운데 지은 시는 청조(靑朝)의 통치에 대한 비판의식과 수전의 포부를 나타내고 있다.

바닷가에 잠긴 용 하늘 놀라게 할까
잠시 한가로움을 틈타 연못에서 도약하네.
풍운(風雲)이 함께 불어오길 기다려
천지사방(天地四方)에 날아올라 건곤(乾坤)을 정하리.36)

수전의 현실인식과 비판은 19세기 전반 청조 치하의 제반문제와 함께 서양 자본주의 세력의 영향이라고 하는 시대적 상황과 배경으로 발생했다.37) 과거의 실패로 인한 내적 갈등과 좌절을 국내적인

150.

35) 홍수전의 환몽과 『권세양언』을 대비해 보면, 『권세양언』은 사람들은 먼저 자신을 깨끗하게 씻고 새로운 마음을 얻은 다음에 비로소 천국에 들어갈 수 있다고 하였고 꿈속에서 홍수전은 천부의 전당에 오르기 전에 먼저 배를 가르고 심장을 바꾸고 전신을 깨끗이 씻었으며, 『권세양언』 『시편』의 상제는 천상에서 세상 사람을 하나하나 관찰할 수 있다는 말을 인용하고 있는데 환몽 속에서 천부는 홍수전을 대령하고 세상의 상황을 내려다보며, 『권세양언』에서 신을 믿는 자는 '성신의 도(刀)'를 패용할 것을 제기하는데 환몽 속에서 천부는 홍수전에게 한 자루의 보도를 하사하며, 『권세양언』이 신 여호와를 신야화화로 번역하고 있는데 홍수전은 화화가 신야의 이름을 피휘한 것으로 잘못 알아 환몽 속에서는 상제에 대한 호칭을 신부로 쓰고 있는 점 등이 관련이 있다.(최진규, 앞의 책, p.171.)

36) 楊家駱主編, 「洪仁玕自述」 『太平天國文獻彙編』 第2冊, 鼎文書局, 1973, p.848. "龍潛海角恐驚天, 暫且偸閑躍在淵, 等待風雲齊聚會, 飛騰六合定乾坤."

37) 국내적인 문제로는 통치 질서의 이완, 인구 압박과 사회·경제적인 문제, 비밀결

부패상황에 대한 원인에 의한 것으로 생각하였다면, 서양 세력과 함께 들어온 기독교는 서양 세력의 상징으로 인식되었고 수전은 상제에 귀의하여 상제교(上帝敎)를 창립함으로써 스스로 청조를 타도하는 사명을 부여받은 것으로 생각하였다. 상제교는 기본적으로 기독교 교리를 받아들였지만 중국의 전통적인 사상과 결합하였고 차츰 현세적인 구세관을 제시함으로써 반란이념으로 성장하였다.[38]

『원도구세가』에서 중국역사에서 반고 이래 삼대(三代)의 시기까지는 임금과 신하와 백성이 함께 상제를 숭배하였으나 이후부터 지금까지 잘못된 봉건질서의 체제 속에서 상실된 천하일가(天下一家)라는 보편적 세계주의 관념이 다시 대두되어야 한다고 주장하였다.

> 천부상제(天父上帝)는 모든 사람의 어버이이며 천하는 일가(一家)로서 예부터 전해왔다. 반고(盤古) 이래 삼대(三代)에 이르기까지 군민(君民)은 일체가 되어 황천(皇天)을 경배했다. 그 옛날 왕자(王者)는 상제를 숭배했고 제후(諸侯)·사(士)·서민(庶民)도 역시 모두 그러했다. … 천하는 모두가 형제이고 영혼(靈魂)은 똑같이 천(天)에서 나왔도다.[39]

사의 활약, 토객(土客)의 대립 등이 태평천국의 발생지인 광서성과 주된 진군로인 호남지방 및 양자강 유역에서 심각성을 띠고 있다. 대외적인 문제로는 제1, 2차 중영전쟁을 겪으면서 무역항의 확대와 국내 운송 루트의 변경으로 인한 실업 및 전쟁 배상금 납부를 위한 세금 증가 등이 운송노동자와 농민의 생활 여건을 압박하였으며 특히 서구 세력과 함께 들어온 기독교도 중요한 동기로 작용하였다.(최진규, 「태평천국운동의 성격」, 『다시 쓰는 근현대사 시리즈(2)』, 동북아문화연구원, 1997, pp.172-173.)

38) 최진규, 앞의 책, p.175.

이는 수전이 중국 고대 삼대(三代)의 시기를 바람직한 이상사회의 모델로 본 원고(遠古)에 대한 동경과 회귀적 인식을 지녔음을 알 수 있다. 그리고 19세기 근대 중국의 사회현상에 대한 강렬한 부정은 반봉건적인 인식과 더불어 이상세계에 대한 갈망으로 수전이 상제교를 종교적 구세관에서 혁명에 의해 현실을 개혁하려는 정치적 구세관으로 변화시키는 바탕이 되었다.40)

4) 강유위(康有爲)

강유위(康有爲, 1858-1927)는 중국 광동(廣東) 광주부(廣州府) 남해현(南海縣)에서 대대로 정주학(程朱學)을 받들어온 봉건 관료지주 가정에서 태어나 주차기(朱次琦)에게 몇 년간 수학했고 나중에 유가와 불가의 경전41) 제자백가 학설 그리고 서양서 번역본을 연구

---

39) 『原道救世歌』 "天父上帝人人共, 天下一家自古傳, 盤古以下至三代, 君民一体敬皇天, 其時狂者崇上帝, 諸侯士庶亦皆然. … 普天之下皆兄弟, 靈魂同是自天來."
40) 최진규, 「태평천국 상제교의 정치적구세관」, 『대구사학』 제86집, 2007, p.151.
41) 실제로 강유위 자신이 쓴 연보에 시치아오산에 들어가 있으면서 오로지 도교나 불교 관계 책만 읽었다고 쓰여 있다. 청말 당시 강유위를 비롯한 많은 지식인들이 불교에 관심을 갖게 된 배경에는 당시 중국의 정치 사회 상황과 밀접한 관련이 있다. 중국의 위기 상황을 절감한 지식인들은 모든 것을 空으로 보는 현실 초월 혹은 현실 부정의 입장에 섬으로써, 위기에 처한 중국을 근본적으로 비판하고 극복할 전망을 확보할 수 있었다. 물론 관념적 한계가 있기는 하다. 그러나 당시 체제가 공인한 학문인 유교의 입장을 견지하는 방법으로는 도저히 얻기 힘든, 중국의 앞날에 대한 전망을 불교의 입장에 서면 얻을 수 있었고, 이것이 궁지에 몰린 청말 중국에서 불교가 행한 중요한 역할이기도 했다.(조경란, 『중국 근현대 사상의 탐색』, 삼인, 2003, pp.22-23.)

했으며 변법유신의 이론적 근거를 적극적으로 탐구했다.

그에게 사상적 영향을 크게 준 것으로 중국에서는 『역전(易傳)』의 변역관(變易觀), 금문경학의 탁고개제(託古改制)와 장삼세(張三世)의 학설, 「예운」의 대동사상, 육구연(陸九淵)과 왕양명의 심학(心學)과 불학(佛學), 명청(明淸)시대 진보 사상가들의 '경세치용' 학설과 민주사상 경향 등이 있었고, 서양에서 전입된 것으로는 자연과학의 초보적 지식(특히 진화론 사상), 부르주아 국가의 정치·경제·문화제도에 관한 지식이었다.

그는 이들 중국학과 서양학을 하나로 용해시켜 민족부르주아 상층의 요구를 반영하는 사상체계를 구축했다. "장소에 의하면 문명화라는 세계사적 과정은 '인도주의적 보편원리(人道公理)'와 '화평(和平)'의 길을 이념화할 수 있는 형세를 보여주지만, 그러한 형세는 '경쟁(競)', '투쟁(爭)'의 과정을 통해서 실현된다. 장소는 경쟁을 이상으로 향하는 '진화의 원리'로서 인식한다."[42]

> 오늘날 난세의 인심은 모두가 거대한 조류나 짐승들이 투쟁하여 잡아먹으려고 한 고생물시대로부터 온 것이며, 또한 태고시대의 어렵으로부터 셀 수 없는 시대를 걸쳐 죽이려는 마음을 쌓아 금일이 있게 된 것이다. 그러므로 탐욕과 살육의 마음이 세상에 가득차게 되었으니, 인간의 삶(人道)이 어찌 태평을 이룰 수 있었겠는가? 오늘날 무기(火器)가 날로 증대하고 심지어는 독가스를 제조하여 날이 갈수록 그침이 없어, 살인의 도구가 날로 진보하고 새로워져서 인간의 이러한 그릇된 종자가 유전되어 끊임없이

---

[42] 이규성, 「강유위의 세계의식과 이상사회」, 『철학사상』 제17호, 2003, p.85.

탄생하고 있으니, 인간의 삶에 어떻게 태평의 날이 있게 될 것인가?43)

19세기 말엽부터 20세기 초의 중국은 내우외환 속에 사회불안과 위기가 고조된 극심한 혼란을 겪었다. 안으로는 태평천국 전쟁으로 밖으로는 아편전쟁과 서구열강의 침략, 청일전쟁의 참패로 제국의 영광은 사라지고 기반이 붕괴되는 격변의 시기를 맞았다. 따라서 중국은 반(半)봉건적, 반(半)식민지적 사회로 전락하였고 결국 청조가 멸망하는 상황을 겪게 된다.44)

이와 같은 혼란한 시기에 태어나 성장한 장소는 청일전쟁 패배 후 광서(光緒) 황제를 움직여 변법운동(變法運動)을 일으켰으며 『대동서』를 통하여 이상세계를 구현하려고 하였다.45) 개혁의 시

---

43) 康有爲 撰/姜義貨·張榮貨 編校,「孟子微」,『康有爲全集』第5集, 中國人民大學出版社, 2010, "今者亂世之人心, 皆從大鳥大獸, 期爭口...食面來, 又從太古漁獵而至, 積無量世殺心而有今日. 故貪殺之心極盛, 人道安能致平. 今者火器日盛, 甚且製毒煙藥, 日加而無已, 殺人之器日進日新, ...種流傳, 生生無已, 人道何從有太平之日乎."

44) 최성철,「康有爲의 大同思想 考察 ; 大同書를 中心으로」,『사회과학논총』3, 한양대학교, 1984, p.17.

45) 장소는 초기에 변법유신의 정치적 요구를 위해 광주(廣州) 장흥리(長興里), 만목초당(萬木草堂) 등에서 강연과 저술을 통해 자신의 변법 유신이론을 선전했다. 1888년 강유위는 처음으로 황제에게 글을 올려 변법주장을 제출했다. 1895년의 공거상서부터 1898년 무술정변까지 그는 부르주아 계급의 변법유신 운동을 지도했다. 무술변법 실패 후 그는 해외로 망명했고 보황당의 수령이 되었으며 부르주아 민주혁명에 반대했다. 강유위의 개혁사상은 기본적으로 유교에 기초하고 있었지만 변화를 추구하는 공양학(公羊學) 계통이었다. 서양이 강하게 된 이유를 도(道)와 기(氣)가 합일된 덕분이라고 본 그는 제도개혁으로 성공한 대표적인 국가로 일본을 꼽았다. 황제가 동의한 무술개혁은 유교중심의 과거제도를 고쳐 실용적인 학문을 시험하며, 민간주도의 상공업을 진흥시키고, 관제와 법제를 효

기에 장소는 중국은 오제 이후 당시의 시기까지를 소강의 시대로 간주하고 있으며 진화를 추구함으로써 공자의 뜻을 이어가야 한다고 주장하였다. 그러므로 오늘날 전 지구는 진화와 퇴화, 쾌락과 고통을 함께할 수밖에 없다고 한다. 개혁운동의 시기 중국을 승평세로 간주했던 강유위가 『대동서』 곳곳에서 현실을 난세 또는 거란세로 표현한 것은 그의 정치적 입장이 망명 시기 이후 한 단계 후퇴해 대동 세계와 거리가 더 멀어진 사실과 관련이 있다.46)

『대동서』에서 장소는 현실의 문제를 거시적인 관점에서 언급하고 있으며 인간이 세상에서 느끼는 모든 괴로움을 여섯 가지로 분류하고, 고통을 낳는 아홉 개 경계를 국가 분별의 경계(國界), 계급(신분) 분별의 급계(級界), 인종 분별의 종계(種界), 남녀 성별의 형계(形界), 가족 분별의 가계(家界), 직업 분별의 산계(産界), 정치 모순의 난계(亂界), 생물종 분별의 유계(類界), 욕구 불만의 고계(苦界)로 나누고 있다. 그러므로 이 9계로 인해서 발생하는 문제점을 모두 타파하여 이상세계를 구현할 수 있다고 주장한다.

장소의 유토피아론은 19세기 말 제국주의하의 정치 및 종교 개혁운동과 관련해 형성되기 시작했으나 『대동서』는 현실 정치와 단절된 후의 순수한 미래 지향의 유토피아론이다.47) 장소는 당시의

율적으로 개혁하며 신사층이 정치에 참여할 수 있는 의회제도를 개설하고, 상주제도와 군제를 개혁하는 등 거의 모든 방면에 걸쳐 있었다. 그러나 보수파(완고파와 양무파)의 반격과 개혁파의 취약한 지지기반은 황제의 명령조차도 제대로 실행할 수 없도록 만들었다. 결국 100일 동안 진행되던 무술개혁은 서태후를 중심으로 한 반대파의 구데타(무술정변)로 종결되었다.(리쩌허우/임춘성, 『중국근대사상사론』, 한길그레이트북스, 2005, pp.185-186.)

46) 조병한, 「「대동서」와 중국 최초의 근대 유토피아론」, 『비평 통권』 7호, 2002, p.317.

사회를 중국의 전통적 제도뿐 아니라 서구의 제도 역시 비판적인 입장에서 평가하였다. 그는 인간에게 고통을 주는 제반요인의 원인이 되는 제도상의 문제점을 밝혀서 개혁을 통하여 이상세계 실현에 다가가고자 했다. 그의 정치개혁론은 중국사회의 여러 가지 인습에 대한 비판과 서양의 물질적인 면에서의 발전만을 중시하는 양무론(洋務論)의 비판 위에서 성립된다.

따라서 그의 개혁론은 중국사회의 모순점을 극복하여 시대에 맞는 정치제도를 개혁함으로써 위기에 처한 중국을 구제하고 부강하게 만들려는 데 그 목적이 있었으나 실패로 끝나고 말았다. 장소의 대동사상은 전 인류의 행복이 유일한 목적이었으므로 그가 그리는 대동사회는 전 인류가 고통으로부터 완전히 해방되어 행복한 삶을 누리는 이상세계이다.[48]

이러한 장소의 대동기획을 '공상적' 사회주의 계열이나 '몽상적' 유토피아사상 등으로 평가하는 부류의 비판적 관점을 지닌 사람들이 있다. 그러나 필자는 장소의 사상이 시대를 앞서 갔기 때문에 거시적인 안목이 부족한 사람들로 하여금 실현 불가능한 공상 또는 몽상으로 여기게 한 동기를 부여했다고 본다.

---

47) 조병한, 앞의 책, p.326.
48) 최성철, 「강유위의 대동사상 연구」, 『통일안보논총』 제4호, 2002, p.231.

2. 각 사상가의 유토피아니즘 형성배경

1) 최제우의 득도(得道)와 개벽(開闢)

경신년(庚申年, 1860) 4월 5일 수운은 가장 결정적인 종교체험을 하게 되는데, 이는 마음에 모시고 있는 절대자인 한울님을 깨달음으로 해서 이 한울님과 합일의 경지가 되는 것이다. 이를 『도원기서』나 『천도교창건사』에서는 다음과 같이 묘사하고 있다.

> 얼마 있지 않아서 몸이 떨리고 추운 기운이 있고, 마음이 안정되지 않아서 이내 일어나 돌아오게 되었다. 정신이 혼미하고 미친 것 같기도 하고, 술에 취한 것 같기도 하여, 엎어지고 넘어지고, 마룻바닥을 치며 몸이 저절로 뛰어오르고 기(氣)가 뛰놀아 병의 증상을 알 수 없으며, 말로 형용하기도 어려울 즈음에 공중으로부터 완연한 소리가 있어 자주 귀 근처로 들려오는데, 그 단서를 알 수가 없었다.[49]

이런 상태는 그치지 않고 계속 진행되다가 한울님의 기운과 수운의 기운이 하나가 되어 만나게 되는 '접령(接靈)'하는 기운을 밖으로 느끼게 되고, 안에서는 '오심즉여심(吾心卽汝心)'의 가르침인 한울님의 가르침이 들려왔다고 말하고 있다. 이는 샤머니즘의 전통이

---

[49] 윤석산 역주, 『道源記書』, 문덕사, 1991, pp.24-25.

수운에게 이르러 '환청의 성무식' 또는 '공수받기의 내림굿'과 같은 형태로 전해진 것으로 볼 수 있다. 즉, 샤먼적 이니시에이션 그리고 그것에 겹친 신비 체험을 겪고는 제민구세(濟民救世)의 소임을 스스로에게 지운 사람을 수운이라고 볼 수 있다.50)

> 뜻하지 않았던 어느 4월에 마음이 춥고 몸이 떨리어 무슨 병인지 그 증세를 알 수가 없고 말로서도 형언하기 어려울 때에 어느 신선의 말이 문득 귀에 들려오는지라.51)

> 몸이 몹시 떨리고 추우며, 밖으로는 접령(接靈)의 기운이 있고 안으로는 강화(降話)의 가르침이 있는데, 보이는 가운데 보이지 않고 들리는 가운데 들리지 않는지라.52)

위의 과정을 통하여 한울님에게 '무극대도'라고 하는 '천도(天道)'를 받는 종교체험을 구체적으로 언급하는 내용이 『동경대전』과 『용담유사』에서 보인다.

> 천은(天恩)이 망극하여 경신 사월 초오일에
> 글로 어찌 기록하며 말로 어찌 성언할까
> 만고 없는 무극대도 여몽여각(如夢如覺) 득도로다

---

50) 김열규, 『동북아시아 샤머니즘과 신화론』, 아카넷, 2003, p.65. p.354.
51) 『동경대전』 「포덕문」, "不意四月 心寒身戰 疾不得執症 言不得難狀之際 有何仙語 忽入耳中"
52) 『동경대전』 「논학문」, "身多戰寒 外有接靈之氣 內有 降話之敎 視之不見 聽之不聞"

기장하다 기장하다 이내운수 기장하다.53)

사월이라 초오일에 꿈일런가 잠일런가
천지가 아득해서 정신수습 못할러라
공중에서 외는 소리 천지가 진동할 때
……
이내신명 좋을시고 불로불사(不老不死) 하단말가54)

꿈일런가 잠일런가 무극대도 받아내어
정심수신(正心修身) 하온 후에 다시앉아 생각하니
우리 집안 여경(餘慶)인가 순환지리 회복인가
어찌 이리 망극한고 전만고(前萬古) 후만고(後萬古)를
역력히 생각해도 글도 없고 말도 없네55)

나도 또한 이 세상에 천은(天恩)이 망극하여
만고 없는 무극대도 여몽여각(如夢如覺) 받아내어
구미용담 좋은 풍경 안빈낙도 하다가서
불과 일년 지낸 후에 원처근처(遠處近處) 어진선비
풍운같이 몰려드니 낙중우락(樂中又樂) 아닐런가56)

수운은 '천도'인 '무극대도'의 구체적 표상인 '영부(靈符)'와 '주문

---

53) 『용담유사』 「용담가」
54) 『용담유사』 「안심가」
55) 『용담유사』 「도수사」
56) 『용담유사』 「안심가」

(呪文)'을 한울님으로부터 받고 세상 사람들을 가르치고 구하라고 든는다.『동경대전』에서는 영부를 "이름은 선약(仙藥)이지만, 그 형체는 태극(太極)이요, 또 다른 형체는 궁궁(弓弓)이다."라고 말하고 있으며,『용담유사』「안심가」에서는 영부를 받는 장면을 "삼신산 불사약을 사람마다 볼까보냐 … 진시황 한무제가 무엇 없어 죽었는고 내가 그때 났더라면 불사약을 손에 들고 조롱만상 하올 것을"이라고 노래하고 있다.

수운은 '영부'를 한울님의 기운과 마음을 회복함으로써 깨닫게 되는 '한울님의 무궁성', '생명의 무궁성'으로 '내 안[57])에 있는 것으로 보았다. 그래서 이를『동경대전』「수덕문」과「논학문」에서 다음과 같이 언급하였다.

> 가슴에 불사약을 지녔으니 그 형상은 궁을(弓乙)이요, 입으로 장생하는 주문(呪文)을 외우니 그 글자는 스물한 자이다.[58])

> 이제 너에게 무궁 무궁한 도(道)를 내려 주었으니, 닦고 단련하여 그 진리를 글로 지어 사람들을 가르치고 그 법을 바르게 정해서 덕을 펴라. 그리하면 너로 하여금 장생하게 해서 천하에 빛나게 하리라.[59])

수운은 장생불사의 약을 가슴에 지니고 있다는 것을 '시천주(侍天

---

57) 정혜정,『동학의 한울교육사상』, 도서출판 모시는사람들, 2007, p.222.
58)『동경대전』「수덕문」, "胸藏不死之藥 弓乙其形, 口誦長生之呪 三七其字."
59)『동경대전』「논학문」, "汝無窮無窮之道, 修而煉之, 制其文教人. 正其法布德 則, 令汝長生, 昭然于天下矣."

主)'와 같은 맥락에서 이해하고 있다. 수운은 자신의 종교체험을 21자 '시천주' 주문으로 집약했으며 내재적 불사약인 궁을(弓乙)과 주문(呪文)을 동일시하여 장생(長生)을 얻을 수 있는 방편으로 인식했다고 볼 수 있다. 그러므로 이는 수운 자신이 영적으로 한울님을 접견한 종교적 체험인 내재성과 초월성의 일치를 모든 민중에게 가능한 보편적인 것으로 인식했다는 것을 의미한다.

수운의 깨달음인 '득도'는 곧 '개벽'을 맞이하여 이를 일반 민중에게 보편화시킬 사명과도 연결된다. '무왕불복'의 '다시개벽'에 대한 인식은 수운으로 하여금 이상세계 지향의 동기를 부여했으며 실천윤리를 제시하는 바탕이 되었다.

2) 강증산의 득도(得道)와 해원(解冤)

증산은 세태와 인정을 몸소 체험하기 위하여 27세경부터 3년여에 걸쳐 전국을 돌아다니게 되었고[60] 민족과 인류를 구제하기 위하여 모든 일을 자유자재로 할 수 있는 권능을 얻지 않고는 뜻을 이룰 수 없다고 생각하여 31세 되던 1901년에 전주 모악산 대원사(大院寺)에 들어가서 수도를 하여 천지대도인 '중통인의(中通人義)'의 도를 얻었다고 한다.[61]

증산은 선천세상의 모든 종교의 도를 '상통천문(上通天文)과 하찰지리(下察地理)'라고 규정하고 자신이 이룬 것에 대하여 '중통인

---

60) 『대순전경』 1장 27절, 1장 29절
61) 『대순전경』 2장 1절

의'의 도라고 하여 기성종교와 차별성을 두었다.62) 이와 같은 득도를 통하여 증산이 광구창생(廣求蒼生)을 위하여 인식한 중요한 문제가 바로 '해원(解冤)'이었다.

왜냐하면 선천이라고 하는 기존의 세상에서 발생한 '원(怨)'과 '한(恨)'을 풀지 않고서는 이상세계를 이룰 수 없다고 확신했기 때문이다. 그러므로 증산은 선천세상에서 발생한 모든 존재의 '원'과 '한'을 풀어주기 위한 방편으로 '해원공사'라고 하는 종교의 제의적 행위를 진행한다.

증산이 '중통인의'의 권능으로 이상사회인 '후천선경(後天仙境)'을 열기 위하여 9년간(1901-1909)에 걸친 과정을 보내는데, 이와 같은 증산의 모든 행위를 '천지공사'63)라고 한다. 세상에 대한 인식과 비판에 따른 현실적인 상황이 증산으로 하여금 '광구창생'의 목적을 갖게 했다면 이러한 목적을 실행하기 위한 수행이 '득도'라는 깨달음의 상황으로 전개되었다.

그러나 이상세계 건설을 위한 직접적인 동기는 '해원'에 대한 인식으로부터 시작되었다고 볼 수 있다. 다른 종교의 교주들과 달리 증산은 스스로 옥황상제 혹은 미륵의 화신이라고 믿고 있으며 세상에 현신하게 된 경위와 과정에 대하여 『대순전경』에 다음과 같이

---

62) 예로부터 상통천문(上通天文)과 하찰지리(下察地理)는 있었으나 중통인의(中通人義)는 없었나니 내가 비로소 인의(人義)를 통하였노라. 『대순전경』 6장 76절

63) 이상세계 건설을 위해 9년간에 걸친 증산의 종교 제의적 행위와 관련된 일을 총칭하여 '天地公事'라고 한다. 公事는 그 해당 내용에 따라 '神明公事', '開闢公事', '度數公事', '解冤公事', '返本公事', '臘月公事' 등 다양한 종류의 公事가 있다. 이러한 공사는 특정 사안에 대한 '계획'이라는 의미와 이러한 계획이 실행되도록 할 능력을 증산이 지녔음을 동시에 함의한 개념으로 볼 수 있다.

언급하고 있다.

> 신도(神道)의 권위(權威)가 떨어지고 삼계(三界)가 혼란하여 천도(天道)와 인사(人事)가 도수(度數)를 어기는지라. 이에 이마두(利瑪竇)는 모든 신성(神聖)과 불타(佛陀)와 보살(菩薩)들과 더불어 인류와 신명계(神明界)의 큰 겁액(劫厄)을 구천(九天)에 하소연하므로 내가 서천서역대법국천계탑(西天西域大法國千階塔)에 내려와서 삼계를 둘러보고 천하에 대순(大巡)하다가 이 동토(東土)에 그쳐 모악산(母岳山) 금산사 미륵 금상(彌勒金像)에 임하여 삼십 년을 지내면서 최수운에게 천명(天命)과 신교(神敎)를 내려 대도를 세우게 하였더니 수운이 능히 유교의 테 밖에 벗어나 진법을 들쳐 내어 신도(神道)와 인문(人文)의 푯대를 지으며 대도의 참 빛을 열지 못하므로 갑자(甲子)년에 천명과 신교를 거두고 신미(辛未)년에 스스로 세상에 내려왔노라.64)

> 내가 이 공사를 맡으려 함이 아니로되 천지신명이 모여들어 법사(法師)가 아니면 천지를 바로잡을 수 없다 하므로 괴롭기는 한량없으나 어찌할 수 없이 맡게 되었느니라.65)

> 삼계대권을 주재하여 조화로서 천지를 개벽하고 불로장생의 선경을 열어 고해에 빠진 중생을 건지려 하노라.66)

---

64) 『대순전경』 5장 12절
65) 『대순전경』 4장 167절
66) 『대순전경』 2장 5절

증산은 절대적인 존재로부터 계시나 도를 받아 이를 실현하는 대행자가 아니라 스스로 절대적 권능을 지닌 존재로 생각하고 있다. 이러한 존재인 증산이 '천지공사'라고 하는 실천적 행위를 하는데 있어서의 모티프가 '해원'이다. 천지만물을 해원시킴으로써 후천선경을 건설할 수 있으므로 '천지공사'의 많은 부분이 '해원공사'로 집약된다.

이처럼 이상을 이루기 위하여 실제적인 행위를 행한다는 사상이 바로 '공사사상(公事思想)'이다. 기존 종교의 창시자들이 이상사회를 정신적인 차원에서 설정하거나 죽음 뒤의 이상향으로 관념화시킨 데 비해, 증산은 현재의 세상을 바꾸어 지금 바로 여기에서 이상을 이루어 나가자고 외치며 사상의 대전환을 이룩했다. 증산은 이상사회를 이 세상에 만들어 나가는 일련의 행위를 실제로 행했다고 볼 수 있다. 결국 이상의 현실화작업을 나름대로의 방법을 통해 실현시키려 했다는 점에서 그는 하나의 독특한 사상을 형성한 것이다.[67]

3) 홍수전의 환몽(幻夢)과 천국(天國)

1837년 24세 때 세 번째 과거에 실패하고 낙심하여 열병을 앓고 있을 때, 금발에 검은 옷을 입은 노인으로부터 지상의 악마를 퇴치하라는 사명과 보검을 받는 꿈을 꾸었다고 한다. 병을 앓는 가운데 다음과 같은 시를 지었다고 한다.

---

67) 김탁, 『증산 강일순』, 한국학술정보, 2006, p.31.

손에 건곤(乾坤)의 살벌(殺伐)하는 권한을 잡고,
사(邪)를 베고 정(正)을 두어 백성의 고통을 풀리라.
눈은 서북(西北)의 강산(江山) 밖에까지 이르고
목소리는 동남(東南)의 해와 달까지 진동하네.
발톱을 펴려니 운로(雲路)가 좁고
몸을 솟구치면 은하수 비낌을 걱정하랴.
풍뢰(風雷)는 삼천척(三千尺)의 파도를 일으키고
역상(易象)에 비룡(飛龍)은 바로 하늘에 있네.68)

40일간의 와병이 지나고 다시 일어나면서 지은 시는 다음과 같다.

새벽을 맞는 새는 어찌 그리 나와 같은가
나 이제 왕이 되어 모든 일을 할 수 있으리.
몸은 금조를 비추고 재난은 모두 사라져
용호(龍虎)장군이 모두 (나를) 보좌하리라.69)

'신천상제'로부터 권능을 부여받았다고 생각한 수전이 지상의 왕이 되어 지상의 요마를 몰아내어 이상세계인 '태평천국'을 구현할 수 있다고 생각한 것으로 간주된다. 수전은 『권세양언』이라는 기독교 복음서의 내용이 본인이 꾼 환몽(幻夢)과 많은 부분에서 유사

---

68) "手握乾坤殺伐權, 斬死留正眼解民懸. 眼通西北江山外, 聲震東南日月邊. 展爪似嫌運路小, 騰身何怕漢程偏! 風雷鼓舞三千浪, 易象飛龍定在天." 『太平天國起義記』, p.843.
69) 『太平天國印書』 下, p.763.

성을 지닌다고 확신한 것 같다. 이후 기독교에 귀의한 수전은 가족을 비롯하여 많은 친족들에게 상제를 경배하도록 권하였다.[70] 수전의 이러한 종교에의 귀의(歸依)를 간우문(簡又文)은 "1848년(도광 26)에 이르러 수전에 의해 상제회(上帝會)가 창설되는데 그 이전까지의 단계는 개인의 신앙 활동에 지나지 않았고 이 때 부터 제도화 되었다"고 생각하여 태평기독교가 탄생하였다고 주장하면서 이 해 즉 1846년을 '상제회' 형성의 해로 선정하고 있다.[71]

수전은 『권세양언』을 읽어나가는 도중에 다시 꿈을 꾸었는데 6년 전의 이상한 환몽을 푸는 열쇠가 책 속에 있다고 그는 믿었다. 꿈속에서 본 그 노인이야말로 이 책에서 말하는 '신천상제(神天上帝)'는 여호와이며 그가 악마를 격멸(擊滅)하도록 도와준 연장자는 구세주 예수이고, 악마는 이 책에서 공격하고 있는 유·불·도 3교 및 민간에서 믿고 있던 우상이라고 생각하게 되었다. 그리고 이 책에서 상제가 '여(汝)'라고 호칭한 말은 수전 자신임에 틀림없으며 스스로 악마에 속아 타락해 있는 세상 사람들 즉 영혼의 아버지(魂父: 上帝)의 자녀인 형제자매를 구원하라는 사명을 부여받았다고 생각하였다.[72]

수전은 『권세양언』에서 말한 '무소불능의 권능을 지닌 황상제'와 '천국'에 대한 관념으로부터 영향을 받았다.[73] 수전은 『권세양

---

70) 簡又文, 『太平天國起義記』, 中華書局, 1967, pp.844-850.
71) 簡又文은 拜上帝會 시기의 종교가 1) 초기의 太平基督敎, 2) 太平軍의 基督敎, 3) 太平天國의 基督敎로 나아갔다고 하면서 기독교라는 용어를 사용하였다.(최진규, 『태평천국의 종교사상』, 조선대학교 출판부, 2002, p.120. 재인용)
72) 최진규, 앞의 책, p.122.
73) 최진규, 앞의 책, p.123.(재인용)

언』의 내용에 있는 유일신의 교의에서 계시를 얻어 황상제를 믿었으며, 전통적인 사상과 미신을 반대하였다. 이리하여 수전은 유일신 상제로부터 모든 우상을 타파하고 사람들을 바른길로 인도할 사명을 부여받았다고 확신했다.[74]

태평천국[75]이라는 이름은 『권세양언』의 "임금은 부지런하고 신하는 충성하며 어버이는 자애롭고 아들은 효도하며 관리는 청렴하고 백성은 즐겨 따른다면 태평의 복을 영원히 누릴 수 있을 것이다.(君政臣忠, 夫慈子孝, 官淸民樂, 永亨太平之福)"라는 구절에서 태평의 뜻을 받아들여 태평의 질을 보다 적극적으로 전개시켰다고

---

74) 최진규, 앞의 책, p.124-125.
75) '태평천국'이라는 이름에 대해서 고찰해보면 청조의 관찬서인 『초평월비방략(剿平粵匪方略)』에 의하면 이 무선의 동향에서 홍수전은 '진태평천국(眞太平天國)'이라는 국호를 칭했다고 한다. 그러나 언제 '태평천국'을 칭했는가에 대해서는 사실 그다지 분명하지 않다. 태평천국의 공식문서에는 아무런 기록이 없다. 홍인간의 공술서에는 1851년 1월 11일 홍수전의 탄생일과 거병의 성공을 축하하여 '태평천국'의 국호를 세워 이듬해(양력으로는 1851년 2월 1일 이후)를 태평천국 원년으로 하기로 했다고 한다. 그러나 함버그의 저서나 몇 가지 청조의 관찬서와 지방지에서는 1851년 2월 강구허에서 혹은 51년 10월 영안에서 '태평천국'이라고 칭했다고 한다. 그러나 영안 이전에 이미 '태평천국'을 칭하고 있던 것은 1851년 7, 8월 사이에 쓰여진 청의 한 관료의 편지에 "광서에는 현재 배상제회라는 것이 있어 스스로 '진태평천국'이라 호칭하고 있다"고 한 데서 명백하다.
'천왕' 이외에 '태평왕'이라는 칭호가 태평군 내외에서 사용되었고 홍수전 자신도 '짐은 태평천자'라고 칭하고 있는 곳도 있다. 이 '태평' 혹은 '태평천국'이라는 호칭의 유래와 의미에 대해서 그들 자신은 아무것도 말하지 않았다. 그러나 홍수전의 일관된 주장에서 판단하자면 상제의 의지에 따라 건설되어 일체의 대립 항쟁이 소멸된 '대동'의 지상천국이라는 의미라고 생각된다. 또 1860년 이후 홍수전은 태평천국의 국호를 상제천국에 대한 천부천형천왕태평천국으로 개명하고 있다.(고지마신지/최진규, 『유토피아를 꿈꾼 태평천국의 지도자 홍수전』, 고려원, 1995, pp.114-115.)

본다.76) 여기서 수전은 천국을 현실세계의 구체적인 실천의 장으로 인식하였다.

한편으로 '태평천국'이란 용어는 성경의 영향을 많이 받은 것으로 간주된다.77) Hamberg는 홍인곤이 『권세양언』을 공부하는 과정에서 '천국'이라는 문구에 관심을 가지게 되었다는 점을 명시했다. 간우문(簡又文)은 Hamberg에 기초하여 '천국강림'이라는 문구가 수전의 관심을 끌었다고 언급했다.78) 마태복음에서 수전이 말한 '천(天)'의 장소적 의미를 알 수 있다.79) 「天條書」에서는 "천부여, 절대적인 군주여, 지상에서 모든 것을 끝내시고, 지상에서 했던 것처럼 천국에서도 하실 것입니다."라고 표현하고 있다.80)

수전은 자신의 환몽을 『권세양언』을 통한 기독교 교의에서 정

---

76) 盧泰久,「한국민족주의의 이념모색을 위한 소고-동학과 태평천국의 비교를 중심으로-」, 고려대학교 박사학위 논문, 1981, p.116.
77) 이는 신약성서의 "땅에서는 그가 사랑하시는 사람에게 평화(太平)"(누가복음, 2장 13절, 14절), "하늘에는 평화(太平)"(누가복음 19장 38절), "평화(太平)의 왕이라는 뜻"(히브리서 7장 1절, 2절)에서 언급된 太平의 용어와, "회개하라. 天國이 다가왔다."(마태복음 4장 17절), "마음이 가난한 사람은 복이 있으니 天國이 그들의 것이다."(마태복음 5장 3절), "누구나 天國에서 가장 작은 사람대접을 받을 것이다."(마태복음 5장 19절), "天國에서 큰 사람 대접을 받을 것이다."(마태복음 5장 20절)에서 언급된 天國의 용어를 합쳐서 '太平天國'이란 개념을 사용했다는 견해는 Hamberg와 簡又文의 주장으로 Hamberg는 수전이 『권세양언』을 공부하는 과정에서 天國이라는 용어에 대한 관심으로, 簡又文은 '天國降臨'이라는 구절에서 天國의 용어를 사용한 계기가 되었다고 주장한다.
78) Hamberg, *The Vision of Hung-Siu-tshuen and Orgion of the Kwang-si Insurrection*, Yenching University Library, 1935, p.24.
79) "아버지의 뜻이 하늘에서와 같이 땅에서도 이루어지게 하소서"(마태복음 6장 9절, 10절)
80) 齊一山,「태평천국조서」, 1935, p.31.

당성을 찾으려고 했으며 실제로 하느님에게서 사명을 부여받은 것으로 생각했다. 수전의 기독교에 대한 이해는 상제교 창립 이후부터 태평천국 건설에 이르기까지 많은 변화를 겪으면서 태평천국의 사상적 기초로 기능하게 되었다. 수전의 사상은 과거 준비기간에 형성된 유교적 소양에 '환몽'이라는 계기와 『권세양언』의 책자를 통하여 이뤄진 통합적인 사상체계로 상제교를 거쳐 태평천국 건설을 향한 실천적 행위의 토대가 된다.

4) 강유위의 자각(自覺)과 대동(大同)

수운·증산·수전이 득도(得道)나 환몽(幻夢)과 같은 종교적 체험에 의하여 이상세계 건설을 위한 모티프를 형성했다면 장소의 경우에는 이성적 자각(自覺)에 의하여 이상세계 구현 동기와 방안을 형성했다고 본다.[81]

> 밤새도록 앉아 한 달 동안 잠들지 못하고, 천상과 인간세를 오가며 마음대로 생각했다. 지극히 고통스럽다가도 지극히 즐거웠다. … 고개 숙여 책을 읽고 고개 들어 생각하기를 열두 달여 계속하다 마침내 깨달은 바가 날로 깊어졌다. … 원기(元氣)의 혼돈에서

---

[81] 장소의 自覺과 종교적 체험을 구분하는 데 있어서 일반적으로는 장소의 전 생애를 거쳐서 남긴 저술들을 볼 때 일반적인 이성적 自覺으로 이해할 수 있다. 그러나 '자편연보'의 '천상과 인간세를 오갔다.'는 내용이나 대동서 서문의 '내가 우연히 이 세상에 와서 현신(現身)하니'의 내용을 미루어 볼 때 장소의 自覺을 일종의 종교적 체험으로 간주할 수도 있다고 본다.

시작하여 태평의 세계를 연역했다.82)

여기서 강소의 세상에 대한 고뇌와 이상세계를 향한 실마리를 '원기론'에서 찾으려고 했음을 알 수 있다. 이를 바탕으로 대동사회(大同社會)라는 이상세계의 청사진을 『대동서』를 통하여 전 인류의 먼 미래의 이상을 구체적으로 설계하게 되었다.83) 『대동서』의 서문에서 강소의 이상세계를 향한 대망의 사상 전모를 볼 수 있다.

> 만세(萬世)가 모두 번뇌라 내가 우연히 이 세상에 와서 현신(現身)하니, 옥에 있는 수인(囚人)은 탁세(濁世)를 슬퍼하고 기아와 고통은 이들 백성들에게 있나니 모든 착함이 양약이라. 창천(蒼天)이 어찌 신(神)이 아니라고 할쏘냐? 만 년 동안 진화가 없으면 대지(大地)는 모두 깊이 가라앉을 것이니 사람이 지켜야 할 도리는 오로지 낙토(樂土)를 추구하는 것이니라. 천심(天心)은 오직 인(仁)만 있으니, 모든 선법을 먼저 베풀지라.
> 점차 봄과 같은 태평(太平) 세월을 볼 수 있나니, 하나하나 그 모두가 '꽃 세계'로 변하고, 사람마다 부처의 육신으로 나타나니 대동(大同)이 바로 나의 길이로다.84)

---

82) 康有爲著/柳宇烈, 「康南海自編年譜」 『康有爲學術著作選』, 中華書局, 1992, pp.10-14. "常夜坐彌月不睡, 恣意游思, 天上人間, 極苦極樂, … 俛讀仰思, 至十二月, 所悟日深, … 根元氣之混侖, 推太平之世."
83) 그가 대동 사회를 구상하기 시작한 것은 1884년부터이지만 그것을 보다 구체화시킨 것은 1898년 백일유신(百日維新)이 실패한 후인 망명기간 중에서였다.(Joyce Oramel Hertzler, *The History of Utopian Thought*, University Press of the Pacific, 2000, p.260.)
84) 『大同書』 「序文」

장소는 '소강'에서 '대동'85)에 이르는 길을 공교(孔敎)를 통하여 제시하려 했다. 이는 공자의 사상을 중심으로 한 유교개혁인 동시에 불교와 도교의 사상을 수용한 통합주의적인 요소를 지닌다. 장소는 '대동'의 이상사회를 실현하기 위한 방안으로 공교(孔敎)가 중심의 역할을 하는 구도에서 불교와 도교의 장점을 받아들여서 대동의 세계를 구현하려고 했다.

'대동'은 '소강'의 상대적인 개념이다. '소강'이 우·탕·문·무·성왕·주공의 정치를 의미한다면, '대동'은 행복한 생활을 추구한 사람들의

---

85) 고문헌에 나타나는 '大同'의 의미는 天意와의 合致, 의견의 일치, 자연의 氣와의 동화, 차별을 두지 않고 同化하여 天·地·人이 一體(天人合一)가 됨을 뜻한다. '大同'이라는 글자가 처음으로 보이는 것은 『書經』 「洪範篇」으로 洪範九州 중의 '七稽疑'의 설명에 君主·朝廷官吏와 국민의 의견의 일치됨을 가리켜서 '大同'이라 하고 있다.(汝則有大疑, 謀及乃心, 謀及鄉士, 謀及庶人, 謀外卜筮, 龜從筮從, 庶民從是之謂大同, 身其康强, 子孫其逢世.), 洪範의 대동은 『墨子』 「尙同篇」의 同의 개념과 사상적인 맥을 같이하는 것으로서, 墨子의 상동사상에선 만민의 뜻과 왕의 뜻, 그리고 하늘의 뜻이 일치(同)하는 것을 지칭하고 있다. 『呂氏春秋』 「有始覽篇」에도 '大同'이란 말이 보이는데 여기서는 모든 만물이 하나로 합해지는 것을 '大同'이라 하였다. 또 『莊子』 「在宥篇」에 나오는 「大同滓溟」은 천지만물 생성이전의 원초의 氣라고 생각되는 「滓溟」에 同하는 것을 의미하는데 이것은 『呂氏春秋』 「與元同氣」와 그 의미가 일치 한다고도 볼 수 있다. 『列子』 「黃帝篇」의 "和氣란 만물에 있어 크게 같은 根源을 이루는 것(和者大同於物)"에 『呂氏春秋』 「有始覽篇」의 "천지만물은 한 사람의 몸과 같은 것이니 이것을 일컬어 大同이라 한다.(天地萬物 一人之身 此是謂大同)" '대동(大同)'이란 용어는 장자의 모습과 형체가 대동(萬物齊同의 세계, 곧 道와 일치된 경지)에 합치된다.(최성철, 『강유위의 정치사상』, 一志社, 1988, p.211.)

대동의 경지에 놀기 때문에 자신에 대한 집착이 없다(頌論形軀, 合乎大同, 大同而無己.)라는 대목에서 보인다. <莊子 天下第三十三>에 "大同而與小同異, 此之謂小同異 ; 萬物畢同畢異, 此之謂大同異"의 내용이 보인다. <莊子 在宥第十一>에 "墮爾形體, 黜爾聰明, 倫與物忘 ; 大同乎滓溟"의 내용이 보임.

선량한 소망을 반영한 것이다. 천여 년 이래 혁명과 개혁을 추진하였던 적지 않은 진보적 사상가들은 정도의 차이는 있어도 모두 이 영향을 받았다.86) '대동'이란 용어가 이상사회의 개념으로서 사용된 것은 『예기』의 「예운편」에서 처음으로 나온다.

> 대도(大道)가 행해지면 천하에는 공의(公義)가 구현된다. 현자와 능력 있는 사람을 뽑아 정치를 맡기고, 신의(信義)와 화목을 갖게 한다. 그러므로 사람들은 자신의 어버이만 사랑하지 않고 자기 자식만을 중요하게 여기지 않는다. 그리하여 노인으로 하여금 여생을 편안히 보내게 하며, 장년에게는 일할 여건을 보장하고, 어린이는 안전하게 길러주는 사람이 있으며, 과부와 홀아비와 고독하고 외로운 사람과 병든 사람들이 모두 보살핌을 받을 수 있게 한다. 남자는 직분이 있고, 여자는 여자의 할 일이 있다. 재화를 땅에 버리지는 않지만 버려진 것이라도 반드시 사적으로 소유할 필요가 없다. 힘이 있어도 자기만을 위해서 일하지도 않는다. 그러므로 남을 해치려는 음모가 생기지도 않고, 도적이나 난적(亂賊)도 발생하지 않는다. 그래서 집집마다 바깥문을 닫지 않고 생활한다. 이런 상태를 대동(大同)이라고 한다.87)

'대동'과 '소강'은 공(公)과 사(私)의 대립적인 개념으로 '소강'에

---

86) 陳正炎·林其錟/李成珪, 『중국의 유토피아 사상』, 지식산업사, 1990, p.122.
87) 『禮記』 「禮運篇」, "大道之行也 天下爲公 選賢與能 講信修睦 故人不獨親其親 不獨子其子 使老有所終 壯有所用 幼有所長 矜寡孤獨廢疾者皆有所養 男有分 女有歸 貨惡其棄於地也不必藏於己 力惡其不出於身也不必爲己 是故謀閉而不興 盜竊亂賊而不作 故外戶而不閉 是謂大同."

대해서 『예기』의 「예운편」에 다음과 같이 묘사된다.

> 지금 대도(大道)가 없어지자 천하는 사사로이 개인을 위하게 되었다. 사람들은 각기 자기의 부모만 위하고, 자기의 자식만 위하며, 재화와 노동을 자기만을 위하여 사용한다. 대인(大人)이 그 지위를 세습하는 것을 예(禮)라 하고, 성곽과 해자로 요새를 만들고 예의를 기강으로 삼아 군신의 관계를 바로잡는다. 부자의 관계를 돈독히 하고, 형제를 화목하게 하며 부부를 화합하게 하고, 전리(田里)를 세우며, 용감하고 지혜로운 자를 현명하다고 하며, 자기를 위하여 공을 세운다. 그러므로 모의가 생기고 전쟁이 발생한다. 우·탕·문·무·성왕·주공은 이 때문에 뽑힌 사람들이다. 이 여섯 군자들은 모두 성실하게 예를 따른 사람들이다. 의(義)를 밝히고 신(信)을 보였으며, 과실이 있으면 밝히고 인(仁)을 본받으며, 겸양을 가르쳐 백성에게 불변의 법칙이 있음을 보여주었다. 이러한 법을 따르지 않는 자가 있으면, 비록 권세가 있는 자라고 할지라도 제거되었으며, 백성들은 이를 재앙으로 여겼다. 이런 상태를 '소강(小康)'이라고 한다.[88]

무술변법운동(戊戌變法運動)의 주역이자 대동사회(大同社會)라는 이상사회를 제시했던 장소는 현실적인 개혁운동이 실패하자 대

---

[88] 『禮記』, 「禮運篇」, "今大道旣隱 天下爲家 各親其親 各子其子 貨力爲己 大人世及以爲禮 城郭溝池以爲固 禮義以爲紀 以正君臣 以篤父子 以睦兄弟 以和夫婦 以設制度 以立田里 以賢勇知 以功爲己 故謀用是作而兵由此起 禹湯文武成王周公由此其選也. 此六君子者未有不謹於禮者也 以著其義 以考其信 著有過 刑仁講讓 示民有常 如有不由此者 在埶者去 衆以爲殃 是謂小康."

동사회론(大同社會論)을 통해 이상사회의 가능성을 제시하였다. 장소의 삼세진화론(三世進化論)은 중국의 전통적인 관념인 변역사상(變易思想)에 서구의 진화론적 사상이 결합되어 형성된 것으로 볼 수 있다. 장소는 대동세상의 도래에 대한 필연성에 대하여 다음과 같이 언급하였다.

> 나는 이미 난세에 태어나 이 세상의 괴로움을 목격했으며 이것을 구제할 방도를 생각하였다. 어리석은 나의 생각으로는 대동태평(大同太平)의 도(道)를 행하는 것만이 구제의 유일한 방법이라 여겨진다. 세상의 모든 법도를 두루 살펴볼 때, 대동의 도(道)를 버리고는 고통에서 벗어날 길도, 즐거움을 구할 방도도 거의 없다. 대동의 도(道)는 지극히 균등하고 공적이며 어진 것으로서, 통치의 가장 훌륭한 경지라고 할 수 있다. 이 때문에 비록 다른 좋은 도(道)가 있다고 해도 이 대동의 도(道)를 능가할 수 없다.[89]

장소는 '거난세(據亂世)'와 '승평세(升平世)'를 거친 후에 도래할 '대동세(大同世)'라는 이상사회를 전통적 사회의 대립과 부조화를 해결할 수 있는 실현가능한 이상향으로 인식하였다. 장소는 그의 저서인 『대동서』에서 "거난세 후에 승평세와 태평세(太平世)로 바뀌고, 소강(小康) 후에 대동(大同)으로 나아가는 것이다"[90]라고 하여 사회발전 이론에서 삼단계의 과정인 삼세진화론(三世進化論)을 언급하였다.

---

89) 강유위/이성애, 『대동서』, 을유문화사, 2006, pp.35-36.
90) 강유위/이성애, 앞의 책, p.35.

3. 유토피아니즘의 유사성과 상이성

아편전쟁에서 패배함으로써 불평등조약 등 대내외적으로 청조의 권위가 심각하게 실추되고 이에 충격과 불안을 느낀 조선이 맞이한 역사적 상황은 동아시아 세계 질서의 새로운 전개를 예견하는 것이었다. 이러한 상황과 더불어 청조(淸朝)에서는 태평천국 혁명이 조선에서는 동학혁명이 19세기에 일어났다는 사실은 동아시아 국가들의 봉건적 체제가 전복될 가능성을 충분히 지니고 있었음을 보여준다. 이를 전후한 시기에 수운, 증산, 수전, 그리고 장소와 같은 사상가들은 현실을 인식하고 비판함에 있어서 서세동점의 역사적 상황을 배경으로 한 근대를 맞이하여 반봉건적 인식과 근대비판을 동시에 함으로써 원고(遠古)를 동경하는 성향을 보였다. 그리고 모든 사람이 평등하게 사는 조화로운 이상세계를 지향했다는 점에 있어서 유사성을 지닌다.

반봉건적 사유에 대해서 이들이 지니는 유사성은 봉건적 신분제도, 정치제도, 토지제도, 교육제도, 경제제도, 남녀불평등, 과거제도 등 유교의 사상을 바탕으로 형성된 모든 제도를 비판함으로써 근대를 맞이하려는 의지를 지녔다고 볼 수 있다. 특히 남녀 간의 불평등에서 야기된 사회문제에 대해서 매우 강렬한 개혁의 의지를 보였다. 근대비판에서 보이는 이들의 유사성은 서세동점의 위기적 상황에 대하여 서구세력에 대한 경계를 갖고 동양전통의 원고(遠古)를 동경하여 이를 바탕으로 새로운 질서를 형성하고자 하는 민족주의적 성향을 지닌 것에서 볼 수 있다.

그러나 현실을 인식하는 동기와 이를 해결하려는 구체적인 방법론에 있어서는 각각 다른 차이를 보이고 있다. 수운은 현실세계를 후천개벽의 도래를 맞이하는 과도기적 상황으로 인식하여 '동귀일체'의 순환론적 역사관에 기초한 방법론을 제시하였다. 그러므로 수운은 쇠운(衰運)과 성운(盛運)이 교체하여 반복되는 역학(易學)적 시운관(時運觀)에 입각하여 새로운 성운의 '상원갑(上元甲)'의 시대가 올 것으로 확신하고 있다. 이러한 관점에서 본 수운의 현실비판은 그 시대를 '하원갑(下元甲)'의 말기로 '각자위심(各自爲心)'의 난세로 보았다. 그러므로 기성종교의 도가 그 운을 다했으며 새로운 도가 나와야 할 당위성이 있으므로 이러한 도가 수운 자신에 의하여 창도될 필연적 상황을 맞이하고 있음을 확신하였다. 이는 근대를 맞이하는 당시의 시대적 상황을 순환적 역사의 필연적 과정임을 역설하고 있는 것으로 볼 수 있다. 그래서 이러한 시운의 도래를 잘 파악한 사람이 '수심정기(修心正氣)'를 통한 '도성덕립(道成德立)'을 이루어서 새로운 이상세계를 주도할 '군자공동체'를 형성하게 된다는 것을 확신하고 있다.

증산은 현실세계의 잘못된 원인을 잘못 짜여진 '천지도수'에 의한 것으로 보았으며 이를 근대기의 혼란한 시운에도 적용했다. 증산은 현실을 인식함에 있어서 다른 사상가들과는 달리 새로운 세계의 건설을 증산 자신의 '천지공사'를 통하여 실현할 수 있다고 믿었다. 이는 순환적 역사관이나 직선적 역사관과 다른 증산만의 특이한 생각이다. 즉, '중통인의(中通人義)'의 대도를 이룬 자신의 권능으로 선천 세상에서 누적된 원과 한의 고리를 풀어 상생의 이상세계를 이룰 것을 확신했다. 이러한 세상은 다른 모든 사람들도 자신과 마찬가지로 '중통인의'의 도를 이루어 지상선경인 '용화선경'의 구성원이 된다는 것이다.

수전은 현실세계를 비판함에 있어서 잘못된 세상의 원인을 유일신인 '황상제(皇上帝)'를 믿지 않고 요마(妖魔)를 믿음으로써 발생한 것으로 보았다. 그러므로 요마를 타도하고 세상을 구원할 임무와 사명이 수전 자신에게 부여된 것으로 확신했다. 또한 신분제도, 남녀차별, 전제군주제, 경제제도, 정치제도, 과거제도 등을 비롯한 봉건사회의 이론적 근거와 기성종교의 권위를 파괴하려고 했다. 이를 타도함으로써 착취와 빈곤으로부터 벗어난 절대균등주의의 평등사회를 지향하였다. 대표적인 것으로 1853년에 공포한 '천조전무제도'는 봉건제도의 산물인 지주들의 토지지배의 근거를 없애는 것이었다. 그러므로 수전은 '태평천국'의 이상세계를 구현할 사상적 바탕인 '천하일가론'에 부합되는 존재들이 유일신인 '황상제'를 섬기고 그의 가르침을 따름으로써 이상세계인 '태평천국'을 실현할 수 있다고 확신했다.

장소는 현실세계를 인식하는 기준을 '예운'의 대동·소강설과 거란·승평·태평의 공양삼세설을 결합시켜 승평을 소강, 태평을 대동으로 구분하는 역사관을 기준으로 파악하려고 했다. 그러므로 당시의 현실사회를 소강의 상태로 파악하고 대동을 향한 방법론을 제시했다. 이를 위한 대표적 저술인 '대동서'는 태평 대동의 세계를 이루기 위하여 거란과 승평의 모든 문제를 야기한 원인이 된 구계(九界)를 제거함으로써 국경, 계급, 종족, 남녀, 가족, 인종 등의 차별에서 오는 현실적 사회문제를 해결함으로써 이상세계의 실현이 가능한 것으로 확신했다. 이와 함께 공교(孔敎)를 국교로 하고 세계정부에 해당하는 공정부(公政府)를 통하여 점차로 이상세계인 대동사회를 실현할 수 있을 것으로 보았다. 이러한 이상세계의 주인이 될 사람은 장소가 주장한 공자의 사상 중 핵심적인 사안에 해당하는 '인인(仁人)'의 정신을 실천하는 존재로 이가 곧 '천하위공'의 대동세계의 통치의 정당성을 지니는 존재이다.

이들의 현실인식에 따른 이상세계 형성배경과 모티프는 현실세계를 변혁되어야 할 대상으로 인식했다는 점과 이러한 문제의식이 반봉건과 근대 비판 그리고 원고로의 회귀적 경향을 지녔다는 점에서 유사성을 지니고 있다. 또한 이들이 세계를 변혁하려는 의도는 세상을 바라보고 인식한 자신의 소신도 있었지만 절대적 존재인 신과의 교감을 통한 발상이었다는 점에 있어서 유사성을 지닌다. 수운과 증산은 득도라는 종교적 체험을, 수전은 환몽이라는 종교적 체험을 통하여 세상을 구원할 동기를 가진다. 장소의 경우는 이성적 자각에 의한 인식이 많은 부분을 차지하고 있으나 '자편연보'의 '천상과 인간세를 오갔다.'는 내용이나 대동서 서문의 '내가 우연히 이 세상에 와서 현신(現身)하니'의 내용과 '공자의 태평세(太平世)와 부처의 연화세계(蓮花世界), 열자(列子)의 담병산(甁山), 토마스 모어의 유토피아는 실재하는 것으로, 공상이 아니다.'의 내용으로 짐작해볼 때 장소의 자각 속에는 일종의 종교적 체험이 내포되었을 것으로 생각한다. 결론적으로 이들 사상가들은 종교적 체험과 이에 준하는 경험을 통하여 세상을 구원할 동기를 가지게 되었으며 이것이 곧 자신들의 사명이자 임무라고 확신하게 되었다. 그리고 이들이 근대라는 역사적 전환기에 시대적 상황과 지리적 환경을 공유하는 가운데 서양의 세력을 맞이하였다는 점에서 이들의 유사성을 볼 수 있다.

그러나 현실인식과 비판의 과정에서 유사하게 이들은 매우 강한 개성을 지닌 사상가들로 자신만의 특이한 종교적 체험과 그에 따른 방법론을 제시한 점에 있어서는 그 상이점이 나타난다.

　수운은 주유팔로의 과정을 거치고 난 후 득도를 하게 되는데 이는 샤먼적 전통에 의한 교감과 유사하다. 그리고 득도 이후 소신을 펼쳐나가는 과정에 있어서 영부(靈符)라는 도교적 성향이 짙은 매개를 사용하였으며 전체적으로 유교적 성향을 가장 많이 내포한 가운데 포덕을 하였다는 점에서 유교 중심의 혼합주의적 사유로써 이상세계를 대망하였다고 볼 수 있다.

　증산은 역사상 유래 없는 가장 특이한 형태의 종교체험인 '중통인의'를 통하여 세상을 변혁하고자 했다. 다른 사상가들이나 성현들이 하늘의 대행자나 혹은 특이한 임무를 맡은 존재임을 주장한 반면에 증산은 스스로 상제이자 미륵의 현신임을 주장하였다. 그러므로 스스로가 지닌 삼계를 통괄하는 대권을 가지고 이를 통하여 세상을 바꿀 수 있다고 확신했다. 이에 따른 제의적 행위가 곧 '천지공사'이다.

　수전이 세상을 바꾸려는 의지를 갖게 된 동기는 과거시험의 응시와 이에 따른 결과와 밀접한 연관이 있다. 수전이 과거시험에 합격해서 관료로 살았다면 전혀 다른 상황이 발생했을 수도 있다. 그러나 연이은 과거의 낙방이 그로 하여금 세상을 바라보고 생각하는 관점을 바꾸게 했으며 결국 이를 동기로 '환몽'이라는 종교적 체험을 하게 되었다. 처음에는 수전의 개인적인 문제로 출발한 상황이 상제회에서 '태평천국'이라는 국가의 체제로까지 전개되었으며 이는 곧 환몽을 통한 세상구원의 계시가 수전이 처한 상황과 부합하여 발생한 것으로 볼 수 있다.

　장소는 위의 세 사람과는 달리 봉건적 관료집안의 출신으로 어려서부터 정상적인 유교교육을 받고 성장하였으므로 세상에 대한 인식이 다른 상황에서 출발했다고 볼 수 있다. 또한 불교, 도교, 서구사상 등 폭넓은 지식을 섭렵한 지식인으로 세상을 바라보게 되었다. 이러한 과정에 장소가 알게 된 대립과 갈등으로 점철된 세상을 바꾸려는 노력은 '변법운동'으로 표출되었다. 그러나 현실적 제도의 변혁을 통하여 세상을 바꾸려던 그의 노력은 실패로 돌아갔다. 그러자 전 세계를 유력하며 견문을 넓힌 것이 하나의 계기가 되어『대동서』를 통하여 공상적 요소가 다분히 내재된 이상주의를 표방하게 되었다.

그러므로 장소의 '대동'은 수운의 '개벽', 증산의 '공사', 수전의 '천국'과 함께 세계변혁으로서의 유사성을 지니는 개념임과 동시에 반봉건과 근대비판을 통한 미래지향적 이념으로는 가장 개연성을 지닌 이념이었다고 생각한다.

이들 사상가들 사이에 서로간의 교류가 있었다는 증거는 없다. 그러나 동시대의 사회상황과 동아시아라는 지리적 여건을 공유한 지식인으로서 세상에 대한 번민과 고뇌를 통한 세계변혁의 의지를 지닌 점에 있어서는 그 사상사적 의의를 지니고 있다고 볼 수 있다. 왜냐하면 이들은 개념과 방법론의 차이는 있지만 신분, 국가와 민족, 남녀, 경제에 있어서 평등을 주장하였으며 이러한 평등을 실현하기 위한 도덕정치와 이상교육을 주장하였다. 이와 같은 주장에 대하여 실현가능성의 여부에 대한 평가는 가능한 것과 공상적인 것으로 양분된다. 그러나 억압받고 수탈당하던 민중들에게 미래를 향한 꿈과 이상세계 건설의 실천적 동기를 부여했다는 점에 있어서 이들의 행적은 매우 중요한 역사적 의의를 지닌다고 볼 수 있다.

〈표1〉 최제우, 강증산, 홍수전, 강유위의 생애 비교

	최제우(수운)	강일순(증산)	홍인곤(수전)	강유위(장소)
생몰연대	1824-1864	1871-1909	1814-1864	1858-1927
출생나라	조선(朝鮮)	조선(朝鮮)	청(淸)	청(淸)
출생지역	경북(慶北) 경주(慶州)	전북(全北) 고부(古阜)	광둥성(廣東) 화현(花縣)	광둥성(廣東) 남해현(南海縣)
출신	향반(鄕班)	향반(鄕班)	객가(客家) 농민	봉건관료집안
교육	유교	유교	유교	유교
과거	응시하지 않음	응시하지 않음	수차례 낙방	과거급제 관료
직업	장사꾼, 법술	머슴, 선생	선생	관료
神과의 관계	천주(天主)와 영적(靈的) 교감(交感)을 한 사람	본인	천부상제 (天父上帝)의 차자(次子)	언급 없음
역할과 사명	지상선경건설	광구천하 (廣求天下)	지상천국건설	대동세계건설
추종자	하층 민중	하층 민중	하층 민중	지식인, 관료
모티프	득도(得道), 개벽(開闢)	득도(得道), 해원(解冤)	환몽(幻夢), 천국(天國)	자각(自覺), 대동(大同)
사상의 핵심개념	시천주(侍天主), 천도(天道)	공사(公事), 신도(神道)	천국(天國), 원도(原道)	대동(大同)
遠古의 모델	오제(五帝) 삼대(三代)	복희(伏羲), 요순(堯舜)	삼대(三代)	공자(孔子)

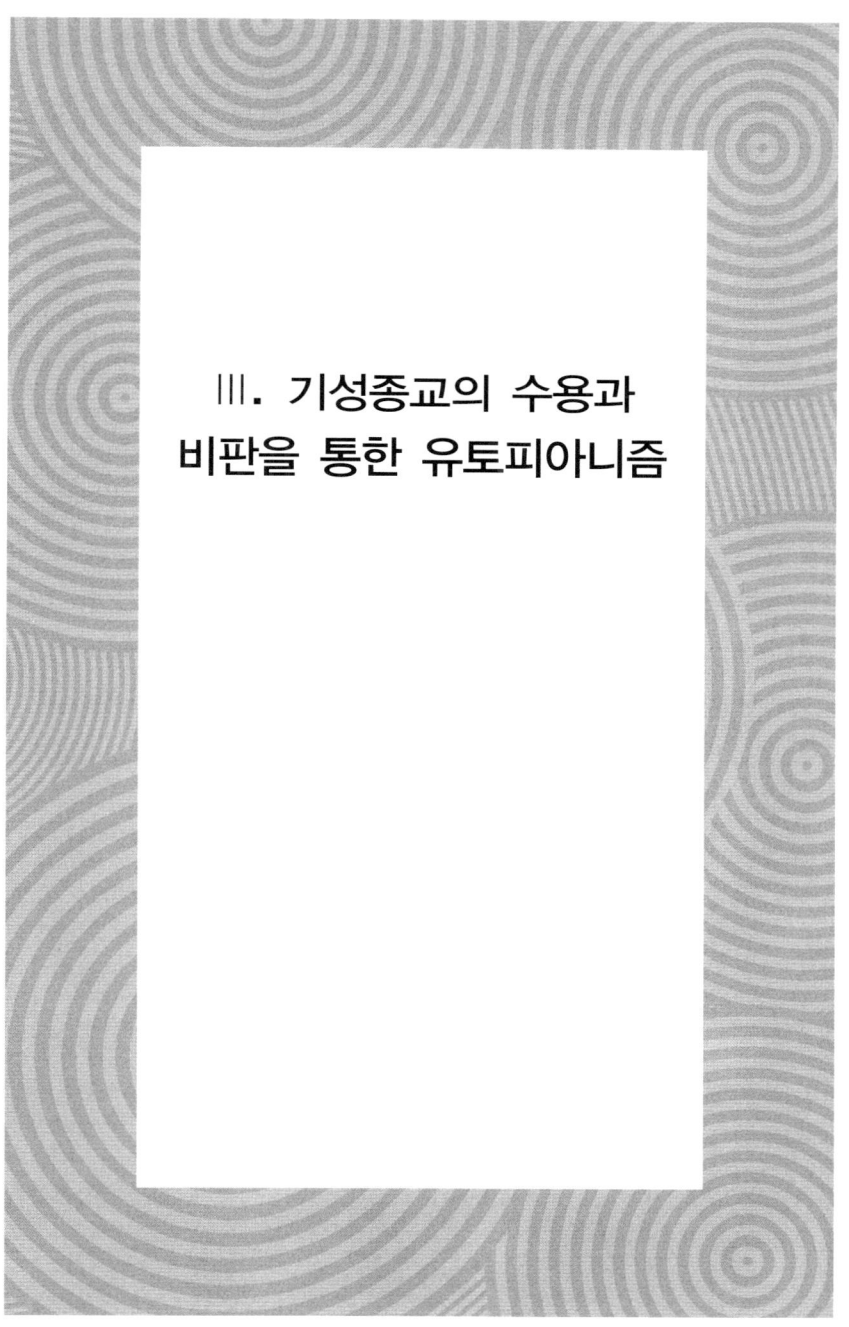

III. 기성종교의 수용과 비판을 통한 유토피아니즘

수운, 증산, 수전, 그리고 장소는 현실세계의 인식과 비판의 과정을 거치면서 대망의 이상세계를 향한 그들의 희망과 이에 따른 청사진을 제시하였다. "세계 사상의 역사에서 가장 보편적인 현상은, 선행 사상과의 완전한 단절에 의한 '창조'는 없고 모두가 전통을 기반으로 하여 재해석, 재적용의 해석학적 수행을 한다."[1] 이들 사상가들 역시 기성종교인 유교, 불교, 도교 및 민간신앙, 그리고 기독교 사상에 대하여 자신들만의 종교 관념을 바탕으로 수용과 비판을 통하여 재구성의 결과물을 제시하였다. "기성종교의 여러 요소를 빌려와 자신의 종교 체계 속에서 새로운 의미를 부여하고 새로운 종교를 창시하게 될 때 강한 혼합주의적인 경향을 띠게 되는 것이다."[2]

그러므로 이들이 각자 기성종교의 수용과 비판을 통하여 혼합주의적 결과인 '천도(天道)', '신도(神道)', '원도(原道)', 그리고 '대동(大同)'이라는 통합관념을 도출해내었다고 본다.

이어하트에 의하면 모든 종교는 그 발달과정에 있어서 형식화되고 개혁되는 과정(formalism and reform)을 번갈아 거치게 되지만 어느 일정한 종교가 사회의 변화기를 맞이하여 스스로를 그에 맞게 탈바꿈하는 데 실패하여 형식화되는 과정이 계속되면 그 종교는

---

1) 동학학회 편저, 『동학과 전통사상』, 도서출판 모시는사람들, 2004, p.11.
2) 최준식, 「증산의 가르침에 나타나는 혼합주의의 구조」, 『종교신학연구』 2, 1989, p.33.

"화석화(fossilization)"된다고 주장한다. 이때의 화석화란 기성종교가 스스로를 개혁할 수 있는 힘을 잃어버린 상태를 말하는데 이런 경우에 처하게 되면 사람들은 기성종교가 아닌 새로운 통로를 통하여 종교적 활력(religious vitality)을 찾게 된다는 것이다. 다시 말해서 사람들이 스스로 종교운동을 일으키는데 이것이 바로 신종교[3]운동이 되는 것이다.[4]

사회가 극히 혼란된 상황에 접어들게 되어 모든 가치체계가 붕괴되고 제자리를 잃게 되면 사람들은 삶의 의미를 더 이상 찾을 수 없게 된다. 이때 그들은 정체성(identity)의 위기를 심각하게 느끼게 되고 새로운 질서나 새로운 가치체계를 스스로가 만든 새로운 종교를 통해 얻으려 한다는 것이다.[5] 기성종교를 대할 때 신종교들은 새로 태어난 종교운동답게 기성종교를 강하게 부정하지만 그에 못지않게 기성종교의 여러 요소를 흡수하게 된다. 수운, 증산, 수전, 그리고 장소의 경우 이러한 특징이 두드러지는데 전통종교에 대한 이들의 비판이 강한 반면에 전통 종교의 가치들을 수용하는 데 있어서도 많은 긍정적인 요소가 보인다.

가공의 세계가 특정한 시기가 오면 현실 세상에 구현될 것이라 예견되고 믿어지는 것이 종교의 세계이다. "가장 원시적인 것에서

---

[3] 신종교 및 신흥종교는 기성종교에 대한 상대적인 개념이다. 일반적으로 신흥종교라고 사용해왔지만 이는 교리·의례·조직의 측면에서 기성종교에 비해 정교화되지 못하다는 의미에서 기성종교에 비해 결핍된 종교라는 부정적인 의미를 함축하고 있다. 그러나 필자는 신흥종교보다는 더 긍정적인 의미가 내포된 신종교가 중립적이고 객관적인 용어에 해당한다고 생각하여 신종교라는 용어를 사용하기로 한다.

[4] 최준식, 「증산이 보는 전통종교」, 『현상과 인식』 44, 1988, p.76.(재인용)

[5] 최준식, 앞의 책, p.76.(재인용)

부터 가장 고도로 발달된 것에 이르기까지 종교의 역사란 다수의 성현으로서, 거룩한 현실의 드러남으로 구성되어 있다고 말할 수 있다."6) 수운, 증산, 수전, 그리고 장소는 새로운 통로를 통하여 종교적 활력을 찾으려고 했으며 이를 자신들의 이상세계관에 그대로 반영하여 새로운 세계를 구현하고자 하였다.

---

6) 미르치아 엘리아데/이동하 옮김,『성과 속』, 학민사, 1983, pp.11-12.

1. 기성종교의 수용과 비판

1) 유교사상

(1) 수운

수운은 유교의 사상을 평가함에 있어서 비판적인 면과 수용적인 면을 보이는데 우선 유교를 비판하는 부분을 살펴보기로 하겠다. 수운은 누천년에 걸쳐서 동아시아 사회의 통치 이데올로기였던 '유교의 운이 다했다'고 함7)으로써 새로운 우주적 질서의 도래를 주장한다. 그러나 수운의 유교비판은 주자학적 질서에서 형성된 가치규범에 대한 것으로 공맹을 비롯한 이전의 원시유교에 대해서는 전승의 가치를 부여하고 있다.

"중화문화권에서는 통치권을 천(天)으로부터 받은 것으로 보는 왕권천수설(王權天授說)이며, 다시 성리학적 인성론에서 사단칠정설(四端七情說)에 기초해서 사단을 갖춘 이성적 군자가 통치층이 되고 아래로 칠정에 흐르는 민(民)은 피치자가 된다. 수운은 바로 이런 유교적 통치 교양의 군자 독점을 해체할 것을 선언한 것이다."8) 그리고 수운은 성리학에 대해서 구체적인 언급을 하지 않았지만 성리학의 주리론(主理論)을 비판하고 있음을 볼 수 있다. 수운은 성리학의 전통에 대하여 동양 고대문명의 원형으로 평가되는 하·은·주

---

7) 『용담유사』「교훈가」
8) 동학학회, 『동학과 전통사상』, 도서출판 모시는사람들, 2004, p.17.

(夏・殷・周) 삼대의 인격천(人格天) 전통을 이어받지 못했다는 것과 객관적이고 자연적인 법칙과 원리를 강조한 나머지 공맹의 심학적(心學的) 전통을 이어받지 못했다고 비판한 것으로 볼 수 있다. 이러한 비판을 통하여 수운이 주장한 것은 천을 공리(空理)로서가 아니라 살아 있는 인격으로 보는 인격천에 대한 부활이다.9)

> 삼대(三代)의 경천(敬天)한 이치를 자세히 읽어보니, 이에 오직 옛날 선비들이 천명(天命)에 순종한 것을 알겠으며 후학들이 잊어버린 것을 스스로 탄식할 뿐이로다.10)

수운의 인격천은 초월적 실체임과 동시에 사람의 마음에 내재한 동일성을 지닌 천인합일적(天人合一的) 맥락에서 이해할 수 있다. 이는 초월적 신과 현상적 인간을 동일하게 보는 일원론적 입장이라고 할 수 있다. 수운은 천주를 모시고 있다는 것에 대하여 천주가 외재적으로만 존재하는 것이 아니라 자신의 내적으로 신령스러운 영성으로 존재하여(內有神靈) 우주의 전 존재와 분리할 수 없는 것으로 하나의 기운과 통하여 있는(外有氣化) 것으로 보았다. 또한 "자신 안의 신령과 밖의 연기(緣起)의 망으로부터 옮기지 않는 것(一世之人 各知不移)이라고 해설하였다."11) 수운은 유교사상을 기반으로 형성된 통치의 정당성에 대해서 그것이 권세와 재산이나 지식으로부터 나오는 것이 아니라 새로운 도덕적 인격을 이룬 사람

---

9) 오문환, 『동학의 정치철학』, 도서출판 모시는사람들, 2003, p.97.
10) 『동경대전』 「수덕문」, "審誦三代敬天之理, 於是乎. 惟知先儒之從命, 自歎後學之忘却."
11) 오문환, 앞의 책, p.100.

들에 의해 주도되어야 할 것으로 생각하고 정신개벽을 강조하였다.

> 그 가운데 약간 몸을 닦은 사람이 있으면 지벌(地閥)을 보고 가세(家勢)를 보아서 형세에 따라서 하는 말이 아무는 지벌도 좋고 글공부도 많이 배웠으니 도덕군자가 분명하다고 염치도 모르고 높이 추켜세우니 우습다 저 사람은 지벌이 무엇이기에 지벌로 군자를 비유하며 글공부한 것이 무엇이기에 그것으로 도덕을 의논하는가?12)

이러한 내용은 유교의 사상과 윤리가 전통사회에서 발휘했던 긍정적인 사회의 기능을 전면적으로 부정했다기보다는 봉건적 사회체제의 유교적 질서의 부정적 요소와 폐단에 대한 비판으로 보아야 할 것이다. 그러므로 유교에 대한 수운의 평가에서 비판적인 면보다는 수용적인 면이 많이 보이며 수운사상의 전반적인 면이 유교적 사유의 테두리 속에서 전개되고 있음을 볼 수 있다.

유교에 대한 수용의 면은 수운이 유학적 사유에 깊이 훈습(薰習)되어 유교적 전통에 의지할 수밖에 없었음을 보여주고 있다. 수운은 현실의 모순을 넘어서 새로운 세상을 여는 길을 기존의 사상인 유학에 대한 초월이나 배척과 부정이 아니라 포섭과 활용에서 찾았다고 볼 수 있다. 이는 비단 유학사상뿐 아니라 도교와 불교와의 관계에서도 그러하다. 초기 동학교도들이 밝히고 있듯, 동학은 유·불·선 삼교에 대해 각각의 장점은 취하고 단점을 버리는 방식으로 아우른 것이기 때문이다.13) 수운의 유교적 사유구조의 수용적인 면은 『동

---

12) 『용담유사』 「교훈가」

경대전』과 『용담유사』의 여러 곳에서 언급되고 있다.

> 대학(大學)에 도(道)라고 이르는 것은 "밝은 그 덕을 밝혀내어 지극한 선(善)에 이르는 것이라."고 하지 아니했는가? 중용(中庸)에 이른 말은 "하늘이 명(命)한 것을 성품이라 이르고 성품을 거느리는 것을 도(道)라 이르고 도를 닦는 것을 교(敎)라"고 이른다고 하여 성경(誠敬) 두 가지를 밝혀 놓았고…14)

『대학』15)과 『중용』16)은 유교경전에서 공자(孔子)의 가르침을 정통(正統)으로 나타내는 사서(四書) 중의 하나로 유가학파에서 중요한 경전으로 간주되어왔다. 이 경을 수운은 『용담유사』에서 인용하고 있으며 『대학』의 삼강팔조목(三綱八條目) 가운데 하나

---

13) 박경환, 『동학과 전통사상』, 도서출판 모시는사람들, 2004, p.73. 『東學文書·各道東學儒生議送單子』 62쪽, "盖吾東學之道, 卽儒佛仙三敎也. … 合三爲一者, 取其所長, 棄其所弊"
14) 『용담유사』 「도덕가」
15) 『예기(禮記)』의 제42편이었던 것을 송(宋)의 사마광(司馬光)이 처음으로 따로 떼어서 『대학광의(大學廣義)』를 만들었다. 그 후 주자(朱子)가 『대학장구(大學章句)』를 만들어 경(經) 1장(章), 전(傳) 10장으로 구별하여 주석(註釋)을 가하고 이를 존숭(尊崇)하면서부터 널리 세상에 퍼졌다.
16) 사람이 세상을 살아가는 데 있어서 지녀야 할 자세와 태도를 제시하고 『中庸』의 요지는 요순 임금의 천하 통치의 정신이 도통인데, 이 도통의 요체는 중용에 있으므로 이를 터득하고 실천해야 한다는 것이다. 사람은 누구에게나 인간적 욕심과 도덕적 본성이 함께 내재되어 있어, 가장 지혜로운 사람이라도 인간적 욕심이 없을 수 없으며 가장 어리석은 사람이라도 도덕적 본성이 없을 수 없는데, 두 마음을 다스리는 이치가 중용이다. 도덕적 본성이 항상 자기 자신의 주체가 되게 하고 인간적 욕심이 매번 도덕적 본성의 명을 듣게 하는 것이 중용의 도를 실천하는 길이다.

인 '명명덕(明明德)'과 『중용』의 첫 구절인 '하늘이 명한 것을 성품이라 이르고, 천명의 성품을 그대로 따르는 것을 도라 이르고, 그 성품을 따르는 길을 닦는 것을 가르침이라 한다.'17)는 정신을 전승해야 함을 강조하고 있다. 수운은 오제(五帝) 이후 여러 사상가들 가운데 공자의 사상을 가장 중요하게 받아들인 것으로 생각했으며, 이는 '천도'의 사상과 예법이 오랜 세월에 걸쳐서 공자와 같은 성인을 통해서 잘 전승되어온 것으로 생각한 것으로 보인다.

> 남의 제자가 되는 법은 백년 결의를 한 뒤에 공경히 받은 문자를 털끝만큼이라도 변할 것이냐? … 옛날로부터 성현과 문도들은 백가시서(百家詩書)를 배우고 외워서 연원도통(淵源道通)을 지켜서 공자(孔子)의 어진 도덕을 가장 더욱 밝혀내어 천추(千秋)에 전해 왔으니 그것이 기쁜 것이 아니겠느냐?18)

원형리정(元亨利貞)은 천도(天道)의 항상 변하지 않는 떳떳한 법칙이요, 유일집중(惟一執中)은 사람들이 하는 일을 살펴서 하는 것이다. 그러므로 태어나서 누구에게 배우지 않고 스스로 천도의 변하지 않는 법칙을 깨닫고 인사를 살펴 중도를 잡은 사람은 공자와 같은 성인의 기질이요, 배워서 아는 것은 옛날 선비들이 서로 전해 내려온 것이니라. 비록 곤궁하게 애써서 얻어진 얕은 소견과 변변치 못한 학식이라도 모두 다 우리 스승의 성덕으로 말미암아 된 것이요, 선왕의 옛 예의를 잃지 않고 지켜 온 것이니

---

17) 『中庸』 "天命之謂性, 率性之謂道, 修道之謂敎."
18) 『용담유사』 「도수사」

라.19)

공자(孔子)의 도를 깨닫고 본즉 다 하나의 이치로 정해진 것이요, 우리 도와 비교해서 말하면 큰 근본은 같으나 작은 부분이 서로 다르니라.20)

어른들이 나아가고 물러가는 것은 마치 삼천제자의 반열(班列) 같고, 어린이들이 읍하고 절하는 것은 육칠(六七)의 읊음이 있는 것 같도다. 나이가 나보다 많으니 이 또한 자공(子貢)의 예와 같고, 노래 부르고 춤을 추니 어찌 공자(孔子)의 춤과 다르랴.21)

또한 수운은 삼경(三經) 가운데 하나인 『주역』에서 역(易)의 내용을 인용함으로써 천도에 함의된 이치를 밝히고 이를 또한 전승하려고 한 의도를 볼 수 있다.

옛날로부터 성현들이 하신 말씀은 대인(大人)은 천지(天地)와 더불어 그 덕(德)에 합했고 일월(日月)로 더불어 그 밝음을 합했고 귀신(鬼神)으로 더불어 그 길흉(吉凶)을 합했다고 이와 같이 밝혀 놓아서…22)

---

19) 『동경대전』「수덕문」, "元亨利貞, 天道之常. 惟一執中, 人事之察. 故 生而知之, 夫子之聖質, 學而知之, 先儒之相傳, 雖有困而得之, 淺見薄識, 皆由於吾師之盛德, 不失於先王之古禮."
20) 『동경대전』「수덕문」, "覺來夫子之道則, 一理之所定也, 論其惟我之道則, 大同而小異也."
21) 『동경대전』「수덕문」, "冠子進退 若有三千之班 童子拜拱 倚然有六七之詠 年高於我 是亦子貢之禮 歌詠而舞 豈非仲尼之踞."

음(陰)과 양(陽)이 서로 균형을 이루어서 비록 백, 천, 만 가지 만물이 그 가운데서 화해 나오나 오직 사람만이 가장 신령하여 만물의 영장이 된 것이니라. 그러므로 삼재(三才)의 이치가 정해지고, 오행(五行)의 이치가 나와졌으니 오행이란 것은 무엇인가? 하늘은 오행의 벼리가 되고, 땅은 오행의 바탕이 되고, 사람은 오행의 기운이 되었으니, 하늘, 땅, 사람이 삼재가 되었다는 이치를 여기서 알 수 있는 것이니라.23)

수운은 수행론에 있어서 '인의예지'의 가르침과 함께 '수심정기'의 수양방법을 제시하였다. 이는 인의예지를 바탕으로 한 유학적 도덕규범을 수용하여 전승하려는 생각을 하면서도 형식화된 규범으로 전락하여 현실적 병폐를 가져다 준 당시의 유교를 비판한 것이었다. 그러므로 기존 유교사상의 한계를 극복하려는 의도에서 자신이 다시 정하였다는 새로운 수행의 방법인 '수심정기'를 주장하게 된다.

어떤 사람은 잘 닦아서 군자(君子)가 되고 어떤 사람은 잘 못 닦아서 저런 사람이 되었느냐? 인의예지신(仁義禮智信)을 잘 지켜야 된다는 것을 망창(茫蒼)한 저 소견에 무엇을 알겠느냐?24)

---

22) 『용담유사』 「도덕가」, 『주역』 「乾爲天」, "與天地合其德, 與日月合其明, 與鬼神合其吉凶."
23) 『동경대전』 「논학문」, "故 定三才之理, 出五行之數, 五行者何也, 天爲五行之綱, 地爲五行之質, 人爲五行之氣, 天地人三, 才之數, 於斯可見矣."
24) 『용담유사』 「도수사」

인의예지(仁義禮智)를 잘 지키고 옛날 군자들이 하신 말씀을 본받아서 성경(誠敬) 두 가지를 잘 지켜 나가서 선왕(先王)들이 가르쳐준 옛 예의(禮義)를 잃지 않고 잘 지켜 나가니 그것이 어찌 혐의(嫌疑)가 되겠으며 세상 사람으로 지켜야 할 삼강오륜(三綱五倫)의 밝은 법은 인성(人性)의 벼리(綱)로서 잃지 말자고 맹서하니 그것이 어찌 혐의가 되겠는가?25)

인의예지(仁義禮智)는 먼저 성인인 공자(孔子)가 가르치신 것이요, 수심정기(守心正氣)는 오직 내가 다시 정한 것이니라.26)

유학적 도덕규범의 중요성과 그 실천의 필요성을 강조함으로써 '임금이 임금답지 못하고, 신하가 신하답지 못하며, 아비가 아비답지 못하고, 자식이 자식답지 못한'27) 현실을 극복하고자 한 수운은 유학과 동학의 '대체적인 동질성이 바로 도덕 주체로서의 인간 이해와 그러한 인간 본성의 실천과 구현에 있음을 강조하였다. 유학적 윤리 규범 자체나 공맹에 대한 부정이 아니라, 윤리 규범이 외재적 형식으로 굳어버림으로써 인간 내면에 호소하는 자율적 실천 덕목으로서의 기능을 상실하고 현실과 유리되어가는 현상을 비판한 것이다.28) 이러한 현실에 대한 개탄을 하는 수운의 심정은 『용담유사』의 「몽중노소문답가」에 "아서라 이 세상은 요순지치(堯舜之治)라도 부족시(不足施)요, 공맹지덕(孔孟之德)이라고 부족언(不足言)이

---

25) 『용담유사』 「도덕가」
26) 『동경대전』 「수덕문」, "仁義禮智 先聖之所教 修心正氣 惟我之更定."
27) 『용담유사』 「몽중노소문답가」, "君不君, 臣不臣, 父不父, 子不子."
28) 박경환, 『동학과 전통사상』, 도서출판 모시는사람들, 2004, pp.76-77.

라."는 내용에서 잘 드러난다.

> 주역괘의 대정수(大定數)를 살펴보고 삼대(三代)적 경천한 이치를 자세히 읽어보니, 이에 오직 옛날 선비들이 천명에 순종한 것을 알겠으며 후학들이 잊어버린 것을 스스로 탄식할 뿐이로다. 닦고 단련하니 자연한 이치 아님이 없더라. <u>공부자(孔夫子)의 도를 깨달으면 한 이치로 된 것이요, 오직 우리 도로 말하면 대체는 같으나 약간 다른 것이니라.</u> 의심을 버림은 사리의 떳떳함이요, 예와 지금을 살핌은 인사의 할 바니라.29)(밑줄 필자)

수운이 유학과 동학을 비교하여 '대체로 같으나 약간 다른 것.'이라고 한 것은 동학을 대표하는 개념인 '천도'를 주장함에 있어서 유학적 사유를 수용하는 가운데 그것이 지닌 한계를 수정하여 받아들인 결과라고 볼 수 있다. 동학은 유학의 도덕 중시 사유를 계승한 것을 삼교 절충을 통한 창도에 있어서 유학으로부터 취한 장점의 실질적 내용으로 간주하고 있다. 원시유학의 정신을 망각하고 제멋대로 마음을 냄으로써 천리를 따르지 않고 천명을 돌아보지 않는 당시의 현실을 비판했다.30)

(2) 증산

증산은 유교사상을 평가함에 있어서 비판적인 면과 수용적인 면

---

29)『동경대전』「수덕문」, "察其易卦大定之數 審誦三代敬天之理 於是乎 惟知先儒之從命 自歎後學之忘却 修而煉之 莫非自然 覺來夫子之道則 一理之所定也 論其惟我之道則 大同而小異也 去其疑訝則 事理之常然 察其古今則 人事之所爲."
30) 박경환, 앞의 책, pp.73-76.

을 보이는데 먼저 유교를 비판하는 부분을 살펴보기로 하겠다. 기성 종교인 유교에 대한 비판을 유교의 교조인 '공자'를 비판하는 것으로부터 시작하여 허례와 허식, 반상의 구별, 적서의 차별, 남존여비, 신분의 평등, 언어의 사용 등에 대한 부정적인 견해를 통하여 드러내고 있다. 이는 증산이 구상한 이상세계의 질서에 기존의 유교적 사유와 문화가 새로운 질서형성에 적절하지 못하다고 판단했기 때문이다. 공자에 대한 비판은 공자의 성인 자격 여부에 대한 것으로 '삼대에 걸친 출처'와 '소정묘 주살'이라는 두 가지 사실로 요약된다.

> 문득 공자(孔子)를 부르시며 말씀하시기를 "소정묘(少正卯)를 죽였으니 어찌 성인(聖人)이 되며 삼대(三代) 출처(出妻)를 하였으니 어찌 제가(齊家)하였다 하리요 그대는 이곳에서 쓸데없으니 딴 세상으로 갈지어다."31)

이 내용은 봉건적 질서의 '남녀관'과 '계급관'에 대한 증산의 비판적 견해를 이해할 수 있는 부분으로 삼대(三代)에 걸쳐서 아내를 쫓아낸 남성 위주의 사회질서에 대한 비판과 귀족계급과 농민계급 간의 관계에 있어서 소정묘를 주살한 공자의 행위에 대한 부정적인 견해가 드러나는 대목이다.32) 이는 기존의 세계질서를 재구성하여

---

31) 『大巡典經』 4장 172절.
32) 이 주살사건은 『史記』의 「孔子世家篇」, 『孔子家語』의 「始誅篇」, 『荀子』의 「宥坐篇」 등에 기록되어 있는 내용으로 노나라 定公(BC 496) 때에 공자가 사구(大司寇: 司法長官)가 된 후 정치를 문란시킨 죄명으로 소정묘를 죽여 그 시체를 3일간 궁정에 내걸었다고 한다. 공자의 제자인 子貢은 소정묘를 인망이

증산이 구상한 새로운 세계로 지향함에 있어서 '출처'와 '소정묘 주살사건'이 남녀동권과 후천의 정사(政事)에 위배되는 사건이며 증산이 지향하는 정음정양의 평등관에 부합되지 못하기 때문에 비판한 것으로 보인다. 증산은 유교문화의 영향으로 형성된 기존사회의 허례허식에 대하여 선비들이 허례만 숭상한다33)고 다음과 같이 비판하고 있다.

> 세상에 전(傳)하여 온 모든 허례(虛禮)를 그르게 여겨 말씀하시기를 "이는 묵은 하늘이 그르게 꾸민 것이니 장차 진법(眞法)이 나리라." 또 제례진설법(祭禮陳設法)을 보시고 말씀하시기를 "이는 묵은 하늘이 그릇 정한 것이니 찬수는 깨끗하고 맛있는 것이 좋은 것이요. 그 놓여 있는 위치로 인하여 귀중하게 되는 것은 아니니라." 또 상복제도(喪服制度)를 미워하사 말씀하시기를 "이는 거지 죽은 귀신이 지은 것이니라."34)

적서의 명분과 반상의 구별35)에 대해서도 자신이 구상한 이상세

높은 사람으로 생각하였으므로 공자의 행위를 힐난하였으며 淸나라 말기의 梁啓超는 '이것은 공자의 일대오점이지만 사실이 아닐 것이다'라고 논평하였으나, 근년 楊榮國 등의 설에 의하면 소정묘는 당시 신흥 지주계급을 대표하는 정치가(法家思想者)이며, 공자는 노예제를 기반으로 하는 구체제의 회복을 기도한 반동사상가임을 예증하는 것이라고 주장하고 있다. 증산은 공자와 소정묘에 관한 일련의 사태에서 공자의 행위를 聖人의 자격에 합당하지 못한 것으로 간주하였으나 이는 공자에 대한 전적인 부정이 아니라 聖人이라는 기준에 근거한 완전성의 의미에서 비판한 것이며 그의 저서인 『玄武經』에서는 노나라의 사구 벼슬을 지낸 공자가 행한 많은 가르침을 계승해야 할 것으로 표현하고 있다.

33) 『大巡典經』 1장 27절.
34) 『大巡典經』 3장 143절.

계에는 없어질 인습이므로 버려야 할 것으로 간주하였다. 또한 좋은 세상을 맞이하기 위해서는 직업의 귀천도 가리지 말아야 좋은 세상이 빨리 도래할 것이라고 말하였으며 신분의 차별을 표현하는 언어습관을 버려야 한다고 주장하였다.36) 그리고 남존여비의 풍조를 없애고 남녀동권의 시대가 되어야 한다고 강조하였다.37) 이는 기존의 유교사상에서 유래된 문화 가운데 불합리와 모순으로 구성된 사회적 요인이 구조적으로 잘못된 세상을 형성하는 역할을 했으므로 후천선경이라는 증산의 대망세계에 전승되어서는 안 될 것으로 보았던 것이다. 결국 증산은 유교사회의 신분질서를 기저로 형성된 구조적인 문제가 인간의 자유와 평등의 실현을 통한 인간의 가치상승에 위배된다고 보았다. 유교 윤리가 전통사회에서 발휘했던 건강한 사회 지도기능을 인정한다고 하더라도, 봉건적 사회체제를 뒷받침하면서 끼쳤던 부정적 요소와 폐단들로 인해 근대이후 유교 윤리가 전면적인 비판을 받아왔다는 것은 피할 수 없는 사실이다.38)

유교에 대한 극단적인 부정적 견해는 제자들에게 유·불·선 가운데 한 자를 짚어보라고 한 뒤 유자(儒字)를 집은 사람을 보고 "유(儒)는 생각이 낡아 완고하고 쓸모없는 것"이라고 한 것이나, "이 일로 인하여 유(儒)로써 폐해를 당하게 된다."39)고 한 것에서 잘 드러난다. 이는 유교에 대한 전체 예법이나 유교의 근본사상에 대해서 비판을 한 것이 아니라 유교문화가 가져온 폐해에 대하여 부정적 견해

---

35) 『大巡典經』 3장 5절.
36) 『大巡典經』 3장 106절.
37) 『大巡典經』 3장 61절, 3장 120절, 6장 114절.
38) 금장태, 『유교의 사상과 의례』, 예문서원, 2000, p.139.
39) 『大巡典經』 4장 14절.

를 말한 것이다. 유교를 다른 종교와 비교하여 전승할 가치가 있는 대표적인 것으로 '유지범절(儒之範節)'로 표현한 것을 보면 유교에 대한 양면적인 면을 볼 수 있다.

유교사상 수용의 측면에서 우선 공자의 '인(仁)' 사상과 맹자의 '성선설(性善說)'을 증산이 설정한 '후천'이라는 세계질서에서 전승 가치 있는 것으로 간주하였다. 증산은 유교를 '유지범절(儒之範節)' 이라고 표현40)하였다. 이는 기성종교인 유교가 다른 종교에 비해 차별성을 지니면서 그 가치를 전승할 부분이 바로 범절에 해당한다고 보았기 때문이다. 여기서의 범절은 물론 허례와 허식이 배제된 범절이 되는 것이다. 그리고 유교 윤리의 근본을 이루고 있는 덕목인 오상(五常)에 대해서 새롭게 정의를 내렸다.41)

이는 주자학에서 이해되던 오상에 대한 개념을 달리 해석한 것으로 양극단에 치우치지 않는 자세에 대하여 강조한 증산식의 새로운 해석으로 볼 수 있다. 위의 사실로 볼 때 증산이 공맹(孔孟)의 사상을 수용하면서 예법(禮法)을 중심으로 삼은 것은 공자의 가르침이 현실세상을 등지고 타계(他界)를 추구하는 은둔사상이 아니라 현실세상 가운데서 질서를 형성한 이상사회를 지향했기 때문이라고 볼 수 있다. 이는 증산의 이상세계가 공상적인 타계가 아닌 현실에서의 구현이라는 점과 그 맥을 같이하며 유교적 예법을 곧 현실적 삶을 유지하기 위한 하나의 질서로 보았기 때문이다.

『현무경』과 『대순전경』에서는 유교관련 문구와 유교관련 서적을 인용42)하였다. 특히 『대학』을 도술을 통하는 수단으로나 신

---

40) 『大巡典經』 4장 112절.
41) "不受偏愛偏惡曰仁, 不受傳强專便曰禮, 不受全是全非曰義, 不受資聰恣明曰智, 不受藍物濫慾曰信" 『大巡典經』 4장 144절.

비한 현상을 일으키는 책으로 간주하였다.43) 또한 병든 사람을 치료하는 수단으로 사용44)하였을 뿐 아니라 제자들에게 중요한 구절들을 외우라고 할 정도로 그 중요성을 매우 강조하였다.45) 이는 『대학』의 내용 중 '신민(新民)'을 이상세계에 부합되는 존재를 설정함에 있어서 가장 적절한 개념으로 파악했기 때문에 이를 확장하여 『대학』이라는 책 전체에 그 가치를 부여한 것으로 보인다. '신민'에 대한 증산의 견해를 필자는 자유와 평등이 실현되는 세상에서 존재하게 될 사람들에게 적용될 증산의 새로운 해석으로 본다. 그러므로 증산의 '신민'은 곧 '중통인의'를 이룬 존재로서 인존시대인 이상사회를 주도하는 '신민'인 것이다.

큰 기운을 받으려는 사람은 『서전』의 서문을 많이 읽으라고 주장46)하는데 이는 서전서문 내용의 핵심구절인 '상수심법(相授心法)'과 '윤집궐중(允執厥中)'의 이치를 깨달음으로서 '술책(術策)'을 터득하는 것을 멀리하고 마음의 이치를 깨달아 이상세계의 주된 존재가 되어야 한다는 증산의 염원이 드러나는 내용이다. 그러므로 이는

---

42) 『大學』·『論語』·『孟子』·『中庸』·『詩傳』·『書傳』·『周易』·『史略』·『通鑑』·『小學』·『性理大全』·『千字文』에서 '化被草木, 賴及萬方'을 『中庸』에서 '生而知之'를 인용하였으며, 『玄武經』의 「天地鬼神祝文」에 나오는 '願君不君, 願父不父, 願士不師, 有君何立, 有父無子, 其父何立, 有師無學, 其師何立'이라는 구절은 『論語』 「顔淵」 편의 '齊景公問政於孔子, 孔子對曰, 君君 臣臣 父父 子子 公曰 善哉 信如 君不君 臣不臣 父不父 子不子 雖有粟 吾得而食諸'의 구절과 유사하다. 그리고 『玄武經』 午符의 '益者三友, 損者三友'는 『論語』의 「季氏」 편에 있는 내용이다.
43) 『大巡典經』 2장 19절.
44) 『大巡典經』 8장 7절, 8장 49절.
45) 『大巡典經』 3장 44절.
46) 『大巡典經』 3장 137절.

증산이 강조한 '안심안신(安心安身)'의 내용과 그 맥을 같이한다.

그리고 『맹자』 고자(告子)편의 "하늘이 장차 큰 임무를 이 사람에게 내리려 하실 때에는 반드시 먼저 그 심지를 수고롭게 하며, 그 근골을 괴롭게 하며, 그 체부(體膚)를 굶주리게 하며, 그 신행(賸行)을 궁핍하게 하며, 그 하는 바를 불란시키니, 이것은 마음을 분발시키고 그 성질을 참게 하여, 그 능하지 못한 바를 증익(增益)하게 해주고자 함이다."의 구절을 강조하면서 이 구절 이외의 내용은 별로 중요성이 없다고 하여 계승으로의 가치를 부정한다.47) 이는 『맹자』에서 언급된 대부분의 내용이 기존의 봉건질서의 사회에 근거한 사상들로서 새로운 세계형성에 별 도움이 되지 못하므로 계승할 가치가 없다고 판단한 것으로 보인다.

또한 『시전(詩傳)』의 「국풍(國風)」·「소아(小雅)」48)와 『주역』의 「계사(繫辭)」·「설괘(說卦)」에서 여러 구절을 인용하여 사용49)했으며, 『사략』·『통감』에서도 자신의 가르침에 필요한 내용을 인용하여 사용하였다.50) 위의 내용에서처럼 증산이 유교의

---

47) 『大巡典經』 3장 91절. "天將降大任於斯人也, 必先勞其心志, 苦其筋骨娥其體膚, 窮乏其賸行, 拂亂其所爲, 是故, 動心忍性, 增益其所不能."
48) 『大巡典經』 4장 88절에 나오는 내용으로 "伐柯伐柯, 基側不遠."는 『詩經』 「國風」 豳風章, 伐柯篇에 나오는 구절로 사람의 道理로써 사람을 다스리는 것이 각기 자신의 몸에 처음부터 彼此의 구별이 없는데, 彼此의 구별을 가지기 때문에 나무를 베면서도 오히려 그 나무가 멀리 있게 느껴진다는 의미이다. 『大巡典經』 2장 131절에는 『詩經』 「小雅」 彤弓之什에 나오는 "六月에 군사가 하루에 삼십 리를 간다."는 구절이 나온다.
49) 『大巡典經』 5장 31절에 나오는 내용으로 『周易』 「繫辭」의 "日中爲市 致天下之民 聚天下之貨 交易而退 各得其所 盖取諸噬嗑"의 내용을 인용하였다.
50) 『大巡典經』 5장 31절에 나오는 내용으로 『周易』 「說卦」의 "帝出乎震, 齊乎巽, 相見乎離, 致役乎坤, 說言乎兌, 戰乎乾, 勞乎坎, 成言乎艮"의 내용을 인용하

경전을 인용하여 사용한 것은 일차적으로 유교교육을 받고 성장한 것이 기본적인 배경으로 작용하였다. 그리고 유교관련 서적의 내용을 공부한 독서인의 경험이 그의 사상을 형성하는 과정에서 유교적 사유를 형성하게 된 배경이 되었다고 볼 수 있다. 이와 같은 과정을 통해서 증산은 유교의 총체를 '유지범절(儒之凡節)', '유지욕대(儒之浴帶)'라고 정의했다. 그러나 유교사상을 그대로 답습하기 보다는 불교와 도교의 사상을 유교사상과 균형 있게 수용하여 자신만의 독창적인 사상체계를 형성했다고 볼 수 있다.

(3) 수전

수전의 유교사상에 대한 비판적인 면을 살펴보면 수전이 1834년 배상제회를 창설한 후 최초로 실행한 것이 공자의 위패를 폐기하는 것이었다. 수전이 1843년에 공자의 위패를 버린 것은 종교 신앙에 기초한 행동이었으며, 이것이 후의 반공투쟁(反孔鬪爭)으로 이어지지만 혁명사상과 직접적인 관련은 없었다. 공자의 위패를 제거한 것은 공자의 사상을 총체적으로 부정한 것이라기보다는 위패라는 우상에 대한 행동이었다51)고 볼 수 있다.52)

였다.
51) 최진규,「상제교의 구세관에 관한 연구」, 고려대학교 박사논문, 1992, p.77.
52) 태평천국의 신격파괴운동에 대해서 애매한 점이 남아 있다고 보는 견해가 있다. 예컨대 광서성에서의 배상제회활동 시기의 경우에 대한 연구에서는, 태평천국의 신격파괴운동이 유불도교의 전통적 신앙에 대하여 전면적이거나 무차별적으로 행해진 것은 아니라 태평천국이 주된 파괴대상으로 설정한 것은 妖魔로 평가된 일부 신앙대상이었다는 것으로서, 정통의 불교나 도교와 같은 보편적 신앙대상이 아니라 주로 甘王廟나 三界廟와 같은 향촌의 샤머니즘적 토착신앙이 탄압받았다는 것으로 주장하고 있다. 그러므로 전통신격 파괴운동이 과연 철저하게 전개되었는지 어떤 일관성을 지녔는지에 대해서도 의문점이 있으므로 태평군이

그리고 유교사상의 원조인 공자사상의 한계점을 지적하며 격하시킴으로써 자신이 이해한 기독교를 중심으로 형성한 상제교의 위상을 한층 높이려는 의도로 이해할 수 있는 내용도 보인다. 이는 수전의 환몽 가운데 "검은 옷을 입은 노인이 경서(經書) 속에서 진정한 가르침을 분명히 밝히지 않은 공자를 책망하는 것을 듣고 공자가 몹시 부끄러워하며 자신의 죄를 인정하였다."53)와 『태평천일(太平天日)』이라는 책에서 "요마가 괴변을 일으키게 된 것은 모두 공자가 사람들을 가르친 책에 착오가 많기 때문이다."54)에서 드러난다. 여기서 진정한 가르침이 무엇인지는 구체적으로 밝히고 있지 않으나 상제의 유일 신격을 제대로 설명하지 못한 것에 대한 책망으로 볼 수 있다. 수전은 소조귀(蕭朝貴)에 하범(下凡)한 천형 그리스도에게 "공자는 천상에서 어떻게 하고 있는가?"라는 물음에 대해 천형은 다음과 같이 답한다.

> 네가 하늘에 올라왔을 때 천부(天父)의 명령으로 공자는 묶인 채 잠시 무릎을 꿇고 매를 맞으며 천부와 나의 앞에 서 있었다. 그가 전에 세상에 내려가서 사람들에게 가르친 책은 진도(眞道)에 맞는 곳도 있으나 잘못된 곳도 매우 많아 태평의 때가 오면 태우지 않으면 안 된다. 공자는 나쁜 인간은 아니기 때문에 용서

사묘신상을 만날 때마다 우선적으로 모두 파괴하였다는 「토월비격」류의 기록에 대하여 의문의 여지없이 그대로 받아들여지고 있으나 이를 극히 과장된 것으로 보는 견해가 있다.(金誠贊, 『太平天國 新硏究』, 인제대학교 출판부, 2009, pp.365-366. 참고)
53) 고지마신지/최진규, 『유토피아를 꿈꾼 태평천국의 지도자 홍수전』, 고려원, 1995, p.45.
54) 최진규, 『태평천국의 종교사상』, 조선대학교 출판부, 2002, p.42.

를 받아 천국에 있으나 다시 이 세상에 내려가는 것이 허락되지 않고 있다.55)

이와 같이 태평천국을 주도한 수전은 공자의 위상을 격하시킴으로써 유교의 가치를 폄하했다. 그렇지만 태평천국 이념을 구성하는 내용에서 유교의 영향은 어느 정도 그 맥을 이어가고 있었다. 수전이 유교사상에 대하여 수용한 부분은 수전의 초기저술인 『원도구세가』, 『원도성세훈』, 『원도각세훈』, 『백정가』,56) 『천조서』 등에서 공맹(孔孟)의 격언이나 유교경전을 인용하여 자신의 논리를 전개하고 있는 것에서 잘 드러난다. 출판물의 명칭57)에서도 유교적인 영향을 볼 수 있는데, 이는 수전이 어려서부터 과거시험을 준비

---

55) 王慶成, 『影印太平天國文獻十二種』, 中華書局出版, 2004, p.30. 「天兄聖旨」, 卷1-5b "爾昇高天時, 孔丘被天父發令鞭打, 他還在天父面前及朕面前得少? 他從前下凡教導人之書, 雖亦有合眞道, 但差錯甚多. 到太平時, 一概要焚燒矣. 孔丘亦是好人, 今准他在天享福, 永不准他下凡矣."

56) 홍수전은 『百正歌』에서 正人은 진심을 가진 진정한 도덕이나 양심을 가진 사람으로 규정하고 이 양심이 짐승과 인간을 구분해주는 기준이며 인간본연의 성질이라고 설명하고 있다. 程演生, 『太平天國史料』 1, 北京大學出版部, 1929, p.9. Vincent Y. C. Shin *"The Taiping Ideology : its sources interpretations, and influences"*, Seattle:University of Washington Press, 1963, p.6.

57) 『三字經』, 『幼學詩』, 『千字詔』 등은 이전에 나온 책의 명칭을 따르고 있다. '原道'는 『淮南子』 첫 부분에 '原道訓'이 있고 한유도 '原道'라는 문장을 썼으며 이 밖에도 天情, 天道, 天命, 天誠, 天責, 天罰 등의 용어도 경서에 자주 등장하는 용어이다. 『幼學詩』에서 正에 대하여 다음과 같이 사용하고 있다. "삶과 죽음에 대한 권세는 천자의 손에 놓여 있다. 재상들은 복종할 것이다. 한 사람이 正으로 인도한다면 일만 나라가 평화로이 정착할 것이다. 왕이 홀로 권세를 부린다면 사악한 자들은 구천으로 도망갈 것이다."(蕭一山(1935) 『太平天國詔書』, 北京, pp.4b-5a.

하는 기간 동안 사서오경(四書五經)을 비롯하여 중국의 역사서 등 유교적 전통문화의 영향을 받은 학문을 공부했기 때문이라고 볼 수 있다.58)

『논어』, 『맹자』, 『역경』, 『예기』에서 사용된 '정(正)'의 개념을 태평천국에서는 신이 인간에게 부여한 고귀함을 유지하는 방법을 정(正)과 부정(不正)의 개념을 들어 설명하고 있다. 정(正)이라는 단어는 태평천국이 정의로움과 절대적 공명정대의 의미로 사용하였는데 중국고전에서도 같은 뜻으로 사용되었다.59) 『논어』와 『맹자』60) 그리고 『역경』61)에서 정(正)과 부정(不正)에 대하여 구체적으로 언급되어 있다. 이러한 내용을 태평천국에서 "사람이 그의 본성을 어둡게 한다면 그 죄는 커질 것이다. 만약 사람이 본래 마음을 잃지 않는다면 그는 자연히 삶의 숨결이 하늘에 의존하고 있음을 알게 될 것이다."라고 말하고 있다.62)

정(正)과 부정(不正)에 대한 개념의 사용은 수전이 자신의 이상관

---

58) 최진규, 「上帝教의 求世觀에 관한 연구」, 고려대학교 박사논문, 1992, pp. 75-76.

59) 蕭一山, 『太平天國詔書』, 北京大學出版部, 1935, p.9b.

60) '正'에 대해 『논어』「顏淵」에서는 "季康子, 問政於孔子, 孔子對曰, 政者正也. 子帥以正, 孰敢不正.", "子路"에서는 "子曰 其身正, 不令而行, 其身不正, 雖令不從.", "子曰, 苟正其身矣, 於從政乎. 何有, 不能正其身, 如正人何."라고 언급되어 있으며, 『맹자』「離婁」에서는 "行有不得者, 皆反求諸己, 其身正而天下歸之.", 「萬章」에서는 "吾未聞枉己而正人者也. 況辱己以正天下者乎. 聖人之行不同也. 或遠或近, 或去或不去, 歸潔其身而已矣."라고 언급하고 있다.

61) "위대함은 正을 의미한다. 사람이 正, 즉 정의롭고 위대할 때, 그는 천상과 지상의 진짜 성품을 볼 수 있게 된다."라고 말하고 있다.

62) Vincent Y. C. Shin(1963) "*The Taiping Ideology : its sources interpretations, and influences*", Seattle:University of Washington Press, p.183.

을 체계화하는 과정에서 자신이 형성한 사상체계에 정당성을 부여하기 위한 단초로 사용된 것이라고 볼 수 있다. 중국화된 기독교의 가치가 정(正)의 가치가 주도하며 정(正)을 향한 방향성이 내포되어 있음을 함의하고 있으며 이를 통하여 태평천국의 윤리관을 형성하려고 한 것으로 보인다.63) 또한 『예기』의 '오륜(五倫)'64)의 내용을 「태평구세가(太平救世歌)」에서 유사하게 적용하여 태평천국의 윤리관을 형성하고 있다.65)

태평천국은 부부 사이의 문제를 "남편은 공정하고 아내는 순종해야 한다."는 『예기』의 사상에 따라, "남편의 처세는 강건함(剛)에 그 바탕을 두고 있고, 아내에 대한 남편의 사랑은 적절한 방식을 따라야 한다."고 가르쳤으며66) 『맹자』에 나타난 '부부유별'의 윤리

---

63) 태평천국의 '君臣有義'에 대한 사상은 孟子의 正義의 사상과 유사하며 『예기』에서 보이는 군주의 자애로움은 고려되지 않고, 통치자에게 충성해야 할 신하의 의무가 반복해서 보인다. 孝를 충성으로 변형시키려는 사상은 충성을 너무도 강조하여 자신의 부모와 자신의 몸을 잊어버리면서까지 충성을 강조했다. 그리고 義를 받들기 위해서 그들은 자신의 삶을 포기해야 할 정도였다.(蕭一山, 『太平天國詔書』, 北京大學出版部, 1935, p.7b.)

64) "인간에게는 인간의 원리가 있다. 잘 먹고, 따뜻하게 입고, 편안한 집에 살더라도 교육받지 못한다면 禽獸의 상태로 다가가는 것이다. 현자는 이것을 심히 걱정하시어 契를 司徒로 임명하여 인간들에게 인간관계를 가르치도록 하였다. 父子有親, 君臣有義, 夫婦有別, 長幼有序, 朋友有信이 그것이다."

65) "아이들을 돌보면서, 아버지와 어머니는 언제 진심으로 평온을 즐기는가? 아이들을 먹이고 키우면서 아이들을 위해 그들이 하는 모든 일에 전심을 쏟는다. 아이들이 자라기 시작하면, 부모들은 아이들이 빠지게 될지도 모르는 많은 유혹에 대해 걱정한다. 부모는 자식에게 예와 의를 가르치고, 온종일 자식들을 보호하려 애쓴다. 자식들에 대한 그들의 사랑, 견실하고 진실된 사랑에는 실로 한계가 없다."(蕭一山, 『太平天國詔書』, 北京大學出版部, 1935, pp.7a-b.)

66) 蕭一山, 앞의 책, p.9a.

는 태평천국 내에서 일반적인 남녀관계에 적용하였다. 『예기』는 '남녀유별'을 부부관계를 완성시키기 위한 한 단계로 간주하고 있으며 태평천국은 대중적 관념에서 이를 수용했다. 이는 완전한 평등의 구현에 문제점이 드러난 내용이며 유교적 인습이 적용된 것으로 볼 수 있다. 『맹자』와 『예기』에서 언급되는 '장유유서(長幼有序)'에 대해서 수전의 「幼學詩」는 다음과 같이 언급하고 있다.

> 형은 그들이 한 몸에서 태어났다는 사실을 생각하고 아우를 가르치고 지도해야 한다. 아우가 잘못을 하면, 형은 관용으로써 아우를 용서해 줌이 마땅하다. 형제의 순서는 하늘이 정해준 것이므로, 아우는 형의 말을 들음에 있어서 존경을 지녀야 한다.67)

태평천국은 모든 남자는 형제들이고 여자들은 자매들인 같은 천부의 자식이기 때문에 친구관계에 대한 언급은 없다. 태평천국의 운명론은 「天父上帝言題皇詔」와 「天父詩」에 잘 나타나는데 이는 『논어』의 "생사(生死)는 명(命)의 문제이고, 부귀(富貴)는 하늘에 달린 문제이다."68)와 『맹자』의 "모든 것이 운명의 문제이다. 우리는 우리에게 정해진 것을 순종하며 받아들여야 한다."69)는 내용과도 유사하다. 수전은 여기서 명(命)과 하늘, 운명을 곧 '신천상제'의 권위와 동일화시킴으로써 태평천국을 유일신 신앙으로 무장하려는 의도가 보인다.

---

67) 蕭一山, 앞의 책, p.7b-8a.
68) 『論語』 「顔淵」 "死生有命, 富貴在天."
69) 『孟子』 「萬章」 "有命, 孔子進以禮, 退以義, 得之不得, 曰有命, 而主癰疽與侍人瘠環, 是無義無命也.", 「盡心章」 "孟子曰, 莫非命也. 順受其正."

수전이 태평의 이념을 체계화하는 과정에서 비판이나 수용을 한 내용을 고찰해 보면 유교에 대한 평가가 구체적인 해체와 분석을 통한 재해석의 시도이기보다는 주로 유교경전의 부분적 내용에 관한 비판이나, 경전의 몇몇 구절을 수용함으로써 가치판단을 한 흔적이 보인다. 유교적 전통질서를 형성하던 가치체계에 대하여 자신이 설정한 이상사회의 이념에 부합되는 부분과 그렇지 않은 것에 대하여 수용과 비판을 하였다. 수전은 유교사상을 배척해야 한다고 주장하면서 직접적으로 어떤 특정한 부분을 수용하겠다고 밝히지는 않았지만 그의 사상 이면에 내재된 유교적 경향이 자연스럽게 표출되었다.

(4) 장소

장소는 『신학위경고』와 『공자개제고』라는 저술을 통하여 공교운동(孔敎運動)을 전개함으로써 기존유교에 대한 개혁의 의지를 드러낸다. 그러므로 장소의 유교사상에 대한 비판적 견해는 다른 사상가들과는 달리 전통유교를 개혁한다는 점에서 공자에 대한 '탁고(託古)' 논리로 전개시킨다. 그러나 유교사상과 문화의 전반에 걸친 장소의 견해는 수용의 측면이 강하게 나타난다. 유교사상에 대한 비판적 측면은 '가탁(假託)'의 논리로 전개되는데 이는 중화문명의 중심이 고대의 선왕이 아니라 공자를 그 중심에 두려는 생각으로 모두 공자 한 사람의 역할이었다고 보고 있다.

> 고대의 역사를 처음부터 찾아서 설명하는 것은 불가능하다. 그럼에도 역사가들은 고대 역사를 무리하게 고구(考究)하여 엉터리를 그럴듯하게 진실이라고 강변한다. … 하·은·주(夏·殷·周) 삼대

(三代)에 화려한 문화가 존재했다고 보이는 것도 실은 공자가 스스로 창조한 문화를 고대 선왕에게 가탁(假託)하여 경서에 기술한 것에 지나지 않는다. 그렇다고 보면 중화문명의 영광도 모두 공자 한 사람의 그늘에 속하는 것이다.70)

장소는 이와 같은 논리를 전개함으로써 유교의 전통에 대한 일반적인 이해를 부정하여 공자를 '교주' 또는 '성왕'의 위치로 올려놓는 공자소왕설(孔子素王說)을 주장하고 중화문명의 유교가 공자에 의해 창시되었음을 주장하고 있다.

한편으로 장소는 유교의 본질을 종교라고 주장함으로써 후한의 훈고학이나 청조의 고증학자들을 유교를 학문으로 여기는 자들이라고 비판을 했다. 또한 주자학이나 양명학자들에 대해서도 공자의 가르침의 본질을 망각한 사람으로 비판을 했다. 장소는 이들이 시시한 고증에 매어 있거나 성인에 도달하려는 사적인 목표를 지양하고 정신없는 성인놀이에 빠져 있으며, 스스로를 일컬어 청렴한 도덕가라 칭하는 무리들이라고 비난한다.71)

이와 같은 내용에서 장소는 공자를 중심으로 하는 유교를 대동사상의 중심에 둠으로써 공교(孔敎)운동의 토대를 마련하고자 한 것으로 볼 수 있다. 기존의 경전과 경전해석이 거부된 후에야 비로소 새로운 해석을 할 수 있는 자유로운 공간을 얻을 수 있고, 그런 다음에야 그가 자신의 이상을 위해 경(經)과 경학(經學)을 자유롭게 사용할 수 있기 때문이다.

---

70) 강유위/강예화·장영화, 『공자개제고』, 중국인민대학출판사, 2010, p.4.
71) 강유위/강예화·장영화, 앞의 책, 권7.

그리고 공자를 조술자(祖述者)가 아니라 창설자(創設者)로 보는 발상의 대전환을 보임으로써 육경(六經)이 공자가 찬술한 것이 아니라 제작한 것으로 공자의 이상을 드러낸 구성물이자 창작이라고 한다. 때문에 육경을 중심으로 하는 유교는 공자의 가르침 즉 공교(孔敎)일 뿐이다. 모든 법의 주체로서의 성인 공자를 전면에 내세우는 공자개제고 즉 '개혁자로서의 공자에 대한 연구'에 의해 공자는 초월성을 부여받는다. 개재자요 창교자인 성인 공자, 그는 바로 개제를 도모하고 공교(孔敎)를 새로운 형태로 창교(創敎)하려는 장소 자신이기도 하다.72)

공자의 위상에 대한 장소의 평가는 거의 절대적이다. 장소는 하·은·주 3대에 화려한 문화가 존재했다고 보이는 것도, 실은 공자가 스스로 창조한 문화를 고대 선왕에게 가탁(假託)하여 경서에 기술한 것에 지나지 않는다고 보고 있으며 중화문명의 영광도 모두 공자 한 사람의 그늘에 속하는 것이라고 생각한다.73) 이에 덧붙여 장소는 '공자개제고'에서 공자에 대하여 다음과 같이 논한다.

> 공자는 천지에도 필적할 위대한 교주(敎主)이자 성왕(聖王)이며, 이 세상의 모두가 공자의 대도(大道)에 포섭된다. 그런데도 공자의 대도(大道)를 문헌상에 구한다고 해도, 단지 한 글자도 존재하지 않고, 겨우 어록(語錄)인 '논어'와 이관(吏官)의 단편적 서류를 하나로 철한 '춘추'가 있음에 지나지 않는다. 만약 시(詩)·서(書)·예(禮)·악(樂)·역(易) 등의 경서가 모두 고대 선왕(先王)의 손에

---

72) 한평수, 「강유위와 담사동의 유교관」, 『인문연구』 26, 인하대학교 인문과학연구소, 1997, pp.365-366.
73) 강유위/강예화·장영화, 앞의 책, 권1, pp.2-3.

이루어지는 구전이라고 하면, 공자는 경서와는 어떤 관계도 없는 사람이 되어 버리고, 기껏해야 현명한 사대부나 한대(漢代)의 경사(經師)에 비견되는 인물이 될지도 모르는 것이다.74)

공자의 공적이 고대의 선왕들에게 부여된 것에 대해 부정적 입장을 견지하는 장소는 "한(漢)은 왕중임(王仲任) 이전부터 유(儒), 묵(墨)을 나열하는 데에 모두 공자가 유교의 종주(宗主)임을 아는 것이고 유교를 공자가 창시한 것임을 안다."75)고 하여 유교가 오직 공자 한 사람에 의하여 만들어졌다고 주장한다.76) 이를 위하여 장소는 다음과 같은 논지를 전개한다.

> 하늘은 난세를 불쌍히 여겨 지상에 성왕인 공자를 탄생시켰다. 그러나 하늘은 한시대의 구제가 아니라 영원한 구제를 도모했기 때문에 공자는 세속의 군주가 되지 않고 이법(理法)을 제정하여 만세에 군림하는 군주가 되었다. … 그러나 전한 말에 유흠(劉欽)이 나타나, '주례', '좌전' 등의 고문 내용을 위작하고 난 후는 고문학의 무리가 '좌전'을 방패로 '공양전'을 논파하고, 주제를 정한 것은 주공(周公)이라고 하는 '주례'를 근거로 공양의 학설을 공격한 결과, 공자는 주공에게 제법의 군주 자리를 뺏기고, 창작의 군주에게 일개의 조술자로 격하되기에 이르렀다.
> 그 결과 천하의 사람들은 이 세상에 공자가 '만세의 교주성왕(敎主聖王)으로 군림하고 있다'라는 진리를 잊어버리고, 세속의 군

---

74) 강유위/강예화·장영화, 앞의 책, pp.192-193.
75) 『공자개제고』 권7, "儒敎爲孔子所創考"
76) 『공자개제고』 권8, "孔子爲制法之王考"

주만이 왕이라고 착각하게 되었다. 때문에 사람들은 세속의 군주에게만 복종하고, 교주인 공자의 위신은 조락(凋落)해 버린다. 그래서 인륜, 도덕은 폐하고, 세상은 악화되어 버린다. 이것도 모두 공자는 소왕이라는 사실을 사람들이 잊어버린 탓이다. … 이 세상에는 왕이 범람하게 되었다. … 중국의 의리나 제도는 전부 공자의 가르침을 따르고 있는 것은 아닌가? … 따라서 말의 진짜 의미로, 훌륭하게 왕인 실질이 구비되어 있다. 왕의 실질을 갖는 공자가 왕호를 칭하는 것은 당연한 이치이고, 거기에는 어떠한 의의도 없다.

따라서 공자는 공연히 왕을 자처하는 것은 당연하지만, 그래도 공자는 세간의 반발을 우려하여, 어쩔 수 없는 권변(權變)의 책(策)을 이용하여, 겸손하게 스스로를 왕이라 칭하지 않고, 고대선왕의 이름을 빌려 자기의 가르침을 주고, 선왕이나 노(魯)의 군주에게 가탁(假託)하는 표현형식을 채용했던 것이다. … 또 후세의 역사를 성찰하면 과연 공자에게는 문선왕이라는 왕호가 존재하고 있기 때문에, 본래 공자는 만세에 군림하는 성왕임에도 불구하고, 공자는 황제로부터 신하에게 주어지는 왕호를 칭했던 것이라는 오해를 생기게 할 여지도 있으리라.[77]

위의 내용은 공자가 지상의 진정한 왕이 될 수 있다는 '공자소왕설'을 주장하는 내용으로 고대 선왕과 주공의 역할과 지위를 격하하여 공자에게 모든 가치를 부여하려 하는 것이다. 그럼에도 불구하고 공자의 위상과 업적이 바로잡히지 못한 것에 대한 강력한 비판을

---

[77] 『공자개제고』 권8

함으로써 유교의 역사에 새로운 체계화를 정립하려고 한 장소의 시도를 볼 수 있다. 이는 장소의 '탁고논리'에서도 그대로 이어진다.

> 인간에게는 아득한 고대를 동경하는 마음을 품고, 심원(深遠)의 시대로서 존숭하는 반면, 자신에게 비교적 가까운 시대를 시시한 범용(凡庸)의 시대로서 멸시하는 성질이 있다. 그래서, 자신의 발명을 정평이 나도록 계획하는 사람들은 그 '연원(淵源)'이 뭔가 하며 고대를 핑계 삼는다.78)

> 중국세계를 유교가 통일하고, 빛나는 성공을 거둔 것도 모두 한결같은 노력, 헌신적인 포교활동이 있었기 때문이다. 그러나 후세의 유자(儒者)는 선배들의 포교활동의 성과만을 약삭빠르게 받아들이고, 실컷 그 은혜를 입으면서 선배가 어느 정도의 고난을 겪고 전도(傳道)에 몸을 바쳤는가를 잊어버리고 있다.79)

장소는 한의 훈고학이나 청의 고증학자들을 유교의 사상을 학문으로만 여기는 자들이고 유교의 종교적인 면을 모르는 자들이라고 말한다. 그리고 후세의 성리학자나 양명학자들 역시 공자의 사상에 담긴 진면목을 모르고 사적인 목표인 성인에 도달하기 위한 무리들이라고 비난한다.80) 그러므로 장소는 공자학파 이외의 사상가들을 공자사상의 연원을 지닌 선비로서는 인정하지 않으려고 한다.

장소의 유교사상에 대한 수용적 측면은 그가 추구한 이상세계를

---

78) 『공자개제고』 권4
79) 『공자개제고』, pp.501-503.
80) 『공자개제고』, pp.191-193.

묘사함에 있어서 알 수 있다. 이러한 내용은 대표적인 저술인 『대동서』를 통하여 언급되고 있으며 대동사상의 '대동'이 중국의 전통적 이상사회를 묘사하는 용어 가운데 하나로 『예기』의 「예운편」에서 유래한 것과 관련성을 지닌다. 혁명과 개혁을 주장한 대부분의 중국 사상가들은 『예기』의 영향을 받았으며, 장소의 대동사상 역시 「예운편」의 영향을 많이 받은 것으로 보인다.81)

이상을 추구하는 사람들이 지향하는 '대동'은 중국의 우·탕·문·무·성왕·주공의 정치를 의미하는 '소강'의 상대적인 개념이다. 장소가 주장한 대동사상의 특징은 '인(仁)'을 대동 사회실현의 근본으로 보고 있는 것이다. 이는 대동서 갑부(甲部)에 "사람은 모두 차마 못하는 마음을 가지고 있다."에서의 인은 공자사상의 핵심적 개념이며 이후 유가사상의 중요한 개념으로 자리매김을 해왔다. 장소는 '인'의 사상을 인류의 절대 사라지지 않을 '공리(公理)'로서 대동 사회 성립의 이론적 근거로 보고 있다. 그러므로 장소는 유가의 '인' 사상은 세상을 구제하고 백성의 어려움을 보살피는 데에 그 작용이 있다고 강조한다. 그는 당시 학자들의 가장 큰 병폐가 실질적인 공부를 소홀히 한 채, 공리공담의 늪에 빠져 있는 것이라고 보았다. 『신학위경고』, 『공자개제고』, 『대동서』는 그동안 심성유학(心性儒學)의 그늘에 가려 무시되어온 정치유학의 역할을 되살리려는 시도라고 볼 수 있다.82) 장소는 '맹자'의 '차마 하지 못하는 마음' 즉 '불인지심'에 대해 『대동서』에서 다음과 같이 언급한다.

---

81) 장소는 「예운편」에 주석을 달만큼 『예기』의 「예운편」에 그 비중을 둔 것으로 보이며 『대학』, 『중용』 등에도 주석을 달았다.
82) 이연도, 「대동과 유토피아 : 강유위 사상의 특색」, 『한국철학논집』 제18집, 2006, p.255-256.

보고서 느껴지는 것은 대상의 형체와 소리가 눈과 귀에 전해져 혼기를 자극함으로써 슬프고 아프게 나의 양기에 엄습해오고, 은밀하고 고통스럽게 음기에 들어와 주저주저하면서 스스로 그만둘 수 없는 것이니, 이것은 무슨 전조일까? 그것이 유럽인들이 말하는 에테르일까? 옛 사람들이 말하는 불인지심일까? 그렇다면 사람마다 모두 이 불인지심이 있다는 말인가? 어째 내게만 있는 것일까 마는 나는 어찌 이다지도 깊이 느끼는 것일까?[83]

공양학의 삼세설과 예운의 소강, 대동설을 결합시켜 공양삼세설을 주장한 장소의 이상사회론인 대동사상은 '인'의 원리를 최고의 가치로 간주하는 세상이다. 그리고 '공자의 도'가 가장 근본이며 최상의 원리가 되어야 하며, '신선술'이 현실화되고, '불교의 연화세계'와 같은 세상으로 묘사되고 있다. 장소는 이러한 세상이 언젠가는 현실세계에 실현될 세상으로 믿고 있다. 장소의 대동사상에서 태평세는 '공자의 도'가 행해지는 세상이다. 장소는 '인인(仁人)'의 실천윤리를 대동사상이 가지는 보편적 진리로서 확인하려고 했다. 장소는 다른 사상에 대한 수용과 함께 기존 유교의 수용과 비판을 통한 절충과 융합으로 대동사상을 이상세계의 새로운 이념으로 체계화했다고 본다. 그러나 장소의 '공교론(孔敎論)'이 지닌 한계는 지식인 관료로서의 봉건적 유교전통을 크게 벗어나 근대를 지향하지 못했다는 점에 있다.

---

83) 『大同書』 「甲部」

(5) 유사성과 상이성

이들 사상가들이 이상세계를 추구함에 있어서 기성종교인 유교사상의 봉건적 사회현상에 대한 비판과 수용을 바탕으로 다른 사상과 습합함으로써 새로운 질서를 향한 방법을 제시하였다. 이러한 과정에 있어서 네 명의 사상가들의 유사성과 상이성을 볼 수 있다.

수운, 증산, 수전, 그리고 장소는 유교사상의 수용과 비판의 과정에서 유교의 창시자인 '공자' 개인이나 그의 사상을 언급하고 이를 중요한 논점으로 부각시키고 있음에 대해서는 유사성을 지닌다. 그러나 공자에 대한 인식의 태도나 그의 사상에 대한 긍정적 평가에 있어서는 상이한 면을 보이고 있다.

수운은 그의 대표적 저서인 『동경대전』과 『용담유사』에서 공자의 가르침을 정통으로 나타내는 『대학』과 『중용』의 내용을 인용하고 이를 전승하려는 의도를 지녔다. '옛 성현과 문도들이 공자의 연원을 지켜서 지금까지 전해온 것'에 대하여 극찬을 했다. 수운 본인의 동학 역시 공자의 사상과 크게 다르지 않다고 한 점에 있어서 공자의 원시 유학적 사상을 긍정적으로 수용하려는 면모를 알 수 있다. 이에 비해 공자에 대한 비판적 내용은 거의 없으며 '공자의 도와 동학의 도가 대체로 같으나 약간 다른 것이 있다.'고 함으로써 차이점을 나타내는 정도에 그치고 있다.

증산은 공자의 사상을 수용과 비판함에 있어서 뚜렷한 구분을 제시하고 있다. 공자사상 수용의 측면은 '현무경'의 "공자는 노나라의 대사구 벼슬을 하였으며, 맹자는 성선설을 알린 제량지군"[84]이라는 구절에서 공자의 '인'의 정신[85]이 담긴 유교를 연원으로 하겠다

---

[84] 『玄武經』 "孔子魯之大司寇, 孟子善說齊梁之君."

는 의도를 보이고 있다. 그러나 공자의 '삼대출처' 사건이나 '소정묘 주살'에 대해서는 강력한 비판을 가한다. 이는 '삼대출처'와 '소정묘 주살' 사건이 남녀평등과 신분평등에 부합하지 못한 반봉건적 역사적 사건이라는 인식에서 비롯된 것이다. 왜냐하면 이러한 사건에 대한 봉건적 해석이 정음정양의 평등한 이상세계를 지향한 증산의 관점에 부합되지 못한다고 생각했기 때문이다.

공자에 대한 수전의 인식은 수전이 하늘에 올라가 상제를 만났을 때 '공자가 지상에 있을 때 천부상제의 뜻을 잘못 전달했으므로 진법에 맞는 곳과 잘못된 곳이 있다.'고 하여 질책을 받았다는 내용을 토대로 '공자의 위패를 폐기한 일'로 미루어 보면 공자에 대한 부정적 견해를 볼 수 있다. 그러나 수전의 태평천국이념에 수용된 유교의 내용을 살펴보면 공자의 사상이 담긴 경전을 많이 인용하여 새로운 종교와 정치 그리고 교육의 이념으로 활용하려고 한 점에 있어서는 수용의 측면을 확인할 수 있다.

공자에 대한 장소의 평가는 거의 절대적이라고 할 만큼 긍정적이다. 공자의 사상을 수용하는 측면에 머물러 있는 것이 아니라 오히려 공자교를 창시하여 국교를 창립하자는 정도로 공자에 대한 평가를 최고로 하고 있다.

이와 같이 이들이 유교를 수용하고 비판한 점에 있어서 공자를

---

85) 증산은 공자 사상의 핵심을 '仁'으로 보았으며 '仁'을 오상 가운데 중요한 것으로 인식했다. 이는 제자들과의 문답을 통해서 드러난 일본의 상황과 일본과의 관계에 대한 증산의 설법을 통해서 드러난다. "그들에게 一時에 天下統一之氣와 日月大明之氣를 붙여주어 役事를 잘 시키려니와 한 가지 못 줄 것이 있으니 곧 어질 仁자라. 만일 어질 仁자까지 붙여주면 천하는 다 저희들의 것이 되지 않겠느냐 그러므로 어질 仁자는 너희들에게 붙여주노니 오직 어질 仁자를 잘 지키라."고 하여 '仁'을 오상 가운데 최고의 덕목을 지닌 것으로 간주했다고 볼 수 있다.

언급하고 이를 논점으로 부각시킨 것은 공자가 유교를 창시한 인물이기 때문에 비중 있게 언급한 것이다. 그리고 유학의 역사가 변용되고 습합되어 다른 양상을 지녀왔지만 공자가 차지하는 유교역사의 비중이 유교를 평가하는 관건이 된다고 생각한 것으로 볼 수 있다.

위에서 언급된 공자에 대한 수용과 비판의 측면을 포함한 유교사상의 전반적인 면에 있어서 네 명의 사상가는 유교의 범주를 크게 벗어나지 않고 수용과 비판을 거쳐서 형성된 유교사상을 이상세계의 모델로 제시했다는 점에 있어서 유사성을 지닌다.

그러나 수운과 증산, 그리고 장소는 종적 위계질서를 강조하는 성리학적 패러다임에 대해서 크게 부정하여 이를 타파해야 한다고 하였다. 수운은 '시천주'를 토대로 한 '인본주의'를 주장함에 있어서, 증산은 '정음정양'의 '해원상생'을 전개시킴에 있어서, 장소는 '거고구락(去苦求樂)'의 '천하위공(天下爲共)'을 실현하고자 한 점에 있어서 주리론적 성리학의 전통을 거부하였다. 이는 이들이 지향한 이상세계가 만민평등의 지상천국을 실현시키는 데 그 의의가 있으므로 평등의 원리와 위배된 주리론적 종적 지배이데올로기에 대한 반대적 정서가 공통적으로 작용한 것으로 볼 수 있다.

2) 불교사상

(1) 수운

수운이 불교에 대해서 사유한 흔적이 보이지만 구체적인 용어나 불교의 사상에 대해서 언급하지는 않았다. 수운은 동학을 삼교합일의 무극대도라고 했다. 하지만 이에 상응하는 불교사상에 관련된 내용은 『용담유사』와 『동경대전』에서, 유가사상이나 도교사상의 경우에서처럼 뚜렷하게 제시된 개념이나 일치되는 용어를 발견하기는 어려운 편이다.86)

---

86) 구체적인 불교용어나 직접적인 불교사상을 드러내는 내용이 없는 가운데 수운의 동학과 불교사상과의 유사성에 대해 밝힌 연구가 있다. 서태원은 『미륵보살하생경』과 『미륵대성불경』을 중심으로 미륵사상에 담긴 후천개벽의 내용을 수운이 경제면과 재해·전쟁·기근·질병 및 환경면에서 관련성을 찾고 동학사상에 적극 수용했다고 보았다. 또한 19세기의 시대적 상황에서 미래의 희망을 담고 있는 미륵사상의 변혁성을 동학의 교리에 흡수하여 후천개벽사상에 활용했다고 주장한다.(서태원, 「東學의 後天開闢思想과 彌勒思想」, 『역사와 실학』 제14집, 역사실학회, 2000, pp.785-803.) 오출세는 동학을 전통적인 민간신앙과 민중사상의 산물이며 그 시대적 표현이라고 평가하고 있다. 또한 이러한 동학사상이 신라의 '미륵선화'나 '죽지랑 탄생설화', '용화향도'에서부터 통일신라시대 진표율사의 '금산사 미륵도량' 창설, 고려시대의 '은진미륵', 조선시대의 배불정책을 피하여 민간적 전개를 보인 민속신앙을 연맥으로 하여 한국 근세사에 지대한 영향을 끼쳤다고 평가하고 있다.(오출세, 「미륵사상과 동학 : 민간 신앙적 측면을 위주로」, 『불교어문논집』 3, 한국불교어문학회, 1998, pp.29-37.) 이러한 연구들은 동학사상에 내재된 미륵신앙관련 내용을 중점적으로 언급하고 있으며, 불교사상의 세부적인 이론에 대한 언급은 정치하게 다루어지고 있지 않다.

불교의 '연기사상'을 동학의 '불연기연'과 같은 맥락임을 말한 조용일은 '제법이 인연을 좇아 생겨남', 즉 없던 법이 있게 됨은 없던 것의 자기 불연이요, '제법이 인연을 좇아 멸함', 즉 있던 것이 없게 됨을 그 있던 법의 자기 불연적 소치라고 한다. 수운이 '무궁한 그 이치를 불연기연 살펴내어'라고 했던 것을 '있던 것이 없게 되고 없던 것이 있게 되는 연기성 자체로서의 이치'라고 말한다.(조용일, 『동학 조화사상 연구』, 동성사, 1988, pp43-320.) 수운의 동학과 불교계와의 교섭 관계를 밝힌 박맹수는 수운의 구도과정에서 불교계와의 활발한 교류가 있었으며 이를 계기로 동학사상에 불교적 요소가 내재되어 있다고 주장한다. 그 근거로 금강산 유점사의 승려를 통한 '을묘천서' 사건과, 통도사의 말사인 내원암에서의 49일간의 기도, 남원 은적암에서 도수사와 권학가를 지었다는 점을 제시하고 있다.(박맹수, 「동학 한말 불교계와의 교섭」, 『신인간』, 1991, pp.44-57.)

수운은 계급체계를 떠받치고 있는 성리학을 대체할 이념으로 삼교를 동학 안에 포함시켰고, 특히 불교의 사유와 민중성은 기존 계급 체제를 대신할 이념으로서 동학에 녹아들었다고 볼 수 있다. 동학에 불교적 사상이 내재해 있다는 것은 '모든 만물이 한울님을 모시고 있고 생명이 있어 평등하며, 전체와 개체가 둘이 아닌 한울타리요, 한울타리인 세계가 끊임없이 생성하고 개벽한다.'는 이치에서 불교의 화엄의 세계관이 반영된 것으로 볼 수 있다.87)

동학사상에 내재된 불교적 사유는 '시천주' 하는 모든 존재가 내재적이면서 초월적인 하느님을 모시고 있으며, 이러한 존재가 개체이면서 곧 전체와 유기적 통일성을 지닌다는 점에서 유사성을 볼 수 있다.

이는 일즉다(一卽多) 다즉일(多卽一)의 유무회통(有無會通)으로 모든 존재가 '있고 없음', '생겨나고 사라짐'의 공존 속에서 상호관계의 존재임을 말하는 화엄사상과 같은 맥락으로 볼 수 있다. 모두가 한울님 마음을 받들어 한울의 동귀일체로 돌아가는 공동체 의식을 지향한다. 「논학문」에서 말하는 허령창창(虛靈蒼蒼)이나 「불연기연(不然其然)」의 유무회통 사상은 어떠한 현상과 사물도 고정된 것으로 보거나 집착하지 않고 끊임없이 변화(無常)생성하는 무궁의 세계관을 지니게 하여 인간으로 하여금 창조적 세계를 만들고자 하는 과정에 주목하게 한다.88)

이는 우주의 모든 존재가 서로에게 끝없이 인연이 되어 생겨나고 멸하여, 모두가 끝없는 시간과 공간 속에서 서로의 원인이 되며,

---

87) 정혜정, 「동학과 불교사상」, 동학학회, 『동학과 전통사상』, 도서출판 모시는 사람들, 2004, pp.98-99.
88) 정혜정, 앞의 책, p.98-100.

대립을 초월하여 하나로 융합하고 있는 법계무진연기(法界無盡緣起) 사상과도 같은 맥락으로 이해할 수 있다.

수운의 '심본허(心本虛) 응물무적(應物無迹)' 하는 하느님[89]에 대한 인식도 불교적 사유와 유사하다. 불교에서 삼교합일의 회통적 사유가 나올 수 있었던 것은 이러한 화엄적 사유체계에서 비롯된다. 본체와 현상이 상즉할 수 있기에 유가에서 말하는 사시(四時)와 음양(陰陽)도 한울님이자 부처님의 몸이라 할 수 있는 것이다. 수운은 "천지 역시 귀신이요 귀신 역시 음양인 줄 이같이 몰랐으니, 경전 살펴 무엇 하며 도와 덕을 몰랐으니 현인군자 어찌 알리."[90]라고 하여 자취가 없는 본체의 작용이 곧 음양이요 귀신인 것이며, 사시(四時)의 원형이정(元亨利貞)이 모두 부처의 몸이라고 본 것도 동학에 내재된 불교적 사유라고 볼 수 있다.[91]

동학 경전의 독해에서 유교·불교·도교 등의 개념을 요소주의적으로 분석하는 데 그친다면 동학은 '유·불·선 3교의 종합'이 되고, 그 세 가지 종교의 모자이크식 뜯어맞춤과 같이 왜소화되어 동학의 진수를 놓칠 수 있다. 이것이 다름 아닌 '나무는 보면서 숲을 보지 못하는' 과오이다. 그러므로 동학에 내재된 불교적 사유는 동학적 독해로 재해석되어야 한다.[92]

동학은 우리 민족 전통사상의 비판적 종합이다. 동학이 특정 종파나 학통의 칸막이에 구애되지 않고 전통사상을 자유자재로 종합

---

89) 『동경대전』 「논학문」
90) 『용담유사』 「도덕가」
91) 정혜정, 앞의 책, pp.120-121.
92) 신일철, 「동학과 전통사상」, 동학학회, 『동학과 전통사상』, 도서출판 모시는 사람들, 2004, p.10.

재해석할 수 있었던 것은, 수운이 독서인적 학자가 아니라 종교적 신비 체험의 각도 과정을 거친 예언자였기 때문이다. 사상사에서도 패러다임 전환과 같은 발상 전환은 일단 전통사상과의 연속에서 떠나서 종교적 개종과 같은 참신한 예언자적 통찰을 하는 것이 시초가 된다.[93]

(2) 증산

증산은 당시의 사회적 상황에서 사회적 역기능의 면과 현실세계에서 존재의 영속성의 차원에서 불교를 비판하였다. 이러한 맥락에서 불교의 교조인 석가모니에 대해 다음과 같이 비판한다.

> 석가모니를 부르시며 말씀하시기를 "수음(樹陰) 속에 깊이 앉아 남의 자질(子侄)을 유인하여 부모의 윤리와 음양(陰陽)을 끊게 하여 인종(人種)을 절멸시키려 하니 그대가 국가를 아느냐 선령을 아느냐 창생을 아느냐 그대는 이곳에서 쓸데없으니 딴 세상으로 나갈지어다."[94]

이는 불교의 본질 자체를 부정한 것이기보다 사회 현실 속에서 제 기능을 발휘하지 못한 당시의 종교적 행태를 비판한 것으로 볼 수 있다. 한편으로 증산은 그의 이상세계건설에 있어서 약사여래신앙에서 유래한 '유리세계(琉璃世界)'[95]와 미륵신앙의 이상향인

---

93) 신일철, 앞의 책, pp.9-10.
94) 『大巡典經』 4장 172절.
95) '琉璃世界'는 『藥師如來本願經』에 나오는 세상으로 "동방의 많은 세계를 지나가서 琉璃世界가 되며 약사여래는 그 教主이고 罪惡苦痛이 없는 청정한 극락이

'용화세상(龍華世上)'을 중요한 개념으로 설정하고 미타신앙(彌陀信仰)을 수용하려는 면도 보인다. 미타신앙은 아미타불을 염(念)하면서 서방정토 극락세계의 왕생을 믿는 불교의 한 형태로 증산은 그의 저서 『현무경(玄武經)』의 내용에 나무아미타불(南無阿彌陀佛)이란 서방극락정토의 부처님 명호(名號)를 축문에 기록하였다. 이는 자신이 구현하려고 계획한 '이상세계'가 불교의 서방정토와 유사함을 보이려는 것으로 서방극락정토의 대표적인 주불인 '아미타불(阿彌陀佛)'을 기록한 것으로 보인다. 그리고 증산이 모든 주문 중에서 제일 강조한 '태을주(太乙呪)'는 원래 불가의 주문이었는데 이를 변경하여 전승하였다.96)

증산사상의 핵심적인 용어 중의 하나가 바로 '의통(醫統)'으로 『현무경』에서 의통은 예장의통(禮章醫統), 직업의통(職業醫統), 성사의통(聖師醫統) 세 가지가 있으며 이 의통이 전수되고 행해져서 모든 사람이 병들지 않는 세상을 미륵불이 오실 때 행해진다고 믿는다.

필자는 이 '의통'이라는 개념이 약사여래 신앙에서 언급되는 '의왕여래(醫王如來)'나 '대의왕불(大醫王佛)'에 함의된 내용과 무관하지 않다고 생각한다. 왜냐하면 증산은 천지공사 초기부터 자신의 거처인 동곡(銅谷)에 약방(藥房)을 차리고 수많은 사람들을 치료하였으며 '만국의원(萬國醫阮)', '광제국(廣濟局)'이라는 용어를 사용

며, 약사여래는 醫王如來 또는 大醫王佛이라고 불리며 동방 淨琉璃世界의 주불이므로 藥師琉璃光如來이다."라고 되어 있다.
96) 太乙呪는 본래 佛家에 내려오던 주문으로 '훔리치야도래 훔리함리 사파하'였다. 여기에 김경흔이라는 사람이 '태을천상원군'을 붙여서 사용했는데, 증산은 여기다 '훔치훔치'를 붙여서 사용하였다.

하였다. 또한 약사여래(藥師如來)의 십이대원(十二大願) 가운데 상당부분이 증산의 천지공사를 통한 중생구제의 사상과 그 맥을 같이 하고 있기 때문에 불교사상에서 약사여래의 신앙이 증산사상에 수용된 것으로 본다.

미륵신앙에 대해서도 『미륵보살하생경(彌勒菩薩下生經)』, 『미륵래시경(彌勒來時經)』, 『미륵성불경(彌勒成佛經)』, 『미륵하생성불경(彌勒下生成佛經)』 등의 경전에서 나오는 내용이 거의 유사하게 언급되고 있다.97) 증산은 불교에 대하여 대체적으로 긍정적인 평가를 내리고 있으며 유·불·도 삼교 가운데 불교를 체(體)로 잡아야 한다고 강조하고 있다.98)

증산은 불교의 사회적 역기능에 대해서만 비판을 했을 뿐 불교사상의 전체적인 면에서는 계승하려는 의도를 드러낸다. 이에 대한 총체가 현무경의 "천지(天地)의 적멸(寂滅)한 기운을 받아서 불교의 기운과 이치로 양생(養生)을 하고"99)에서 잘 나타나고 있다. 적멸(寂滅)100)은 불교사상의 핵심적인 개념으로 이에 대한 전승을 불

---

97) 『天地開闢經』 「壬寅篇」 7장에서 언급된 "百穀이 長收하고, 萬果가 碩大하고 … 曰, 我난 穀士三尺하니 農作이 大有也니라. 曰, 我난 百穀을 一植而長收也니라. 曰, 我난 牛馬之苦를 代之機械也니라. 曰, 我世에 耕耘稼穡을 神亦爲之也니라."의 내용은 『彌勒大成佛經』에서 "雨澤隨時, 天園成熟, 香美稻種, 天神力故一種七穫. 用功甚少所, 收甚多, 穀稼滋茂無有草穢, 衆生福德本事果報, 入口銷化, 百味其足香美無比氣力充實. 其國爾時有轉輪聖王名曰穰佉."의 내용으로 유사하게 언급되고 있으며, 『彌勒下生成佛經』에서는 "果樹香樹充滿國內, 爾時閻浮提中常有好香, 譬如香山, 流水美好味甘除患, 雨澤隨時穀稼滋茂, 不生草穢一種七穫, 用功甚少所收甚多, 食之香美氣力充實."의 내용으로 언급되어 유사한 면을 보이고 있다.
98) 『大巡典經』 4장 142절, 4장 176절.
99) 『玄武經』 "受天地之寂滅, 佛之養生."

교 전체에 대한 긍정적인 평가로 간주한 것으로 볼 수 있다.

(3) 수전

수전은 불교를 평가함에 있어서 불교의 구체적 교의나 사상을 언급하기보다는 불교를 기독교의 유일신 신앙에 대한 배타적 종교로 간주하여 이를 격하시키는 형태로 전개시킨다. 겉으로는 불교를 타도해야 할 요마와 사신의 도(道)로 규정하고 불교와 도교의 의례에 관한 행위를 우상숭배로 규정했다.

그러나 다르게 보면 태평이념 내에서도 불교의 기원을 찾을 수 있다. 기독교의 천당과 지옥에 관한 설을 불교의 33천과 18층으로 나누는 것101)으로 설명했으며, 인과응보에 해당하는 불교의 업(業, karma) 사상이나 '염라102)'의 용어를 사용하였다. 여기서 수전이 불교를 사교(邪敎)로 배척하는 과정에서 대중적 불교교리를 어느 정도 수용하였음을 알 수 있다.

---

100) '寂滅'은 梵語로 vyupaśama라고 하며 巴利語로는 vūpasama라고 한다. 涅槃과도 같은 의미이며 열반은 범어로 Nirvāṇa라고 한다. 팔리어로는 Nibbana이다. Nirvāṇa의 음역이 바로 涅槃에 해당한다. Vana는 '입으로 바람을 분다.'라는 뜻이고 Nir는 부정어로서 '번뇌의 불꽃을 불어서 끊다.'는 의미가 된다. 生도 滅도 모두 사라지고 없는 無爲寂靜의 경지를 말하는 것이다.

101) 불교에서는 우주를 欲界, 色界, 無色界로 구분한다. 여기서 欲界 6천(四王天·忉利天·夜魔天·兜率天·化樂天·他化自在天)의 하나인 忉利天을 33천으로 일컫는다. 忉利는 33의 音寫이다.

102) 閻羅大王의 준말로 불교에서 지옥을 관장하는 신이다. 인도 신화의 야마(yama)에서 온 말로 인류 최초로 죽은 자가 되어 남쪽 지하에서 살면서 死者 생전행위에 따라 사자를 祖靈의 세계, 지상에의 再生, 또는 지옥 등 어느 한쪽으로 보내는 죽음의 신이다.(김승동,『佛敎·印度敎思想辭典』, 부산대학교 출판부, 2000, p.945.)

상제교의 천당·지옥 관념은 이른바 '사교'로 규정한 불·도에서 많은 영향을 받았다. 특히 33천·18중 지옥과 같은 개념은 불교와 밀접한 관련을 가진다. 상제교의 지옥은 죄귀(罪鬼)가 그곳에서 염라왕의 부림을 받아 '그의 음오(淫汚)와 악독(惡毒)을 받아 대종(大腫)·마현(痲鞘)으로 변하고 악마를 보기 어렵게 되어 영원히 18중 지옥에서 무궁무진한 고초를 받으며', '거미와 같은 불사의 벌레에 물리고 꺼지지 않는 불길에 태워지며 영원히 무궁무진한 고통을 받는' 곳이었다.103)

수전은 불교를 사마외도로 규정하고 기독교 중심의 사상적 가치를 표방하려고 했으나 민간신앙과 습합되어 오랜 세월 중국의 역사에 위치했던 불교적 사유를 완전히 탈피하기는 어려웠다고 본다. 그래서 결국 수전의 기독교는 유·불·도 삼교에 민간신앙의 사상이 혼재된 중국화된 기독교가 된 것이다.

(4) 장소

장소의 불교에 대한 인식과 수용의 면은 '대동서'의 서론인 갑부(甲部)에서부터 불교적 고통의 관념에서 출발해 인간 세계의 온갖 고통을 설명하고 있으며, 불교적 염세주의를 극복하여 모든 고통을 제거한 인생의 즐거움에 도달하는 이상사회를 '대동'세계로 묘사하고 있다. "그가 적극적 가치로 주장하는 무차별적 소통의 원리는 기존의 주기론(主氣論)에서 논의했던 만유의 일원적 소통성이나 화엄학(華嚴學)의 무애(無碍) 관념에서 전승된 것이기도 하지만, 장소

---

103) 최진규, 「태평천국 상제교의 정치적 구세관」, 『대구사학』 제86집, 대구사학회, 2007, p.168.

는 그것을 근대의 세계 자본주의적 운동 속에서 실현되는 내재적 양상으로도 인식한다."104)

대동사회의 궁극적 목적은 '거고구락(去苦求樂)'으로 요약된다. 『대동서』의 기본적인 핵심은 역시 공자의 '인(仁)'과 불교의 '자비'이다. 그는 공자의 '인'사상에서 시작하여 불교의 출세간으로 끝맺고 있다. 장소는 불교를 고등종교와 학문의 원리를 갖춘 것으로 인식하여 인류가 꿈꾼 이상세계의 최고 수준단계에 불교가 보편적 원리로 자리매김할 것이라고 언급했다.105) 그러므로 불교에 대한 장소의 전반적인 사유는 긍정적인 평가를 보이고 있다. 이러한 가운데 한편으로 불교에 대한 비판적 견해를 보이는 내용이 『대동서』 곳곳에서 보인다. 불교에 대한 긍정적 수용의 평가는 다음과 같다.

1) 공자의 인(仁)이 부처의 자비만 못하지만 실행 가능성은 있다.106)
2) 불교에서는 살생을 하지 않는 것을 우선으로 하고 있으나, 실로 완전한 인(仁)이라 할 만하다.107)
3) 신선학(神仙學)이 융성한 다음 불교가 흥하게 될 것이다.108)
4) 사람마다 신선술(神仙術)과 불교를 배운다면 일할 사람이 아무도 없게 되며 문명의 사업 또한 퇴보할 염려가 있기 때문이다.109)

---

104) 이규성, 「강유위의 세계의식과 이상사회」, 『철학사상』 제17호, 서울대학교 철학사상연구소, 2003, p.80.
105) 『大同書』 「癸部」
106) 『大同書』 「壬部」
107) 『大同書』 「癸部」
108) 『大同書』 「癸部」
109) 『大同書』 「癸部」

5) 대동세에는 오직 신선사상(神仙思想)과 불교 두 가지만 크게 성행할 뿐이다.110)
6) 마침내 사람은 태어나지도 죽지도 않고, 더하지도 않고 덜하지도 않는 경지에 이르게 될 것이다. … 불교의 불생불멸이란 이 세상을 벗어나지 않지만 세간을 나와서 더욱 대동의 세계 밖으로 나아가는 것이다. 이에 이르러서는 인간의 경지를 버리고 신선과 부처의 경지로 들어가는 것이므로 신선술과 불교가 마침내 성행하게 되는 것이다. … 불교처럼 넓고 정교하고 미묘해서 말로써 표현할 수 없고 마음으로는 어쩔 수 없을 때에 이르게 되면, 비록 성인이나 철인이라도 어떻게 손을 댈 수가 없을 것이다. 불교가 포용하는 것이 여러 사상이나 종교 중에 가장 심원한데, 그중에서도 오승, 삼명의 묘술이 있어 신통한 운용이 더욱 신령스럽고 기이하다. 그러므로 대동세가 되면 처음에는 신선술이 성행하고 후에는 불교의 가르침이 흥할 것이다. 두 가지를 비교하면 신선술은 낮은 진리이며, 불교는 높은 지혜이다.111)
7) 부처의 연화세계(蓮華世界)는 실재하는 것으로 공상이 아니다.112)

이와 같은 불교에 대한 긍정적 평가에도 불구하고 장소가 불교에 대해 부정적 견해를 보인 것은, 불교의 연기설에 대한 잘못된 이해가 사회현상을 설명함에 있어서 봉건적 지배이데올로기의 불평등한 제도의 합리화에 일조를 한 것으로 보았기 때문이다. 그리고 불

---

110) 『大同書』 「癸部」
111) 『大同書』 「癸部」
112) 『大同書』 「乙部」

살생(不殺生)에 대한 대상의 범위가 모호한 것에 대해서 살생에 대한 정의를 내린 것은 불교에 대한 비판이라기보다는 추상적 범주에 대한 새로운 규정으로 볼 수 있다.

1) 수태에서 비롯한 귀천(계급)의 괴로움을 불교의 자비로도 전생의 인과로만 해석할 뿐이다.113)
2) 불교가 정말 천하에 좋은 것이라는 것을 알고 있으나, 실제 인간을 고통에서 완전히 벗어나게 할 수는 없다. 나는 그들의 계율을 좋아해서 살생하지 않는 것을 원칙으로 삼은 적이 있었다. 일찍이 1개월간을 살생을 금했다. 그러나 지금 같은 세상에서는 이 원칙을 꼭 지킬 수가 없었다. 이는 공자가 푸줏간을 멀리하라고 가르치신 것과 같다. 그러므로 공자의 만물을 사랑하는 것이 부처의 가르침과 같지만 행하기 어렵다.114)
4) 불가에서는 일체의 살생을 모두 금하는 것인가? 사람에게 해로운 것에 대해서 가려서 살생해야 한다.115)
5) 부처는 살생을 금하였지만, 지구상에는 하루도 살생이 일어나지 않는 날이 없다. 옛날 석가는 아난에게 바리때에 물을 담아 오라고 시켰다. 아난이 '물 속에도 작은 미생물이 있으니 물을 먹어서는 안 된다'고 한 것에 대해 '작은 생물은 보이지 않으니 마셔도 된다.'고 한 석가모니의 답변에 대해 장소는 "불가에서 말하는 중생이란 생명이 있는가 없는가를 논하는 것이지, 보이느냐 안 보이느냐로 논해지는 것이 아니다."라고 하면서 결국 완전한 불

---

113) 『大同書』 「甲部」
114) 『大同書』 「壬部」
115) 『大同書』 「壬部」

살생은 없다고 주장했다.116)

　대동서의 전체 구조를 보면, 불교적 고통의 관념에서 출발해 인간세계의 온갖 고통을 설명하는 서론인 갑부에 이어, 고통을 낳는 아홉 개의 경계를 차례로 타파해가는 을부에서 계부에 이르는 9장으로 구성되어 있다. 이 책은 진화론적 과학주의에 따른 낙관론으로서 출발점의 불교적 염세관을 초극하고, 온갖 고통을 제거해 완전한 인생의 쾌락에 도달하는 대동세계의 유토피아를 추구한다. 불교적인 대동적 사고에 장소가 처음 접근한 계기는 1878년 불교·도교 서적을 연구한 때로 소급할 수 있고 그 불교적 논리가 그 뒤의 서학의 공리·공법 관념, 뒤이어 유교 공양학과 함께 대동서의 주요한 구성요소가 되었다.117)
　장소의 대동사상은 공자의 사상을 근저에 두고 있으나 구체적으로 그의 학설을 구성한 것은 불교와 도교라 하겠다. 그러나 불교의 경우, 그것은 화엄종이라는 성당(盛唐) 이래로 가장 위의(威儀)에 지나친 종파로서 그들에 있어서 열반으로 단순한 이론상의 장식에 불과할 정도였다. 장소는 경학의 논쟁에 대하여 초월적인 자세를 갖는 데 있어서 불교에 도회(韜晦)하였으나, 이는 불가피했을뿐더러 오히려 어떤 의미에서는 현명하였다고도 할 수 있다.118)
　장소는 젊은 날 불교공부를 돈독히 했다고 전해진다. 제자 양계초의 증언에 의하면 양명학으로 해서 불교에 들어갔기 때문에 가장

---

116) 『大同書』「壬部」
117) 조병한, 「'대동서'와 중국 최초의 근대 유토피아론」, 『비평 통권』 7, 생각의 나무, 2002, pp.316-318.
118) 신정철, 『강유위의 대동사상』, 범우사, 1973, p.59.

선종(禪宗)에 득력했고, 화엄종이 귀숙처(歸宿處)였다고 한다.[119]

(5) 유사성과 상이성

수운, 증산, 수전, 그리고 장소는 이상세계에 대한 관념을 체계화 시키는 과정에서 불교의 사상을 평가하였다. 이런 점에서 불교에 대한 이들의 유사성과 상이성을 볼 수 있다. 이들은 불교의 사상에 대하여 중관, 유식, 화엄, 구사론 등과 같은 구체성을 지니는 학문적 접근을 한 것이 아니라 불교에 대한 추상적 관념 혹은 외형적 인식을 통해서 이를 평가한 흔적이 보인다. 학문적 차원에서의 불교적 접근과 이에 따른 해석은 장소의 사상에서는 보이지만 나머지 세 명은 불교에 대한 철학적 연구와 이에 따른 재해석이나 평가라기보다는 각자의 직관적 관념에 의한 것이라고 볼 수 있다.

수운은 증산이나 수전 장소의 경우보다 불교 사상에 대한 구체적인 개념을 언급하지 않았다. 수운은 "유도 불도 누천년에 도를 이미 다했던가."라는 언급을 통해서 누천년 동안 전승되어온 불교가 후천개벽을 맞이하여 민중을 위한 실질적인 역할을 하기 힘들다고 판단하였다.

그러나 수운 사상의 이면에 면면히 흐르고 있는 불교적 사유의 자취를 발견할 수 있다는 점에 있어서 수운이 공식적으로 불교의 사상에 대해서 구체적으로 언급을 하지는 않았지만 구도의 과정을 통해서 체득된 불교적 사유가 그가 제창한 동학사상의 이면에 흐르고 있음을 볼 수 있다.

---

[119] 최근덕, 「강유위, 그 대동사상과 이상사회」, 『철학과 현실』 12, 철학문화연구소, 1992, p.197.

증산은 불교에 대하여 존재의 영속성과 사회현상으로의 기능 상실의 측면을 제외하고는 적극적인 수용의 의지를 보인다. 이는 현무경의 '천지(天地)의 적멸(寂滅)한 기운을 받아서 불(佛)로 양생(養生)의 법도로 삼겠다.'는 구절을 통해서도 알 수 있다. 선천 종교인 불교사상의 진수를 모아 체(體)로 삼겠다고 했으며 이에 해당하는 핵심적 개념이 바로 '적멸'이다.

수전은 전반적으로 사마외도로 규정한 불교의 전통 가운데 일부분을 자연스럽게 수용하여 태평천국의 이념형성에 적용하였다. 한편 장소는 불교에 대하여 긍정적인 면을 보이면서 불교의 반야사상을 적극적으로 수용하려는 의사를 밝히고 있다. 현실세계를 '괴로움'으로 정의하고 추구해야 할 목표를 '극락세계'로 표현하여 그 해결책의 하나로 가계(家界)를 없앤다는 사고 또한 불교와 무관하지 않다고 볼 수 있다.[120]

이들이 불교의 사상을 수용한 배경에는 한국과 중국에서 오랜 세월 동안 민간신앙과 습합되어 백성의 문화와 풍습에 자리매김한 불교적 사유를 탈피하지 못했기 때문에 자연스럽게 이를 수용하는 결과가 형성된 것이라고 본다. 그리고 불교사상에 내재된 평등사상이 이상세계 건설의 중심적 사유와 맥락을 같이했기 때문이라고 볼 수 있다. 이처럼 이들 네 사상가는 봉건적 전통사회를 비판하는 모티브를 불교사상에 의거하였다는 점에서 유사성이 있다.

---

[120] 김수중, 「고래의 대동사상 현대적으로 확대 해석」, 『철학과 현실』 34, 철학문화연구소, 1997, p.271.

3) 도교사상

(1) 수운

수운의 도교사상에 대한 수용적인 면은 동학의 이상적 인간관에서 보인다. "(동학에) 입도한 그날부터 군자 되어 무위이화(無爲而化)될 것이니 지상신선(地上神仙) 네 아니냐."121)라는 구절에서 후천개벽후의 이상세계가 '지상신선(地上神仙)'이라는 높은 경지의 이상적 인격을 이룬 사람들이 영위하는 세상이라고 말하고 있다. 이러한 인격은 무극대도를 닦음으로서 이루어지는 것이다. "동학은 사후에 극락에 가기 위한 수도가 아니라 '지상신선'의 장생불사적인 시천주의 드높은 성경신(誠敬信)의 인격이 현세에 실현되는 것에 중점을 두고 있다."122)

수운은 하느님으로부터 받은 수련방법에 의해 모든 사람이 '군자'와 유사한 존재인 '신선'이 될 수 있다고 믿었다. "하느님 하신 말씀 지각없는 인생들아 '삼신산 불사약'을 사람마다 볼까보냐"123)라고 한 것은 '삼신산 불사약'이라고 하는 도교적 표현을 통해 동학의 수도와 연관시키고 있음을 알 수 있다. 이는 수운이 이상세계를 이룰 주체인 군자공동체가 되는 길을 '수심정기'를 통한 '도성덕립'을 이루는 과정이 곧 '불사약'과 무관하지 않음을 시사하고 있다. 또한 주문(呪文) 수도나 부(符) 수련을 통해서 불사약을 얻을 수 있다는 것으로 "하늘로부터 받은 영부(靈符)를 물에 타서 먹어보니 몸이 굵어지고 낯빛이 희어져서 '신선의 모습으로 환골탈태' 되었다고

---

121) 『용담유사』 「교훈가」
122) 신일철, 『동학과 전통사상』, 도서출판 모시는사람들, 2004, p.23.
123) 『용담유사』 「안심가」

한 것"124)은 불로불사의 가능성을 확신할 수 있는 구절이다.

> 가슴에 불사약(不死藥)을 지녔으니 그 형상은 궁을(弓乙)이요, 입으로 장생(長生)하는 주문(呪文)을 외우니 그 글자는 스물한자라.125)

> 칠팔삭 지내나니 가는몸이 굵어지고 검던낯이 희어지네 어화세상 사람들아 <u>선풍도골</u> 내아닌가 좋을시고 좋을시고 이내신명 좋을시고 <u>불로불사</u> 하단말가 만승천자 진시황도 여산에 누워있고 한무제 승로반도 웃음바탕 되었더라 좋을시고 좋을시고 이내신명 좋을시고 영세무궁 하단말가 좋을시고 좋을시고 금을준들 바꿀소냐 은을준들 바꿀소냐 진시황 한무제가 무엇없어 죽었던고 내가그때 나섰더면 <u>불사약</u>을 손에들고 조롱만상 하올것을 늦게나니 한이로다 좋을시고 좋을시고 이내신명 좋을시고 그모르는 세상사람 한장다고 두장다고 빙글빙글 하는말이 저리되면 <u>신선</u>인가 칙칙한 세상사람 승기자 싫어한줄 어찌그리 알았던고 답답해도 할길없다.126)(밑줄 필자)

수운은 진시황 한무제도 하지 못한 무병장수의 꿈을, 자신이 깨달은 도(道)와 하늘님이 제시해준 방법으로 성취할 수 있다고 확신하였다. 하늘로부터 받은 주문을 '장생주(長生呪)'라고 한 것을 보면

---

124) 『동경대전』 「포덕문」, "吾亦感其言受其符, 書以呑 服則潤身差病. 方乃知仙藥矣."
125) 『동경대전』 「수덕문」, "胸藏不死之藥 弓乙其形, 口誦長生之呪 三七其字."
126) 『용담유사』 「안심가」

주문 수련의 목적이 무병장수에 있음을 알 수 있다.127)

(2) 증산

증산은 도교를 평가함에 있어서도 유교나 불교의 교조에 대하여 언급한 것처럼 도교의 교조인 노자에 대해서 비판을 한다.128)

> 노자(老子)를 부르시며 말씀하시기를 "세속에 산모가 열 달이 차면 신 벗고 침실에 들어앉을 때마다 신을 다시 신게 될까 하여 사지(死地)에 들어가는 생각이 든다 하거늘 여든한 해를 어미 뱃속에 있었다 하니 그런 불효가 어디 있으며 그대가 이단(異端) 팔십권(八十券)을 지었다 하나 세상에서도 본 자가 없고 나도 못 보았노라. 그대도 이 세상에서 쓸데없으니 딴 세상으로 나갈지어다." 하시니라.129)

---

127) 김형기, 『후천개벽사상연구』, 한울아카데미, 2004, p.37.
128) 증산교단의 초기경전인 『大巡典經』의 기록에는 道敎라는 용어 대신에 '仙道'(5/3, 5/9) 또는 仙(1/27, 3/157, 4/12, 4/14, 4/137, 4/146)을 사용하였으며 道家와 敎團道敎를 구별한 흔적도 없다. 이는 증산이 仙이나 仙道라는 개념에 道家와 道敎를 포함시켜서 이해하였다고 볼 수 있다. 『玄武經』의 내용을 살펴보면 西敎까지 仙道의 범주에 포함시킨 것으로 보인다. 필자는 증산이 仙道라는 포괄적 개념을 사용한 것이 중국전통의 도교적 사유와 한국전통의 도교적 사유에 대한 차이에서 기인한 것으로 본다. 중국의 도교가 특정교조를 중심으로 교단과 교리체계를 갖춘 것에 대하여 한국의 도교적 전통은 중국에서 유래된 도교적 사유에 '桓人·桓雄·檀君'이라는 한국전통의 國祖神의 이미지가 결부되어 교단의 형성이 없이 전개되었기 때문에 증산은 한국적 도교의 전통적 사유를 우위에 두고 중국의 道敎와 道家를 모두 포함시킨 개념으로 '仙'이라는 용어로 표현한 것으로 생각한다.
129) 『大巡典經』 4장 172절.

위의 내용은 유교의 '효'에 대하여 비교 언급한 것으로 유교의 '효'가 도교에서 결여되어 있음을 말함과 동시에 유교의 '효'에 대한 관념을 전승해야 할 가치 있는 것으로 판단한 것으로 보인다. 도교 수련법 중 '벽곡법(辟穀法)'[130]을 비롯하여 허황된 수련법에 대해서는 어떤 사람이 생식과 벽곡의 편리함을 말한 것에 대해 "천하사는 살고 죽는 두 길에 그치나니 우리의 쉴 새 없이 서두는 일은 하루에 밥 세 끼 벌이로 먹고 살려는 일이라. 이제 먹지 않기를 꾀하는 자 무슨 영위가 있으리오."[131]라고 하여 허황된 수련법에 대한 비판하였다.

이는 밥이 생명의 연장 수단이므로 현실에서 생명을 연장하는 수단인 세 끼 밥을 먹는 행위를 실존의 관점에서 이해한 것으로 볼 수 있다. 이는 공부의 완성을 내세 혹은 타계와의 연관선상에서 이루려고 한 기존의 수행관념에 대한 부정적인 견해로 증산은 '밥'을 비유하여 자신의 사상을 주장하고 있다. 그러므로 여기서 내세관과 타계관을 중심으로 한 수행과 종교적 행위가 주를 이루던 기성종교의 종교관과는 달리 현세에서 이상세계를 구현하려는 증산의 의도를 볼 수 있다.

---

[130] 불로장수를 구하기 위해 五穀 혹은 五味百穀을 먹는 것을 피하든지, 끊든지 하는 養生法上의 말이다. 인간은 곡물을 먹고 생명을 유지하고 있으나, 식물에 의하여 체내에 더러워짐이 생기기도 하고 병이 되기도 한다. 따라서 곡물보다 더욱 좋은 것을 먹으면 長生에 효과가 있다고, 五味는 인간의 본성을 손상하는 것이기 때문에 피하는 것이 좋다고 생각하기로 한 것이다. 이와 같은 입장이 하나가 되어 鑛植物에서 만들어진 약을 먹든지, 자연계 가운데서도 수명이 긴 동식물을 먹든지, 혹은 그저 천지의 元氣를 마시든지 하는 것(食氣)이 벽곡과 表裏하여 말해지고 있다.(김승동, 『道敎思想事典』, 부산대학교 출판부, 2004, p.438.)

[131] 『大巡典經』 6장 137절.

그러나 도교의 전설적인 인물에 해당하는 '여동빈'을 비유하여 자신의 일이 곧 '여동빈의 일'과 같다132)고 했으며, 도교를 '선지조화(仙之造化)'라고 정의133)하여 선경의 세계에 계승해야 할 것으로 보았다. 이러한 증산의 도교적 사유의 총체를 『현무경』의 '천지의 허무(虛無)한 기운을 받아서 선도(仙道)의 기운으로 포태(胞胎)한다.'134)는 내용으로 집약하였다.

그리고 인간의 수명과 길흉화복을 주재하는 지고무상(至高無上)한 천신으로 구천상제 혹은 옥황상제의 강세임을 주장한 증산은 그를 추종하는 제자들에 의하여 도교적 신격으로 추앙되기도 했다.135) 도교에 대한 증산의 견해는 대체적으로 긍정적이며 이상사회를 '후천선경', '선세(仙世)'라고 하여 신선의 경지에 도달한 존재들이 보편적인 존재들로서 삶을 향유할 것이라는 믿음으로 연결된다.136) 이는 제자들에게 "너희들은 말로만 듣던 신선을 보게 되리

---

132) 『大巡典經』 3장 152절.
133) 『大巡典經』 4장 142절.
134) 『玄武經』 "受天地之虛無 仙之胞胎."
135) 증산이 사용한 도교적 용어로는 仙女, 仙, 神仙, 眞人, 元神, 仙境, 仙術, 仙藥, 仙樂, 仙學, 仙方, 道人, 道通, 道家, 道場, 道術, 長生術, 神將, 不死藥 등이 있다. 그리고 신선이 된 머슴의 이야기, 부랑자가 신선술을 배운 이야기, 여동빈의 빗장사 이야기, 정북창이 입산 삼일 만에 천하의 일을 알게 된 일 등의 도교적 설화를 제자들에게 들려주기도 했다.(김탁, 「증산 강일순의 공사사상」, 정문연 박사논문, 1995, p.189. 참고)
136) 증산은 자신이 계획한 선경세계에 존재하게 될 사람의 몸의 길이를 십삼 척, 구척, 칠 척으로 묘사하고 있으며 換骨脫態하여 仙風道骨로 바뀐 존재라고 말하고 있다. 『天地開闢經』, 「癸卯篇」 4장, '大先生曰 我世에 身長이 我난 十三尺也오, 其次난 九尺也오, 天下之民은 七尺也니라.' 「戊申篇」 12장, '曰, 氣能有同하면 相能有似하노라. 時來하면 汝之徒가 皆換骨脫態하노라. … 此난 換形脫胎오 非換骨脫態니, 汝之徒난 我世에 皆換骨脫態하야 爲仙風道骨하노라.'

라."고 하여 증산 자신이 곧 신선의 화신임을 주장하는 구절과도 같은 맥락에서 이해할 수 있다.

(3) 수전

수전에게 도교는 기독교를 제외한 다른 모든 종교와 마찬가지로 타도되어야 할 대상이었으나 다신을 숭배하는 사회의 영향을 벗어나지는 못한 것으로 보인다. 수전의 종교적 체험인 '환몽'이나 상제교 설립전후의 상황을 고려해 볼 때 도교사상의 영향을 받은 것으로 볼 수 있다. '기독교의 상제는 영혼으로 구체적 형상이 없으며 사람들이 일찍이 그를 보지 못하였으며 볼 수도 없었다.'137)고 한다.

그러나 수전이 승천하여 본 상제의 모습은 도교의 전설에 나오는 하늘 위의 옥황상제와 유사하였다. 또 천문(天門)·미녀(美女) 등의 인물과 감과(甘果)는 도교의 신화에 나오는 천궁(天宮) 속의 금동옥녀(金童玉女)·신선진인(神仙眞人)·선도영지(仙桃靈芝)와 유사한 점을 발견할 수 있으며 천모(天母)도 도교의 왕모낭랑(王母娘娘)을 연상케 한다. 도교의 사원에 안치된 옥황대제의 모습은 수전이 환몽을 통해서 본 상제와 비슷하다. 이외에도 대도군(大道君), 진인(眞人) 등의 용어138)에서 도교적인 신선의 체계를 엿볼 수 있다.139) 이

---

137) 「요한복음」 4장 24절, "God is spirit, and his worships must worship in spirit and in truth."
138) 높은 지위에 있는 仙官을 칭하여 道君이라고 한다. 『太平御覽』 권 662에 南朝 때의 梁나라 陶弘景이 지은 「登眞隱訣」에서 "三淸九宮에 나란히 벼슬아치들이 있다. 왼편이 오른편보다 우월한데, 그 높은 쪽 지위를 총칭하여 道君이라 한다." 라는 말을 인용하였다. 太皇·紫皇·玉皇을 大道君·道君, 그 다음을 眞人·眞公·眞卿이라 하며, 그 가운데는 御史·玉郞의 여러 小號가 있다.(김승동, 『道敎思想事典』, 부산대학교 출판부, 2004, p.254.)

러한 내용은 수전 자신이 '도교적 요소'에서 함의된 신비적 요소를 자신의 존재와 동일화함으로써 자신의 위상을 격상시키려는 의도로 볼 수 있다.

위의 내용으로 볼 때 수전이 도교의 사상을 수용한 배경에는 도교가 민간의 마을신앙, 의례, 주술, 행사, 금기, 풍수 등에 복합적으로 작용하여 자연스럽게 전승되어온 요인이 있다고 본다.

(4) 장소

장소는 그의 대동사상을 표방함에 있어서 도교적 요소를 불교와 더불어 아주 높게 평가하고 있다. 유교나 불교에 대한 평가가 비판과 수용의 양면을 지니는 것과는 달리 도교에 대해서는 전반적으로 수용의 측면만 묘사하고 있다. 도교에 대한 부정적인 평가라기보다 약간의 한계를 묘사하는 내용인 "신선술은 거칠거나 미묘한 말 및 심오한 진리가 많지 않으므로 사람들로 하여금 심취시키는 데 한계가 있다."[140]고 묘사하는 데 그치고 있다. 그러므로 장소의 대동사상 전반에 걸친 내용에서 "대동사회가 대도(大道)가 구현된 사회로 재산점유에 반대하고, 지배자의 압박을 거부하고, 재부의 생산과 성과는 마땅히 전체성원이 공유한다는 것"[141]은 도교사상의 영향을 받은 것이라고 할 수 있으며 이와 같은 장소의 도교적 사유가 『대동서』에 다음과 같이 묘사된다.

---

139) 최진규,「上帝敎의 求世觀에 관한 硏究」, 고려대학교 박사논문, 1992, pp.82-91. 참고
140) 『大同書』「癸部」
141) 김수중,「양명학의 '대동' 사회의식에 관한 연구」, 서울대 박사논문, 1991, pp.21-23.

신선술(神仙術)이 현실화되고 침대에 눕는 것은 모두 건강에 좋은 일이고 신선(神仙)과 천인(天人)의 즐거움을 누릴 수 있을 것이다.142)

대동세에는 사람들이 걱정하는 바가 없어서 편안함과 즐거움이 극에 달해 오래 살기만을 생각한다. 그리고 옷과 음식도 많이 좋아져 근심과 걱정도 없으며 모든 사람들은 자연히 출가하여 도를 배우는 자가 된다. 이때에 이르러 사람들은 모두 장수(長壽)에 대한 논의와 신선술(神仙術)을 크게 융성시켜 중국의 '포박자(抱朴子)'에서처럼 희고 붉은 환약을 만드는 것을 연습하고, 기(氣)를 제어하며 정신의 힘을 강하게 한다. 육신은 남기고 혼백(魂魄)은 신선(神仙)이 되는 법, 또 근원이 변하는 것 등의 옛 방법은 세상에서 크게 빛을 보게 된다. 누구나 어린이로부터 늙은이에 이르기까지 이것을 연구하지 않는 이가 없다. 몸을 감추고, 음식을 먹지 않아도 연명할 수 있고, 허공을 날아다니며 즐겁게 노니는 일이 사람에게 가능할 것이다. … 만약 아무도 없는 산에 들어가 살기를 원하면 반드시 40세가 지난 후에야 일을 사퇴하고 전적으로 도를 배울 수 있도록 허락한다. 신선은 대동세인의 마지막 귀착점이다. 몸을 잘 섭생하는 마지막 단계에는 매우 특별한 점이 있다. 정신과 영혼을 기르는 것에 전념해서 윤회에서 벗어나 무극의 세계에서 노닐게 된다. … 신선학이 융성한 다음에는 불교가 흥하게 될 것이다. … 대동세에는 오직 신선사

---

142) 『大同書』「癸部」

상과 불교 두 가지만 크게 성행할 뿐이다. 대동이란 이 세상 도의 중위 극치이며, 신선사상의 장생불사는 더욱 인간이 가질 수 있는 사상의 극치인 것이다. … 인간의 경지를 버리고 신선과 부처의 경지로 들어가는 것이므로 신선술과 불교가 마침내 성행하게 되는 것이다. 신선술은 거칠거나 미묘한 말 및 심오한 진리가 많지 않으므로 사람들로 하여금 심취시키는 데 한계가 있다. … 대동세가 되면 처음에는 신선술이 성행하고 후에는 불교의 가르침이 흥할 것이다.143)

장소는 대동세계의 마지막 귀착점을 신선이라는 도교의 이상적 존재로 언급하고 있다. '신선술', '신선', '천인' 등의 용어는 전형적인 도교적 표현이며, '무극'은 유교와 도교에서 우주의 본체인 태극의 맨 처음 상태를 말하는 것이다. 이와 같은 표현을 통해서 장소는 자신이 추구하고 확신한 이상세계가 거의 완벽에 가까운 세상임을 말하고 있다. 이러한 상황을 '무극의 세계에서 노닐게 된다.'라고 표현했다.

그리고 '포박자'144)에 나오는 단(丹)을 만들어 이것을 보편화한다는 생각은 도교적 사유 가운데 연금술과 연관되는 내용으로 불로장생을 대동세계에 일반화시키려는 의도로 볼 수 있다. '몸을 감추고,

---

143) 『大同書』「癸部」
144) 중국 진나라 건무(建武) 원년(317)에 세상의 영리를 탐하지 않았으며, 유교 윤리와 도교의 비술(祕術)을 결합하려고 노력하고 평생 신선도(神仙道)를 수행한 갈홍이라는 중국 동진(東晉)의 도사[?283~?343, 자는 치천(稚川), 호는 포박자(抱朴子)]가 지은 도가서(道家書)로 내편(內篇)에는 도교 사상이 체계적으로 논술되어 있고, 외편(外篇)에는 유교적 정치론으로 시정(時政)의 이해득실·인사(人事)의 선악 따위가 논술되어 있다.

음식을 먹지 않아도 연명할 수 있고, 허공을 날아다니며 즐겁게 노니는 일이 사람에게 가능할 것'이라는 것은 도교의 초현실적이고 신비주의적 사고의 극치를 묘사하고 있는 것이다. 중요한 것은 이와 같은 내용을 장소는 실현가능한 것으로 인식했다는 것이다.

(5) 유사성과 상이성

이들 사상가들은 도교사상을 평가하는 과정에 있어서 수전을 제외한 세 명의 경우에 한해서 장생불사의 전통에 근거한 신선사상을 수용하고 있다. 그러므로 이들이 지향한 이상세계는 한편으로 신선의 세계라고 할 정도로 신선사상에 대한 수용의 정도가 강하다고 볼 수 있다. 수운이 '삼신산, 불사약', '선풍도골', '불로불사', '지상신선' 등의 용어를 사용하여 자신이 지향한 이상세계를 묘사했으며, 증산이 '용화선경', '선세', '선지조화'의 용어를 긍정적 의미로 사용한 것, 장소가 '신선술', '신선', '천인', '신선학' 등의 용어를 실행 가능한 개념으로 이해한 점에 있어서 이들의 도교사상의 수용에 대한 유사성을 알 수 있다.

이와는 다르게 수전의 경우는 요마로 간주한 도교적 사상을 긍정적으로 수용하려고 한 것이 아니라 자신의 의식 속에 내재된 민간신앙의 요소가 복합적으로 작용하여 이를 자연스럽게 표출한 것으로 볼 수 있다.

수운은 도교적 성향을 지닌 '영부(靈符)와 주문(呪文)'으로 증산은 '주문(呪文)과 부(符)'를 매개로 삼아서 무병장수와 더 나아가 장생불사의 전통을 수용하려고 했으며, 장소는 포박자의 '외단(外丹)'과 추상성을 지닌 '신선술'을 불로장생의 대동세계에 일반화시킬 수 있다고 확신했다. 그러나 수전은 유일신이라고 믿는 '천부상제'의 모습을 도교적으로 표현하고, '대도군(大道君)', '진인(眞人)' 등의 용어를 사용함으로써 자신의 존재를 신격화시키는 데 있어서 도교적 신비주의를 이용했다고 볼 수 있다.

이와 같이 이들이 이상세계 형성에 있어서 도교적 신선사상을 가장 긍정적으로 수용하려고 한 것은 신선이라고 하는 이상적 존재가 현실의 대립과 갈등, 불평등과 착취, 억압과 모순을 넘어선 절대적 조화의 개념으로 포괄적인 의미를 함의하고 있기 때문이다. 그리고 사람들로 하여금 지고한 동경의 대상으로 여겨져왔으므로 본인을 비롯한 다른 사람들이 이러한 신선이라는 존재를 이룸으로써 그 구성원들로 이뤄진 공동체가 곧 이상세계 그 자체가 될 수 있다고 판단한 것으로 본다.

4) 기독교사상

(1) 수운

수운은 서학에서 사후에 개인의 구원을 내세운 선교에 대해 부정적인 견해를 지니면서 서학의 '빨리 죽어서 천당 가겠다'는 내용에 대해 '유원속사(唯願速死유)'의 미신이라고 비판했다.

> 천주당 높이 세워 저 소위 하는 도를 천하에 편만하니 가소절양 아닐런가, 종전에 들은 말을 곰곰이 생각하니 아 동방 어린 사람 예의오륜 다버리고 남녀노소 아동주졸 성군취당 극성중에 허송세월 한단말을 보는 듯이 들어오니 <u>무단히 한울님께 주소간 비는 말이 삼십삼천 옥경대에 나 죽거든 가게하소</u> 우습다 저사람은

> 저의부모 죽은후에 신도없다 이름하고 제사조차 안지내고 오륜에 벗어나니 유원속사 무삼일고 부모없는 혼령혼백 저는어찌 유독있어 상천하면 무엇하고 어린소리 말았어라.145)(밑줄 필자)

서학에서 부모의 혼령을 무시하면서 조상 제사조차 지내지 않고 혼자 죽어서 상천하겠다는 개인구령의 사후관에 대하여 신랄한 비판을 가하는 내용이다. 수운은 사후 개인의 영혼구제 내세관에 대해서 언급하지 않았다. 서학은 초월적 인격신을 신앙하는 것으로 동학의 경천대상인 하느님과 다르다. 그러므로 동학은 사후에 극락에 가기 위한 수도가 아니라 장생불사의 '지상신선'을 현세에 실현하는 것에 중점을 두고 있다. 또한 수운이 '서세동점(西勢東漸)'의 대세를 몰아 서학을 전파하는 상황을 비판하고 의심하여 서양세력을 못마땅하게 생각하는 내용은 다음과 같다.

> 경신년에 와서 전해 들건대 서양 사람들은 천주의 뜻이라 하여 부귀는 취하지 않는다 하면서 천하를 쳐서 빼앗아 그 교당을 세우고 그 도(道)를 행한다고 하므로 내 또한 그것이 그럴까 어찌 그것이 그럴까 하는 의심이 있었더라.146)

이에 비해 수운이 득도 이전에 서학에 대하여 비판하면서도 유보적이면서 긍정적인 입장을 보인 점도 보인다.

---

145) 『용담유사』 「권학가」
146) 『동경대전』 「포덕문」, "至於庚申, 傳聞西洋之人, 以爲天主之意, 不取富貴, 功取天下, 立其堂, 行其道故, 吾亦有其然, 豈其然之疑."

뜻밖에도 사월에 … 어떤 신선이 말씀이 있어 … "내 또한 공이 없으므로 너를 세상에 내어 사람에게 이 법을 가르치게 하니 의심하지 말라." 묻기를 "그러면 서도로써 사람을 가르치리이까?" 대답하시기를 "그렇지 아니하다."147)

수운은 하느님과의 교감을 통하여 천도(天道)를 받는 상황에서 '서도(西道)'로 사람을 가르쳐도 되는지를 물어볼 정도로 서학에 대하여 부정적이지 않았음을 보여주는 내용이다. 수운은 서양인의 '전승공취'하는 침략과 천주학으로서의 '서학'에 대하여 대항의식과 수용의사를 동시에 가지는 관점에서 서학의 원리인 '운(運)'이나 '도(道)'가 동학과 다를 것이 없다고 생각하였다. 수운은 동학이 서학과 다른 점에 대해서 다음과 같이 언급하고 있다.

묻는 말이, "서양의 도(道)와 다른 것이 없습니까?" 대답하시는 말씀이, "서학은 우리 도와 같은 듯 하나 다른 것이 있고, 비는 것 같으나 실지가 없느니라. 그러나 운(運)인즉 하나요, 도(道)인즉 같으나 이치가 다르니라." 묻기를 "무엇이 다르오니까?" 대답하기를 "우리 도는 무위이화(無爲而化)라. 내 마음을 지키고 내 기운을 바르게 하면 한울님 성품을 거느리고 한울님의 가르침을 받아 자연한 가운데서 되는 것이요, 서양 사람은 말에 차례가 없고 글에 순서가 없으며 도무지 한울님을 위하는 끝이 없고 다만 제 몸만을 위하여 빌기 때문에 몸에는 기화(氣化)의 신(神)이

---

147) 『동경대전』 「포덕문」, "不意四月, … 有何仙語, … 余亦無功故, 生汝世間, 教人此法, 勿疑勿疑, 曰 然則西道以敎人乎, 曰不然."

없고 학(學)에는 한울님의 가르침이 없으니 형식은 있으나 자취가 없고 생각하는 것 같지만 주문(呪文)이 없는지라. <u>도(道)는 허무한데 가깝고 학(學)은 한울님을 위하는 것이 아니니 어찌 다름이 없다고 하겠는가?</u>"[148](밑줄 필자)

이는 19세기 말 서세동점(西勢東漸)의 시대에 동학이 서학을 하나의 시운(時運)이며 도(道)도 같지만, 이치만 다를 뿐이라고 하여 서학을 배척하고 반대만 했던 것이 아니라 서학이 지닌 근대성(近代性)과 보편성(普遍性)을 인정한 것이라고 볼 수 있다. 그러나 수운은 침략적 제국주의 세력을 동반한 서학에 대해서는 강력히 대항하고자 하였다.

"전통적인 신관에서 보면 '절대적'인 것과 '상대적'인 것은 한 신적 본성 속에서 모순개념이다. 뿐만 아니라 '존재로서의 신'은 '생성으로서의 신' 또는 '인격으로서의 신'과 모순되는 것으로 규정되었다. 그러나 수운이 이해하고 체험한 신은 존재의 근원이면서 동시에 인격적인 당신이었으며 절대적인 영원한 무궁이면서 동시에 변화과정 속에 있는 상대적인 '시간적 생성신'이기도 했다."[149] 수운의 경신년 득도체험을 묘사한 글은 서학에 대한 긍정적 입장을 보이고 있다.

경신년 사월에 천하가 분란하고 민심이 효박하여 어찌할 바를 알지 못할 즈음에 또한 괴상하고 어긋나는 말이 있어 세간에 떠

---

148) 『동경대전』 「논학문」, "運則一, 道則同, 理則非."
149) 김경재, 「최수운의 神개념」, 『동학사상과 동학혁명』, 청아출판사, 1984, pp.126-127.

들썩하되, "서양 사람은 '도성입덕'하여 그 조화에 미치어 일을 이루지 못함이 없고 무기로 침공함에 당할 사람이 없다 하니 중국이 소멸하면 어찌 가히 순망의 환이 없겠는가." "도무지 다른 연고가 아니라, 이 사람들은 도(道)를 서도(西道)라 하고 학(學)을 천주학(天主學)이라 하고 교(敎)는 성교(聖敎)라 하니 이것이 천시(天時)를 알고 천명(天命)을 받은 것이 아니겠는가."150)

위의 내용으로 보아서 수운이 서양의 힘을 '천시(天時)와 천명(天命)을 받은 서학'으로 인해서 야기된 것으로 보았음을 알 수 있다. 그래서 서학으로 세상을 교화하려는 생각까지 했으나 한울님과의 교감을 통한 문답으로 인해서 '천도'로서 세상을 구할 수 있다는 확신을 하게 된 것이다.

(2) 증산

증산은 기독교 사상에 대하여 평가를 함에 있어서 경전의 내용을 근거로 한 구체적인 사상에 대한 비판이 아니라 특정 인물에 대한 평가를 중심으로 자신의 주장을 표현했다. 증산은 서교(西敎: 기독교)는 신명박대가 심한 종교이므로 능히 성공하지 못한다고 말하고 기독교 교당에 가서 모든 의식과 교의를 보고 나서 취할 것이 없다고 하였다.151) 이러한 서교에 대한 비판적 견해는 신명(神明)에게

---

150) 『동경대전』 「논학문」, "夫庚申之年 建巳之月 天下紛亂 民心淆薄 莫知所向之地 又有怪違之說 崩騰于世間 西洋之人 道成立德 及其造化 無事不成 功鬪干戈 無人在前 中國燒滅 豈可無脣亡之患耶 都緣無他 斯人 道稱西道 學稱天主 敎則聖敎 此非知天時而 受天命耶"
151) 『大巡典經』 3장 11절.

제사지내는 유·불·도의 전통적 가치에 대하여 서교의 교의가 배치되기 때문에 이를 부정적으로 평가한 것으로 보인다. 또한 서교가 지닌 타종교에 대한 배타성이 다원주의적인 통합적 사유를 지향하는 증산의 이상세계관에도 부합하지 못한 것으로 간주할 수 있다.

그러나 서교에 대한 긍정적인 평가는 예수회 선교사인 마테오리치(Matteo Ricci)와 예수에 대한 칭찬을 통해서 드러난다. 증산은 마테오리치를 천상에 올라가서 천상문명을 가지고 지상으로 와서 천국을 건설하기 위하여 동양으로 온 사람, 세계에 공덕을 많이 끼친 사람 등으로 긍정적인 평가를 했다.152) 그리고 공자가 말한 "어리석은 사람의 기질은 바꾸기 어렵다"153)는 제자의 질문에 그릇된 말이라고 하면서 "예수는 어리석은 사람들을 위해 세상에 왔으므로 하늘이 칭찬하였다"고 비교하여 예수의 존재가치를 높게 평가한다.154)

---

152) 『天地開闢經』, 「壬寅篇」 2章, "曰, 利瑪竇之功이 天地에 彌之也니라. 曰, 利瑪竇가 將建設仙境하야 東來러니, 政敎 積弊하야 知不可爲하고 作曆하야 明民時하고, 率東方文明之神하야 越西也니라. 天地之間에 開水火旣濟之運者 瑪竇오, 曰 天地之間에 開放神域者 瑪竇也라. 曰, 先天에 東西가 不相通하니 火水未濟之運也오, 我世에 東西가 相通하니 水火旣濟之運也니라. 曰, 先天은 天地之神이 各守境域하야 不相往來러니 瑪竇 開放하니, 地下之神이 上天하야 模型天國하고 開人慧頭하니 今日之西國文明也니라. 曰, 利瑪竇之功德을 人不能知之하나니, 是故로 天地萬神이 尊之也니라. 曰, 利瑪竇난 常侍我側하야 攝理萬相也니라." pp.41-42.

153) 『孟子』의 「告子章句下」에 나오는 내용으로 원래는 "'공자께서 최하로 어리석은 사람은 어쩔 수 없다.'라고 말한 바는 즉 '자포자기하는 사람'이다.(孔子所言 下愚不移者 則自暴自棄之人也)"의 내용이다.

154) 『天地開闢經』, 「甲辰篇」 1章, "弟子이 問曰, 孔子난 下愚不移라 하니 可乎잇가. 曰, 此난 妄言也라. 耶蘇난 爲下愚而來世하야 天이 嘉之하고, 我난 敎民化民也니라." pp.134-135.

위의 내용에서 증산이 마테오리치를 긍정적으로 평가한 것은 자신이 구상한 후천 선경을 건설하기 위하여 선행적 과제를 실천한 공덕이 있는 사람으로 보았기 때문이다. 이는 마테오리치의 일과 자신의 일이 동일선상에 놓여 있음을 강조하는 것이다. 그리고 예수의 존재 가치에 대한 평가는 증산의 제자인 김갑칠과의 대화에서 그 맥락을 알 수 있다. "저처럼 아주 못난 사람도 선경세계의 즐거움을 누릴 수 있나이까?"라는 갑칠의 질문에 증산은 자신이 세상에 온 목적이 "가난하고 약하고 병들고 괴로운 이들을 위함이며 너와 같은 사람을 위해서이다."155)고 답변한다.

이는 자신이 구상한 이상세계가 뛰어난 특정 부류를 위한 것이 아니라 오히려 천대받던 하층민에게 더 비중이 있음을 말함으로써 평등주의를 기본으로 한 이상세계 건설을 지향하고 있음을 밝히고 있다. 한편으로 증산은 서교에 대하여 서학이라고 표현하면서 동학과 동등한 가치를 부여하고 있다. 이는 "서방(西方)에 큰 성인이 오셔서 교화하신 사상을 서학(西學)이라 하고, 동방(東方)에 큰 성인이 오셔서 교화하신 사상을 동학(東學)이라고 한다. 이는 사람들을 가르치고 이끌어서 완성된 존재가 되게 하려는 데 그 의의가 있다."156)라는 내용에서 잘 드러난다. 이는 시대와 상황에 따른 성인의 교(敎)의 전파가 하층 민중을 계몽시키려는 것이며 궁극적으로 모든 사람들의 상위적 평등주의를 실현하기 위한 과정으로 볼 수 있다.

---

155) 앞의 책, 「壬寅篇」 9章, "金甲七이 問曰如此庸殘莫甚之者도 可享先世之福乎잇가. 大先生이 忽變色大聲하사 甲七아 是何言也오, 三復斯言하시고 曰我之來世爲貧弱病苦니 富强權驕는 彼亦棄我어니와 我亦棄彼也니라. 曰我世난 解冤之世也니라. 是故로 我之所選이 弄版天癡天眞君子者之受評也니라."
156) 『玄武經』, "西有大聖人曰西學, 東有大聖人曰東學, 都是敎民化民."

증산은 기독교가 지닌 사상을 교의와 의식의 차원에서 '신명을 박대하는 일'로 간주하여 버려야 할 것으로 보았다. 이는 동아시아 종교전통에 내재된 다원주의적 신명숭배의식이 유일신 신앙인 기독교적 요소에 대한 반감의 정서로 작용하여 증산에게 그대로 전승된 것으로 생각한다.

(3) 수전

수전은 그의 사상 전반을 통하여 기독교 중심주의를 표방했다. 중국식 기독교는 다른 종교를 배척한 듯 보이지만 실제로는 이를 수용했다고 볼 수 있다. 수전은 이를 중심으로 태평천국의 이념을 체계화하였다. 초기에 수전이 이해한 기독교는 『권세양언』을 통한 것이라고 할 수 있으며 여기서 받은 사상적 영향이 그의 종교적 체험에 해당하는 '환몽(幻夢)'을 통해 신천상제, 예수, 천당, 지옥과 같은 단편적인 인상이 재현된 것으로 볼 수 있다.[157] 『권세양언』은 기독교의 기본주의에 입각한 내용으로 이루어져 있으며, 상제만이 진신(眞身)이고 기타 일체의 종교와 우상은 사마(邪魔)이며 외도(外道)에 속하는 것으로 보았다. 수전은 『권세양언』을 얻은 후 이를 자세히 읽었으며 원전인 성경을 가지고 검증하려 하였다.

『권세양언』은 신구약의 일부내용을 인용하고 이를 중국의 인정·풍속과 연결시켜 상제를 숭배하고 사신(邪神)을 숭배하지 말 것을 역설하며 도교와 불교는 우상을 섬기는 종교라고 공격하고 있다. 즉 기독교의 상제만이 진신(眞身)이며 '천지 만물 만류를 창조하고 이를 관리하는 자로서 형상이 없고 시작과 끝이 없으며, 따라서 자

---

[157] 최진규, 「上帝敎의 求世觀에 관한 硏究」, 고려대학교 박사논문, 1992, p.57.

연이연(自然而然)하며 영원에서 영원에 이르도록 진신(眞身)인 것은 신천상제(神天上帝) 뿐'이라고 하였다. '신천상제'라는 이 유일신을 제외하고는 도불(道佛) 양교에서 숭배하는 우상은 모두 요마(妖魔)요 사도(邪道)로서, 재난이나 병을 제거해주거나 현세에 실현하기 어려운 바램을 실현시켜주지 못한다는 것이다.158) 그러나 실제로 태평군이 사묘를 파괴한 경우, 그 대상이 일정하지도 않았고 일관되게 특정 대상에 타격을 가했던 것도 아니었으며 주된 파괴대상으로 설정한 것은 요마로 평가된 일부 신앙 대상이었다는 것이다.159) 이러한 사실로 미루어 볼 때 태평군의 기독교 중심의 배타적 성향을 독선적 배타주의로만 볼 것이 아니라, 그 당시 사회에 만연해 있던 미신적 요소가 기성종교의 외형을 띠고 형성된 부분을 타파하기 위한 것이었다고 볼 수 있다.

수전은 자신이 곧 신천상제의 차자(次子)이며 요마와 사신에 해당하는 불교와 도교를 비롯한 기독교를 제외한 모든 종교를 타파해야 할 의무와 사명을 지닌 사람으로 간주하였다. 수전의 이러한 정서는 과거 시험에 응시하여 4번이나 실패한 이후에 실성하다시피 한 상황을 고려해 볼 때 새로운 사상적 이념을 추구하는 가운데 유교를 비롯한 기성종교의 전통적 요소에 대한 반감이 작용한 것으로 볼 수 있다.

(4) 장소

장소의 대동사상은 기독교에 바탕을 둔 서구의 민주주의 사상을

---

158) 최진규, 앞의 책, pp.71-73.
159) 김성찬, 『태평천국 신연구』, 인제대학교 출판부, 2009, p.365.

도입하여 유교의 인(仁)과 불교의 사상을 혼합한 이상세계를 지향하는 사상이다. 그러나 장소는 기독교를 초보적인 교육의 수준으로 평가하여 대동의 세계가 펼쳐지면 사람들의 수준이 높아져서 기독교가 저절로 소멸할 종교로 여기고 있다.

> 기독교는 하느님을 받들고 사람을 사랑함으로써 착한 일을 가르치며 죄를 뉘우치는 것과, 마지막 심판을 통하여 죄를 짓는 일을 가장 두려워한다. 태평세(太平世)에는 누가 시키지 않아도 스스로 사람을 사랑할 수 있고, 또 스스로 죄가 없게 된다. 이것은 하늘의 작용이 스스로 그런 것임을 알기 때문에 하느님을 높이지 않는다. 또한 헤아릴 수 없이 많은 영혼들이 허공에 떠서 기다린다는 것을 알게 되어 마지막 날의 심판도 믿지 않는다. 그러므로 기독교의 가르침은 대동세에 이르면 저절로 없어지게 된다.160)

장소는 학문적 경향으로 치우친 유교를 서양 기독교의 교단조직과 종교적 조직 교의를 배워 국교로 정하자는 의견을 제시했다. 장소는 서양 사회를 매우 구체적으로 관찰하고 있으며, 특히 서양인들의 종교 생활과 그 기능에 주목하였다. 그는 서양의 기독교가 서양 사회를 이끌어오는 원동력으로서 작용하고 있으며, 사회 구성원들의 삶의 원리가 되고 있다고 생각하면서, 중국에서 서양의 기독교를 대신할 종교를 찾아내고자 하였다.161) 다음의 상소문에서 이에 대한 장소의 의지를 볼 수 있다.

---

160) 『大同書』「癸部」
161) 양일모, 「근대중국의 지식인과 '종교' 문제」, 『종교문화비평』 4호, 한국종교문화연구소, 2003, pp.97-100. 참고

오늘날 학교에서는 공자를 제사지내고 있으며, 교관과 학생들은 때에 맞춰 제사에 참가할 수 있지만, 그 밖의 일반 서민들과 부녀자들은 제사 참가가 허용되지 않고 있습니다. 민심이 돌아갈 곳이 없으므로, 반드시 공경을 표시할 장소가 필요합니다. … 대체로 서민들은 지혜로운 자가 적고 어리석은 자가 많습니다. 무당에 의지하여 살아가고, 이상한 사당을 쓸데없이 만들어 기이한 것을 숭배하게 되는 것은 자연스런 일입니다. … 그래서 괴이한 사당이 여기저기 난립하고, 그런 현상이 널리 퍼져 해외에도 괴이한 사당이 난립하게 되어, 종종 유럽과 미국인들에게 비웃음을 사고 종교가 없는 나라 취급을 당하고 있으니, 어찌 부끄러운 일이 아니겠습니까? 유럽과 미국사람들이 보면 반드시 하느님(天神)께 기도하고, 사당에서 제사지내는 대상도 교주일 뿐입니다. 7일마다 목욕재계하여 꿇어앉아 절하면서 성경을 암송하며 신의 이름을 부르고, 일어서서 공손히 묵도하고, 피아노에 맞춰 찬송하고, 한사람이 먼저 부르면 다른 사람이 합창을 하고, 하늘로부터 받은 양심을 깨우치게 하고, 엄숙한 마음을 되새기고 있습니다. 이것이야 말로 신교(神敎)의 뜻을 얻은 것이며, 또한 종교를 존중하는 마음을 잃지 않은 것입니다. 우리 중국인들을 바라보건대, 어려서 학교에 입학하여 경전을 읽지만, 성장하여 학교를 졸업하면, 교주를 존중하며 제사지내고, 경전의 글을 암송하여, 엄숙한 마음을 되새기는 일이 늙어 죽을 때까지 하루라도 있겠습니까?162)

---

162) 湯志鈞編, 『강유위정론집』 上, 중화서국, 1981, p.280.

장소는 자신의 금문경학적 이론 틀에 의해 재해석된 유교를 중국의 종교로 설정하고자 하였다. 그의 공자해석에 따르면, 서양의 교주는 신비한 측면을 지니고 있음에 비해, 공자야말로 미신적인 요소가 배제된 "문명 시대의 교주"이었다.[163]

(5) 유사성과 상이성

네 명의 사상가들이 기독교 사상에 대하여 수용과 비판의 평가를 한 배경은 자본주의를 동반한 서세동점의 역사적 상황에서 기독교라는 종교가 함께 유입되면서 중요한 사회적 관건으로 대두되었다는 점에 있어서 유사성이 있다고 볼 수 있다. 그러므로 이들은 이러한 역사적 상황에 대하여 일종의 위기의식을 느꼈다. 그러므로 기독교에 대한 평가는 곧 이상세계 지향의 해결관건이 될 수밖에 없었다.

수운은 기독교를 서학이라고 하여 수용과 비판의 양면적인 면모를 보였지만 수용보다는 비판적인 면이 더 많았다고 볼 수 있다. 증산은 기독교의 특정한 인물에 대한 평가를 제외하고는 구체적인 언급을 하지 않았다. 예수와 이마두에 대해서는 긍정적인 평가를 했으며 기독교의 교의에 대해서는 전승할 가치를 두지 않았다. 여기서 증산이 기독교가 지니고 있는 박애의 정신을 긍정적으로 평가했음을 알 수 있다. 그러나 기독교에 대한 부정적인 입장은 구한말 당시의 시대적 배경에서 드러난 사회현상으로서의 종교적 면모에 대한 비판인 것으로 보인다.

수전은 다른 사상가들과 달리 기독교의 교리체계를 절대적으로

---

[163] 湯志鈞編, 앞의 책, p.282.

수용하여 태평천국의 이념을 창립하였지만 중국화된 개량적 기독교가 되어 본래의 기독교와는 성격을 달리하게 되었다.

장소는 기독교를 평가함에 있어서 대동세계에서 사라질 것으로 평가했다. 이는 유교의 '仁'을 토대로 한 이상세계가 궁극에 가서는 도교와 불교의 궁극적 이상의 실현을 목적으로 했기 때문에 기독교가 지닌 유일신관과 이에 따른 구조적 문제가 대동사회와 부합하지 못한다고 생각했을 것이다.

이를 통하여 수전을 제외한 세 명의 사상가들은 기독교의 교의에 대하여 거의 부정적인 입장에 가깝게 평가를 했으며 그들이 추구한 이상세계로 전승하려고 하지 않았음을 알 수 있다. 그러나 수전의 경우는 '권세양언'을 통하여 가장 적극적이고 긍정적으로 수용하려고 했으나 기독교의 정통교리를 제대로 이해하지 못한 상황에서 추진하여 실패를 함으로써 그 한계를 드러냈다.

2. 종교 다원주의적 통합관념

1) 최제우의 천도(天道)

〈표 2〉 최제우의 기성종교 수용과 비판

	수용	비판
유교	성리학의 주기설, 공맹의 심학의 전통, 五帝와 공맹의 사상, 대학·중용의 내용을 용담유사에 인용, 성경신, 도덕규범의 중요성	성리학적 주리론, 신분 차별적 계급주의, 허례허식, 종적 우주관
불교	화엄사상	사회적 기능의 상실
도교	장생불사의 신선사상, 영부, 주문	언급 없음
기독교	時運이나 道는 같다고 봄, 학문으로의 사학	유원속사의 사후 구원관, 외재적 초월신관, 조상제사 부정

동학사상을 창시한 수운은 과거로부터 전승된 전통 종교사상 가운데 긍정적으로 생각한 요소를 받아들여서 회통과 습합의 방법으로 전통과의 연결을 시도하였다. 수운은 '각자위심(各自爲心)'하고 '불순천리(不順天理)'하고 '불고천명(不顧天命)'한 기존의 '효박(淆薄)한 세상'을 살아온 사람들이 자신이 하늘로부터 받은 '무극대도'

로 인하여 새로운 전환을 맞이하리라는 기대와 확신을 지니고 있었다. 이 무극대도를 수운은 유·불·선 삼도가 합일·회통된 '천도(天道)'164)라고 표현했다. '천도'가 구현될 세상은 하원갑이 지나고 새로 도래할 상원갑의 세상으로 '춘삼월 호시절'의 세상이다. 이 세상은 사후의 세계와 같은 타 공간이 아니라 이 땅에서 실현될 현실적 공간으로서의 이상세계이다. 모든 사람이 수심정기(守心正氣)를 이룩하여 도성덕립(道成德立)을 이룬 사회가 바로 수운이 바라고 기대했으며, 확신하여 제시한 이상 세계인 것이다. 수운의 환원으로서의 삼교합일관이 『천도교창건사』에서 다음과 같이 언급된다.

송월당(松月堂)이란 노승이 "선생은 불도(佛道)를 연구하느냐?"라고 한 물음에 대해 최수운은 "나는 불도를 좋아하지요."라고 대답했다. 이어 "유도(儒道)를 좋아하십니까?"라는 물음에 수운은 "나는 유도를 좋아하나, 유생은 아니오."라고 했다. 세 번째로 "그러면 선도(仙道)를 좋아하십니까?"라는 물음에도 수운은 "선도는 하지 않으나 좋아하지요."라고 했다. 노승은 수운이 승려도 유생도 선도도 아니라면 무엇이란 말인지 종잡을 수 없었다. 이에 수운은 "유(儒)도 불(佛)도 선(仙)도 아니고 그 전체의 원리를

---

164) 중국문화에 있어서 '天道'의 개념은 유교 경전인 '書經', '禮記', '中庸'과 도교 경전인 '道德經'에서 上帝·道·法則에 의해 운행되는 천체의 길로서의 天道로 사용되었다. 그러나 수운의 '天道'는 天을 한울님으로 보고 道를 길로 보아서 天道를 '한울님의 길'이라고 보는 경우이다. 즉, '天'을 神的인 존재로 보고, '천도'를 이 같은 '신적 존재자가 化生하는 길'로 보는 것이다.(정경홍, 『한울님에 이르는 길』, 도서출판 모시는사람들, 2006, pp.13-33. 참고)

사랑한다."고 했다.165)

수운은 유·불·도 삼도(三道)의 합일적 원리가 내포된 원형으로서의 원리를 천도(天道)라고 말하고 있으며 이러한 천도의 원리가 잘 실천된 세상을 오제(五帝) 이후부터 성인이 출현하여 교화를 하던 시대였다고 말하고 있다. 천도가 구현되었던 시대에 천명과 천리를 지킨 군자들이 살던 시대를 수운이 무극대도가 실행될 무극대운의 이상세계 모델로 삼은 것으로 보인다.

> 오제(五帝) 이후로부터 성인(聖人)이 나오셔서 해와 달과 별들이 지는 것과 천지가 돌아가는 도수를 살펴서 역(曆)을 만들고 책으로 만들어 내어서 천체가 운행되는 도는 항상 변하지 않는다는 것을 정해 놓고 한 번 움직이고 한 번 고요한 것과 한 번 성하고 한 번 패하는 것을 모두 다 천명(天命)대로 되는 것이라고 하였으니, 이것은 천명을 공경하고 천리(天理)에 순히 따르는 것이니라. 그러므로 그 때 사람들은 모두 군자(君子)가 되었고 학문을 공부한 사람들은 모두 도덕을 이루게 되었으니, <u>도덕은 곧 천도(天道)요 덕은 곧 한울님의 덕</u>이니라. 그 시대 사람들은 천도를 밝히고 한울님의 덕을 닦으므로 이에 군자 사람이 되었고 지극한 성인이 되는 데까지 이르렀으니 어찌 공경하고 감탄할 시대가 아니었겠느냐!166)(밑줄 필자)

---

165) 이돈화,『천도교창건사』, 천도교중앙종리원, 1933, pp.33-34.
166)『동경대전』「포덕문」, "自五帝之後, 聖人以生, 日月星辰, 天地度數, 成出文卷而以定天道之常然, 一動一靜, 一盛一敗, 付之於天命, 是 敬天命而順天理者也. 故 人成君子, 學成道德, 道則天道, 德則天德. 明其道而修其德, 故 乃成君子, 至於

수운의 천도(天道)는 유·불·도가 각기 독립적인 도를 펼치는 세상이 아니라 삼도사상의 원형인 천도에 의하여 전개될 세상으로 보고 있다.

> 내 도는 원래 유(儒)도 아니며 불(佛)도 아니며 선(仙)도 아니니라. 그러나 오도(吾道)는 유·불·선 합일이니라. 천도(天道)는 유·불·선은 아니로되 유·불·선은 천도의 한 부분이니라. 유(儒)의 윤리와 불(佛)의 각성과 선(仙)의 양기는 사람성의 자연한 품부(稟賦)이며…167)

동학은 새로운 도인 무극대도를 전통사상인 유·불·도와의 단절이 아니라 이를 포함하는 원천적인 도로서 인식하고 있다. 그러나 기존의 사상과 차별화를 위하여 「논학문」에서는 다음과 같이 언급한다.

> 우리 도(무극대도)는 오늘날에도 들어보지 못했고 옛날에도 들어보지 못하던 새로운 일이요, 오늘날에도 비교해 볼 수 없고 옛날에도 비교해 볼 수 없는 새로운 법이니라. 도를 닦는 사람들은 헛된 것 같으나 실제로 나타나는 것이 있고 듣기만 하는 사람들은 실상이 있는 것 같으나 나타나는 것이 없어 헛된 것이기 때문이다.168)(괄호 필자)

至聖, 豈不欽歎哉."
167) 이돈화, 『천도교창건사』, 천도교중앙종리원, 1933, p.47.
168) 『동경대전』 「논학문」, "曰吾道, 今不聞古不聞之事, 今不比古不比之法也. 修

수운은 새로 돌아드는 운수에는 유도(儒道)도 불도(佛道)도 아닌 자신이 하느님으로부터 받은 무극대도가 주도할 것으로 믿었다. 그동안 세상 도덕의 근본이 되었던 유도와 불도는 이미 지난 시기의 묵은 도로 그 효력을 잃었고 새로 닥쳐오는 상원갑에는 그에 걸맞은 새로운 도가 나와야 하는데, 그것이 바로 무극대도라는 것이다. 이것은 하느님이 직접 수운에게 전해준 것으로 믿었기 때문에 하느님의 권위와 같은 절대성을 가지고 있다는 신념에 차 있었다.

시운(時運)이 돌아들어 개벽이 이루어질 것이고, 새 세상의 질서는 자신이 받은 무극대도로 잡힐 것이기 때문에 "다시 개벽 아닐런가"라고 하였다. 따라서 수운은 '나의 도는 지금에도 듣지 못하고 예전에도 듣지 못한 일이고, 지금에 비할 데 없고 예전에도 비할 데 없는 법이다.'라고 하여, 새 세상을 열어갈 유일한 법이라고 자신하였다.[169]

수운이 말한 무극의 도(道)는 유·불·도 삼도를 포함하는 천도(天道)이므로 모든 사상과 이치가 동학인 '무극대도' 안에서 완성되어 후천 세상의 운수를 주관할 것임을 다음과 같이 언급하고 있다.

산하의 큰 운이 모두 다 우리 도(무극대도)로 돌아오니, 그 근원이 지극히 깊고 그 이치가 심히 머니라.[170] (괄호 필자)

者 如虛而有實, 聞者 如實而有虛也."
169) 김형기, 『후천개벽사상연구』, 한울아카데미, 2004, p.36.
170) 『동경대전』 「탄도유심급」, "山下大運, 盡歸此道, 其源極深, 其理甚遠."

은은한 총명은 신선스럽게 나오고 앞으로 오는 모든 일은 모두 다 한가지로 하나의 이치(무극의 이치)로 돌아갈 것이니라.171)(괄호 필자)

무릇 천지의 무궁한 수와 도의 무극한 이치를 다 이 글에 기재했으니, 오직 그대들은 공경하여 이 글을 받아서 성덕을 도우라.172)

무극대운의 운수가 실현될 이상사회에 부합하는 이상적인 인간은 무극대도를 깨닫고 실천하는 사람이다. 이러한 사람은 도덕적인 군자이자 지상신선이라는 높은 경지에 도달한 인격적 존재이다. "(동학에) 입도한 그날부터 군자 되어 무위이화(無爲而化)될 것이니 지상신선 네 아니냐."173)의 구절은 전통적인 유도와 선도의 궁극의 경지에 도달한 이상적인 인격을 이룰 수 있는 도를 동학이 갖추고 있다는 말이며, 이러한 경지에 도달한 존재들이 모여서 살아가는 세상을 수운은 무극의 운이 실현되는 세상으로 말하고 있다.

서학의 종말론적 미래는 죽은 후의 천당이라는 복락원(福樂園)의 내세관에 기초한다. 그와 대조적으로 동아시아의 유·불·선 전통에 바탕한 동학의 역사적 시간관은 주역의 원환적 순환의 성쇠지리이며, 따라서 역사의 미래가 어느 시점에서 종결된다는, 서학에서와 같은 내세의 영혼 구령의 종말론은 있을 수 없다. 동학에서는 사후

---

171) 『동경대전』 「탄도유심급」, "隱隱聰明, 化出自然, 來頭百事, 同歸一理."
172) 『동경대전』 「논학문」, "凡天地無窮之數, 道之無極之理, 皆載此書, 惟我諸君, 敬受此書, 以助聖德."
173) 『용담유사』 「교훈가」

에 극락에 가기 위한 수도가 아니라 '지상신선'의 장생불사적인 시천주의 드높은 성경신의 인격이 현세에 실현되는 것에 중점을 두고 있다.174)

수운의 이상경에는 종교체험과 유교적 소양이 종합되어 표현되어 있기 때문에 인간의 본질이 개조된 신선이 상정되어 있는가 하면, 전통적으로 대망되어온 유교적 이상사회상이 뒤섞여 그려져 있다. 개벽은 곧 인간의 본원적 한계를 극복하고 도덕적으로 완성된 군자를 양성하여 이상세계를 달성하는 것이었다.175)

또한 수운이 주장한 '천도'는 실제로 유교사상 가운데 공자를 전후한 원시유교사상이 기저를 이루고 있으며 이에 불교적 사유와 도교적 요소가 혼합적으로 작용하는 것으로 보인다.

2) 강증산의 신도(神道)176)

증산이 기성종교의 사상을 수용하고 비판하는 과정에서 형성된 통합적인 이상관념은 만민평등주의를 내포한 삼교의 원형으로서의 '신도(神道)'라고 정의할 수 있다. 그러므로 이 '신도'의 개념이 형성되는 기성종교에 대한 수용과 비판의 내용을 요약하여보면 다음과 같다.

---

174) 동학학회 편저, 『동학과 전통사상』, 도서출판 모시는사람들, 2004, p.24.
175) 김형기, 『후천개벽사상연구』, 한울아카데미, 2004, p.40.
176) 증산은 올바른 정사(政事)가 실현되기 위한 선행조건으로 종교의 통일이 이루어져야 한다고 생각하였다. 이러한 통합적 종교이념을 올바른 정사를 통하여 실현시킬 구체적이고 현실적인 공간이 '조화정부'이다.

〈표 3〉 강증산의 기성종교 수용과 비판

	수용	비판
유교	『書傳』: '相授心法'의 정신을 계승 『大學』: '新民'의 사상을 전승 『孟子』: '一心'에 대한 강조 『周易』: 개벽할 때 사용할 글로 중시함. 계승해야 할 예법을 강조: 儒之範節, 浴帶. 공자의 仁, 맹자의 성선설	공자: 삼대출처(三代出妻), 소정묘주살(少正卯誅殺) 허례: 제례진설법, 상복제도 적서의 구별 반상의 구별 남녀의 차별
불교	미륵신앙: 용화세상 미타신앙: 나무아미타불 약사여래신앙: 의통(醫統), 불지양생(佛之養生), 불지형체(佛之形體)	석가모니: 존재의 영속성 특정 승려: 요망한 무리 혹세무민을 일삼는 종교
도교	신선술: 여동빈의 비유, 선지조화(仙之造化), 선지포태(仙之胞胎)	노자: '효' 사상에 위배 벽곡법: '밥' 사상에 위배
기독교	예수: 어리석은 사람을 교화하러 온 사람. 이마두: 천국건설을 위한 선행적 행위	신명박대 모든 의식과 교의를 부정

기성종교에 대하여 위와 같이 수용과 비판의 과정을 통하여 혼합적으로 함축한 개념을 '신도'[177]라고 볼 수 있다. 그리고 이 '신도'에

---

177) 증산은 '神道'라는 개념을 상고시대부터 있어온 종교의 원형적인 것으로 사용하였으며 곧, '神道'가 바로 유·불·선 三敎가 파생되기 이전의 원류가 되는 것으로 간주한 것으로 보인다. 그러므로 일본 민족 사이에서 발생한 고유의 민족 신앙인

함의된 개념은 봉건제하에서 형성된 불평등의 체제를 바꾸어 평등의 체제를 향한 이상세계를 실현하려는 증산의 의지를 그대로 반영하고 있다. 그러므로 필자는 증산이 언급한 '신도'를 유·불·도 삼교의 원형으로 보며 '신도'가 샤머니즘적 신가(神家)의 신도(神道)가 아니라, 유·불·도 삼교의 원형으로의 신도(神道)라고 생각한다. 그러므로 신도의 정신이 파생된 분파적 사상이 유·불·도 삼교이며 이러한 '신도' 정신을 향한 근본으로의 회귀를 증산이 '원시반본'으로 규정한 것으로 본다. 이는 『현무경』의 '허무(虛無)·적멸(寂滅)·이조(以詔)'나 '허령(虛靈)·지각(知覺)·신명(神明)', '포태(胞胎)·양생(養生)·욕대(浴帶)'에서 볼 수 있다. '신도'가 민간신앙과 서교(西敎)를 포함한 원형으로서의 삼교를 함의하는 개념이라면 원형으로서의 신도(神道)를 대표하는 개념을 현무경의 '관왕(冠旺)'이라고 할 수 있다.

증산의 삼교합일적 사유는 기성종교의 원형이자 미래지향적 관념으로 『대순전경』, 『천지개벽경』, 『현무경』에서 기성종교의 원형으로서의 '신도'에 대한 증산의 견해를 볼 수 있다. 필자는 증산이 유·불·도 삼교 합일사상의 포괄적 개념인 '신도' 정신의 결여를 당시의 혼란한 세계현실의 원인으로 본 것으로 생각한다. 그러므로 '신도'의 정신을 자각하고 실현하는 것을 원형으로의 회귀인 '원시반본' 사상의 맥락으로 본 것으로 생각한다.178) 기성종교에 대한 비판

'神道'와는 용어는 같으나 그 개념이 전혀 다른 것으로 사용되고 있다.
178) 이강오는 그의 논문 '이강오,「韓國의 新興宗敎」,『資料篇 第一部』, 전북대 논문집, 1966 p.146.'에서 증산교 교리의 특징을 "샤머니즘과 직결되는 神家의 神道를 중심으로 하면서 음양·풍수·도참사상 등 전래의 민간사상을 바탕으로 하고 여기에 불·유·동학·서학 등 기성종교의 교리를 곁들인 일종의 제설혼합주

을 통하여 원형으로의 회귀를 주장한 증산의 현실인식은 민중의 고통에 대한 해결책을 마련하기 위한 것으로 다음과 같이 표출된다.

> 선비는 허례만 숭상하며 불교는 혹세무민(誣民惑世)만 힘쓰고 동학은 혁명실패 후에 기세를 펴지 못하여 거의 자취를 거두게 되고 서교는 세력을 신장하기에 진력하니 민중은 괴로움과 고통에 빠져서 안도할 길을 얻지 못하고 사위(四圍)의 현혹에 싸여 의지할 바를 알지 못하여 위구(危懼)와 불안이 온 사회를 엄습하거늘 상제 개연히 광구할 뜻을 품으사 유불선(儒佛仙) 음양참위(陰陽讖緯)의 모든 글을 읽으시고 다시 세태와 인정을 체험하기 위하여 정유(丁酉)로부터 유력(遊歷)의 길을 떠나시니라.[179]

기성종교의 본질 자체를 부정한 것이 아니라 기성종교가 사회현실 속에서 본래의 역할을 하지 못하는 당시의 종교적 행태를 비판한

의(cyncretism)가 되어 있는 것"이라고 주장하였다. 그러나 필자는 증산의 친필인 『玄武經』의 내용을 고찰해본 결과 증산의 사상에 샤머니즘적인 요인이 내포되어 있다는 것에 대해서는 동의하지만, 음양·풍수·도참사상 등 전래의 민간사상을 바탕에 두고 불·유·동학·서학 등 기성종교의 교리를 곁들인 것이라는 주장에 대해서는 반대하는 입장이다. 왜냐하면 증산의 '神道'는 샤머니즘적 神家의 神道가 아니라, 유·불·도 삼교의 원형으로의 神道로 神道의 정신이 파생된 분파적 사상을 유·불·도(선) 삼교로 보았으며 이러한 '神道' 정신을 향한 근본으로의 회귀를 '原始返本'으로 규정한 것으로 본다. 그러므로 유·불·도(선)는 곁들여진 것이 아니라 그 자체가 원형으로서의 神道인 것이다. 이에 음양·풍수·도참사상 등 전래의 민간사상은 광의의 의미에서 道敎나 仙道의 일부라고 생각한다. 그러므로 『玄武經』의 '虛無·寂滅·以詔'나 '虛靈·知覺·神明', '胞胎·養生·浴帶'가 민간신앙과 西敎를 포함한 원형으로서의 삼교를 함의하는 개념이라면 원형으로서의 神道를 대표하는 개념이 바로 '冠旺'이라고 생각한다.

179) 『大巡典經』 1장 27절.

내용이다. 기성종교의 교조인 공자·석가모니·노자에 대한 비판[180] 역시 기성종교가 지닌 종교의 본질적 가치와 사상체계를 송두리째 거부하는 것이 아니다. 이는 다만 그 종교적 행태가 당시의 상황에 부적합하며 증산이 생각한 이상세계의 구성 요소로서도 변화되어야 한다고 판단한 것이다.

증산은 평등과 자유를 통한 인권의 상승이 이상세계의 바탕이 되어야 한다는 것으로 생각했다. 그러므로 기성종교의 수행형태나 사회구성으로서의 역할에 대하여 비판한 증산은 '천지공사'라고 하는 새로운 계획에 따른 이상사회 구현에 적합하지 못한 요인을 인습으로 간주하여 전승해서는 안 될 것으로 보았다. 그리고 새로운 세상을 열기 위한 도를 '신도'라고 하는 유·불·도 삼교의 원형으로 해결해야 한다고 주장한다.

> 크고 작은 일을 물론하고 <u>신도(神道)</u>로써 다스리면 현묘불측(玄妙不測)한 공을 거두나니 이것이 무위이화(無爲而化)라. 이제 신도(神道)를 골라잡아 모든 일을 도의(道義)에 맞추어서 무궁한 선경(仙境)의 운수를 정하리니 제 도수에 돌아 닿는 대로 새 기틀이 열리리라. … 선도(仙道)와 불도(佛道)와 유도(儒道)의 법술(法術)이 서로 다름을 이름이라. 옛적에는 판이 작고 일이 간단하여 한 가지만 따로 쓸지라도 능히 난국을 바로 잡을 수 있었거니와 이제는 판이 넓고 일이 복잡하므로 <u>모든 법을 합하여 쓰지 않고는 능히 혼란을 바로잡지 못하리라.</u>[181] (밑줄 필자)

---

180) 『大巡典經』 4장 172절.
181) 『大巡典經』 5장 3절.

증산이 언급한 '신도'는 유·불·도 삼교의 기운과 이치의 원형이 되는 것으로 법술이 서로 다른 선도와 불도와 유도의 기운과 이치가 통합된 총체적인 성격을 지닌다. 이는 기성종교의 사상체계가 지난 시절에 해결의 실마리를 지니고 있었지만, 증산 자신이 활동하던 당시와 미래에는 기성종교가 모든 일을 원만하게 해결할 수 있는 방법을 갖추지 못하고 있다고 생각한 것이다.

그리고 증산은 유·불·도와 서교가 선천 세계질서를 형성한 각국 문화의 근원이 되었으며 앞으로 도래할 후천선경에는 이들 종교 사상의 정수를 뽑아 모아 통일된 새로운 문명이 전개된다고 생각한 것으로 보인다. 기성종교의 사상체계인 유·불·도의 사상을 단순하게 통합한다는 의미가 아니라 유·불·도의 원형이라고 본 '신도'로써 후천선경을 전개하겠다는 것이다. 그리고 선천 종교의 교조가 아니라 증산이 새로 설정한 인물들에 대해서 거론하고 이들이 주가 되어 후천선경을 건설한다는 것으로 말하고 있다.

> 선도와 불도와 유도와 서도는 <u>세계 각 족속의 문화의 근원이 되었나니</u> 이제 최수운은 선도의 종장(宗長)이 되고 진묵(震默)은 불도의 종장(宗長)이 되고 주회암(朱晦庵)은 유도의 종장(宗長)이 되고 이마두(利瑪竇)는 서도의 종장(宗長)이 되어 각기 그 진액(津液)을 거두며 모든 도통신(道統神)과 문명신(文明神)을 거느려 각 족속들 사이에 나타난 <u>여러 갈래 문화의 정수(精髓)를 뽑아 모아 통일케 하느니라.</u>[182](밑줄 필자)

---

[182] 『大巡典經』 5장 9절.

이는 선천 각 족속의 모든 문화의 진액을 뽑아 모아 후천문명의 기초를 정하겠다는 증산의 공사183)에 있어서 종교적 영역에 해당하는 내용이다. 증산이 구현하려고 한 이상세계의 중심에는 선천세계의 질서에 있어서 나름대로의 역할을 담당해온 종교의 위상과 그 가치를 어느 정도 인정하고 있으며, 전승되어야 할 부분에 대해서 절충을 통한 통일의 방법론을 제시하고 있다. 이에 대하여 증산이 유·불·도와 서교 모두를 균등하게 절충하여 종합적으로 해석하려고 한 것이 아니라 유·불·도 삼교에 대해서만 분석·해체하여 균등하게 절충된 구체적인 방안을 제시한 것으로 보인다. 이의 결과물에 해당하는 것이 증산이 친히 저술하였다는 『현무경』에 그 사상의 요체가 잘 드러난다. 증산사상의 요체는 그의 저서인 『현무경』에 함의되었다.

> 천지의 허무(虛無)한 기운을 받아서 선(仙)으로 포태(胞胎)하고, 천지의 적멸(寂滅)한 기운을 받아서 불(佛)로 양생(養生)하고, 천지의 이조(以詔)한 기운을 받아서 유(儒)로 욕대(浴帶)한다.184)

증산은 '허무(虛無), 적멸(寂滅), 이조(以詔)'를 선천세계에서 선도(仙道), 불도(佛道), 유도(儒道)사상이 지닌 요체로 보았다. 그리고 이를 수용 전승하려는 방법론을 '포태(胞胎), 양생(養生), 욕대(浴帶)'라고 하였다. 즉, 유·불·도의 기운과 이치 중에 전승되어야 할

---

183) 『大巡典經』 5장 8절.
184) 『玄武經』 "受天地之虛無 仙之胞胎, 受天地之寂滅 佛之養生, 受天地之以詔 儒之浴帶."

것을 '포태'하고 '양생'하고 '욕대'하여 완성된 이상세계를 구현하겠다는 것이다.185) 선천의 세계질서를 형성하는 데 일조를 한 종교의 역할에 대하여 증산은 『현무경』에서 다음과 같이 언급하고 있다.

> 서쪽에 큰 성인이 오셔서 교화하신 사상을 서학(西學)이라 하고, 동쪽에 큰 성인이 오셔서 교화하신 사상을 동학(東學)이라고 한다. 이는 사람들을 가르치고 이끌어서 완성된 존재로 나아가게 하려는데 그 뜻이 있었다.186)

기존의 세상에서도 종교가 나름대로의 긍정적 역할을 수행하였다는 내용으로 위에서 언급된 동학은 수운에 의해 창시된 동학만을 지칭한 것이 아니라 동학 이전의 유도와 불도와 선도를 통칭해서 말하는 것이다. 그러나 당시의 과도기적 세상의 시운(時運)으로 볼 때 증산이 유·불·도 삼교의 분리이전의 원형으로 회귀나 환원이 되어야 한다고 주장하였다. 그 결과 합일된 새로운 사상체계의 개념이 되는 것을 '신도'라고 규정한 것이다. 이러한 과정에 대하여 증산은

---

185) '胞胎, 養生, 浴帶'라는 용어는 원래 命理學에서 사용하는 용어인데 증산은 이 개념을 비유적으로 사용하여 선천 세계질서의 중추 역할을 했던 유·불·선 삼교를 수용하여 전승하는 방법론을 설명하고자 한 것이다. 胞라고 하는 것은 난자와 정자가 만나서 하나의 형상을 이루는 것을 말하며, 胎라는 것은 어머니의 자궁에 수정된 난자가 착상하는 것을 의미한다. 養은 어머니의 자궁에서 포태된 아기가 자라는 것을 말하며, 生은 어머니의 뱃속에서 나오는 것을 말한다. 浴은 목욕하다는 뜻이며 帶는 띠를 두른다는 뜻이다. 생명이 생겨나서 탄생되어 반듯이 서는 과정을 이와 같이 비유하여 결국에는 삼교의 진액을 모은 '冠旺'이라는 통일된 개념을 설정하였다. 冠은 '갓'을 썼다는 의미로 성인이 되었음을 의미하고, 旺은 '왕성하다' '아름답다'라는 뜻으로 완성된 형태를 의미한다.
186) 『玄武經』 "西有大聖人曰 西學, 東有大聖人曰 東學, 都是教民化民."

'원시반본'이라고 명명한다.187)

증산은 유지범절(儒之凡節), 불지양생(佛之養生), 선지조화(仙之造化)라는 유·불·도 삼교의 정수를 모으고 여기에 민간신앙을 부분적으로 수용하여 후천선경이라는 이상세계를 구현하려고 하였다.188) 이러한 혼합주의적 관념의 이면에는 기존의 지배집단에서 피지배집단에 이르기까지 차별성을 철폐하고 평등의 원리에 부합되는 모든 요인을 모아서 기존의 가치를 전승하려고 한 증산의 의도가 보인다.

3) 홍수전의 원도(原道)

수전이 지상천국인 태평천국을 건설하기 위하여 기성종교의 사상에 대하여 수용과 비판을 하는 과정에서 형성된 혼합적 개념을 '원도(原道)'라고 볼 수 있다. 왜냐하면 수전은 그의 대표적 저서인 『원도구세가』 『원도각세훈』 『원도성세훈』을 통하여 기성종

---

187) '원시반본(原始返本)' 사상은 인류사에 있어서 가장 이상적인 상태를 회복하고자 하는 염원이 집약된 것이다. 원시(原始)와 반본(返本)은 모두 "근원과 근본을 탐구하고 돌아간다."는 뜻으로 풀이할 수 있다. 그러므로 '원시반본'은 '원시(原始)로 반본(返本)하자'는 것이 아니라, 시(始)를 원(原)으로 하고 본(本)으로 반(返)하는 일을 강조한 동어 반복어이다. 이제껏 가장 이상적인 사회라고 상정되던 시대를 모범으로 삼아 그러한 이상의 상태를 현실적으로 이룩해 내겠다는 생각이 집약된 것이 바로 '원시반본 사상'이다. 그러나 복고주의적이거나 회고주의적 관념과는 노선을 달리한다.(김탁,「증산 강일순의 공사사상」, 정문연 박사논문, 1995, p.101.)
188) 하루는 공사를 보시며 글을 쓰시니 이러하니라. "佛之形體, 仙之造化, 儒之凡節."『大巡典經』4장 142절.

교의 수용과 비판으로서 통합적 종교 관념을 표출하고 있다. 이에 필자는 수전의 통합적 종교 관념을 '원도(原道)'로 설정하고자 한다. 수전이 기성종교를 수용하고 비판하는 과정을 요약해보면 다음과 같다.

〈표 4〉 홍수전의 기성종교 수용과 비판

	수용	비판
유교	대동사상 저술에서 孔孟의 격언이나 내용을 인용, 출판물의 명칭에서 유교적 표현을 사용	공자: 경전을 잘못 전함 위패를 모시고 여러 神들을 숭배하는 행위
불교	33천, 18중 지옥, 업 사상, 염라	邪魔外道로 규정
도교	옥황상제, 天門, 美女, 甘果, 大道君, 眞人	邪魔外道로 규정
기독교	예수: 홍수전 자신의 天兄 勸世良言: 자신의 방식으로 이해 유일신 신앙, 만민평등사상	언급 없음

태평천국의 종교적 이념은 기독교 교리를 바탕으로 한 '상제교'를 중심으로 성립되었다. 그러나 사교(邪敎)라고 배척한 중국의 전통사상인 유교, 불교, 도교의 사상이 혼재된 양상을 보인다. 그러므로 수전의 사상은 혼합주의적인 양상을 띠고 있으면서도 천국을 현세의 구체적인 실천의 장으로 인식한 중국화된 기독교가 사상의 중심

에 자리하고 있었다.

수전이 주장한 '천국'의 이념은 기독교의 유일신인 '여호와'를 중국전통의 최고신인 상제와 동일화시킨 '신천상제(神天上帝)'를 믿고 '신천상제'인 '황상제(皇上帝)'의 가르침을 실행에 옮기는 것이었다. 수전은 상제로부터 현세의 요마를 타파하고 세상을 구원할 사명을 부여받았다고 생각하였다. 이는 '배상제교'의 선교활동을 시작으로 '상제회의 창립'에서 '태평천국' 건설을 위한 과정에 이르기까지 기독교 중심의 구세사상을 중국 전역에 전파하여 이상세계를 실현하기 위하여 노력한 것에서 그의 신념을 볼 수 있다. 수전은 『원도각세훈』에서 중국 상고시대에 중국의 인민이 유일신인 '신천상제'를 섬겼으며 이 시기의 상제신앙으로 회귀해야 한다고 주장하였다.

> 반고(盤古) 이래로 삼대(三代)에 이르기까지는 군민(君民)이 하나 되어 모두 황상제(皇上帝)를 경배했다. … 그러나 진(秦)의 시황제(始皇帝)로부터 순(舜)·우(禹)를 제사하고 신선(神仙)을 동경하여 황상제에 대한 경배의 마음을 상실한지 오늘에까지 이르기를 거의 이천년간 천하인민은 황상제를 망각하고 염라요(閻羅妖)의 노예가 되었다.[189]

> 천하(天下)는 모두 일가(一家)의 사람이며 범간(凡間)의 사람들 모두가 형제이다. 이는 어째서인가? 사람의 육신으로 말하면 … 사람의 영혼으로 논하면 … 모두 황상제의 일원지기를 받아 태어

---

[189] 『原道覺世訓』, "自盤古至三代, 君民一体, 皆敬拜皇上帝也. … 至秦政出, 遂開神仙怪事之厲階, 祀虞舜, 祭大禹, 遣入海求神仙, 狂悖莫甚焉. … 自秦漢至今一二千年, 几多凡人灵魂被這閻羅妖纏捉磨害."

난 것으로 이른바 하나의 근본이 나뉘어 무수히 다른 것이 되고 무수히 다른 것은 모두 하나의 근본에 귀착한다는 것이다. 공급(孔伋)은 '천(天)이 명(命)한 것 이것을 성(性)이라 한다.'고 하였고 시경(詩經)에 이르기를 '천(天)이 증민(蒸民)을 낳았다.'고 하였으며 서경(書經)에 이르기를 '천(天)이 하민(下民)을 내렸다.'고 하였듯이 명백한 자료가 적지 않다. 이것이 성인(聖人)이 천하 사람을 일가(一家)라고 하여 늘 민(民)이 나의 형제(동포)라고 하는 생각을 품어 차마 하루도 천하를 잊을 수 없었던 까닭이다. 그런데 근래에는 염라요(閻鬼)가 생사(生死)를 정(定)한다고 하는 사설(邪說)이 있게 되었는데 염라요란 즉 노사(老蛇)·요귀(妖鬼)로 자주 여러 모습으로 화(化)하고 기괴한 짓을 하며 이 세상 사람들의 영혼을 붙잡아 미혹한다.190)

위의 내용에서 보이는 수전의 사상은 진시황제를 시작으로 당시에 이르기까지의 중국의 역사적 상황을 부정적으로 보면서 이를 극복하는 과정을 염라요의 타파를 통해서 실현하고자 했다. 수전은 진시황을 기점으로 전개된 전제군주제 사회가 만민평등사상을 근저로 한 사회질서를 파괴하여 유일신인 '황상제'를 망각하게 되었으므로, 반고로부터 삼대(三代)의 시기까지를 이상적인 모델로 삼고

---

190) 『原道覺世訓』, "天下總一家, 凡間皆兄弟. 何也. 自人肉身論, … 若自人灵魂, … 皆禀皇上帝一元之气以生以出, 所謂一本散爲万殊, 万殊總歸一本. 孔伋曰:'天命之謂性'『詩』曰:'天生蒸民'『書』曰:'天降下民'昭昭簡編, 洵不爽也. 此圣人所以天下一家, 時廑民吾同胞之怀, 而不忍一日忘天下. 而近代則有閻羅妖注生死邪說, 閻羅妖乃是老蛇、妖鬼也, 最作怪多變, 迷惑纏捉凡間人灵魂."

이상세계인 '천국'을 건설하기 위하여 유일신 신앙으로 전환해야 한다고 주장한다.

태평천국에 있어서 '천국'의 이념은 기독교적인 유일신의 개념에 천당과 지옥 등을 비롯한 도덕적인 관념을 포함하고 있다. 또한 기독교와 유·불·도의 사상을 적절히 혼합하여 독특한 사상체계를 형성하였다. 태평천국 이념의 중심개념은 'God'으로서 태평천국은 기독교의 천년왕국을 의미한다. 중국인들이 '신(神)'을 호칭하는 '천(天)'과 비교해 볼 때 '천'과 'God'은 태평천국 안에서 일치하는 부분도 있으나 동일하지는 않다. 중국에서 전통적 '천'은 다신교의 신성으로서 'God'을 표현하는 데 이용되어 God는 '제(帝)', '상제(上帝)', '황상제(皇上帝)', '천주(天主)', '상주(上主)'로 나타났으며, 단지 지상의 지배자로서뿐만 아니라 우주적인 숭배의 대상으로 여겨졌다. 그러나 태평천국의 상제는 유일신으로 세상을 창조한 창조주였다.[191]

수전은 중국전통의 인격신인 상제를 기독교의 유일신인 여호와와 동일시(identity)함으로써 중국의 전통적 최고의 신의 자리를 대처하려고 하였다. 수전에 의해 묘사된 '신천상제'인 여호와는 기독교의 신보다는 전통의 신에 더 가까운 모습이었다. 천상에 부인과 아들이 있는 것은 민간도교의 지상신인 옥황상제에 더 가까운 모습이다.

그리고 불교·도교를 사교(邪敎)라고 하여 강하게 반대하였지만 천당·지옥에 관한 관념은 이 사교에서 영향을 받았다. 특히 33천(天)·18중(重) 지옥(地獄)과 같은 개념은 불교와 밀접한 관계를 가지

---

[191] 蕭一山, 『太平天國詔書』, 北京大學出版部, 1935, p.12b.

고 있다. 기독교에서 말하는 지옥의 고통은 불교에서 말하는 18중 지옥처럼 구체적이지는 않지만 영고(永苦)·영형(永刑)·영벌(永罰)이라는 고통이 있다. 그렇지만 역시 중국에서 유행한 불교의 18중 지옥만큼 구체적이지는 못하다. 18중 지옥의 각종 두려운 형벌은 당시 민간에서 널리 유행하고 있었으며 수전은 이것과 33천을 상제교에 끌어들여 상제를 숭배하도록 선전하였다. 이 점에서 중국의 민간종교가 상제교에 준 영향을 볼 수 있으며 한편으로는 이들이 적극적으로 기존의 종교를 이용하여 상제교를 중국화하였음을 말해준다.[192]

태평천국의 종교 안에서는 중국적 대중사상들이 성경적 표현과 혼합되어 있음을 볼 수 있다. 요한계시록에 나타난 '부활'에 대해 수전은 "천형(天兄), 나(天王), 동왕(東王)은 천지창조 이전에 신의 아내인 성모의 자궁으로부터 탄생했다. 후에 천형은 구속을 위해 마리아의 자궁으로 다시 들어가 인간의 몸이 되었다."라고 말했다. 또, 창세기(14-15)에 대해 수전은 '부명(符命)'이라는 중국사상을 소개하고 있다. "그의 역할 안에서, 천(天)은 항상 예언을 주신다."고 했다.[193] 중국에서 봉건사회가 진행됨에 따라서 유·불·도 삼교는 이미 혼합적으로 민중의 생활 속에 스며들었다. 수전의 '천국'은 이러한 사회적 배경을 바탕으로 기독교 사상과의 만남을 통하여 중국식 기독교가 형성된 것이다. 이러한 중국식 기독교를 중심으로 태평천국이 지향한 이상사회의 모델은 원시공산 사회체제인 '천국'으로서 근대사회를 포함한 중국의 새로운 사회를 지향하는 역할을 했다고

---

192) 최진규, 「上帝敎의 求世觀에 관한 硏究」, 고려대학교 박사논문, 1992, p.195.
193) Vincent Y. C. Shin, "*The Taiping Ideology : its sources interpretations, and influences*", Seattle:University of Washington Press, 1963. p.162.

볼 수 있다.

4) 강유위의 대동(大同)

〈표 5〉 강유위의 기성종교 수용과 비판

	수용	비판
유교	공자의 '仁'사상, 禮運의 대동사상	성리학적 학문주의, 훈고학 고증학 비판
불교	반야사상, 화엄사상	불교의 不殺生설
도교	신선사상, 포박자 사상, 섭생법	미묘한 말 및 심오한 진리가 많지 않으므로 사람들로 하여금 심취시키는 데 한계가 있음
기독교	평등사상, 박애정신	초보적인 교리

장소의 대동사상은 유가사상을 근간으로 하여 도가, 묵가, 불가사상 및 서구사상의 영향을 받은 복합적인 사상으로 중국에서는 고대로부터 전래되어온 보편적 사상이며 공통의 목표였다. 이 사상의 연원은 극히 오래된 것으로 요(堯)·순(舜)·황제(皇帝)의 시대로부터 현대 중국에 이르기까지 일반화된 그들의 이상이라고 할 수 있다.194) 『대동서』의 '서문'과 '계부(癸部)'에서 '대동세계'를 구현하기 위한 불교와 도교사상에 대한 장소의 수용적인 면은 아래와 같다.

창천(蒼天)이 어찌 신(神)이 아니라고 할쏘냐? 만 년 동안 진화가 없으면 대지(大地)는 모두 깊이 가라앉을 것이니 사람이 지켜야 할 도리는 오로지 낙토(樂土)를 추구하는 것이니라. 점차 봄과 같은 태평(太平)세월을 볼 수 있나니, 하나하나 그 모두가 '꽃세계'로 변하고, 사람마다 부처의 육신으로 나타나니 대동(大同)이 바로 나의 길이로다.195)

정신과 영혼을 기르는 것에 전념해서 윤회(輪廻)에서 벗어나 무극(無極)의 세계에서 노닐게 된다. 마침내 사람은 태어나지도 않고 죽지도 않고, 더하지도 덜하지도 않는 경지에 이르게 될 것이다. 신선학(神仙學)의 다음에는 불교가 흥하게 될 것이다. 마지막 단계에서는 빛과 전기를 타고 기(氣)를 조절해서 지구를 벗어나 다른 별로 가게도 된다. 이것은 대동세(大同世)의 극치이며 인류의 지혜가 또 한 번 새로워지는 때이다.196)

공자의 태평세(太平世)와 부처의 연화세계(蓮花世界)와 열자의 담병산(甑甁山)과 토마스 모어의 유토피아는 실재하는 것으로, 공상이 아니다.197)

장소는 공자의 사상을 중심으로 하여 불교와 도교를 수용한 '대

---

194) 최성철,『강유위의 정치사상』, 一志社, 1988, p.211.
195)『大同書』「序文」
196)『大同書』「癸部」
197)『大同書』「乙部」

동'에 대하여 다음과 같이 언급한다.

> 대동(大同)·태평(太平)의 이상은 곧 공자의 뜻이다. 대동세에 이르면 공자의 삼세설(三世說)도 모두 이루어진다. … 대동세는 오직 신선사상과 불교 두 가지만 크게 성행할 뿐이다. 대동이란 이 세상의 도(道) 중의 극치이며, 신선사상의 장생불사(長生不死)는 더욱 인간이 가질 수 있는 사상의 극치인 것이다. 불교의 불생불멸(不生不滅)이란 이 세상을 벗어나지 않지만 세간(世間)을 나와서 더욱 대동의 세계 밖으로 나아가는 것이다.[198]

장소는 그가 주장한 대동사회의 주된 사상적 기반으로 그 중심에 유교사상 가운데 공자의 '인'의 원리를 '대동'의 핵심 개념으로 두고 '불학'과 '선학'을 그 기저에 두고 있다. 장소는 '인'을 개체의 자립과 자주를 선행조건으로 하는 소통적 연대성에 입각하여 재해석하는 동시에, 불교와 장자 및 열자의 관념을 끌어들이게 된다. 그는 전통적 관념을 근대에 적용하면서도 자신이 새로 의식한 관념들을 과거의 관념에 투영하였다. 과거와 현대의 투사적 교차에 의해 형성된 새로운 사상을 그는 미래의 지평에 투영함으로써 자신의 세계이상을 설정하였다. 그는 공간적 지평을 확대한 세계의식에 도달하였고, 시간적으로는 과거를 회상함으로써 전통적 정체성을 획득하고 미래를 대망함으로써 역사의 생성진화를 신뢰할 수 있게 되었다.[199] 이러한 신뢰를 바탕으로 지구전체를 단일한 이상향으로 수

---

198) 『大同書』 「癸部」
199) 이규성, 「강유위의 세계의식과 이상사회」, 『철학사상』 제17호, 서울대학교 철학사상연구소, 2003, p.78.

립하여 하나의 지구(一統地球)를 대동세계가 실현될 현실의 장으로 보았다.

공교(孔敎)를 중심으로 실현하려고 한 이상세계의 이념은 유교적 '인(仁)'이 그 중심에 자리하는 것으로 본 장소는 유교와 불교와 기독교 사상의 공통적 핵심을 공자의 '인'으로 보고 삼교합일의 이상세계의 핵심적 사상이 곧 '인'이며 인을 중심으로 한 '대동'의 세계를 주창했다.

> 진실로 인(仁)하다면 한 몸으로 말미암아 단체도 될 수 있고 단체로 말미암아 대단체도 될 수 있으며 대단체로 말미암아 현상계에 두루 퍼지는 것도 어렵지 않게 될 것이다. 그러므로 인을 걸어놓고 과녁을 삼아 천하의 종교와 윤리와 정치와 학술 내지 한 사람의 말과 행동에 맞춰 이에 합당한 것은 선량(善良)이고, 이에 합당하지 못한 것은 악렬(惡劣)이라 말하게 된다. 그래서 <u>삼교(三敎)도 합할 수 있다.</u> 공자·부처·예수는 그 가르침을 세운 조목은 같지 않지만 '인(仁)'으로서 핵심사상을 삼는 것은 하나다.200)(밑줄 필자)

장소는 삼교(三敎)의 가치를 대등한 것으로 간주했지만 결국 대

---

200) 康有爲 撰/姜義貨·張榮貨 編校, 「南海康先生傳」 第7章 康南海之哲學, 『康有爲全集』 第12集, 中國人民大學出版社, 2010, "苟仁矣, 則由一体可以爲團体, 由團体可以爲大團体, 由大團体可以爲更大團体, 如是遍于法界, 不難矣. 故縣仁以爲..., 以衡量天下之宗敎, 之倫理, 之政治, 之學術, 乃至一人之言論行事, 凡合于此者謂之善良, 不合于此者爲之惡劣, 以故三敎可以合一, 孔子也, 佛也, 耶蘇也, 其立敎之條目不同, 而其以仁爲主則一也."

동세계의 건설을 위한 가장 주된 이념으로 정립한 것은 공교(孔敎)였다. 삼교합일의 '대동'사상을 실현하기 위하여 유교를 종교로 정착시키려 하였다. 한편으로 장소는 "공자의 교가 중국 밖으로 뻗어나가지 못하는데 불교나 기독교는 서방에서 행하여 능히 전 지구에 행하여 졌다."201)라고 하여 불교나 기독교에 대해 유교가 세계종교가 되지 못한 것에 대해 언급하고 있으며, 앞으로 도래할 '대동'의 세상에서는 단연 공자의 교가 그 중심역할을 해야 한다고 역설한다.202)

『대동서』에 나타난 대동사상은 유·불·도의 사회이상을 총괄적으로 종합한 것이라고 할 수 있다. 전반적으로 '대동사상'은 외관상으로는 유가의 주장처럼 제시되어 있으나 실제로는 선진 제가의 사회 이상(묵가, 음양가 등)에 유·불·도 전체를 포괄하고 있음을 볼 수 있다.

---

201) 康有爲 撰/姜義貨·張榮貨 編校, 「康子內外篇」
202) 강유위는 젊은 날 불교공부를 돈독히 했다. 제자 양계초의 증언에 의하면 양명학(陽明學)으로 해서 불교학에 들어갔기 때문에 가장 선종(禪宗)에서 득력했고, 화엄종이 귀숙처(歸宿處)였다고 한다. 노장(老莊)에 골몰해 한 때는 광생(狂生)이라 지목받기도 했으며, 기독교에 관심을 가져 일가견을 가질 정도로 공부를 했다. 양계초는 "선생께서는 예수교에 대해 또한 홀로 보는 바가 있었다.(先生耶敎 亦獨有所見)고 해 기독교에 관해 독자적인 견해를 갖고 있었다고 말한다.(宗敎家之康南海)"(최근덕, 「강유위, 그 대동사상과 이상사회」, 『철학과 현실』 12, 철학문화연구소, 1992, p.197.)

3. 통합관념에 나타난 상이성과 유사성

1) 통합관념의 비교

새로운 종교적 이념을 형성하는 과정에서 수운, 증산, 수전, 그리고 장소는 기존의 유·불·도 삼교의 사상을 수용하고 비판하여 이상세

〈표 6〉 통합관념의 비교

	天道	神道	原道	大同
이상세계의 공간	地上	天界, 地界, 人界	천상의 천국, 지상의 천국	地上
이상세계 명칭	地上仙境	용화선경, 지상선경, 선세	태평천국	大同合國
인간의 위상	神仙·君子	神明을 부리는 존재로 神明보다 높음	유일신인 '상제'의 자녀로서 一家의 위상	신선 보살과 같은 존재
수용한 주 종교	유교	유교·불교·도교	기독교	유교
수용한 보조 종교	불교, 도교, 민간신앙	민간신앙	유교, 불교, 민간신앙	불교, 도교, 서구 민주주의 사상
모티프	득도, 개벽	득도, 해원, 공사	幻夢, 천국, 천하일가	자각, 대동, 천하위공
절대적 존재와의 관계	하느님과의 교감을 통한 대행자	자신이 곧 上帝이자 彌勒의 化身	상제의 次子	언급 없음

계를 구상하고 이를 체계화하였다. 수운의 통합적 종교 관념을 '천도(天道)'라고 볼 수 있으며 '천도'는 '시천주(侍天主)'의 정신을 토대로 한 유·불·도 삼교 합일의 결과물이라고 볼 수 있다. 증산의 통합적 종교 관념인 '신도(神道)'는 유·불·도 삼교합일의 원형(原形)으로서의 통합적 종교 관념이다. 그리고 장소의 '대동'은 유교를 바탕으로 한 도불(道佛)과 서구사상의 수용으로 형성된 통합적 '대동'이다. 그러나 수전의 혼합주의적 사유는 증산의 경우에 있어서처럼 구체적이고 의도적으로 체계화시켰다기보다는 자신의 내면에 함의된 기존의 종교적 관념이 자연스럽게 드러난 것으로 볼 수 있다. 이에 네 명의 사상가가 주장한 종교관의 주된 개념인 '천도', '신도', '원도', 그리고 '대동'에 대하여 비교해보면 <표 6>과 같다.

2) 상이성과 유사성

위에서 언급된 네 명의 사상가에 대한 통합관념의 상이성은 네 명 모두가 각각 완전히 구별되는 다른 점은 발견할 수 없다. 다만 두 사람 혹은 세 사람 간의 사상이 상이성을 지니는 가운데 유사성과 상이성이 혼합적으로 형성되어 있음을 볼 수 있다. 또한 기성종교에 대한 수용과 비판을 통한 통합관념의 형성에 있어서도 네 명의 사상가의 통합적 사유에 보이는 상이성은 네 종류의 종교에 대한 관계성을 단편적으로 정의하기가 힘들다. 그러므로 우선 개인별로 각 종교에 대한 평가의 상이성을 언급하고, 각 종교별로 이들이 인식한 종교 관념에 대한 상이성을 비교하고자 한다. 마지막으로 이와 같은 상이성에도 불구하고 네 사람 모두에 해당하는 유사성에 대해서 비교 논의하고자 한다. 우선 개인별 각 종교의 평가에 대한 상이성은 다음과 같다.

첫째, 수운은 유·불·도 삼교를 수용함에 있어서 유교사상을 중심으로 한 도교사상의 수용적 측면을 보이고 있으며, 이에 더하여 불교적 사유체계를 받아들인 흔적이 보인다.
둘째, 증산은 유·불·도 삼교를 균형적으로 수용하면서 기독교나 민간신앙의 긍정적인 부분을 부차적으로 받아들였음을 알 수 있다.
셋째, 수전은 기독교를 중심으로 교리를 체계화하는 과정에서 표면적으로는 배척한 유·불·도 삼교와 민간신앙을 부분적으로 수용하였다.
넷째, 장소는 공자의 원시유교 사상을 대동사상의 근간으로 하고, 불교의 반야사상과 도교의 신선사상을 수용하여 궁극적 이상세계의 모델을 제시했다.

각각의 종교에 대한 이들 사상가의 수용과 비판을 통한 통합관념에 있어서 상이성은 다양하게 보이는데 유교에 대한 상이성은 다음과 같다.

첫째, 수운은 유교를 '누천년에 걸쳐서 운이 다한 종교'라고 하였으나 공자의 사상에 대해서는 전승하려는 의도가 보인다. 이는 원시유교와 성리학을 구분하여 수용 비판한 것으로 볼 수 있다.
둘째, 증산은 평등주의에 위배되는 유교적 가치를 중점적으로 비판하면서 제례진설법이나 상복제도와 같은 것을 허례허식으로 간주하였다. 그럼에도 불구하고 유교의 근본사상에 해당하는 '인'과 전승가치가 있는 예법에 대해서는 수용의 의지를 보인다.

셋째, 수전은 유일신 신앙에 위배된다고 간주한 공자의 가르침을 중점적으로 지적하면서 위패를 모시고 여러 신을 숭배하는 종교행위에 대하여 비판한다. 이와 달리 태평천국 이념으로서 '원도(原道)'를 체계화하는 과정에서 공자사상의 많은 부분을 수용한다.

넷째, 장소의 경우에 있어서 유교에 대한 비판은 '훈고학', '고증학'을 공부한 선비에 대하여 유교를 학문으로 여긴 사람들로 간주하고, '양명학', '성리학'을 추종한 학자들에 대해서도 유교의 본질을 망각한 삶으로 여겼다. 이는 유교를 종교적인 관점에서 바라본 장소의 견해와 상충되는 데서 온 비판이라고 볼 수 있다. 이와 달리 공자의 유교에 대해서는 종교화하려는 의지를 보인다.

다음으로 불교에 대한 이해와 수용에 있어서 상이성을 비교해 보면 다음과 같다.

첫째, 수운은 '누천년에 걸쳐서 불교가 그 운을 다했다'고 한 언급을 제외하고는 불교에 대한 구체적인 언설을 하지 않았다. 그러나 그의 사상 전반에 걸쳐서 불교의 화엄사상과 유사한 면모를 볼 수 있다.

둘째, 증산은 불교 사상을 적극적으로 수용하며 불교를 긍정적으로 이해하였다. 미륵신앙, 미타신앙, 약사여래신앙을 비롯하여 불교의 주요개념인 '적멸'을 수용하였으며 이를 전승하려고 하였다. 하지만 불교의 사회화 과정에서 나타난 부정적 요소에 대해서는 전승을 거부했다.

셋째, 수전은 불교를 사마외도로 규정하고 비판하였으나 자신의 내면에 함의된 불교의 33천, 18중 지옥, 업 사상, 염라의 용어를 자연스럽게 사용함으로써 중국식의 기독교 사상에 불교적 개념을 포함시켰다.

넷째, 장소는 불교의 '불살생(不殺生)'에 대하여 긍정적 견해를 지니는 차원에서 완벽한 실행의 가능성을 문제 삼은 것을 제외하고는 불교사상을 최고의 권위에 놓았다. 이는 '대동'의 대의를 '거고구락(去苦求樂)'을 실행하려고 한 것이 불교의 '이고득락(離苦得樂)'과 같은 개념인 것에서 불교사상을 수용한 것으로 본다.

도교사상에 있어서 수운, 증산, 그리고 장소는 장생불사의 전통을 토대로 한 신선사상을 수용했다. 반면에 수전은 자신의 정체성을 도교적 상제와의 관계를 통해 신성화하려고 했으며 민간신앙의 요소를 수용했다.

기독교에 대한 견해가 수운, 증산, 그리고 장소의 경우에 있어서 미래 지향적 이상세계에 전승가치를 두지 않은 것과 달리 수전은 기독교(중국식 기독교)를 중심적 진리로 받아들였으며 기존의 모든 종교와 사상을 기독교에 배타되는 것으로 여겼다.

이상세계를 형성하는 실질적인 공간이 지상계를 중심으로 이루어진다는 것에 대해서는 유사성을 지니지만 증산은 이상세계가 천계(天界), 지계(地界), 인계(人界)라고 하는 삼계(三界)에 동시에 전개되는 것으로 보고 그 중심에 인계(人界)가 있으므로 인간중심의 평등세상, 오히려 인간이 신명의 위상보다 더 높은 존재가 될 것임을 주장하였다. 그리고 수전은 지상의 천국과 천상의 천국으로 이원화 된 이상세계를 언급하였다. 이와 달리 수운과 장소가 말한 이상세계는 지상의 세계에 한정된 공간이었다.

이상세계 건설에 대한 동기에 대하여 수운은 '득도'를 통한 '개벽'에 대한 인식으로, 증산은 '득도'를 통한 '해원'에 대한 의무감으로 형성되었다고 볼 수 있다. 그리고 수전은 '환몽'을 통한 '천국' 건설의 사명감으로, 장소는 '자각'을 통한 '대동'의 구현에 상이성이 있다.

수운의 깨달음은 '무왕불복(無往不復)'의 순환적 역사관에 입각한 '다시개벽'의 문제였다. 이를 상제와의 영적 교감을 통하여 알게 되었으며 '동귀일체(同歸一體)'의 '지상천국'의 건설을 위한 포덕(布德)을 자신의 사명으로 인식했다. 이와 달리 증산의 깨달음은 기존 세상의 깨달음과는 다른 차원의 '중통인의(中通人義)'로써 이를 통하여 모든 존재에 대한 '해원'을 '천지공사'라는 제의적 행위를 통해서 해결함으로써 '용화선경'을 건설하고자 했다.

수전은 동아시아 전통의 보편적 종교개념인 '도통(道通)', '득도(得道)'의 개념과는 상이한 '환몽(幻夢)'이라는 종교적 체험을 통하여 '천국'의 실현을 자신의 사명으로 여겼다. 여기서 수전이 이상세계 건설을 위하여 부여받은 동기는 유일신 '황상제'를 만남으로써 부여받은 사명에서 기인한 것이다. 장소의 경우는 위의 세 명과 달리 종교적 체험에 의한 것이 아니라 일반적인 이성작용인 '자각(自覺)'에 의한 것으로 '대동'을 자신의 길로 인식했다. 이는 '거고구락'과 '천하위공'의 세상을 실현하기 위한 방법과 궁극적 지향점이 바로 '대동'에 있다고 보았기 때문이다.

절대적 존재와의 관계에 대한 인식에 있어서 이들의 상이성이 보인다. 수운과 수전은 절대적 존재와의 영적교감을 통하여 이상세계를 실현할 사명을 부여받은 것으로 확신했다. 이와 달리 증산은 자신을 곧 상제이자 미륵의 화신으로 확신했으며 본인이 직접 무한

한 권능으로 이상세계를 실현할 수 있다고 주장하였다. 한편으로 장소는 절대적 존재와의 관계에 대해서는 언급하지 않고 우연히 자신이 '이 세상에 현신(現身)했다'라는 표현을 통하여 '불교적 응신(應身)'과 유사한 개념을 사용함으로써 자신의 정체성을 언급했다.

위에서 살펴본 '천도'와 '신도' 그리고 '원도'와 '대동'의 통합관념은 그 내용과 방향성에 있어서 유사성과 상이성을 지니고 있지만 기존의 세상에서 형성된 모순과 부조리를 타파하고 여기서 발생된 문제점을 해결함으로써 인간의 자유와 평등이 실현되는 이상사회를 추구했다는 데서 공통적인 의의가 있다.

앞에서 살펴본 상이성과 달리 네 사상가의 통합관념에는 유사성이 보인다. 수운은 '천도'에 대하여 언급함에 있어서 '자신의 도(道)가 유·불·도로 나누어진 개별적 도(道)가 아니라 유·불·도의 합일이라'고 하고 '유·불·도가 천도의 한 부분이라'고 하여 원형으로서의 '천도'가 유·불·도로 나누어졌다고 하였다. 이는 증산이 '신도'를 유·불·도의 원형으로 본 것과 유사하다. 이와 달리 장소의 통합적 종교이념인 '대동'은 수운과 증산의 사상에서 볼 수 있는 것처럼 원형적 개념으로 본 것이 아니라, 장소가 대동사상을 형성하는 과정에서 체계화된 이념으로 볼 수 있다.

이와 같이 수운·증산의 경우는 그들이 주장한 통합관념을 원형으로서의 총체적 개념이 개별적으로 전개된 것으로 보았으며 다시 통합적 개념으로 환원되어야 한다고 주장한 것에서 유사성을 볼 수 있다. 그리고 삼교의 사상을 평가함에 있어서 부분적으로 비판적인 요인이 있지만 수용의 측면에서 전반적으로 긍정적 차원에서 받아들였다는 점에 있어서 수운, 증산, 장소 모두의 유사성을 볼 수 있다. 그러나 이와 다르게 수전의 경우는 중국식 기독교를 주장함에 있어서 삼교(三敎)를 요마(妖魔)의 종교로 간주하였다. 그러나 실제로 삼교(三敎)의 긍정적 요소를 수용하여 태평천국의 통합적 관념인 '원도(原道)'에 포함시켰다.

위에서 언급된 유사성과 상이성의 혼합적 구조에도 불구하고 이들의 종교적 통합관념에서 보이는 네 명 모두의 유사성을 다음과 같이 요약할 수 있다.

첫째, 네 사람 모두 유교사상을 평가함에 있어서 '공자(孔子)의 사상'을 수용하고 비판하였다.

둘째, 이상세계의 도덕질서를 확립하는 데 있어서 '유교적 도덕관'을 수용하였다.

셋째, 자신의 사상을 체계화하는 과정에서 도교사상을 수용하였다.

넷째, 삼교의 종교 중에서 평등주의에 위배되는 요인에 대하여 비판하였다.

다섯째, 이상세계의 실현을 위해 자신들이 주장한 통합적 종교 관념에 부합하는 실천이 이행되었을 때 지상천국이 실현될 것이라고 확신했다.

여섯째, 이상세계를 형성하는 실질적인 공간이 지상계를 중심으로 이루어진다는 것이다.

일곱째, 본인들이 이 세상에 온 것이 지상에 이상세계를 실현시킬 사명과 임무를 완수하기 위한 것이라는 것이다.

여덟째, 기성종교가 지닌 봉건적 요소를 타파하려는 의지를 보였다.

아홉째, 기성종교에 대한 해체와 분석을 통해 재해석한 학문적인 접근이 아니라, 종교적 관념에 가까운 사상의 형성인 점이 보인다.

IV. 대망(待望)의 유토피아

1. 최제우의 무극대운(無極大運)

1) 후천개벽(後天開闢)

수운 최제우가 1860년 하늘로부터 계시를 받고 전파한 후천개벽 사상은 '무극의 운'을 열어 이상세계를 실현하는 과정과 결과적인 내용을 함의하고 있다. '무극의 운'을 주도할 사상이 함축된 개념이 '무극대도'로 이 무극대도가 곧 '천도'이다. 그러므로 수운이 주장한 이 '천도'를 기성종교의 수용과 비판을 통해서 형성된 총체적 통합 종교 관념으로 볼 수 있다. 수운은 '천도'가 세상에 실현될 때 인류가 꿈꾸던 이상세계가 실현될 것으로 확신했다. 그러므로 '천도'의 실현은 '무왕불복'의 역사적 시운에 의한 후천개벽을 통해서 이루어지는 것이다.

동학사상의 형성배경에는 19세기의 시대적 현상이나 정신이 작용하였지만 19세기라는 시대의 틀을 넘어서 광범위한 역사적 인식과 해석이 필요하다고 본다. 수운은 인류의 삶과 역사를 '선천과 후천'이라는 관점에서 바라보고 있다. 천명(天命)과 천리(天理)에 부합하지 못하는 지금까지 인류의 삶인 선천시대를 청산하고, 우주적 질서에 부합하는 새로운 삶인 후천 세상을 열고자 동학을 창도하였다. 이것이 동학 창도의 동인(動因)을 다만 조선조 후기 사회상이나 역사성에 국한하지 않고, 선천과 후천이라는 우주적 차원에서 찾는 시각이다.[1]

수운은 무극대운이 실현되는 이상세계를 후천개벽이라는 역사

순환론을 바탕으로 인식하였다. 조선왕조 후기의 시대적 상황뿐만 아니라 거슬러 올라가서 선·후천(先·後天)이라는 총체적인 시공의 변화에 따른 시운관(時運觀)에 근거한 사유체계이다.[2] 후천개벽의 궁극적인 지향점은 지상에 이상세계를 건설하는 것이다. 이상세계를 구현하기 위한 인식과 방법을 '다시개벽'을 통한 새로운 질서의 재창조에서 찾으려 했던 것이다.

---

1) 동학의 창도에는 19세기의 시대 현상이나 정신이 매우 중요하게 작용하였다고 보는 것이 학계의 주된 관점이다. 그러나 동학의 창도에 비록 19세기 시대상이나 역사적 배경이 중요하게 작용을 했다고 해도, 동학을 단순히 19세기라는 시대의 틀 속에서만 인식하고 또 해석할 수는 없다. 즉 동학을 다만 19세기 봉건사회 해체기의 사상이나 종교로 국한하여 보지 않고, 이를 뛰어넘어 인류의 문명사에 한 획을 그은 중요하고 또 새로운 사건으로 해석하는 관점이 필요하다.(윤석산, 『동학교조 수운 최제우』, 도서출판 모시는사람들, 2004, pp.10-11.)

2) 김죽산은 논문 「수운 최제우의 후천개벽사상」에서 수운의 時運觀을 세 가지로 요약해서 정리하고 있다. 첫째, 수운의 후천개벽의 시운관은 '주역'과 '정감록'의 영향을 받기는 하였지만 그들의 시운관에서 얻은 간단한 논리적 추리가 아니고 조선왕조의 후기사회가 내포하고 있던 민족모순과 계급모순에 대한 성찰과 분석에서 얻은 그 시대의 모순해결책으로서의 혁명적 이론으로서 단순한 역사적 순환론을 훨씬 초월하였다. 둘째, 역사는 단순히 순환·반복된다는 단순한 역사적 순환론과 달리 수운의 후천개벽의 시운관은 역사발전과정에서 나타나는 순환현상을 시인하는 동시에 역사는 저급단계에서 고급단계로 상승·발전한다는 진화론을 주장한다. 수운이 대망하는 '운수성세'와 같은 지상천국은 요순시대로 되돌아감을 의미하는 것이 아니고 그것에 비유하여 말한 것으로 고급적인 이상향을 가리킨다. 다시 말하면 수운이 대망하는 지상천국은 시천주 신앙을 통해 실현되는 인간평등 인권보장 인민주체가 있는 동귀일체의 고급사회이지 요순과 같은 옛 시대로 되돌아감을 의미하는 것은 아니다. 셋째, 수운의 후천개벽의 시운관은 유교의 天命論의 영향을 받기는 하였지만 그는 역사를 天理와 天命에 의한 一盛一衰의 無爲而化의 과정으로 보는 한편 모든 사람을 성경신으로 修心正氣하여 侍天主함으로써 道成德立한 군자가 되어 '與天地合其德'하는 이상인이 될 수 있다는 윤리적 당위로 강조하였다.

개벽 후 5만년에 네가 또한 처음이로다. 나도 또한 개벽 후 노이무공(勞而無功)하다가서 너를 만나 성공하니 나도 성공 너도 득의 너의 집안 운수로다.3)

개벽의 시운(時運)과 이에 따른 필연성을 하느님과 소통을 통하여 직접 알게 되었으며 이것을 수운과 그의 집안의 영광으로 생각하고 있다. 이러한 개벽의 운수는 요순시대로 환원하는 것이지만 그 과정이 순탄하지는 않을 것이라는 수운의 염려는 다음 구절에서 드러난다.

십이제국 괴질운수 다시 개벽 아닐런가 요순성세 다시 와서 국태안민 되지마는 기험하다 기험하다 아국운수 기험하다.4)

전 세계에 만연하게 될 질병의 운수가 조선에서부터 시작된다는 것이며 이 괴질의 운수를 잘 넘겨야 이상세계를 만날 수 있다는 것이다. 이는 '수운이 하느님에게 부(符)를 받아서 사람의 질병을 고치겠다'5)는 구절에서 수운의 확신을 볼 수 있다. "수운은 이 질병을 전염병이나 빈곤에 의한 신체적 질병과 정신적 질병, 그리고 도덕적 타락과 같은 사회적 질병이라고 보았다. 그러므로 질병을 치유할 '처방'으로 '포덕천하', '광제창생', '도성덕립'과 같은 방법론을 주장했다."6)

---

3) 『용담유사』 「용담가」
4) 『용담유사』 「안심가」
5) 『동경대전』 「포덕문」, "受我此符濟人疾病, 受我呪文敎人爲我則汝亦長生布德天下矣."

수운은 인류가 지내온 선천의 역사를 '비나 이슬을 내림으로 해서 만물을 살아가게 하는 것이 곧 한울님의 은덕이라는 사실조차 모르는 미개한 시대'와 '오제(五帝)의 출현 이후 전개된 문명의 시대' 그리고 '천리와 천명을 따르지 않으므로 혼란이 그 극에 달해 있는 시대'라는 문명사적인 관점에서 나누고 있다. 이러한 불순천리(不順天理)의 시대적 양상이 곧 선천의 마지막 모습이며, 선천시대가 그 운을 다하면 거대한 차원의 변화와 함께 새로운 후천이 열린다는 것이 수운의 생각이다.7) 선천의 운이 다하고 후천의 새로운 운을 맞이하는 차원의 변화가 바로 개벽이다.

이상세계 실현을 위한 개인적인 수행 방법론으로는 21자로 된 시천주 주문수도를 통하여 '마음을 지키고 기운을 바르게 함(守心正氣)'으로써 하느님과 직접 교감이나 소통을 통하여 무극대도를 통하는 것을 제시하였다. 그러므로 무극대도가 실현되는 세상은 현세에서 실현가능한 이상세계이며 모든 수행은 이를 이루기 위한 방법론이 된다.

> 운수야 좋은 운수지마는 닦아야 도덕이 되는 것이라 너희라 무슨 팔자로 노력하지 않고 저절로 얻어지겠는가? 해석해서 알아듣지 못하는 사람들아 나를 믿고 그러한 것이냐? <u>나는 도시 믿지 말고 하느님을 믿을세라 네 몸에 모시고 있는 것이니 가까운 데 있는 것은 버리고 먼 데 있는 것을 취하려고 한단 말인가</u> 내 역시 바라기는 하느님만 전혀 믿고 해몽 못한 너희들은 서책은 아주 폐해

---

6) 김죽산, 「수운 최제우의 후천개벽사상」, 『민족문제연구』 8, 경기대학교 민족문제연구소, 2000, pp.296-297. 참고
7) 윤석산, 『동학교조 수운 최제우』, 도서출판 모시는사람들, 2004, pp.11-12.

버리고 수도하기에 힘쓰는 것은 그 것도 또한 도덕을 이루려는 것이지마는 그러다가는 문장이고 도덕이고 모두다 허사로 돌아가기 쉽겠다. 열세 자를 지극하게 외우면 만권시서 무엇 하며 심학(心學)이라 하였으니 그 뜻을 잊지 않도록 하여라.8)(밑줄 필자)

수운이 접한 하느님이 수운 개인만의 하느님이 아니라 모두가 공감할 수 있는 내재적이고 초월적인 우주의 주재자로 일반 민중이 이와 같은 이치를 공감하기를 바란 수운의 의도가 드러난다. 즉 수운은 하늘의 뜻을 전하는 매개자 역할을 했으며 일반 민중도 수행을 통하여 하늘과 교감할 수 있음을 시사했다. 왜냐하면 개벽이 인간에 의해 주도되는 것이 아니라 순환하는 천리에 의하여 이루어지는 것이므로 이와 같은 시운을 수운 자신이 맡았다는 것으로 이해할 수 있다. 수운은 하느님과 교감한 것을 계기로 '다시개벽'의 우주적 운수를 확신하고 이를 민중과 공감함으로써 하원갑9)의 개벽을 통하여 '도성덕립'의 상원갑의 새 시대가 도래할 것을 확신하였다.10)

---

8) 『용담유사』「교훈가」
9) '下元甲 上元甲'에 대한 개념은 주역에서 유래한 것으로 주역의 36갑설에 따르면 360년마다 1운이 되돌아온다는 역경적 계산방법으로 이 360갑설로 왕조의 수명을 점치는 것이다. 10干 12支의 甲子는 60년이 1주기가 됨으로 60주갑을 1元으로 삼고, 다시 그것을 상 중 하의 3元의 반복으로 이해하는 기년법이 三元甲설이다. 여기서 下元甲은 한 왕조의 수명이 끝나는 시기에 해당하고 上元甲으로 옮아가 새 왕조가 교체된다는 것이다. 조선왕조가 이미 건국 이래 400년이 되어 360년의 운수가 다하고 하원갑에 이르러 쇠망하게 되었다는 이조 쇠망의 시운이 이 3원갑설에 의해 산정되고 있다.(김죽산,「수운 최제우의 후천개벽사상」,『민족문제연구』8, 경기대학교 민족문제연구소, 2000, pp.298.)
10) 김형기,『후천개벽사상연구』, 한울아카데미, 2004, p.46.

나 역시 이 세상에 무극대도(無極大道) 닦아내어 오는 사람 효유
(曉諭)하여 삼칠자(三七字) 전해주니 무위이화(無爲而化) 아닐
런가.11)

이상세계를 지향하는 개벽의 시기에 수운은 개벽의 과정과 개
벽 이후의 지상선경에 부합되는 존재로서 도덕적 자세를 강조하
고 있다. 왜냐하면 수운이 시운에 부합되는 수행과 더불어 도덕적
심성을 함양하여 개벽 이후에 도래할 세상에 주인이 될 방법을
제시하고자 했기 때문이다.

한 번의 제사를 드리고 입교식을 하는 것은 한 평생 하느님을
길이 모시겠다는 중한 맹세요, 모든 의심을 깨쳐버리는 것은 정
성을 지키는 까닭이다. 의관을 정제함은 군자의 행이요, 길에서
음식을 먹거나 뒷짐을 지고 다니는 것은 천한 사람들이 하는 일
이다. 도가에서 먹지 않는 것은 한 가지가 있느니 네 발 가진
짐승의 나쁜 고기이다. 양기로 이루어진 몸에 해로운 것은 또한
찬물에 갑자기 앉아 목욕하는 것이다. 남편 있는 여자와 정을
통하지 못하게 막는 것은 나라의 법으로도 금하는 것이요, 누워
서 큰 소리로 주문을 외우는 것은 우리의 정성스러운 도를 태만
히 하는 것이다. 이것을 법으로 삼아라.12)

---

11) 『용담유사』 「도수사」.
12) 『동경대전』 「수덕문」, "一番致祭, 永侍之重盟, 萬惑罷去, 守誠之故也. 衣冠正
齊, 君子之行, 路食手後, 賤夫之事, 道家不食, 一四足之惡肉, 陽身所害, 又寒泉之
急坐, 有夫女之防塞, 國大典之所禁, 臥高聲之誦呪, 我誠道之太慢 然而肆之, 是爲

수운은 '후천개벽'을 맞이하기 위한 방법론을 '무극대도'를 공부하여 공부의 완성을 이루는 것이라고 했다. 이러한 공부의 방법을 기존의 봉건적 유교교육과 다름을 '수심정기'에 의한 '도성덕립'으로 표현하여 그 차별성을 강조했다.

> 십년을 공부해서 도성입덕 되게 되면 속성이라 하지만은 무극한 이 내 도는 삼년불성 되게 되면 그 아니 헛말인가?13)

> 내 역시 이 세상에 무극대도 닦아내어 오는 사람 효유해서 삼칠자 주문 전해주니 무위이화(無爲而化) 아닐런가?14)

'운수야 좋지마는 닦아야 도덕이 되는 것'15)이므로 '후천개벽'의 시운에 있어서 수운은 세상 사람들이 천리와 천명을 따르고, 본래의 마음을 회복하여 후천의 새로운 세상을 열어가야 한다고 강조하고 있다. 이러한 후천의 새로운 세상에서 펼쳐질 도를 수운은 '무극대도' 즉 '동학'이라고 말한다.

之則."
13) 『용담유사』 「도수사」
14) 『용담유사』 「도수사」
15) 『용담유사』 「교훈가」

2) 동귀일체(同歸一體)의 지상선경(地上仙境)

후천개벽을 통하여 '천도'가 실현될 지상의 이상세계는 '동귀일체'의 이상세계이다. 이 지상의 선경을 주도하는 사람은 동귀일체의 원리에 부합되는 사람이다. "동귀일체는 사람과 하늘이 하나임을 깨닫고 참된 하나의 진리로 돌아와 모든 사람이 하나로 귀일함을 뜻한다. 더 나아가 모든 존재의 유기적 합일관계를 의미한다고도 볼 수 있다."16)

수운이 지상천국에 대한 구체적 개념 정의나 모델을 제시한 기록은 없다.17) 또한 반봉건적이고 반외세적인 면을 보여주지만 정치체제라든지 생산력과 생산관계에 대한 구체적인 묘사는 보이지 않는다. 이와 달리 모든 사람이 요순과 같은 성인군자로서 공동체를 이루고 있던 상고시대를 이상사회로 보았다. 그리고 초현실적 내세가 아니라 신분의 차등이 철폐된 동귀일체의 평등적 도덕사회 구현을 의도하였다. 그러므로 수운의 이상사회는 '도성덕립'을 이룬 군자공동체가 사회의 주체가 될 수 있는 세상이다.

수운이 대망하는 지상선경은 '태평성세'나 '요순성세'와 같은 군자공동체를 의미하는 사회18)로 신분의 차등이 없는 평등주의가 실현

---

16) 김죽산, 「수운 최제우의 후천개벽사상」, 『민족문제연구』 8, 경기대학교 민족문제연구소, 2000, p.308.

17) 이돈화는 수운이 동귀일체사상으로 미래의 사회상을 구상하였으며 그것이 바로 지상천국이라고 한다. 그런데 수운의 경전에는 지상천국이란 문구는 보이지 않는다. 이돈화는 지상천국교리 근거로 '수덕문'의 '입으로 장생의 주문을 외우고'와 '지상신선' 그리고 '동귀일체'를 예를 드는데 머물고 있다. 따라서 지상천국이란 개념은 이돈화의 해석인 것이다.(신일철, 『동학사상의 이해』, 사회비평사, 1995, p.98.)

되는 사회로 볼 수 있다. 이는 차원의 변화와 함께 새롭게 열리는 '무극대운'19)이 실행되는 세상으로 수운이 무극대도20)를 하느님으로부터 받아서 세상에 전하고 이를 실천하는 군자공동체를 통하여 세상에 구현된다. 수운은 만민이 모두 요순성세와 같은 '무위자연'의 이상향에서 '격양가(擊壤歌)'21)를 부르는 동아시아적 유토피아 원형을 회복하는 '무극대도'가 실현될 곳으로 인식했다.

　　춘삼월 호시절에 태평가를 불러보세22)

---

18) 『동경대전』, 「논학문」, "曰堯舜之世, 民皆爲堯舜. 斯世之運, 與世同歸. 有害有德, 在於天主, 不在於我也."
19) "어화 세상 사람들아 무극지운(無極之運) 닥친 줄을 너희 어찌 알까보냐(『용담유사』「용담가」)" "무극한 이내 도는 내아니 가르쳐도 운수 있는 그 사람은 차차차차 받아가서 차차차차 가르치니(『용담유사』「교훈가」)" "성경이자(誠敬二字) 지켜내어 차차차차 닦아내면 무극대도 아닐런가 시호시호 그 때 오면 도성입덕 아닐런가(『용담유사』「도수사」)" "구미산수 좋은 승지 무극대도 닦아내어 오만년지 운수로다.(『용담유사』「용담가」)" "명명한 이 운수는 다 같이 밝지마는 어떤 사람 저러하고 어떤 사람 이러한지(『용담유사』「흥비가」)" "내 역시 사십 평생 해움없이 지내나니 이제야 이 세상에 홀연히 생각하니 시운이 둘렀던가 만고 없는 무극대도 이 세상에 창건하니 이도 역시 시운이라.(『용담유사』「권학가」)"
20) "꿈이던가 잠이던가 무극대도 받아내어 정심수신을 한 뒤에 다시 앉아서 생각해보니"(『용담유사』「교훈가」) "만고 없는 무극대도 받아놓고 자랑하니 그 아니 개자한가?"(『용담유사』「교훈가」) "만고 없는 무극대도 여몽여각 득도로다.(『용담유사』「용담가」)" "나도 또한 이 세상에 천은이 망극하여 만고 없는 무극대도 여몽여각 받아내어(『용담유사』「도수사」)"
21) '땅을 치며 노래한다.'는 뜻이며 중국 요(堯)나라 때의 태평세월을 구가한 것이라고 전해진다. 격양이란 원래 나무를 깎아 만든 양(壤)이라는 악기를 친다는 뜻과, 땅(壤)을 친다는 뜻이 있다.
22) 『용담유사』「안심가」

하원갑(下元甲) 지내거든 상원갑(上元甲) 호시절에 만고 없는 무극대도 이 세상에 날것이니 너는 또한 나이가 어려서 억조창생 많은 백성들이 태평곡(泰平曲) 격양가(擊壤歌)를 부르는 것을 오래지 아니하여 볼 것이니 이 세상에 무극대도 전지무궁 아닐런가?23)

동학 경전에서는 '만민이 모두 요순'이라는 선언을 기초로 해서 요순성세의 '무위자연(無爲自然)'의 이상향을 시사하고 있다. 왕조, 절대왕권의 중앙 권력으로 다스리는 '유위(有爲)'에 대한 안티테제로서 '요순'의 이상사회와 같은 반강권적인 '무위(無爲)'의 자유 민권 사회상의 비전을 엿볼 수 있다. 동학의 유토피아는 '광제창생'을 염원한 '안민(安民)'의 낙원이었다.24) 격양가는 요순시대의 이상향이 담긴 노래로 정치의 고마움을 알게 하는 정치보다는 그것을 느끼지 않는 정치가 이상적인 정치라는 것을 뜻하는 내용이 담겨 있다. 이러한 세상을 멀지 않은 장래에 보게 될 것이며 수운은 이를 무극대도가 실현되는 '무위'의 세상으로 보고 있다.

해가 뜨면 일하고, 해가 지면 쉬고, 우물 파서 마시고, 밭을 갈아 먹으니, 임금의 덕이 내게 무슨 소용이 있으랴25)

이 '격양가'에 기탁된 동학의 지상천국의 의의는, 권력이 인위적 조작으로 전체론적인 유토피아 건설의 허상을 강행하기보다는 시

---

23) 『용담유사』 「몽중노소문답가」
24) 신일철, 『동학과 전통사상』, 도서출판 모시는사람들, 2004, p.27.
25) "日出而作, 日入而息, 鑿井而飮, 耕田而食, 帝力于我何有哉."

민 자율의 자치 공간과 경제적인 시장질서 등 시민사회의 자생적 질서가 토대가 되어야 한다는 시민사회의 가치관을 예감한 데서 찾을 수 있을 것이다.[26]

---

26) 윤석산, 『동학교조 수운 최제우』, 도서출판 모시는사람들, 2004, p.29.

2. 강증산의 후천선경(後天仙境)

1) 천지공사(天地公事)

증산은 이상세계인 용화선경을 건설하기 위하여 기존의 방법으로는 도저히 해결할 길이 없다고 판단하였다. 그러므로 새로운 세상을 열기 위한 방안으로 삼계의 대권을 지닌 자신의 권능으로 천지공사를 감행함으로 이를 실행하려고 하였다. 증산은 자신의 천지공사를 행함으로써 기존의 세계질서를 재편하여 새로운 세상이 도래한다고 확신하였다.

'천지공사'는 기존의 세상에서 '원'과 '한'으로 쌓인 묵은 기운을 풀어줌으로써 새로운 세계를 열기 위한 '해원공사(解冤公事)',27) 선천을 보내고 후천을 맞이한다는 제의적 의미에서 납월공사(臘月公事),28) 이렇게 함으로써 새로운 이상세계를 맞이한다는 뜻에서 개벽공사(開闢公事),29) 공사를 하기 위한 새로운 계획을 기획하고 이를 실천하는 방안을 마련한다는 의미에서 도수공사(度數公事),30) 이러한 모든 행위가 신명들과 더불어 진행된다는 의미에서 신도공사(神道公事),31) 명부(冥府)가 혼란하므로 명부를 바로잡아야 한다고 생

---

27) 『대순전경』 5장 4절
28) 『대순전경』 2장 105절, 2장 107절
29) 『대순전경』 5장 1절
30) 『대순전경』 5장 10절
31) 『대순전경』 5장 9절

각하여 명부공사(冥府公事),32) 땅을 살아있는 유기체적 대상으로 이해함으로써 이상세계를 이루기 위하여 지운이 통일되어야 한다고 하여 지운을 통일시키는 지운공사(地運公事),33) 그리고 이러한 모든 공사의 행위가 태고의 이상세계의 모델인 요순시대를 지향한다는 의미에서 원시반본공사(原始返本公事)34)로 설명할 수 있다.35)

증산에 있어서 이상세계는 '후천선경(後天仙境)'으로 묘사되고 있으며 세계질서 재편방안으로의 '천지공사' 이전의 세상을 '선천(先天)'이라는 개념으로 규정하고, '해원' 이후에 전개되는 새로운 세계질서를 '후천(後天)'이라는 개념으로 설정하였다.36) 증산이 언

---

32) 『대순전경』 4장 1절, 5장 20절
33) 『대순전경』 5장 6절, 7절
34) 『대순전경』 6장 124절, 125절
35) 이러한 천지공사에 대하여 이정립(李正立)은 『대순철학』에서 '신정정리공사', '세운공사', '교운공사'로 분류하였으며 홍우(洪又)는 『동학입문』에서 '천개조공사', '지개조공사', '인개조공사(인내천공사)', '신명공사', '세운공사', '조선국운공사', '해원공사', '선경공사', '불의와 부정을 없애는 공사', '24방위공사', '지축을 바로잡는 공사', '도통공사', '음양공사', '산아통일공사', '담배공사' 등 증산의 모든 행위에 공사라는 개념을 적용한다. 그리고 황정용은(1991) 『천지공사와 삼계통일론』에서 '개벽공사', '도수공사', '신도공사', '해원공사', '반본공사', '선경공사', '통일공사', '지운공사', '명부공사' 등으로 분류한다. 김탁은 『증산 강일순』에서 '신명공사', '청국공사', '납월공사', '명부공사', '해원공사', '상량공사', '개벽공사', '세계일가 통일정권의 공사', '신방죽공사', '관장의 공사' 등 수많은 표현을 열거하였다.
36) 증산의 '선천(先天)'과 '후천(後天)'의 개념은 김일부(金一夫)가 저서 『正易』에서 '복희역(伏羲易)'과 '문왕역(文王易)'을 선천역(先天易)이라고 하고, 일부(一夫) 자신이 지은 정역을 후천역이라고 한 개념을 받아들인 것으로 보인다. 그래서 증산은 '천지공사(天地公事)' 이전의 세상을 선천세상이라고 하였고, '천지공사' 이후의 세상을 후천세상이라고 명명했다. 일부(一夫) 이전에는 문왕(文王)이 지은 역을 후천역(後天易)이라고 하고, 복희씨(伏羲氏)가 지은 역을 선천역(先天易)이라고 한 북송(北宋) 때의 성리학자인 '소강절(邵康節)'의 설이 보편성을 지

급한 이상세계는 시운(時運)에 의하여 다가오는 세상이나 변혁에 의하여 전개되는 세상이 아니라, 자신이 직접 주관하는 '천지공사(天地公事)'라고 하는 의례적 행위에 의해서 도래한다고 인식하고 있다.

증산의 '천지공사'에 의하여 도래할 이상세계는 기존의 동서양 유토피아적 대망의 유형과는 다른 차원의 세상이다. 한편으로 일반적인 변혁에 의하여 형성되는 세상과 유사한 현실화의 가능성을 지니고 있다. 이와 달리 이러한 세상과 그 차원이 다른 초현실적인 요소가 다분히 보이는 세상이다. 선천질서의 재편방안이 포함된 구절은 다음과 같다.

> 이제는 악(惡)을 선(善)으로 갚아야 할 때라 만일 악(惡)을 악(惡)으로 갚으면 되풀이 되풀이로 후천(後天)에 악(惡)의 씨를 뿌리는 것이 되나니 너희들이 나를 따르려면 그 마음을 먼저 버려야 할지니 잘 생각하라.37)

> 후천 오만년(後天五萬年) 첫 공사(公事)를 행하려 하노니 너는 잘 생각하여 가장 중대한 것을 들어 말하라. … "선천(先天)에는 청춘소부(靑春少婦)가 수절(守節)한다 하여 공방(空房)을 지켜 적막(寂寞)히 늙어버리는 것이 불가(不可)하오니 후천(後天)에

였다. 그러나 일부(一夫)는 자신이 상제(上帝)로부터 '정역팔괘(正易八卦)'를 제시받는 각도(覺道)의 과정을 통하여 '선후천(先後天)'의 개념을 재설정했으며, 증산(甑山)은 일부(一夫)가 재설정한 선천과 후천의 개념을 받아들여 자신의 '천지공사'를 진행하는 개념 중의 하나로 사용하였다.
37) 『대순전경』 3장 24절

는 이 폐단(弊端)을 없애시어 젊은 과부(寡婦)는 젊은 홀아버지를 늙은 과부는 늙은 홀아비를 각기 가려서 일가(一家)와 친구(親舊)를 모두 청(請)하여 공중예석(公衆禮席)을 벌리고 예를 갖추어서 개가(改嫁)하게 하는 것이 옳을 줄 아나이다." … 이제 결정한 이 공사가 오만 년을 내려가리라.38)

선천(先天)에 안락(安樂)을 누리는 자는 후천(後天)에 복을 받지 못하리니 고생을 복으로 알고 잘 받으라. 만일 당하는 고생을 이기지 못하여 애통(哀痛)하는 자는 오는 복을 물리치는 것이니라.39)

선후천 교체기의 과도기적 상황에서 '공사'라고 하는 의례적 행위를 통해 후천선경을 건설하는 것이 증산자신의 능력에 의한 것임을 증산은 "옛 일을 이음도 아니요 세운(世運)에 매여 있는 일도 아니요 오직 내가 처음 짓는 일이라."40)고 말하며 이와 같은 맥락으로 다음과 같이 언급한다.

이제 말세(末世)를 당하여 앞으로 무극대운(無極大運)이 열리나니 모든 일에 조심하여 남에게 척을 짓지 말고 죄를 멀리하여 순결(純潔)한 마음으로 천지공정(天地公庭)에 참여하라. 나는 삼계대권(三界大權)을 주재(主宰)하여 조화(造化)로써 천지를 개벽(開闢)하고 불로장생(不老長生)의 선경(仙境)을 열어 고해(苦

---

38) 『대순전경』 4장 40절
39) 『대순전경』 6장 36절
40) 『대순전경』 5장 1절

海)에 빠진 중생을 건지려 하노라.41)

시속(時俗)에 어린아이에게 개벽쟁이라고 희롱(戱弄)하나니 이는 개벽장(開闢長)이 날 것을 이름이라. 내가 삼계대권(三界大權)을 주재(主宰)하여 천지(天地)를 개벽(開闢)하며 무궁(無窮)한 선경(仙境)의 운수(運數)를 정하고 조화정부(造化政府)를 열어 재겁(災劫)에 쌓인 신명(神明)과 민중(民衆)을 건지려 하니 너는 마음을 순결(純潔)히 하여 공정(公庭)에 수종(隨從)하라.42)

증산은 삼계의 대권을 지닌 자신의 권능에 의해 이상세계를 위한 공사를 진행한 것으로 확신했다. 그리고 이에 따른 사상적 바탕이 되는 정신적 원리는 기성종교의 수용과 비판을 통한 통합관념인 '신도(神道)'를 통해 전개하고자 했음을 알 수 있다.

크고 작은 일을 물론하고 신도(神道)로써 다스리면 현묘불측(玄妙不測)한 공을 거두나니 이것이 무위이화(無爲而化)라. 이제 신도(神道)를 골라잡아 모든 일을 도의(道義)에 맞추어서 무궁(無窮)한 선경(仙境)의 운수(運數)를 정하리니 제 도수(度數)에 돌아 닿는 대로 새 기틀이 열리리라.43)

이제 천지 도수를 뜯어고치며 신도(神道)를 바로잡아 만고(萬古)의 원을 풀고 상생의 도로써 선경(仙境)을 열고 조화 정부(造化政

---

41) 『대순전경』 2장 5절
42) 『대순전경』 4장 1절
43) 『대순전경』 5장 3절

府)를 세워 하염없는 다스림과 말없는 가르침으로 백성을 화(化)
하여 세상을 고치리라.44)

증산은 '신도'를 이상세계를 실천할 수 있는 정신적 원리이자 정
치, 교육의 바탕이 되는 보편적 이념으로 인식했다. 그러므로 '신도'
의 정신이 보편화되는 세상이 곧, 이상세계인 '용화선경'이다. 증산
은 이러한 선경이 원리주의적인 옛 성인의 법이나 옛 종교의 교리를
통해서 실현되는 것이 아니라, 이러한 사상의 원형인 동시에 기성종
교의 통합적 이념인 '신도'를 통해서 가능한 것으로 확신했다.

나는 천지를 개벽하여 천지를 개조하고 무극대도를 만들어 선천
의 운수를 닫고 조화로서 선경을 열어 억조창생을 고해로부터
건지려 하노라.45)

선경 세상은 내가 만드는 것이니, 옛 성인들의 법을 씀도 아니요,
옛 종교들의 교리로서 함도 아니다. 그러므로 옛 삶의 구습을
버리고 새 삶을 꾀하라. 혹 구습이 하나라도 남아 있으면 그 몸이
망하게 되리라.46)

위에서 언급한 '공사'로 인한 도수의 변경과 '신도'라는 정신적

---

44) 『대순전경』 5장 4절
45) 『天地開闢經』 「壬寅篇」, 1장, "開闢天地하야 改造天地하고, 刱無極大道하야 閉先天之運하고 開造化仙境하야 以濟億兆之苦海衆生也리라."
46) 『天地開闢經』 「甲辰篇」, 4장, "仙世난 我建也니 是故로 不以先聖하고 不以舊宗하노라. 曰, 棄舊生하고 圖新生하라. 曰, 舊習이 一餘면 厥身이 隨亡也니라."

원리의 확립과 함께 증산은 이상세계를 건설하기 위한 선행과제로 '해원'의 필요성을 역설했다. 왜냐하면 증산에게 있어 '해원'은 선천 세상의 '한'과 '원'을 풀어서 다가올 후천 세상을 '원'과 '한'이 없는 상생의 세계가 되게 하는 필수과제이기 때문이다.

> 천고(千古)에 떠도는 만고 역신(萬古逆神)을 그 다음으로 하여 각기 원통과 억울함을 풀어 혹은 행위를 바로 살펴 곡해(曲解)를 바루며 혹은 의탁을 붙여 영원히 안정을 얻게 함이 곧 선경(仙境)을 건설(建設)하는 첫걸음이니라."47)

> 진묵(震默)이 천상에 올라가서 온갖 묘법(妙法)을 배워내려 좋은 세상을 꾸미려 하다가 김봉곡(金鳳谷)에게 참혹히 죽은 뒤에 원을 품고 동양(東洋) 도통신(道統神)을 거느리고 서양에 건너가서 문화 계발에 역사(役事)하였나니 이제 그를 해원시켜 고국으로 돌려 와서 선경건설(仙境建設)에 역사하게 하리라.48)

증산은 자신이 주도한 '천지공사'가 순조롭게 진행되어 이러한 이치에 부합되는 시기가 오고 이에 합당한 인물이 나와서 이들이 후천선경을 주도하게 된다고 확신한다. 이에 대하여 증산은 "나를 믿는 자는 무궁(無窮)한 행복(幸福)을 얻어 선경(仙境)의 낙(樂)을 누리리니 이것이 참 동학(東學)이라."49)고 하여 수운의 동학보다 증산 자신의 '공사'에 의하여 도래할 후천선경을 더 완성도가 높은

---

47) 『대순전경』 5장 4절
48) 『대순전경』 5장 13절
49) 『대순전경』 3장 22절

이상세계라고 인식한다. 이를 나타내는 개념이 '참 동학'이다. 그리고 자신의 계획을 실현할 인물을 녹지사(祿持士), 도통군자(道通君子)라고 표현하였다.

2) 중통인의(中通人義)의 용화선경(龍華仙境)

증산이 천지공사를 행함으로써 구현하려고 했던 이상세계는 선천의 세계 속에서 영위하던 존재와는 다른 차원의 성숙한 존재들에 의해 전개되는 세계이다. 수운의 이상세계가 도성덕립을 이룬 군자공동체에 의하여 영위되는 세상이라면 증산의 이상세계는 '중통인의'라는 지극한 경지에 도달한 신선과 같은 존재들에 의하여 영위되는 세상이다. 그러므로 이와 같은 경지에 도달한 존재들이 삶을 전개하는 세상을 증산은 아세(我世), 선세(仙世), 신선세계(神仙世界), 유리세계(琉璃世界), 용화세계(龍華世界), 후천(後天), 후천선경(後天仙境)50) 등으로 언급하였다. 이에 필자는 증산의 이상세계를 불교의 미륵신앙의 이상향과 도교의 이상경이 함의된 개념으로 용화선

---

50) '선세(仙世)', '신선세계(神仙世界)'는 도교의 이상세계를 나타내는 말로 증산교계의 여러 경전에서 '옥황상제(玉皇上帝), 구천상제(九天上帝), 선녀(仙女), 선(仙), 신선(神仙), 진인(眞人), 원신(元神), 선경(仙境), 선술(仙術), 선약(仙藥), 선학(仙鶴), 수도(修道), 도술(道術), 장생술(長生術), 신장(神將), 불사약(不死藥), 불로초(不老草)' 등 많은 도교 관련 용어가 보인다. '유리세계(琉璃世界)'는 불교경전인 『藥師如來本願經』에 나오는 곳으로 동방의 많은 세계를 지나가서 유리세계(琉璃世界)가 되며 약사여래는 그 교주(敎主)이고 장엄한 궁전으로서 죄악고통(罪惡苦痛)이 없는 청정한 극락이라고 한다. '후천(後天)', '후천선경(後天仙境)'은 역학(易學)의 세계관에서 영향을 받은 것으로 보이며 증산의 '천지공사'가 곧 '후천개벽'을 맞이하는 과정인 것과도 맥을 같이한다.

경(龍華仙境)이 가장 적절한 표현이라고 생각하여 증산의 대망의 세계를 용화선경으로 정하기로 하겠다.

이러한 이상세계는 선천세계의 모든 문화의 진액이 모여서 건설되는 세계이며,51) 선천세상에서 형성된 모든 원한이 없어진 세상이다.52) 그리고 죄악으로 먹고 살던 선천과는 달리 선으로 삶을 영위하는 세상이며,53) 사람을 해롭게 하는 모든 물건이 없어지는 세상이다.54) 그리고 오만 년 동안 지속될 낙원인 세상이며,55) 천지의 녹지

---

51) 모든 족속(族屬)들은 각기 색다른 생활 경험으로 인하여 유전(遺傳)된 특수한 사상으로 각기 문화를 지어내어 그 마주치는 기회에 이르러서는 마침내 큰 시비를 이루나니 그러므로 각 족속의 모든 문화의 진액(津液)을 뽑아 모아 후천문명(後天文明)의 기초(基礎)를 정할지니라.(『대순전경』 5장 8절)

52) 원래 동학(東學)은 보국안민(輔國安民)을 주창(主唱)하였으나 때가 때 아니므로 안으로는 불량(不良)하고 겉으로만 꾸며내는 일이 되고 말았나니 후천(後天) 일을 부르짖었음에 지나지 못한 것이라 마음으로 각기 왕후장상(王侯將相)을 바라다가 뜻을 이루지 못하고 그릇 죽은 자가 수만 명이라. 원한(寃恨)이 창천(漲天)하였으니 그 신명을 해원(解寃)시키지 아니하면 후천(後天)에는 역도(逆度)에 걸려 정사(政事)를 못하게 되리라.(『대순전경』 4장 48절) 동학 신명이 전부(全部) 이 자리에서 해원되리니 뒷날 두고 보라. 금전(金錢)도 무수(無數)히 소비(消費)할 것이요. 사람 수효(數爻)도 갑오년(甲午年)보다 훨씬 많게 되리니 이렇게 풀어놓아야 후천(後天)에 아무 일도 없으리라.(『대순전경』 4장 48절)

53) 선천(先天) 영웅시대(英雄時代)에는 죄(罪)로써 먹고 살았으나 후천(後天) 성인시대(聖人時代)에는 선(善)으로써 먹고 살리니 죄(罪)로써 먹고 사는 것이 장구(長久)하랴 선(善)으로써 먹고 사는 것이 장구하랴 이제 후천중생(後天衆生)으로 하여금 선(善)으로써 먹고 살 도수(度數)를 짜 놓았노라.(『대순전경』 6장 12절)

54) 하루는 이도삼(李道三)에게 일러 말씀하시기를 "사람을 해롭게 하는 물건을 낱낱이 헤이라." 하시니 도삼이 범과 사자와 이리로부터 모기와 이와 벼룩과 빈대에 이르기까지 자세히 세어 아뢰자 상제 말씀하시기를 "후천(後天)에는 사람을 해롭게 하는 물건을 모두 없애리라." 하시니라.(『대순전경』 4장 171절)

55) 나의 세상은 천지가 성공하는 때라. 선과 악이 판단되고, 화와 복이 판단되고, 생과 사가 판단되느니라. 나는 천지를 개벽하여 후천의 운수를 열어서 오만 년

사와 도통군자들이 모여서 건설할 세상이다.56)

증산의 계획에 맞는 때가 되고 그때에 맞는 사람이 와서 일이 성사되는 상황을 증산은 '시유기시(時有其時) 인유기인(人有其人)'이라고 말한다. 이러한 상황을 통하여 완성된 후천선경을 증산은 이렇게 묘사하고 있다.

> 후천(後天)에는 팔자(八字) 좋은 사람이라야 자식 둘을 둘 것이요. 아주 못 두는 자는 없으리라. 또 부자(富者)는 각 도에 하나씩 두고 그 나머지는 다 고르게 하여 가난(家難)한 자가 없게 하리라.57)

> 후천(後天)에는 천하(天下)가 한 집안이 되어 <u>위무(威武)와 형벌(刑罰)</u>을 쓰지 아니하고 조화로써 중생(衆生)을 다스려 화(化)할지니 벼슬아치는 직품(職品)을 따라 화권(化權)이 열리므로 분의(分義)에 넘는 폐단(弊端)이 없고 백성은 원통(冤痛)과 한(恨)과 상극(相剋)과 사나움과 탐심(貪心)과 음탕(淫蕩)과 노여움과 모든 번뇌가 그치므로 성음소모(聲音笑貌)에 화기(和氣)가 무르녹

동안 무궁한 선경세계를 만드나니 곧 용화세계요. 상생대도가 곧 나의 도니라. ("曰我世난 天地成功之世니 善惡이 判斷하고, 禍福이 判斷하고, 生死判斷이니라. 曰我난 開闢天地하야 開后天之運하고 作五萬年無量仙境하나니 龍華世界오, 相生大道이 是이 我道也니라."『천지개벽경』「辛丑篇」, 11장)
56) 장차(將次) 천지(天地) 녹지사(祿持士)가 모여들어 선경(仙境)을 건설(建設)하게 되리라.(3-99) 궁을가(弓乙歌)에 조선강산명산(朝鮮江山名山)이라 도통군자(道通君子) 다시 난다 하였으니 또한 나의 일을 이름이니라.(『대순전경』3장 22절)
57)『대순전경』3장 193절

고 동정어묵(動靜語默)이 도덕에 합하며 쇠병사장(衰病死葬)을 면하여 불로불사하며 빈부의 차별이 철폐되고 맛있는 음식과 좋은 옷이 요구하는 대로 서랍 칸에서 나타나며 모든 일은 자유 욕구(慾求)에 응하여 신명이 수종들며 운거(雲車)를 타고 공중을 날아 먼 데와 험한 데를 다니며 하늘이 나직하여 오르내림을 뜻대로 하며 지혜가 밝아서 과거 미래 현재 시방(十方) 세계의 모든 일을 통달하며 수화풍(水火風) 삼재(三災)가 없어지고 상서(祥瑞)가 무르녹아 청화명려(淸和明麗)한 낙원으로 화하리라.58)(밑줄 필자)

때가 오면 하루 밤 사이에 삼십 육만 간을 세우나니, 선경세계에서 신선들이 거처하는 집은 크고 화려하여 금은으로 장식을 달고 봉황새의 조각을 붙여 휘황찬란하니, 이 또한 삽시간에 만들어서 너희들이 거처하게 하리라.59)

후천(後天)에 계급이 많지 아니하나 두 계급이 있으리라. 그러나 식록은 고르리니 만일 급이 낮고 먹기까지 고르지 못하면 원통치 아니하랴.60)

선천에는 모사(謀事)는 재인(在人)하고 성사(成事)는 재천(在天)

---

58) 『대순전경』 5장 16절
59) 『천지개벽경』 「乙巳篇」 5장, "曰, 時來하면 一夜之間에 建三十六万家하나니, 仙世仙居가 宏傑壯麗하야 金粧鳳刻이 輝煌燦爛하니, 亦散時而成하야 汝徒之居니라."
60) 『대순전경』 5장 17절

이라 하였으나, 후천에는 모사(謀事)는 재천(在天)하고 성사(成事)는 재인(在人)이니라.61)

선천(先天)에는 백골(白骨)을 묻어서 장사(葬事)하였으되 후천(後天)에는 백골을 묻지 않고 장사하느니라.62)

나의 세상에는 조화의 선경세상이니 나라를 다스림에 조화로써 한다. 말로써 교화하지 않고, 가르침이 없이도 교화하게 되나니, 도(道)는 상생하는 도요, 상극 없는 이치와 악이 없는 세상이니라. 그러므로 나의 세상에는 남자는 대장부(大丈夫)가 되고, 여자는 대장부(大丈婦)가 되느니라.63)

증산이 확신한 새롭게 도래할 세상은 위무(威武)와 형벌(刑罰)을 쓰지 않고 조화로써 중생(衆生)을 다스리며, 쇠병사장(衰病死葬)을 면하여 불로불사하며 빈부의 차별이 철폐되고, 수화풍(水火風) 삼재(三災)가 없어지고 상서(祥瑞)가 무르녹아 청화명려(淸和明麗)한 낙원이 되는 세상이다. 선천의 질서에서 모사를 사람이 하면 성사는 하늘이 했으므로 '진인사대천명(盡人事待天命)'이 보편적 생각이었으나, 이와는 달리 후천의 세상은 모사(謀事)가 재천(在天)하고 성사(成事)는 재인(在人)에 있다는 인존의 시대가 도래할 것을 말한

---

61) 『대순전경』 6장 106절
62) 『대순전경』 2장 19절
63) 『천지개벽경』 「辛丑篇」 11章, "曰我世난 造化仙境이니 治則造化라, 有不言之敎와 無爲之化하고, 道則相生이라 無相克之理와 罪惡之世也니라. 是故로 我世난 大丈夫오, 大丈婦니라.

다. 그리고 증산은 '후천선경'과 같은 맥락으로 '용화세상'에 대한 용어를 사용한다. 이는 증산의 권능에 의하여 실현될 이상세계가 불교적 이상세계와 여러 부분에서 유사성이 있기 때문이다.

그래서 증산은 전라북도 김제군 금산사 아래에 있는 마을인 용화동(龍華洞)을 지나면서 제자인 박공우에게 "이곳이 용화도량(龍華道場)이라. 이 뒤에 이곳에서 사람이 나서거든 부디 정분(精分)을 두고 지내라."64)고 하여 현실적인 공간인 용화동이 미래에 실현될 '선경세계'와 연관이 있음을 암시하였다. 그리고 이 공간이 어떤 의미를 지니고 있는 장소인가에 대하여 다음과 같이 언급하였다.

> 매양 구릿골 앞 큰 나무 밑에서 소풍(逍風)하실 새 금산(金山) 안과 용화동(龍華洞)을 가리켜 말씀하시기를 "이곳이 나의 기지(基址)라 장차 꽃밭이 될 것이요. 이곳에 인성(人城)이 쌓이리라." 하시고 "천황지황인황후(天皇地皇人皇後) 천하지대금산사(天下之大金山寺)라고 말씀하시고 또 "만국활계남조선(萬國活計南朝鮮) 청풍명월금산사(淸風明月金山寺) 문명개화삼천국(文明開化三千國) 도술운통구만리(道術運通九萬里)라고 외우시고 또 "세계유이차산출(世界有而此山出) 기운금천장물화(起運金天藏物華) 응수조종태호복(應須祖宗太昊伏) 하사도인다불가(何事道人多佛歌)"를 외우시니라.65) (밑줄 필자)

나는 천지를 개벽하여 후천의 운수를 열어서 오만 년 동안 무궁

---

64) 『대순전경』 3장 83절
65) 『대순전경』 3장 136절

한 선경세계를 만드나니 곧 용화세계요. 상생대도가 곧 나의 도니라.66)

석가불이 나의 세상을 일컬어 용화세계라 하고 천하 사람들이 병으로 고생하지 않는다 하였으니, 헛말이 아니니라. 나는 오직 백성들을 사랑할 따름이니라.67)

후천선경과 같은 의미로 사용한 '용화세계(龍華世界)', '용화도량(龍華道場)'은 석가모니의 설법에서 미륵불이 최상의 도를 이루어 천인(天人)과 인간을 제도하여 용화세계를 이룩하는 장소를 말한다. 이는 증산자신이 천지공사를 행하여 이룩한 후천선경이 용화선경이라고 한 것을 볼 때 자신이 이상사회를 건설할 주체인 미륵의 화신임을 자처한 것과 관련성이 있다. '용화도량(龍華道場)'은 '미륵신앙'68)과 관련된 용어로 증산의 이상세계에 불교적 이상세계관이 포함되어 있음을 알 수 있다.

---

66) 『천지개벽경』 「辛丑篇」 11章, "曰我난 開闢天地하야 開后天之運하고 作五萬年無量仙境하나니 龍華世界오, 相生大道이 是이 我道也니라."
67) 『천지개벽경』 「己酉篇」 8章, "曰, 釋迦佛이 謂我世를 爲龍華世界하고, 天下之人이 無疾苦라하니, 我난 愛民하노라."
68) 미륵신앙과 관련된 내용은 불교의 경전인 『Suttanipāta』, 『Divyāvadāna』, 『彌勒下生經』, 『長阿含』, 『中阿含』, 『增一阿含序』, 『彌勒菩薩下生經』, 『彌勒來時經』, 『彌勒成佛經』, 『彌勒下生成佛經』, 『慈氏菩薩誓願多羅尼經』 등의 경전에서 여러 차례에 걸쳐서 언급된다. 이러한 경전들에서는 완성된 이상적 세계를 '용화(龍華)' 또는 '용화(龍花)'로 언급하고 있다. 불교의 메시아 신앙에 해당하는 미륵신앙의 교주에 해당하는 미륵불에 대해서 증산은 스스로 '미륵'의 화신이라고 믿고 있으며 그를 추종하는 제자들도 그렇게 믿고 있다.

3. 홍수전의 태평천국(太平天國)

1) 상제교의(上帝敎義)

수전이 태평천국을 건설하기 위한 여러 가지 방법 가운데 그들의 종교 사상을 일반인에게 전달하는 것을 강도리(講道理)[69]라 불렀으며 강도리를 통하여 상제교의 교리를 전달하였다. 초기의 상제교는 기독교적인 요소와 함께 수전의 성장배경에서 습득된 중국의 전통사상인 유교와 결합된 성격이 강하다. 정치사상이나 혁명사상은 상제교 창립 당시보다는 이후에 발생하게 된다. 태평천국은 그 모체인 상제회(上帝會) 시기부터 상제교(上帝敎)라는 종교적 이념이 내부의 정신적 요소로 자리하고 있었다.[70]

그러므로 수전은 태평천국을 건설하고 이를 유지하기 위한 정신적 원리를 기독교를 중심으로 한 통합적 종교 관념인 '원도(原道)'를 통해서 실천하고자 했다. 이는 포교를 위해 수전이 저술한 책의 제

---

[69] 講道理는 본래 광동 방언으로 기독교 교의를 설교하는 것을 지칭하였는데 태평천국의 강도리는 기독교 교회에서 행하던 강도리의 범주를 넘어 정치 군사적인 내용까지도 포함하는 것으로 되었다. 사람들을 모아 설득하는 방식인 강도리는 문자를 알지 못하는 사람들에게 직접 구두로 전달했다. 이것은 일정한 시간과 장소가 정해져 있지 않았으며, 인력동원을 위한 방법, 재화취득을 위한 방법, 選女하기 위한 방법으로 사용되었다 한다. 講道理를 행하는 牧師에 해당하는 자를 充先生이라고 부르고 있었다.(최진규, 『태평천국의 종교사상』, 조선대학교 출판부, 2002, pp.238-240)

[70] 최진규, 앞의 책, p.227.

목이 『원도구세가(原道救世歌)』, 『원도성세훈(原道醒世訓)』, 『원도각세훈(原道覺世訓)』이라는 것에서 구체적으로 드러난다. 그러므로 '원도'는 상제교 교리의 근간이 되는 핵심적 개념이며 이 '원도'의 정신을 지상천국 건설을 위한 실천적 방법의 바탕인 '천하일가'의 사상과 같은 맥락에서 볼 수 있다.

수전은 지상천국을 건설하기 위하여 '상제교의 교리'를 사람들에게 가르침으로써 실천윤리로 삼게 했다. 이와 같은 사상을 실천하기 위한 구체적 방법으로 '천조전무제도'를 실행하였다. 이는 경제적 평등을 부여함으로써 상제의 자녀가 균등한 혜택을 받고 있음을 각인시키는 방편으로 작용했다고 볼 수 있다.[71]

동시에 상제가 만물의 운행을 주재하여 질서 있는 세계를 가능하도록 한다고 생각했다.[72] 상제는 어디에나 존재하기 때문에 세상은 도덕적 질서가 유지되고 상제의 계시인 천도는 냉혹하고 정의로운 것이기 때문에 상제의 명인 천명은 바꿀 수 없는 것으로 생각되었다.[73] 이러한 천명이 바르게 실행되는 세상이 지상천국이므로 수전은 상제교의 교리를 전파함으로써 지상천국을 건설하려고 했다. 그러므로 상제의 자녀인 인간이 마땅히 상제만을 경배해야 하고 사신을 경배해서는 안 된다는 윤리강령[74]을 가르쳤다.

---

71) 田畝를 개간하는 것은 상제가 만든 땅에 의지하며, 몸에 걸친 것은 상제가 만든 桑麻에 의지하며, 입으로 먹는 음식은 상제가 만든 禾麥菽豆魚蝦畜生에 의지하며, 사용하는 기계는 상제가 만든 초목금철에 의지하며, 농사짓고 수확하는 것은 상제가 해를 뜨게 하고 비를 내리는 것에 의지한다는 것이다. 『原道覺世訓』
72) 『原道救世歌』 "喧以日兮潤以雨, 動以雷兮散以風, 此皆上帝之靈妙."
73) 최진규, 「상제교의 사상적배경과 종교적구세관」, 『태평천국의 종교사상』, 조선대학교 출판부, 2002, p.66.
74) 음행(淫行)을 해서는 안 된다. 부모에 대해 거역을 해서는 안 된다. 사람을 살해

이와 같은 상제교의 윤리강령은 『원도구세가』에서 구체적으로 언급되고 있다. 책의 제목은 '세상을 구세할 도리를 갖추고 있다는' 의미를 갖고 있다. 윤리강령은 백 가지 올바른 사물의 노래라는 의미를 지닌 『백정가(百正歌)』75)에서 요·순·우·주공·공자 등을 정(正)의 모델로 칭송하고, 걸·주·제양공·초평왕 등을 음행으로 나라를 잃은 부정(不正)의 예로 비난하면서 정(正)과 부정(不正)이야 말로 국가의 흥망은 물론 개인의 화복을 좌우한다고 하였다.76) 정(正)과 부정(不正)에 대한 개념은 수전이 상제교의 교의를 체계화하는 과정에서 자신이 형성한 사상체계에 정당성을 부여하기 위한 단초로 사용된 것이다. 지상천국이 정(正)의 가치가 주도하며 정(正)을 향한 방향성이 내포되어 있음을 강조하여 태평천국의 윤리관이 정(正)의 윤리체계를 지니고 있음을 주장하고 있다고 볼 수 있다.

2) 천하일가(天下一家)의 지상천국(地上天國)

상제교의 교리에 따른 수전의 태평천국은 '천하일가' 사상을 바탕으로 한 지상천국을 지향했다.77) 이와 같은 이상세계를 구현하기

해서는 안 된다. 남의 재산을 훔쳐서는 안 된다. 신(神)이나 죽은 자의 혼을 불러내어 그 말을 전하는 무격(巫覡)과 주술을 해서는 안 된다. 도박을 해서는 안 된다. 『原道救世歌』

75) 『百正歌』는 백 가지 올바른 사물의 시란 뜻, 『原道救世歌』는 세계를 구하기 위한 덕의 기원에 관한 것의 의미, 『原道醒世訓』은 세계를 자각시키기 위한 상세한 권고, 사악함을 고치고 올바름에 돌아감의 의미가 있다.

76) 최진규, 「상제교의 사상적배경과 종교적구세관」, 『태평천국의 종교사상』, 조선대학교 출판부, 2002, p.68.

위한 윤리강령과 이상세계의 구조는『원도구세가』,『원도성세훈』,『원도각세훈』에 잘 나타나 있다.『원도구세가』에서 공평 정직한 세상을 만들기 위한 기본 전제를 정치상의 평등사상을 통해 설명하고,『원도성세훈』을 통하여 경제상의 평등사상을 설명함으로써 이상세계의 구조를 보여준다.『원도각세훈』을 통하여 우상파타, 만주황제타도, 관료와 지주에 대한 저항 등이 담긴 일종의 행동강령 지침서인 태평천국의 이론적 기초를 확립하였다.

절대적인 평등한 사회를 지향한 태평천국의 이론적 출발점은『원도구세가』,『원도성세훈』,『원도각세훈』을 통하여 상제 앞에서 모든 인간이 평등하고 남녀 간의 차별이 없는 형제자매의 관계를 유지하는 사회를 이상으로 하였다. 이를『원도성세훈』과『권세양언』에서 다음과 같이 묘사하고 있다.

> 상제가 '천하범간의 대공지부'이므로 사람들은 모두 그의 자녀이며 따라서 모두 상제를 숭배해야 한다. … '천하의 많은 남인은 모두 형제의 무리요, 천하의 많은 여자는 모두 자매의 무리'인데 세간에 '차강피계(此疆彼界)의 사사로움'이나 '서로 병탄하는 마음'이 있어 … '강이 약을 범하지 않고 중(衆)이 과(寡)를 힘으로 이기지 않으며 지(智)가 우(愚)를 속이지 않고 용(勇)이 겁(怯)을 괴롭히지 않는' 이상사회를 동경하였다.[78]

---

77) "모든 사람이 상제의 자녀로 형제자매라는 생각은 일찍이 홍수전이『권세양언』을 읽고 구세의 진리를 추구하기 시작하면서 제시되었다." 최진규,「상제교의 사상적배경과 종교적구세관」,『태평천국의 종교사상』, 조선대학교 출판부, 2002, p.64.

78)『原道醒世訓』, "上帝天下凡間大共之父也, … 天下多男人, 盡是兄弟之輩, 天

신천상제는 만왕의 왕이며 만국의 주로 우주 안의 만국 사람들은 국왕으로부터 서민에 이르기까지 모두 그의 장악 안에 있다. 무릇 그의 뜻에 감히 항거하는 자는 어찌 죄를 받지 않는 곳으로 달아날 수 있겠는가? 위로는 신천상제의 뜻을 거역하지 않고 아래로는 왕장법도를 범하지 않으며, 세상의 즐거움만을 탐하지 않고 광음(光陰)의 보배를 헛되이 낭비하지 않아 군(君)은 정(政, 正)하고 신(臣)은 충성스러우며 부(父)는 자애롭고 자(子)는 효도하며 관(官)은 맑고 백성이 즐거워하여, 태평의 복을 영원히 누릴 수 있을 것이며 장차 밤에도 대문을 닫지 않고 길에 물건이 떨어져 있어도 줍지 않는 청평호세계(淸平好世界)를 보게 될 것이다.79)

이 구절은 당시 수전이 동경하고 있던 이상세계를 적절하게 표현한 것으로 중국 전통사상의 영향을 강하게 받은 것이다. 이는 '천하위공(天下爲公)'에 바탕을 둔 대동세계의 사상과 기독교의 영향을 받은 것으로 보인다. 『권세양언』에서는 신천상제(神天上帝)를 숭배하기만 하면 밤에도 문을 닫지 않고 길에 떨어진 물건을 줍지 않는 이상세계 즉 '청평호세계'가 도래한다고 하였다. 수전은 이를

下多女子, 盡是姊妹之群, 何得存此疆彼界之私, 何可起爾呑我幷之念 … 其不一旦變而爲强不犯弱, 衆不暴寡, 智不詐愚, 勇不苦怯之世也."

79) 『勸世良言』, "神天上帝, 系原造化天地人万物至大神. 宇宙內万國之人物, 皆在神天上帝掌握之中. … 倘若全國之人, 遵信而行者, 貧者守分而心常安, 富者慕善義, 心亦常樂, 上不違逆神天上帝之旨, 下不干犯王章法度, 不獨貪慕世樂之歡, 不空費光陰之宝, 君政臣忠, 父慈子孝, 官淸民樂, 永享太平之福, 將見夜不閉戶, 道不拾遺之淸平好世界矣."

'대동세계'와 같은 것으로 이해하였고 따라서 '대동세계'에서도 상제를 숭배한 것으로 생각한 것이었다.[80] 수전의 이상세계 출현에 대한 대망의 사상은 『원도각세훈』에서 다음과 같이 언급되었다.

> 당우삼대(唐虞三代)의 때를 생각해 보면 천하의 가진 자와 못 가진 자가 서로 돕고, 환난을 당하면 서로 구하며, 문을 닫지 않고 길에 물건이 떨어져 있어도 주워가지 않았으며, 남녀가 분별이 있었고 덕이 높은 사람을 뽑았다. … 그러므로 도적이나 난적이 없었으며 밖에 문을 걸어 닫지 않았다. 이를 대동(大同)이라고 한다. 그런데 지금은 어떠한가?[81]

> 난(亂)이 극(極)에 이르면 다스려지고 어둠이 극(極)에 이르면 밝아지는 것은 하늘의 도리이다. 지금은 밤이 물러가고 해가 떠오르는 때이다.[82]

위의 내용은 공자의 이상이 담긴 대동세계로 중국 역사상 많은 사람들이 이와 같은 이상세계를 이루고자 노력했다. 수전의 경우에 있어서 『원도성세훈』을 통한 공자의 대동사상의 답습은 청나라의 통치 질서가 동요하고 서구 열강의 침략이 시작되는 근대사회로의

---

80) 최진규,「상제교의 사상적배경과 종교적구세관」,『태평천국의 종교사상』, 조선대학교 출판부, 2002, p.72.
81) 『原道醒世訓』, "唐虞三代之世, 天下有无相恤, 患難相救, 門不閉戶, 道不拾遺, 男女別途, 擧選尙德, … 是故奸邪謀閉而不興, 盜竊亂賊而不作, 故外戶而不閉, 是謂大同. 而今尙可望哉"
82) 『原道醒世訓』, "然而亂極則治, 暗極則光, 天之道也. 于今夜退而日升矣."

시작단계에서 원고(遠古)로의 회귀적 이상세계가 제기되고 있다는 점에서 근대 중국의 선구적인 유토피아 사상으로 그 시대적 의의를 찾을 수 있다.

당우삼대에 대한 동경은 대동세계에 대한 동경이었으며 수전은 "사마(邪魔)의 문을 뛰쳐나와 상제의 진도(眞道)를 향하여 천위(天威)를 두려워하고 천계(天誡)를 힘써 준수하여 몸과 세상을 깨끗이 하고 자신과 남을 바르게 하여 '천하일가(天下一家)', '공형태평(共亨太平)'의 세상을 이룩할 것을 희망하였다."[83]라고 하였다. 『원도성세훈』에서는 대동이라는 이상세계를 이루기 위해 함께 노력할 것을 호소하고 있으나 그 구체적인 방법으로 모든 사람이 상제에 대한 신앙으로 회귀하여 '몸을 바르게 하는 것'을 들어 도덕적인 심신의 수양을 강조하였을 뿐 정치적인 행동까지는 언급하지 않았다.[84]

수전은 '환몽(幻夢)'의 체험과 '권세양언(權世良言)'의 내용을 통해서 자기에게 현현한 신의 섭리를 실현할 이상세계를 '태평천국'이라고 하였으나 '태평천국'이라는 '지상천국'은 중국 전체를 가리킨다.[85] 태평천군(太平天軍)이 사람들의 마음을 얻고 요괴를 물리쳐, 모든 사람이 결국 그들의 아버지를 보기 위해 하늘로 올라갈 때까지 영원한 기쁨 속에 함께 살아간다면 어느 곳이나 지상낙원이다.[86]

---

83) 『原道醒世訓』, "跳出邪魔之鬼門, 循行上帝之眞道, 時凜天威, 力遵天誡, 相與淑身淑世, 相與正己正人."
84) 최진규, 「상제교의 사상적배경과 종교적구세관」, 『태평천국의 종교사상』, 조선대학교 출판부, 2002, pp.74-75.
85) 수운과 증산, 장소에 의한 이상세계가 조선이나 중국을 중심으로 한 전 세계에 확장된 이상세계라면 수전의 이상세계는 중국이라는 장소에 국한된 범위의 이상향이다.

한편으로 천부상제의 명으로 지상에 현신한 수전의 태평천국군이 점령한 남경(南京)을 이상세계 실현의 중심이 되는 장소로 여겨서 천경(天京)이라고 부르고 이를 새 예루살렘이라고 묘사하고 있다.[87]

> 이제 큰형께서 오신다. 천조에는 천부상제진신전(天父上帝眞神殿)이 있고, 큰형 그리스도의 신전이 있으며, 거기에는 이미 상제와 그리스도의 이름이 새겨져 있다. 천부상제께서 하늘에서 내려보낸 새 예루살렘은 바로 현재 우리의 천경(天京)이다. 모든 것이 다 들어맞는다. 이제 이루어지리니, 이 말들을 삼가 기억하라.[88]

천하가 태평한 세상이 오기를 염원하는 수전의 바람이 보이는 내용으로 이를 실현하기 위한 정부의 이름을 '천부천형천왕천국(天父天兄天王天國)'이라고 하여 '천(天)'이라는 상징을 사용하였다.[89]

---

86) Jonathan D. Spence/양휘웅 옮김,『신의 아들 홍수전과 태평천국』, 도서출판 이산, 2006, p.287.
87) 양발의 권세양언에는 '천국'에 대하여 두 가지로 정의하고 있다. '천국'이라는 것에 대해서는 두 가지의 해석법이 있다. 하나는 천당의 영복 즉 선인의 육체가 죽은 뒤, 영혼이 향수하는 참된 복과 연관되어 있다. 또 하나는 지상에서 구세주 예수를 경신하는 사람들이 중집하여 신천상제를 경배하는 회당을 가리킨다. '신의 나라(神之國)'라는 3자의 뜻도 이와 같다.
88) Franz Michael and Chung-li Chang, "*The Taiping Rebellion: History and Documents,*" vols. 2-3, 2007, p.235. "今太兄至矣. 天朝有天父上帝眞神殿, 又有太兄基督殿, 旣刻上帝之名與基督之名也. 由天父自天降下之新也露撒冷, 今天京是也. 驗矣, 欽此."
89) 고지마신지/최진규,『유토피아를 꿈꾼 태평천국의 지도자 홍수전』, 고려원, 1995, p.115.

수전의 이상을 실현시킬 태평천국[90]은 천하일가의 대의가 실현될 지상선경으로 수전이 꿈꾸고 실현하려고 했던 세상은 『원도구세가』라는 포교문서에서 잘 드러난다.

> 천지가 열리면서 진신은 상제 한 분이 계실 뿐,
> 신분이 귀하든 천하든 경건하게 숭배해야 하네.
> 천부상제를 모든 사람이 받들어야 하니,
> 천하가 한 집안임은 예로부터 전하네.
> 반고로부터 삼대(夏殷周)의 치세에 이르기까지,
> 군주와 백성은 일체가 되어 황천을 숭배하였네.
> 당시 왕은 상제를 따랐고,
> 제후·선비·서민도 그러하였네.
> … …
> 하늘과 사람은 하나요 둘이 아니니,
> 어찌 군왕만이 (천상제를) 독점하겠는가.
> 상제를 숭배해야 하는 것,
> 모든 사람들에게 마찬가지이네.
> … …

---

90) 太平天國 이념의 중심개념은 God로서 太平은 大同, 天國은 기독교의 千年王國을 의미한다. 많은 중국인이 神을 호칭하는 '天'과 비교해볼 때 '天'과 'God'은 태평천국 안에서 일치하는 부분도 있으나 동일하지는 않다. 중국에서 전통적 '天'은 다신교의 신성으로서 'God'을 표현하는 데 이용되어 God은 '帝' '上帝' '皇上帝' '天主' '上主'로 표현되었으며, 단지 지상의 지배자로서뿐만 아니라 우주적인 숭배의 대상으로 여겨졌다. 그러나 태평천국의 상제는 유일신으로 세상을 창조한 창조주이고 모든 인류의 아버지였다.(蕭一山,「天條書」,『太平天國叢書』, 中華叢書委員會, 1956, p.12b.)

한 올의 실도 상제에 의지하며,
한 그릇의 음식도 창천에 의지하네.
아침저녁으로 예배함은 사람의 본분이니,
공덕을 노래함이 세상의 도리일세.
… …
<u>오행 만물 모두가 하늘의 조화이니,</u>
<u>어찌 달리 주재하는 신이 있겠는가.</u>[91](밑줄 필자)

위의 내용은 군왕만이 상제를 받들 수 있는 권한이 있는 것이 아니라, 유일신 천부상제를 모든 백성이 받들고 상제의 뜻을 지상에 실현할 수 있는 권리를 평등하게 지니고 있음을 강조하는 것으로 반고로부터 삼대의 치세에 이르기까지를 유일신 상제를 섬겼던 이상적인 상황으로 보고 있다. 여기서 수전의 이상세계가 원고(遠古)로의 회귀적 경향을 추구하고 있음을 알 수 있다. 한편으로 수전이 태평천국을 지향함에 있어서 공자가 그린 '대동세계'의 영향을 받은 것으로 보이며, 모든 사람은 상제의 자녀로서 형제자매라는 사실을 근거로 대동이야말로 인간사회 본래의 모습이라고 주장하였다.

수전이 지향한 태평천국은 원시공산사회를 모델로 한 중국 고대의 대동 세계에 대한 동경과 기독교적 이상주의를 현실 속에서 실현

---

91) 『原道救世歌』, "開辟眞神惟上帝, 无分貴賤拜宜虔. 天父上帝人人共, 天下一家自古傳. 盤古以下至三代, 君民一体敬皇天. 其時狂者崇上帝, 諸侯士庶亦皆然. 試辟人間子事父, 賢否俱循內則篇. 天人一气理无二, 何得君王私自傳. 上帝当拜, 人人所同, 何分西北, 何分南東. 一絲一縷荷上帝, 一飮一食賴天公. 分應朝朝而夕拜, 理應頌德而歌功. 人而舍此而他拜, 拜盡万般總是空. 非爲无益且有損, 本心瞞昧罪何窮. 人苟本心還不失, 自知呼吸賴蒼穹. 五行万物天造化, 豈有別神宰其中."

하려고 한 것으로 이해할 수 있다. 이와 함께 서양열강의 침략을 통하여 자본주의가 유입되는 근대사회를 맞이하는 시기에 이에 맞서 새로운 시대정신을 주장했다고 볼 수 있다.

4. 강유위의 대동세계(大同世界)

1) 천하위공(天下爲公)

　장소가 지향하는 이상세계는 '천하위공(天下爲公)'을 이상으로 하는 세계이다. 이는 역시 다른 사상가의 경우와 마찬가지로 기성종교의 통합적 관념인 '대동'의 정신이 실현되는 이상세계이다. '천하위공(天下爲公)'의 '대동사회(大同社會)'는 '천하위가(天下爲家)'의 '소강사회(小康社會)'와 대립적 관계에 놓인 사회이다. 그래서 장소는 『대동서』를 통해서 『예기』의 「예운편」에 나와 있는 '대동'에 대한 개념을 기성종교의 통합관념으로의 '대동'으로 확장하여 이를 바탕으로 이상세계를 구현할 정신적 원리로 삼고자 했다. 그러므로 장소의 대동은 원고에 대한 단순한 복고적 지향이 아니라 종교적 통합관념을 토대로 한 사회 변혁적 이상세계로의 대망이라고 본다.
　『대동서』를 통해서 장소는 모든 '존재의 괴로움'의 원인을 없애어 현실세계 속에서 즐거움을 이룰 수 있는 세계를 구현하는 것을 이상으로 했다. 이와 같은 세계가 곧, '천하위공'의 대동세계인 것이다. 이를 해결하기 위하여 구계(九界)를 제거함으로써 난세를 태평세로 만드는 것이다. 이로 인하여 도래할 태평세(太平世)에는 만물일체(萬物一體)를 향한 인(仁)의 실천이 이루어지는 곧, '천하위공'의 정신이 실현되는 세상이다.

2) 거고구락(去苦求樂)의 대동합국(大同合國)

장소가 제시한 이상사회는 고통이 없고 즐거움을 누릴 수 있는 세상이다. 대동사회에 대한 대망은 현실세계에 대한 부정적인 인식에서부터 시작하는데 가족제도, 사유재산제도, 국가제도 등에서 볼 수 있는 모든 구습을 타파하고 여기서 발생한 문제점들을 해결할 수 있는 새로운 이상사회를 구상하였다. 『예기』의 '대동' 개념이 여러 사상과 습합되어 형성된 『대동서』에는 기존 세계질서에 대한 문제 제기와 비판의식이 드러난다. 『대동서』는 모두 10부로 구성되어 있으며 각 부마다 들어 있는 사상의 핵심을 나열하면 다음과 같다.

> 1) 세계 속에 들어가 군중의 고통을 살핀다. 2) 국가의 경계(國界)를 없애고 대지를 합친다. 3) 계급의 경계(級界)를 제거하고 민족을 평등하게 한다. 4) 종족 간의 경계(種界)를 없애고 인류를 동등하게 한다. 5) 남녀의 경계(形界)를 없애고 독립을 보존한다. 6) 가정의 경계(家界)를 없애고 하늘의 백성(天民)으로 삼는다. 7) 산업의 경계(産界)를 없애고 생업을 공유화한다. 8) 어지러움의 경계(亂界)를 제거하고 태평하게 다스린다. 9) 유계(類界)를 없애고 중생을 사랑한다. 10) 고통의 경계(苦界)를 없애고 극락에 이른다.[92]

장소가 제시한 10부 중에 인간을 행복하게 하는 최고단계의 이상

---

92) 리쩌허우/임춘성, 『중국근대사상사론』, 한길그레이트북스, 2005, p.239.

적인 상황을 계부(癸部)에서 언급하고 있다. 이러한 세상이 '거고구락(去苦求樂)'의 대동합국이라는 이상세계로 이를 요약해서 정리해 보면 다음과 같다.

1. 대동세(大同世)에는 사람들이 모두 완벽한 조건을 갖춘 공공(公共)의 집에 살므로 개인의 집을 따로 지을 필요가 없다.
2. 태평세(太平世)에는 나라를 돌아다니는 생활로 바뀌게 되어 주거환경이 마치 순환하는 것처럼 된다.
3. 태평세(太平世)에는 사람들이 개인 집을 짓지 않아도 되며, 비록 큰 부자나 편안한 노인이라 할지라도 여관(공공의 집)에서 살아간다.
4. 대동세에는 저절로 가는 배와 저절로 가는 차가 있어 지금보다 몇 천, 몇 백 배 빨리 갈 수 있다.
5. 대동세의 초기에는 산 위에서 살고, 그 다음에는 물에서, 맨 나중에는 공중에서 살게 된다.
6. 대동세에는 하인이 없고 모두 기계가 대신한다.
7. 대동세에는 식생활이 날로 개선되어 날로 장수하는 사람들이 늘어난다.
8. 대동세에는 매일 새로 발명되는 것이 많아 고기를 대신할 수 있는 우수한 식품이 만들어지는데 거의 고기와 똑같은 것이 나오게 된다.
9. 대동세에 이르러 차차 평등이 이루어지고, 물건을 만드는 기술이 날로 새로워지며, 고기를 대신하는 식품이 생기면 어찌 다시 강한 자가 약자를 능멸할 것이며 같은 기운을 타고난 동물의 고기를 먹는 일이 있겠는가? 이때는 전 세계가 살생을 금하여서 마침

내 완전한 평등이 이루어질 것이다.
10. 대동세에는 의복에 구별이 없다. 귀천(貴賤)이 없고 남녀를 구별 짓지 않으며 단지 귀중한 사람이 있을 뿐이다.
11. 대동세에는 기구들이 정교하고 기이하며 비행기가 날아다녀 지금으로는 상상할 수 없는 일이 많을 것이다.
12. 대동세에는 머리칼로부터 수염·눈썹에 이르기까지 모두 깎아버린다. 온몸의 모든 털을 다 깎되 오직 코털만은 먼지와 더러운 공기를 막기 위해 약간 남겨둔다. 태평세의 사람들은 가장 문명화되었으므로, 모든 털을 없애버려 몸을 깨끗하게 한다.
13. 태평세의 욕조는 순전히 흰 돌을 사용해서 만든다. 물은 모두 묘약으로 만들어 그 물로 한번 목욕을 하면 편안하고 즐거워 마치 향기로운 술을 마신 것 같고 몸의 때도 깨끗이 없어진다.
14. 대동세에는 누구나 매일 의사에게 한 번쯤 진찰을 받는다. 의사의 수는 그곳에서 일하는 사람의 수에 따라 정비례한다. 생활이 향상되어 있으므로 질병은 찾아보기 힘들다. 만약 기운이 다하여 죽을 지경에 이른 사람이 고통스러워하면 여러 의사들이 의논하여 전기로 생명을 끊어 고통을 면하게 해준다. 이 시기의 의술의 신통함은 헤아릴 수가 없다. 사람의 수명도 날로 길어져 지금으로는 상상할 수 없는데, 대개 모두가 천이백 세로부터 점차 수천백 세까지 늘어날 것이다.
15. 대동세에는 사람들이 걱정하는 바가 없어서 편안함과 즐거움이 극에 달해 오직 오래 살기만을 생각한다. 신선술(神仙術)을 크게 융성시켜 모든 사람이 이것을 공부하게 되는데 이런 일들은 대동세에서 일어날 보편적인 현상이다. 신선학(神仙學)이 융성한 다음에는 불교(佛敎)가 흥하게 될 것이다. 마지막 단계에서는 빛과

전기를 타고 기(氣)를 조절해서 지구를 벗어나 다른 별로 가게도 된다. 이것은 대동의 극치이며 인류의 지혜가 또 한 번 새로워지는 때이다.

16. 기독교의 가르침은 대동세에 이르면 저절로 없어지게 된다. 회교(回敎)도 대동세에 들어서면 쇠멸한다.
17. 대동·태평의 이상은 곧 공자의 뜻이다. 대동세에 이르면 공자의 삼세설(三世說)도 모두 이루어진다.
18. 대동세는 오직 신선사상과 불교 두 가지만 크게 성행할 뿐이다. 대동이란 이 세상의 도의 중의 극치이며, 신선사상의 장생불사(長生不死)는 더욱 인간이 가질 수 있는 사상의 극치인 것이다. 불교의 불생불멸(不生不滅)이란 이 세상을 벗어나지 않지만 세간(世間)을 나와서 더욱 대동의 세계 밖으로 나아가는 것이다. 그러므로 대동세가 되면 처음에는 신선술이 성행하고 후에는 불교의 가르침이 흥할 것이다.
19. 신선술과 불교 이후에는 하늘에서 노니는 학문인 천유학(天遊學)이 있는데, 이에 관한 것은 내가 다시 책으로 쓸 것이다.

『대동서』에서 언급된 대동의 이상세계는 물질적인 면과 정신적인 면에서 모두 완벽한 조건을 갖춘 이상세계이다. "장소의 이러한 대동세계상은 '인간과 경제관계의 사회화' 및 '넓은 의미에서 민주적이라고 특징지을 수 있는 정치 조직화'의 원리를 그 성립의 전제로 하고 있다."[93] 유토피아사상은 불만스러운 상황에 의해 배태되

---

93) Hsiao Kung-chuan, *A Modern China and a New World Kang Yu-wei, Reformer and Utopian*, 1858-1927, University of Washington Press, 1975, p.466-467.

며 현실 상황으로부터 객관적 분리가 어느 정도 이루어진 후에야 비로소 그 성숙함에 이르게 된다. 왜냐하면 현실에 대한 불만은 개혁 충동을 유발하기 쉬우나, 유토피아의 사상이 구상되려면 먼 장래에 대한 탁월한 안목이 요구되기 때문이다.[94] 그러므로 장소는 근대로 나아가는 시점에서 모든 상황을 변혁의 대상으로 여겼다. 완전한 이상사회가 실현되기 위한 선행적인 과제로 기존세계의 모든 구습이 타파되어야 하며, 가족제도·사유재산제도·국가제도를 비롯한 경계를 짓는 모든 제도를 타파하여야 한다고 했다. 정치, 경제, 사회, 종족이라는 측면에서 개인과 사회의 변화가 이뤄져서 기존의 세계질서에서 야기된 문제점을 초월할 수 있는 새로운 이상사회의 건설을 주장하였다.

---

94) Hsiao Kung-chuan, 앞의 책, p.434.

5. 유토피아의 유사성과 상이성

1) 유토피아의 공간개념(空間槪念)

　수운이 지향한 이상세계는 타계의 시공에서 완성될 이상향이 아니라 현실의 연속적 시공에서 전개될 지상선경이라고 볼 수 있다. 그러므로 '후천개벽'은 '무왕불복'의 순환적 역사관이 반영된 일대 전환적 시점으로 '동귀일체'의 진리를 인식한 도덕군자들이 '수심정기'를 통한 '도성덕립'을 이룸으로써 실현 가능해진다. 그러므로 죽어서 잘 되기를 바라는 서교의 이상향과는 차별성을 지니며 불교적 시공의 개념과도 다른 관념을 바탕으로 하고 있다. 그래서 필자가 보기에 수운이 지향한 이상향은 신선과 같은 존재를 추구하는 도교적 관념과 제도적 윤리적 규범에 있어서는 유교적 사상을 수용하여 형성된 것이다.

　증산은 세상을 바꾸어 조화로운 이상세계를 추구하는 방법을 수운에 있어서 자연적 우주의 섭리인 '무왕불복'의 순환적 역사관으로 보지 않고, 미륵이자 옥황상제의 현신인 자신의 권능으로 지상천국인 '용화선경'을 건설하고자 했다. 이에 대하여 증산은 "옛 일을 이음도 아니요 세운(世運)에 매여 있는 일도 아니요 오직 내가 처음 짓는 일이라"고 했다. 다시 말하자면 세운에 매어 있고, 다가올 일을 수운의 '무왕불복'의 순환적 개념으로 본다면 오직 증산 자신이 짓는 일을 상제인 본인의 권능으로 가능하다는 것으로 결론지을 수 있다. 이와 같은 권능을 증산은 '중통인의'라고 표현했으며 이를 바탕으로 구현할 이상세계를 천계, 지계, 인계라고 하는 삼계의 공간에서 통괄적으로 전개되는 세상으로 묘사했다. 이와 같은 공간의 설정 배경에는 도교와 불교적 관념이 수용된 것으로 볼 수 있다.

수전의 이상세계인 태평천국은 두 가지 의미를 내포하고 있다. 하나는 지상에서 천국을 건설하여 이상세계를 향유하는 것으로 상제교에서 태평천국이라는 국가체제까지 연결된 일관된 이상향을 의미한다. 그러므로 이는 '천하일가'의 지상천국으로 만민평등이 실현될 이상적인 세계이다. 그러나 이러한 세계는 농업을 산업의 기본으로 하는 봉건적 생산력과 생산관계의 구조를 탈피하지 못한 채 원시공동체로의 회귀적 성격을 지닌 이상향이라는 한계를 지니고 있다. 다른 하나는 사후에 가게 되는 타계의 공간에 대한 설정으로 천당의 영복이 주어지는 세계이다. 이러한 타계공간에 대한 설정은 기독교의 영향을 받은 면도 있지만 지상천국 건설을 위하여 노력한 사람들에게 살아서 이루지 못할지도 모르는 상황에 대한 희망을 또 다른 타계공간의 설정으로 연관시키려는 종교적 의도로 나타난 것이다.

장소의 이상세계인 대동은 수운의 경우와 유사하게 지상의 현실적 공간에서 형성될 이상향으로 인식되고 있다. 장소는 다른 사상가들보다 더 현실적이고 구체적으로 지상에서 이상세계를 추구하고 있으며 이를 실현시킬 구체적인 방안을 내놓고 있다. 장소는 유교, 불교, 도교의 사상에 내재된 장점을 수용하고 서구 민주주의의 이론적 토대가 된 제반 사상을 받아들여 자신만의 특이한 이론을 통한 이상세계의 공간을 설정했음을 알 수 있다. 장소가 지향한 이상세계는 고도의 과학기술을 수반한 완벽한 정신문명이 조화를 이룬 세상으로 묘사되고 있다. 그러나 "공자의 태평세와 부처의 연화세계와 열자의 담병산(甔甀山)과 토마스 모어의 유토피아는 실재하는 것으로, 공상이 아니다."[95]라는 언급을 통해 장소의 이상세계에 대한 시공관(時空觀)의 의미가 현실세계에만 국한된 것이 아니라고 추측할 수 있다. 그러나 '대동서' 전반을 통해서 알 수 있는 장소의 이상세계는 현실적 실현을 목적으로 하고 있다고 볼 수 있다.

수운, 증산, 수전, 그리고 장소의 이상향에 대한 공간개념을 비교 고찰해보면 현실세계를 변화의 주된 공간으로 인식하고 현실적 공간을 이상세계의 주된 공간으로 형성하려는 점에 있어서는 네 사상가의 견해가 유사하다. 그러나 이상세계가 실현될 공간적 범위에 있어서 증산과 장소는 전 지구적 공동체를 지향했으며 이를 주도하고 통치할 장소로 증산은 '조화정부(造化政府)'를 장소는 '공정부(公政府)'에 대하여 언급하였다. 그리고 증산은 이를 확장하여 천계(天界), 지계(地界), 인계(人界)라고 하는 삼계(三界)의 소통된 공간개념을 언급하였다. 그러나 수운은 이상향에 대한 공간적 범위를 구체적으로 묘사하지 않고 도덕적 이상세계의 도래에 대해서 추상적인 언급에 그쳤다. 마지막으로 수전의 이상적 공간은 지상의 천국을 묘사함에 있어서는 구체적이고 현실적이지만 그 범위가 중국에 한정되어 있다. 또한 더 확장된 세계에 대해서는 원래부터 유일신인 황상제가 땅을 분할해준 그 경계를 잘 지키라고 했으나 영역에 대한 기준이 모호하고 주관적이어서 구체적인 서술이 부족하다.

---

95) 『大同書』 「乙部」

2) 유토피아 실현의 시간개념(時間槪念)

이상세계를 향하여 현실세계를 변화시킬 시기에 대해서 수운은 '무왕불복'의 순환적 역사관에 의한 '후천개벽'이라는 시간적 마디를 관건으로 생각하고 있다. 그러므로 이상세계가 순환적 역사의 필연성에 의해 도래할 것으로 예상되지만 이러한 시기를 조절할 수 있는 것은 인간의 노력에 달려 있다고 주장한다.

이와 달리 수전의 경우는 기독교적 직선적 역사관을 수용한 중국화된 기독교의 교리인 상제교의를 통하여 유일신 상제의 명을 부여받은 자신과 이를 추종하는 부류의 사람들이 당대에 실현할 수 있는 것으로 확신했다. 그러므로 수전에 있어서 태평천국의 실현 시기는 당대에 현실적 상황을 극복함으로써 성취해야 할 당면과제였다.

증산은 자신의 '천지공사'에 의해 다가올 이상세계의 시기에 대해 '시유기시(時有其時), 인유기인(人有其人)'의 논리를 편다. 이는 '때는 그때가 되어야 하고, 사람은 그 사람이 되어야 한다.'는 것으로 시기와 상황 그리고 이에 부합하는 사람의 인연에 의해 이상세계가 실현될 것으로 확신했다.

이는 천지개벽의 더딤을 불평한 제자에게 "모든 일이 욕속부달(欲速不達)이라. 마음을 평안케 하여 유치(幼稚)를 면하라."[96]고 한 내용이나 "인사(人事)는 기회(機會)가 있고 천리(天理)는 도수(度數)가 있나니 그 기회를 지으며 도수를 짜내는 것이 공사의 규범이라. 이제 그 규범을 버리고 억지로 일을 꾸미면 이는 천하에 재앙을 끼침이요 억조의 생명을 빼앗음이라. 차마 할 일이 아니다."[97]라고

---

96) 『대순전경』 6장 147절

한 내용에서 잘 드러난다. 그러므로 증산은 구체적 시기는 밝히지 않았으며 자신의 구상한 계획과 이에 부합하는 상황이 되었을 때 새로운 역사가 전개될 것으로 확신했다.

장소는 특정한 시기를 언급하지 않고 "점차 봄과 같은 태평세월을 볼 수 있나니, 하나하나 그 모두가 '꽃 세계'로 변하고, 사람마다 부처의 육신으로 나타나니 대동이 바로 나의 길이로다."[98]라고 하여 대동세계의 실현시기가 점차 이루어진다는 추상적인 표현을 하였다. 더 구체적인 표현으로 "뜻밖에 35년이 지난 오늘, 국제연맹이 설립되었으니 '대동'을 실행함을 친히 볼 수 있게 되었도다."[99]라고 하여 유엔연합의 창립을 보고 자신이 구상한 '공의정부(公議政府)'의 전조가 국제연합의 설립으로부터 시작되는 것으로 확신했다.

그러므로 장소는 대동세계의 이상이 시작되었다고 보았으나 결과적으로 완벽한 세상의 현실화에 대한 구체성에 대해서는 언급하지 않았다. 삼세의 진화는 시세에 따라 자연스럽게 추진(推進)되어야 하며 일시에 억지로 밀고 나갈 수 없다고 하여 혁명과 역사에 있어서 질적비약(質的飛躍)을 반대하였다. 이에 대하여 장소는 무릇 겨울의 추위로부터 여름의 더위까지는 반드시 봄의 온화함을 거쳐야 이를 수 있고 평원으로부터 산령을 거쳐야 이를 수 있다고 하였다.

네 사람이 추구한 이상세계의 실현 시기를 비교해 보면 네 사람 모두 지상천국이 실현될 시기를 당래할 현실의 문제로 보았지만 구체적인 시기에 대해서 언급하지 않은 점과 그 실현의 빠름과 늦음

---

97) 『대순전경』 2장 42절
98) 『大同書』 「序文」
99) 『大同書』 「序文」

이 인간의 노력에 달려 있다는 점에서 유사성이 있다. 그러나 수운은 '무왕불복'의 원형적 순환 역사관으로, 증산은 본인이 주도한 '천지공사'에 의한 계획대로, 수전은 직선적 역사관100)의 관점에서, 그리고 장소는 진화론적 역사관의 관점에서 이상세계의 시기를 확신했다는 점에 있어서 상이성을 지닌다.

이와 같은 유사성과 상이성을 지닌 이들의 사상은 언젠가 당래할 현실 속에 이상세계를 실현하려는 의지를 보이고 이를 실행하려고 한 점에 있어서 그 의의가 있다고 본다. 그리고 이러한 정신이 계속 전승되어 인류의 삶이 지금보다 더 나은 조화와 화평의 시공으로 열리길 기대했다.

3) 유토피아의 생사관(生死觀)

수운은 개벽 이후의 상황에 대한 삶과 죽음의 문제에 관해서 '하늘로부터 온 생명이 죽어서 하늘로 다시 돌아간다.'는 '환원(還元)사상'을 주장했다. 이는 우주에는 무궁한 영적실재가 있어 그것이 현

---

100) 수전은 천도가 부단히 운동 변화한다고 하여 "혼란한 것이 극도에 이르면 다스리게 되고 암흑이 극도에 이르면 광명이 오게 되는데 이는 하늘의 도리이다."(『原道聖世訓』, "而今尙可望哉！然而亂極則治, 暗極則光, 天之道也.")라고 하여 역사의 부단히 전화를 하는 가운데 부단히 앞으로 진화하여 '요박지세(澆薄之世)'를 거쳐 '공평정직지세(公平正直之世)'로 진화되며 또 '릉탈투살지세(陵奪斗殺之世)'를 거쳐 '태평지세(太平之世)'로 진화되는데 인류역사의 이 변화는 자연발생적으로 발생된 것이 아니고 이러한 전변은 그릇된 경향을 애써 바로잡으려는 정신기백에 의뢰해야 한다고 인정하였다.(주칠성, 『중국철학약사』, 신성출판사, 2005, p.239.)

현(顯現)했다가 다시 그 근본으로 돌아간다는 뜻이다. 그러나 한편으로 삶과 죽음의 경계를 초월하는 도교의 장생불사의 전통을 수용한 지상신선을 추구했다. 환원사상은 존재의 근간이 되는 원리이며 지상신선은 추구의 대상이라고 할 수 있다. 그러므로 수운에 있어서 기독교의 직선적 역사관에 입각한 개인의 구령은 중요한 문제가 아니었다.

수운의 생사관(生死觀)은 그의 신관(神觀)을 통해서 잘 드러난다. 수운의 신관은 범재신론(Panentheism)적 신관[101]으로 아리스토텔레스적인 서구 논리학이 벽에 부딪힌 모순율(矛盾律)과 배중률(排中律)을 극복한 '반대일치'[102]의 논리 위에 선 신관이다. 전통적인 신관에서 보면 '절대적'인 것과 '상대적'인 것은 신적 본성 속에서 모순개념이다. 뿐만 아니라 '존재로서의 신'은 '생성으로서의 신'과 모순되는 것으로 규정되었다. 그러나 수운이 이해하고 체험한 신은

---

[101] 범재신론은 모든 것이 신 안에 있다는 뜻으로 신은 모든 것(everything)보다 더 큰 존재라는 초월성과 모든 것 안에 신이 함께 한다는 내재성을 동시에 가지고 있다. 이 신관은 초월적인 신관과 내재적인 신관을 함께 아우르는 변증법의 합에 해당하는 신관이라고 해석되어질 수 있다. 그러므로 범재신론은 신은 자의적인 생존으로서 세계를 알고 있다. 그러면서도 신은 세계 속에 내재하며 영원무궁한 존재 자체이면서도 신적 상대성을 갖고 있는 시간적 생존이다.(김경재, 「최수운의 神개념」, 『동학사상과 동학혁명』, 청아출판사, 1984, p.127.)

[102] '반대일치의 원리'란 본래 중세기 니콜라스 쿠자누스(Nicolaus Cusanus, 1401-1464)에 의하여 강조된 진리체험 및 진리표현의 역설적 사실성을 나타내는 논리이다. 예를 들면, 자신이 무지하다는 것을 아는 사람은 사실 그것을 모른 사람보다 더 지혜로운 것이다. 그처럼 무한의식과 유한의식, 초월과 내재, 一者와 多者, 내재적 초월과 초월적 내재, 인격적 유일신관과 비인격적 범신관, 자율과 타율, 자력구원과 다력구원, 신중심중의와 인간중심주의 등등 서로 반대 대치되는 듯한 실재나 체험이 종교적 진리에서는 역설적 일치성을 지닌다는 원리이다. (임석진 감수, 『철학사전』, 이삭, 1983, p.144.)

존재의 근원이면서 동시에 인격적인 존재였으며 절대적인 영원한 무궁이면서 동시에 변화과정 속에 있는 상대적인 시간적 생성신(生成神)이기도 했다.103) 그러므로 수운의 생사에 대한 인식은 '환원사상'을 근저로 한 '불연기연'이라는 '반대일치'적 신관의 맥락에서 전개된 것으로 볼 수 있다.

증산이 추구한 이상세계인 용화선경의 생사에 대한 견해는 그의 제자들에게 외워준 도교의 '포두주(布斗呪)'와 비슷한 주문인 "내가 장생(長生)을 얻으려 태청(太淸)에 날아오르니."104)라는 구절에서 볼 수 있는 것처럼 장생을 얻을 수 있는 삶을 추구했음을 짐작할 수 있다. 증산은 사람의 삶과 죽음에 대한 문제를 인간존재의 본질적 관건에 해당하는 것으로 보았다.

그리고 증산사상에 내재된 장생불사의 도교적 수용은 '선경(仙境)'을 실현가능한 이상세계로 인식하여 묘사한 내용을 통해서 알 수 있다. 증산은 『중화경』에서 "사람이란 귀(鬼)와 신(神)이 모이는 처소이며 죽으면 혼백(魂魄)이라 하고 살아 있으면 정기(精氣)라 한다. 천지간에 공존하고 있는 것이 귀신(鬼神)이니라."105)라고 하여 귀신이라고 하는 개념을 혼백(魂魄)과 정기(精氣)의 공존개념으

---

103) 김경재, 「최수운의 神개념」, 『동학사상과 동학혁명』, 청아출판사, 1984, p.126.
104) 『천지개벽경』 「壬寅篇」 12章, "下訓하시니 我得長生飛太淸하니 衆星要我斬妖將이라. 惡逆催折邪魔驚이오 攝罡履斗濟光靈이라. 天回地轉步七星하니 禹步相催登陽明이라. 一氣混沌看我形하니 唵唵急急如律令이라."
105) "人者 鬼神之會也 人之虛靈智覺 無異於鬼神 人之始生 精與氣而已 … 鬼神 何爲而有狀 狀且無也 何爲而有情 曰 物者 具是形者也 魂止則物存 … 精者 魄也 耳目之視聽 爲魄 氣者 魂也 口鼻之呼吸 爲魂 二者 合而成物 魂也者 神之感也 魄也者 鬼之感也 合鬼與神 敎之至矣 死則謂魂魄 生則謂精氣 天地間 公共底鬼神." 『중화경』 4장

로 이해하고 있다. 이는 수운의 환원사상과 같은 맥락으로 인간존재의 본질을 환원하는 천지공존의 개념으로 본 것이다.

그러나 한편으로 『천지개벽경』에서 언급된 제례와 장례의 문화에 대한 내용인 '백골을 묻지 않고 장사지내는 것',106) '선천은 울면서 무덤으로 보냈으나, 후천은 천년을 살다가 하늘로 돌아가면 노래하면서 보낸다.'107)의 내용을 볼 때 후천 용화선경이 장생불사의 전통을 토대로 한 새로운 존재들의 생사관을 표방했음을 알 수 있다.108)

수전의 이상세계에서 보이는 생(生)과 사(死)에 대한 문제는 『권세양언』에서 천국에 대한 두 가지 해석에서 알 수 있다. 지상의 천국이 황상제를 경배하는 사람들이 거주하는 공간으로 상제의 뜻이 실현될 이상적인 세계를 지향하는 과정의 장소인 것과 달리, 천상의 천국은 "육체가 죽은 뒤, 영혼이 향수하는 참된 복과 관련된 장소"109)로 인간이 사후에 존재하는 공간적 개념을 나타내는 것이

---

106) 『天地開闢經』 「癸卯篇」 6장, "曰, 我世에 不埋白骨而葬之也니라."
107) 『天地開闢經』 「丙午篇」 1장, "弟子이 問曰, 仙世에 人이 以千年으로 歸天하면 何以乎잇가. 曰, 歌以送之하노라. 弟子이 問曰, 先天은 哭以送之하고 后天은 歌以送之하니 何以乎잇가. 曰, 無死無悲하면 何哭之有리오."
108) 증산의 生死에 대한 견해는 선천적 구조에서 본 생사관과 후천개벽 이후의 혼백의 존재에 대한 개념이 다르게 묘사되고 있다. 선천의 인간존재에 대한 生과 死의 구조를 "사람에게 魂과 넋이 있어 혼은 하늘에 올라 神이 되어 제사를 받다가 四代가 지나면 靈이 되고 혹 仙이 되며, 넋은 땅으로 돌아가서 사대가 지나면 鬼가 되느니라."(『대순전경』 3장 93절)라고 하여 魂魄의 존재개념을 한정지어 설명했다. 그러나 후천의 인간존재는 신선과 같은 존재이므로 '쇠병사장'이 선천의 그것과 다른 구조로 형성되므로 혼백의 존재개념이 다르게 된다고 했다.
109) 『勸世良言』 p.21. "天國指天堂永樂之福, 系善人肉身死后, 其灵魂享受之眞福地也."

다. 한편으로 '사람의 몸과 정신이 유일신 상제로부터 태어났다'[110]는 내용이나 '하늘과 사람은 하나이며 둘이 아니다'[111]는 내용은 생과 사의 고리가 모두 상제라는 통일적 존재와 공존하고 있는 것이다.

장소는 '대동서'에서 태어남과 삶 그리고 죽음에 대하여 '수태로부터의 괴로움'이 삶을 영위하는 존재의 괴로움의 원인으로 보고 있다. 또한 이로 인하여 차별화된 계급의 분류에 따른 운명적 괴로움을 맞이하게 된다고 하였다. 그러므로 수태로 인해서 정해진 운명이 삶의 과정에서 연속적으로 전개되므로 이것을 바로 모든 괴로움의 근원으로 간주하였다. 그래서 구계(九界)를 없앰으로 해서 수태로부터 시작될 괴로움을 막을 수 있다고 생각했다. 이는 장소가 지향한 대동세계가 '거고구락(去苦求樂)'의 이상세계를 추구하는 것과 맥락을 같이한다. 즉 구계를 없애는 것을 불평등으로 인한 차별의 요인을 제거하는 것과 같은 맥락으로 이해했으며 평등의 이상세계 실현의 토대가 된다고 생각한 것으로 보인다.

그리고 사람의 수명이 천이백 세에서 수천 백 세까지 늘어날 것이지만 '죽게 된 사람들은 기운이 다하여 죽는 것이므로 거기에 집착하지 말아야 한다.'[112]고 한 내용과 '신선사상의 장생불사는 인간이 가질 수 있는 사상의 극치인 것'으로 '신선술을 크게 융성시켜 모든 사람이 이것을 공부하게 되며 이것이 대동세의 보편적인 현상이다'[113]라고 함으로써 장생불사의 도교적 전통을 수용하고 있음을 알 수 있다.

---

110) 『勸世良言』 p.34. "由神天上帝賦予人身內的明悟, 記含, 愛欲之情也."
111) 『原道救世歌』 "天人一气理无二"
112) 『大同書』 「癸部」
113) 『大同書』 「癸部」

도교적 장생사상에서 한층 더 나아가 장소는 불교의 반야사상을 수용하여 '윤회에서 벗어나 무극의 세계에서 노닐게 된다. 마침내 사람은 태어나지도 죽지도 않고, 더하지도 않고 덜하지도 않는 경지에 이르게 될 것이다.'라고 하여 삶과 죽음을 초월한 절대의 경지를 '불생불멸(不生不滅), 부증불감(不增不減)'[114]이라는 불교의 공(空)사상과 결부시켜서 설명하고 있다.

네 사람의 생사관을 비교해 보면 수운, 증산, 장소는 장생불사의 신선사상을 수용하여 생과 사를 초월한 신선이라는 존재를 이상세계의 궁극적 존재양상으로 추구했다. 그리고 이를 모든 사람들의 보편적 존재원리로 실행시키고자 했다는 점에 있어서 생사관의 유사성을 볼 수 있다. 이와 같은 유사성 속에 상이성은 다음과 같다. 수운의 생사관이 '하늘로부터 온 생명이 죽어서 다시 하늘로 돌아간다.'는 환원사상을 토대로 했고, 증산의 경우에 있어서는 인간의 '생'과 '사'의 문제를 '정기(精氣)'와 '혼백(魂魄)'의 문제로 결부한 환원적 공존의 개념으로 보았다. 그리고 수전은 '하늘과 사람이 둘이 아니라 하나이다.'라는 명제를 근거로 생과 사의 고리가 상제라는 통일적 존재에 공존되어 있는 것으로 믿었으며, 장소는 초월적 경지

---

[114] '不生不滅'은 생겨나지도 않고 죽어 없어지지도 않는 眞如의 경계, 眞如란 우주만유에 보편한 常住不變하는 본체이니 '不生不滅'이란 진리의 본질을 나타낸 것이다. 진리는 생겨나지도 않고 죽어 없어지지도 않아서 시간과 공간을 초월하여 如如히 존재한다. '不增不減'은 더하지도 않고 덜하지도 않다는 말로, 본래성품 또는 부처의 지혜를 설명하는 말로 성품의 본체는 증감·구별의 상대가 끊어졌고 성품의 작용도 역시 증감이 없다. 부처의 지혜 곧 반야의 지혜는 우주에 가득찬 것이라 아무리 보탠다고 해서 더 많아지는 것도 아니요, 아무리 사용한다 해서 더 줄어드는 것도 아니다. 광대무변한 허공을 설명하는 말로 허공은 더 넓지도 않고 더 줄어들지도 않으며, 가운데와 변두리의 구별도 없는 것이다.(김승동, 『불교 인도사상사전』, 부산대학교 출판부, 2001, pp.702-729.)

인 '불생불멸, 부증불감'의 진여(眞如)의 경계를 생과 사를 초월한 이상적 단계로 생각하고 이와 같은 세상이 도래할 것이라는 확신을 했다.

V. 유토피아를 향한 실천윤리와 의의

수운, 증산, 수전, 그리고 장소는 현실세계에 대한 인식과 이에 따른 비판정신을 토대로 기존사회의 문제점이 해결된 대망의 이상세계를 구상함에 있어서 기성종교인 유·불·도를 수용·비판함으로써 이를 체계화했다. 이에 따른 추상적이고 관념적인 요소들이 현실적인 상황에서 실천적이고 구체적인 방법론을 제시하는 데 바탕을 이루는 사상적 구심점으로 작용하게 된 것을 볼 수 있다.

　자유·평등·정의·풍요와 같은 사회적 이상(social ideals)들의 완전성에 대한 비전을 제시하는 희망의 원리인 동시에 희망의 정신으로서 유토피아사상은 도달 불가능할 것 같은 이상들에 대해 그 실현을 위한 수단과 제안을 제시할 뿐 아니라 실천적 행동을 자극하고 영감을 부여함으로써 실현의 가능성을 열어준다.[1] 이상세계를 향한 실천적 윤리가 수운, 증산, 수전, 그리고 장소에 있어서 평등이념, 정치이념, 교육이념으로 드러난다. 이들은 실현가능한 이념을 제시함으로써 타계의 시공이 아닌 현실에서 유토피아를 실현하고자 노력했다.

　유토피아적 원리와 이상들은 비록 실현될 수 없다 할지라도 그것들은 우리로 하여금 참된 것이 무엇인지 이해하게 하고 내재적 진리의 성격을 이해하게 한다. 유토피아적 사회이상은 기존 사회제도와 사회상황의 결점, 비정상성, 도착현상 등을 확인해볼 수 있는 규범

---

[1] 박호강, 『유토피아 사상과 사회변동』, 대구대학교 출판부, 1998, p.22.

을 제공하되 근접해야 하는 완전한 기준을 부여한다.2) 그러므로 이들은 기존의 사회가 지닌 불합리하고 모순된 부분들을 개혁하여 새로운 질서를 확립하고자 하였다. 수전은 이상세계의 종교적 정치적 이념을 현실 속에 실현하고자 노력했으며, 가까운 시일 내에 이상세계의 현실화 가능성을 갈구한 수운과 장소의 경우를 볼 수 있다. 그러나 이상세계의 도래를 거시적인 관점에서 제시한 증산은 이상세계에 대한 묘사를 구체적이고 세밀하게 언급하였으나 그 시기에 대해서는 '시유기시(時有其時), 인유기인(人有其人)'의 논리를 폈다. 이들은 이상적 세계가 막연한 때가 되어 도래하는 것이 아니라 실존하는 인간의 노력에 의해 정해지는 가변적인 것으로 생각했다.

이들은 기존세계의 사회문제를 인식하고 이를 실현하기 위한 새로운 비전을 제시하였다. 사회 변혁적 대망으로서의 이상세계에 대한 실천적 윤리는 앞에서 논의된 기성종교의 수용과 비판을 통한 통합관념을 통하여 그 맥락을 이해할 수 있다. 수용과 비판을 통한 기성종교의 통합관념인 수운의 '천도(天道)', 증산의 '신도(神道)', 수전의 '원도(原道)', 그리고 장소의 '대동(大同)'이 곧 이상세계를 지향하는 대표적 개념이다. 그리고 이와 같은 개념이 대망의 이상세계를 구현하는 근본적인 원리가 된다고 본다.

그러므로 필자는 이와 같은 통합관념을 가장 잘 함의한 개념을 수운의 '천도(天道)'에 상응하는 '시천주(侍天主)', 증산의 '신도(神道)'에 상응하는 '중통인의(中通人義)', 수전의 '원도(原道)'에 상응하는 '천하일가(天下一家)', 그리고 장소의 '대동(大同)'에 상응하는 '원기론(元氣論)'으로 설정하고자 한다. 이들은 기성종교가 지닌 사

---

2) 박호강, 앞의 책, p.25.

상의 다원성을 수용하는 가운데 이와 같이 다원화된 종교와 사상의 원형을 전통에서 찾으려 하였으며 이를 바탕으로 미래지향적 이상세계를 제시하였다. 그래서 이러한 통합적 종교 관념에 내재된 평등의 이념, 도덕정치, 이상교육을 통하여 다가올 이상세계의 실천적 윤리에 대한 의의와 한계를 고찰해 보고자 한다. 여성해방과 남녀평등의 문제는 위의 네 사람이 이상세계 실현을 위한 선행과제로써 크게 비중을 두고 강조한 부분이다. 기존세계가 지닌 문제점 중 가장 시급하고 근본적으로 해결해야 할 것을 여성의 문제로 본 것은 위 네 사람에 있어서 공통된 부분이다. 정도나 방법의 차이는 있지만 여성해방과 남녀평등을 선결과제로 생각한 것은 이들의 이상론에서 일치하는 부분이다.

1. 실천윤리의 바탕이 된 사상

　수운, 증산, 수전, 그리고 장소는 평등이념, 도덕정치, 이상교육을 통하여 이상세계를 향한 가치를 실현하려고 하였다. 수운은 '천도(天道)' 정신을 대표한 '시천주' 사상을 기저로 하여 새로운 세상의 원리와 제도를 확립하려고 하였다. 수운은 주자학이 가지는 철학적 이원론과 사회-정치적 신분제 질서를 동학의 '도덕적 평등주의'를 통하여 극복하고 일련의 사회-정치적 운동을 통하여 극복하였다.[3] 반주자학적 수운의 사상이 집약되어 표출된 것이 '시천주' 사상이다.

　증산은 주역의 '천존지비(天尊地卑)'의 관념에 따른 존재의 불평등관을 비판하고 '정음정양(正陰正陽)'의 가치에 근거한 천지개조를 주장하였다. 그러므로 이러한 과제를 '천지공사'라는 제의적 행위를 통한 '해원공사'를 함으로써 해결하고자 하였다. 이의 결론이 증산이 주장한 '신도(神道)' 정신을 대표한 '중통인의'의 인존관이다. 증산은 '중통인의'의 인존사상을 토대로 하여 평등한 이상세계를 구현할 현실적 제반 사항들을 제시하였다.

　수전은 '원도(原道)' 정신을 대표한 '천하일가' 사상을 통한 평등의 이념을 종교적 정치적 방법을 통하여 실현하고자 하였으며 이를 도덕정치, 이상교육이라는 이상세계의 원리에 부합하는 현실을 구현하려고 하였다. 장소는 전통적인 '대동사상'을 계승하여 통합적

---

3) 오문환, 「동학의 도덕적 평등주의」, 『동학과 동학경전의 재인식』, 신서원, 2001, p.206.

'대동(大同)' 정신을 대표한 '천하위공'의 평등세상을 현실정치를 통하여 실현하고자 하였다. 그러므로 원기론(元氣論)을 바탕으로 한 천하위공의 평등관이 교육, 정치, 경제이념에 적용되어 새로운 사회제도의 이념으로 확립되기를 기대했다.

1) 최제우의 시천주(侍天主)

수운이 주장한 시천주 사상은 '지기일원(至氣一元)'과 '천인합일(天人合一)' 사상을 바탕으로 형성된 것이다. 수운은 우주와 만물이 모두 '지기(至氣)'로써 만들어진 것이라고 보았다. 그는 '지기'에 대하여 형체도 없고 보이지도 않으면서 모든 사물을 낳고 지배하는 힘이라고 설명하였다.[4] 수운의 시천주 사상의 원형은 '천도(天道)'이다. 수운에 있어서 종교적 통합개념인 '천도'는 내유신령(內有神靈)과 외유기화(外有氣化)의 개념을 포함한 삼교분립 이전의 원형으로의 개념이다. 이 '천도'의 사상을 가장 잘 표현한 개념을 '시천주'라고 볼 수 있다.

수운 이전에도 동양사상에는 천인합일사상이 있었으나, 수운 이전까지의 모든 천인합일사상은 '천(天)'에 중심과 무게를 두어 '인

---

[4] 수운은 지기로 만들어진 만물 가운데서 오직 '天'과 '人'만은 '최고의 신령한 존재'이므로 다른 사물의 지기와는 달리 서로 감응하여 하나로 기화할 수 있다고 주장하였다. 이것이 그의 독특한 '至氣一元論'이라고 볼 수 있다. 또한 '天'과 '人'은 모두 신령성이 있고 지기로 만들어져 있으므로 서로 감응하여 신령한 지기의 기화를 매개로 해서 하나로 합쳐지는 것이며, 사람이 명덕을 더 발휘하면 이 천인합일의 신령한 지기의 상태가 되어 지극한 성인의 경지에 이를 수 있는 것이라고 주장하였다.(오문환, 앞의 책, p.108.)

(人)'이 '천(天)'에 매몰되는 천인합일이었다. 수운의 위대한 독창적 발견은 반대로 '인(人)'에 중심과 무게를 두어 '천(天)'이 '인(人)' 안에 들어오는 인간중심적 천인합일사상을 정립한 점에 있었다. 수운의 '인(人)' 안에 '천(天)'이 들어오는 새로운 인간중심적 천인합일사상은 바로 "사람이 하느님(천주)을 몸과 마음 안에 모시고 있다."5)는 시천주사상을 정립케 하였다. 즉, '시천주' 사상은 모든 인간이 자기의 몸과 마음속에, 궁극적으로는 마음속에, 각각 하느님을 담아 모시고 살고 있다는 새로운 획기적 사상이 정립된 것이었다. 시천주사상은 동학사상의 핵심을 이루는 것이며, 수운 득도의 본질을 이루는 것이었다. 수운은 그의 '천인합일'과 '시천주' 사상에 기초하여 "사람은 곧 하느님이다."라는 '인시천' 사상을 정립하였다. 여기서 수운의 '천도'는 기존의 '천도'와 용어는 같으나 그 개념이 다른 '인본'의 '천도'로 볼 수 있다.

수운의 '시천주' 사상은 동학의 정체성을 밝혀주는 가장 중요한 사상인 동시에 조선조 봉건사회의 신분 질서를 부정하면서 모든 인간은 한울님을 모시고 있는 존재로서 모두가 평등하고 귀한 존재라는 것을 힘없는 민중에게 일깨워주고 희망을 주었던 생명사상이다.6) 그러므로 수운의 '시천주' 사상은 반봉건적 이념을 함의하고 있다고 본다. 수운은 '시천주' 사상의 보편화를 통한 정치, 경제, 사회 전반에 걸친 개벽정신의 확대로 근대의 문제를 극복하여 더 나은 이상세계로 지향하려는 의지를 보이고 있다. 이를 통해 수운이 '시천주' 사상을 토대로 하여 이상세계를 향한 실천적 윤리인 평등이념,

---

5) 『용담유사』 「교훈가」
6) 이경숙 외, 『한국 생명 사상의 뿌리』, 이화여자대학교 출판부, 2001, p.79.

도덕정치, 그리고 이상교육을 지향하였다고 볼 수 있다.

2) 강증산의 중통인의(中通人義)

증산의 실천윤리는 '중통인의'를 바탕으로 한 '인존사상'을 실현하는 것이다. 증산의 '인존사상'은 종적 지배질서를 주장하는 성리학적 체제를 부정하고 만민이 평등하다는 평등관인 인간존중 사상이다. 증산의 인존사상은 동아시아 전통의 봉건적 지배질서를 전적으로 부정하여 남녀평등에서 신분의 평등, 경제의 평등에 이르기까지 획기적인 전면적 변화를 주장하였다. 증산은 그의 인존사상을 '중통인의'를 이룬 존재들에 의해 영위되는 조화로운 세상으로 표현하였다. 증산이 주장한 '중통인의'는 기존의 세계에 존재하는 모든 인간 존재의 상위적 평등개념을 나타내는 것으로 실천윤리에 그대로 적용하여 이상사회인 '용화선경'을 형성하고자 했다.

증산의 '중통인의'는 종교적 통합개념인 '신도'와 그 맥을 같이 한다고 볼 수 있다. '원시반본'의 원형으로서 '신도'를 모든 종교의 원형사상으로 이해한 증산은 이 통합개념을 전제로 한 평등이념과 정치, 교육이념을 현실세계에 반영하려고 하였다. 증산의 '신도' 정신을 원고(遠古)로의 단순한 복귀가 아니라 이상세계 지향의 연맥을 원형에 의하여 전개하려는 것으로 보아야 한다.

그러므로 증산은 모든 법을 합하여 쓸 수 있는 '신도'라는 원형적 통합정신을 실천윤리의 바탕으로 보았다. 이 '신도'의 정신을 토대로 '인존사상'의 실천적 관건인 '중통인의'의 실현이 현실적으로 구체화될 때 증산이 말한 이상세계가 실현되는 것이다.

증산이 주장한 평등사상은 후천개벽이라는 물질적, 정신적 변화를 거친 이후에 새롭게 펼쳐질 이상세계에 부합되는 논리임과 동시에 그 과정에 있어서도 끊임없이 적용되어야 할 이념이라고 볼 수 있다. 평등사상은 또한 도덕정치와 이상교육에 있어서도 그대로 적용되어 전승해야 할 핵심적 가치이다. 증산의 실천윤리의 현실적 방안인 이러한 이념들은 '신도'의 정신을 기저로 한 '인존사상'을 구체화시키는 방법론에 해당한다.

3) 홍수전의 천하일가론(天下一家論)

태평천국의 기저를 이루는 사상은 상제 경배를 토대로 한 '천하일가' 사상이다. 태평천국의 상제는 천지만물의 창조자이기 때문에 모든 사람은 상제의 자녀이며 평등해야 한다는 것이다. 천지만물이 상제의 일원지기(一元之氣)를 받아서 태어났으며 상제가 천지만물을 창조하여 인간에게 생존할 수 있는 조건을 부여하였으므로 천하가 일가로서 상제를 경배하며 살아야 한다는 것이다.

> 인간의 육신으로 말하자면 각자 부모가 따로 있지만 영혼으로 말하면 … 모두가 상제의 일원(一元)의 기(氣)를 품부 받아 생겨나게 된 것이니, 이것이 소위 하나의 근본이 흩어져 만물이 되고 온갖 만물은 모두 그 하나의 근본으로 되돌아가게 된다는 것이다.[7]

---

[7] 『原道覺世訓』, "自人肉身論, 各有父母姓, 若自人靈魂論, … 皆稟皇上帝一元之

수전은 그의 이상세계를 지향함에 있어서 이러한 '천하일가론'을 바탕으로 하여 구체적 실천윤리인 평등이념, 도덕정치, 그리고 이상교육을 제시하였다. 그리고 수전의 실천윤리는 수전의 종교적 통합관념인 '원도(原道)'와 같은 맥락에서 이해할 수 있다. 수전의 '천국'은 기존의 기독교적 '천국'과 다르며 일반적 이상세계인 '천국'과도 다른 개념이다. 수전의 '천국'은 기존의 기독교의 천국과 중국 전통의 이상세계인 '대동세계'의 세계관이 결합된 새로운 개념의 천국이다. 수전은 이와 같은 '천국'의 개념을 현실세계에 적용하여 사회개혁과 체제변혁의 견인차 역할을 하려고 한 것으로 보인다.

수전이 말한 '천국'은 중국 전통의 이상향인 '대동'의 개념을 전승한 흔적이 강하게 나타난다. 기독교의 선전물인 『권세양언』을 참고로 하였으나 태평천국의 '천국'의 개념에는 중국 전통의 '태평'과 '대동'의 관념이 내포되어 있는 것으로 보인다. 모든 사람이 상제의 자녀로 형제자매라는 생각은 일찍이 수전이 『권세양언』을 읽고 구세의 진리를 추구하기 시작하면서 제시되었다.[8]

결론적으로 수전의 '천하일가' 사상에 내재된 실천윤리는 반봉건적 평등주의를 토대로 한 도덕정치, 이상교육을 실현함에 그 의의가 있다. 수전의 실천윤리는 종교적 통합개념인 '원도'의 정신을 지상에 실현하기 위한 구체적 방법론을 평등이념, 도덕정치, 이상교육을 통하여 실현하려고 한 것이다.

이와 달리 수전은 합리적인 통치수단을 구현해내지 못하고 신탁

氣以生以出, 所謂一本散爲萬殊, 萬殊總歸一本"
8) 최진규, 『태평천국의 종교사상』, 조선대학교 출판부, 2002, p.64.

에 의존한 태평천국의 지도자로서 그 한계를 남기고 있다. 그러나 봉건적 체제하에 온갖 압제와 수탈을 당해왔던 사람들의 인권을 통치의 주체들과 동등하게 보장하고 절대적 권위를 지닌 상제의 일가로서 살게 하려는 의지를 보인 면에서는 높게 평가할 만하다.

4) 강유위의 원기론(元氣論)과 서구사상

장소의 이상세계를 묘사하는 대표적인 텍스트인 『대동서』는 공양삼세설(公羊三世說), 예운(禮運)편의 대동소강설(大同小康說)을 기초로 하여 불교의 자비평등설, 루소의 천부인권설, 기독교의 평등자유설, 유럽의 사회주의 학설, 무정부주의, 옌푸에 의해 소개된 진화론 등이 절충되었다. 그리고 『대동서』는 형식과 내용에서 대동사상과 공양삼세설을 뼈대로 한 중국적 전통적인 것 안에 서양적 근대적인 것을 포섭하는 형태를 취하고 있다. 그러므로 장소의 대동사상은 근대적인 것을 섭취하고 이것과 일정한 타협을 이루면서 중국적 전통적인 것을 재조직함으로써 형성된 것이다.9)

---

9) 강유위는 열강의 침략으로 나라가 망국의 위기에 빠진 상황 속에서 서양의 문명, 즉 근대 과학, 민권론 등으로부터 자극을 받고 전통 사상을 재조직함으로써 개혁의 원리를 만들었다. 이런 개혁의 원리가 본질적으로 왕조 체제를 근대적으로 수정함으로써 그 존속이나 강화를 의도한 것인지, 아니면 입헌군주제와 민권을 제시함으로써 근대적인 정치 체제를 수립하려 한 것인지에 대해서는 연구자들의 의견이 일치하지 않고 있으나, 어쨌던 '대동서'에서 분명히 엿볼 수 있는 것은 강유위가 청말 신구 교체기의 사상 면모와 계급 성격을 뚜렷하게 보여준다는 점이다. 강유위는 앞에서 말한 세계가 인류 진화의 궁극이라고 말하고 있으면서도, 현실적으로 당시 중국 상황에서 어떠한 방법으로 그것을 이루어낼 수 있는가에 관해서는 어떤 구체적인 이론도 제시하지 않고 있다. 그러나 이 모든 결점에도

장소는 서양 사상을 체계적으로 비판하거나 또는 중국 전통사상으로의 단순한 회귀를 통해서 이에 대응하는 방법을 찾지 않고, 오히려 서양 사상을 이용한 중국 전통 사상의 재해석, 재구성을 통해 그 방법을 찾았다. 결론적으로 『대동서』에 나타난 장소 사상의 특징은, 전통에 대한 근본적 자기비판이라는 문제를 남겨놓기는 하지만, 현실 대응을 위해 몇 천 년간 내려온 유교 자체를 과감하게 수정하고 다시 해석해낸다는 데 있다. 더욱이 그의 사상은 전통에서 근대로 나아가는 과도기 사상으로서, 유교자체의 존재 근거를 뿌리째 흔들 만큼 이후에 근대 사상이 전개되는 데 큰 영향을 끼쳤다.10)

『대동서』를 구성하는 다양한 내용의 사상들이 있지만 장소 사상의 특징을 포함하여 장소의 이상세계관의 기저를 함축하여 말하자면 자유·평등·박애를 내용으로 하는 '서구 민주주의' 이론과 대동사상의 기초를 이루는 '원기론(元氣論)'이라고 볼 수 있다. 그러므로 장소는 '원기론'을 토대로 한 '본성론(本性論)', '삼세진화론(三世進化論)'을 중심으로 평등이념, 도덕정치, 그리고 이상교육을 실현하고자 했다. 장소는 『대동서』를 통하여 이상사회의 구체적인 내용을 묘사했으며 이러한 이상사회가 가까운 장래에 실현될 것으로

불구하고 강유위의 대동사상이 그때 상황에 안주하지 않고 사상적으로 낙관적 신념과 전망을 제시함으로써 계몽적 진보적 역할을 한 점은 그 누구도 부정할 수 없다. 특히 대동서 속에 드러나는 여성해방의 입장이라든가 가족제도의 부정과 같은 서술은, 물론당시 중국 상황에서 방법으로나 현실로나 그것이 얼마만큼 실천적인 것으로 이루어질 수 있는지에 대해서는 의심이 가는 점이 없지 않지만, 유교 도덕원리의 근간인 공순(恭順)의 원리를 외형적으로나마 부정한 것이라는 점에서, 몇 천 년간 지속되어 온 구습에 대한 대항의 상징이라 볼 수도 있을 것이다.(조경란, 『중국 근현대사상의 탐색』, 삼인, 2003, pp.29-30.)

10) 조경란, 『중국 근현대사상의 탐색』, 삼인, 2003, pp.28-30.

확신하였다.

원기론을 토대로 형성된 장소의 우주론은 삼세진화론과 더불어 변혁의 철학적 기초를 이루는 중요한 요소이다. 그는 기의 작용을 우주의 생성으로부터 파악하려고 하였다. 그가 구상한 이상세계는 전 세계의 국가를 통합한 민주적인 단일정부를 수립하려는 것이므로 이를 뒷받침하기 위한 논거로서 지구가 은하계의 작은 유성에 불과함을 강조하였다고 해석할 수 있다.[11]

> 만물은 근본이 하나이니 피차에 경계가 없다. 천(天)과 인(人)은 기(氣)를 같이하니 내외(內外)의 구분이 없다. 그러므로 물(物)은 기(己)이며 기(己)는 물(物)이요, 천(天)은 인(人)이며 인(人)은 곧 천(天)이다.[12]

만물을 동일한 근원을 가진 동류(同類)라고 볼 때 거기에는 어떠한 구별이나 차별이 있어서는 안 된다는 것이 그의 논리이다. 이와 같은 논리에 따라 그는 모든 인간이 평등함을 주장하였다. 그의 평등론은 이러한 철학적 기초 위에서 전개되는 것이다. 그가 '대동서'에서 주장하고 있는 계급제도의 폐지, 남녀차별의 철폐 등은 이러한 기초 위에서 형성된 것이다.[13]

장소의 대동사상은 유가사상을 근간으로 하여 도가사상, 묵가사상, 불교사상 및 서구사상의 영향을 받은 복합적인 사상으로[14] 중국

---

11) 최성철, 『강유위의 정치사상』, 一志社, 1988, pp.66-67.

12) 최성철, 앞의 책, p.67.(재인용)

13) 최성철, 앞의 책, p.68.

14) 양계초, 『南海康先生傳』, 飮氷室文集 제3책 권6, 대만중화서국, 1978.

에서는 고대로부터 전래되어온 유토피아사상이다. 대동사상의 연원은 극히 오래된 것으로 요·순 황제 시대로부터 현대 중국에 이르기까지 일반화된 그들의 이상이라고 할 수 있다. '대동'은 차별을 두지 않고 동화하여 천·지·인이 일체가 됨을 뜻한다.15) 장소가 지향하는 대동세계는 전 인류가 고통으로부터 해방되어 행복한 삶을 누리는 이상세계이다. 이러한 이상세계를 이루기 위한 과정이 평등이념과 교육, 정치이념에서 구체적으로 드러난다.

---

pp.69-70.
15) 최성철,『현대정치이론과 현상』, 홍익제, 2007, p.9.

2. 평등이념

　수운, 증산, 수전, 그리고 장소의 사회 변혁적 사고로서의 이상세계관을 실천적 윤리로 적용하는 관점에서 이들의 평등주의를 신분의 평등, 국가 민족의 평등, 경제의 평등으로 구분하여 논하고자 한다. 이에 앞서 평등의 원칙을 기준으로 살펴보면 자연으로부터 물려받은, 그리하여 인간의 의지로 어떻게 되돌려놓을 수 없는 부분을 제외하고는 모든 면에서 인간은 동일해야 한다는 믿음에 뿌리를 두고 있는 절대적 평등주의와, 사회적 차별을 피할 수 없는 것으로 받아들이는 입장인 상대적 평등주의적 관점에서 고찰해 볼 수 있다.

　절대주의적 평등은 획일성(uniformity), 일체성(identity), 동일성(sameness) 등으로 볼 수 있으며, '일체의 차별', 일체의 '사회적 불평등'을 거부한다. 그러나 상대적 평등주의는 능력, 업적 등의 차이에 따라 그 사회적 보상도 달라야 한다는 태도이며, 단지 '특권적 차별'을 거부한다. 따라서 필요하고 정당화될 수 있는 사회적 불평등은 있을 수 있다고 믿는다. 바로 이러한 평등 개념의 이중성이 실제로 평등 실천의 이중성 전략을 빚어내는 것이다.

　이는 곧 다양성 속에서 평등의 실현을 꾀하려는 자세와, 이미 이 다양성 자체 속에서 불평등의 씨앗을 찾아내려는 태도 사이의 갈등으로 드러난다. 평등은 이론과 실천에서 똑같이 양면적인 속성을 유감없이 드러내고 있다.16) 그러므로 수운, 증산, 수전, 그리고 장소의 경우에 있어서도 그들이 지향하는 대망의 이상세계를 현실 속에서 구현하려는 점에 있어서는 양면적인 속성에 대한 적용의 문제점이 드러난다고 할 수 있다.

네 명의 경우에 있어서 평등주의는 절대적, 상대적인 면을 동시에 내포하고 있는 평등주의로 볼 수 있다. 왜냐하면 수운의 '인본주의', 증산의 '인존주의', 수전의 '만민평등', 그리고 장소의 '천부인권' 사상의 바탕이 되는 '시천주', '중통인의', '천하일가론', '원기론'을 통해서 절대적 평등주의의 근거를 찾을 수 있다. 그러나 이들의 주장을 현실적 실천적 윤리에 적용하고자 했을 때는 이상세계 실현의 과도기적 상황에서 상대적 평등주의적 관점을 수용하고 있음을 알 수 있다.

수운의 평등주의는 '인(人)'이 내재적으로 '천(天)'을 모시고 있으므로 그 근본에 있어서 절대적으로 평등하다는 것이다. 그러므로 '시천주'의 정신을 깨닫게 된 존재들로 구성된 이상적 지상선경을 지향하였다. 증산은 원래 평등한 존재인 사람들이 잘못 짜여진 '천지도수'에 의하여 불평등의 속박에서 벗어나지 못하고 있으므로 자신의 권능인 '천지공사'로 해결하고자 했다. 이에 대한 구체적인 방법이 '중통인의'의 경지에 도달하는 것이다.

후천의 이상세계가 오면 모든 사람들이 '중통인의'를 이룬 존재가 되어 지상선경을 이룬다고 확신하였다. 수전은 모든 백성이 상제의 자손인 '천하일가'임에도 불구하고 요마로 인하여 불평등한 존재로 전락하게 되었다고 주장하였다. 그러므로 '천부상제'의 자손들은 절대적으로 평등하다는 것이다. 이러한 평등의 세상을 구현하기 위하여 '태평천국'이 건설되어야 하며 이것이 곧 지상의 천국이라고 주

---

16) 박호성, 『평등론』, 창비신서, 2009, pp.54-55.

장하였다. 그리고 장소는 모든 사람이 '천부인권'의 원리에 의하여 태어났으므로 누구나 평등하다고 생각했다. 그러나 역사적, 사회적 상황이 구계(九界)를 나누어 불평등을 조장했으므로 이 구계를 없앰으로서 천의 공리에 부합하는 대동의 세계가 펼쳐질 것으로 생각했다.

그러나 이들의 이상적 평등주의가 절대적 평등주의를 주장하고 있지만 봉건적 전통을 이어온 당대 현실세계의 문제점과 미래의 시점에 도래하리라고 확신한 대망의 이상세계 사이에는 확연한 차이점이 있다. 그러므로 이러한 차이를 극복하려는 과정상의 방법론에 있어서 상대적 평등주의를 받아들이고 있음을 알 수 있다.

수운은 '시천주'를 자각하여 '도성덕립'을 이룬 도덕군자들이 그러지 못한 사람들을 선도할 선구적 사명을 지녔음을 언급했으며, 증산은 '중통인의'를 이룬 여부에 의하여 이를 주도할 도인그룹의 존재를 언급했다. 수전은 모두가 상제의 자녀라는 '만민평등'의 사상을 보편적 사상으로 자리매김할 선도적 역할이 천왕인 본인을 비롯한 태평천국 주도자들에게 부여되었음을 확신했다. 그리고 장소는 무차별적 절대평등주의를 지향하였으나 이를 실천하는 과정에 있어서는 상대적 평등주의를 적용할 수밖에 없음을 인지했다.

이들의 평등이론은 실천적 방법론에서 양면적 속성을 보이고 있다. 그래서 필자는 '신분의 평등'과 '국가·민족의 평등', 그리고 '경제의 평등'에 관한 단원을 통하여 이들이 지향한 절대적, 이상적 평등주의가 현실의 실천적 방법론에 있어서 상대적 평등주의의 양상을 어떻게 지니고 있는가와 그 방향성 및 실현여부에 대하여 논의를 전개하고자 한다.

1) 신분의 평등

(1) 수운의 인본주의

수운의 평등사상은 '시천주'를 토대로 한 인간의 자유와 평등을 주장하는 사상이라고 볼 수 있다. 이는 모든 사람의 존엄과 가치를 중요하게 생각하여 사람이 세계의 주인이라는 사람중심의 생각에 뿌리를 둔 서양의 '인본주의'적 전통과 같은 맥락에서 이해할 수 있다. 이에 수운은 봉건적 신분제도를 부정함과 동시에 새로운 사회질서를 지향함으로써 인간존재의 가치를 새롭게 정의내리고 있다.

수운의 동학은 '시천주' 사상과 '인시천' 사상에 기초하여 독창적인 구조의 평등사상을 정립하였다. 그 평등사상의 독특한 구조를 보면 인간은 누구나 마음 안에 각각 하느님을 모시고 있는데, 이 하느님은 신분·적서·노주·남녀·노소·빈부의 차별 없이 똑같은 하느님이며, 모두 동일한 하느님을 모시고 있기 때문에 사람은 본래 모두 평등하다고 주장한 것이었다. 수운은 이러한 평등사상으로 양반 신분제도를 부정하고,[17] 앞으로 오는 시대에는 신분 차별 없이 만인

---

[17] 조선은 주희의 성리학을 정치이념으로 받아들여 세워진 국가였다. 주희의 철학은 理와 氣로 철저하게 구분하고 理의 우위를 주장하는 二元論이다. 人性論으로 보자면 理에서 나온 四端을 구현한 君子와 氣에서 나온 七情에 끌려 다니는 小人이 철저하게 구분된다. 인성론의 차이는 사대부 계급과 피지배 계급으로 고착화되어 사회 전체를 질서화, 체계화하는 사회 구성원리가 된다. 국가는 군신의 관계로 엄격하게 階序화되고, 사회는 반상으로 질서화되고, 가정은 부부로 계층화된다. 다시 세부적으로 반상의 질서는 지방에서는 향약의 형태로 세분화되고, 자식들은 嫡庶로 구분된다. 주희의 이원론은 왕을 중심으로 하는 절대왕조 정치체계를 정치철학적으로 뒷받침하였다. 주자학은 차이의 질서화였기 때문에 이와 같은 차별적 질서에 대한 비판은 곧 조선의 정치이념에 대한 비판과 마찬가지였다. 수운은 조선사회의 구성원리를 근본부터 부정하고 있다. 다시 말하면 지벌이

이 평등하여 오늘의 빈천자(貧賤者)는 내일의 부귀자(富貴者)가 될 것이라고 주장하였다.18)

동학사상의 '인내천' 원리는 천시인(天是人), 인시천(人是天)이라 하여 인간이 한울과 직결되는바 이것은 '시천주'에서 비롯된다. '시천주'는 내 몸에 한울님을 모시고 있다는 뜻으로 동학의 천인합일사상을 제출하게 된다. 또한 인간은 시천주적 존재이기 때문에 천시인(天是人)이고 인시천(人是天)이 되며 시천주이기 때문에 인간은 본래부터 자유롭고 평등한 존재이다. 동학의 이와 같은 인간주체사상은 모든 사람이 계층과 관계없이 각기 신(神)을 내면화하게 되는 것으로 인간의 존엄성을 신격화시키고 남녀노소나 직업의 귀천이나 지위의 높고 낮음이나 빈부의 차별을 막론하고 도덕적으로 차별이 있을 수 없고 인권이 무시될 수 없는 인간평등의 이념을 제시하게 된다.19)

이러한 신분의 평등을 토대로 전개되는 세상이 수운이 지향한 이상세계인 것이다. 그러므로 수운의 평등관은 초월적이고 절대적 존재인 신(神)이 인간의 본 마음속에 동일하게 내재해 있으므로 평

높고, 가세가 좋고, 문필이 유여하다고 해서 곧 도덕을 이루었다고 말하지 못한다는 것이다. 수운은 '천주를 모셔서' 敬天順天하는 사람을 군자로 보고 있다. 그러므로 도덕군자는 '천주를 모시는' 사람이지 양반계층, 지주계급, 지식인이 아니라는 비판이다. 수운의 사대부 계층에 대한 비판은 사실상 조선의 정치 주체에 대한 비판이기 때문에 곧 권력 비판이라 할 수 있다. 동학에 이르러 신분제적 불평등, 반상의 불평등, 적서의 불평등, 남녀 간의 불평등, 어른과 어린이 불평등을 포함한 일체의 불평등이 극복되고 있다. (오문환, 『동학의 정치철학』, 도서출판 모시는사람들, 2003, pp.288-292.)

18) 『용담유사』 「교훈가」
19) 노태구, 「동학혁명과 태평천국혁명의 정치사상비교」, 『동학연구』 창간호, 한국동학학회, 1997, p.212.

등하다는 것이다. 수운의 평등주의는 "부하고 귀한사람 이전시절 빈천이오, 빈하고 천한사람 오는 시절 부귀로세 천운이 순환하사 무왕불복 하시나니"20)에서 볼 수 있듯이 순환론적 역사관을 강조하여 불평등적 유교질서의 종말과 평등적 질서의 도래를 확신시킨다.21)

수운은 사람이 곧 인간 스스로가 경의하는 하느님이라는 인내천 사상을 주장하여 인간의 존엄성과 평등을 강조하였다. 이는 모든 사람이 하느님이니 모든 인간이 누려야 할 권리는 누구도 침해하거나 박탈할 수 없다는 것으로 인본주의에 바탕을 둔 것이다. 즉 그는 신분차별을 떠나 누구나 각자 자신의 내면에 천주를 모시면 모두 신선이요, 군자라 역설하고 있다.22) 수운은 신분의 귀천과 지식의 유무가 도덕에 대한 평가에 절대적 기준이 되어서는 안 된다고 주장한다.

> 몹쓸 사람 부귀하고 어진 사람 궁박타고 하는 말이 이뿐이오 약간 어찌 수신하면 지벌 보고 가세 보아 추세해서 하는 말이 아무는 지벌도 좋거니와 문필이 유여하니 도덕군자 분명타고 모몰염치 추존하니 우습다 저 사람은 지벌이 무엇이게 군자를 비유하며 문필이 무엇이게 도덕을 의논하노.23)

---

20) 『용담유사』 「교훈가」
21) 오문환, 「동학의 도덕적 평등주의」, 『동학과 동학경전의 재인식』, 신서원, 2001, pp.217.
22) 황묘희, 「수운 최제우의 여성관」, 『동학연구』 3, 한국동학학회, 1998, p.103.
23) 『용담유사』 「도덕가」

지식이 많고 계급이 높은 양반들이 아니라 '시천주'의 정신에 부합되는 사람이 도덕군자가 된다는 것이다. 이와 같은 권력층에 대한 비판은 곧 봉건비판과 그 맥을 같이한다고 볼 수 있다.

동학의 평등주의의 근거는 하늘의 평등성·초월성·무한성에 있기 때문에, 비단 사람들 사이의 평등을 주장할 뿐만 아니라 사람과 자연 사이의 평등까지도 주장하게 된다. 자연 사물도 그 중심에는 하늘의 기운이 관통하기 때문에 그 점에서는 인간과 평등하게 된다. 그러므로 수운의 도덕적 평등주의는 사람들에게뿐만 아니라 모든 생명·무생명의 존재들에게도 똑같이 적용되는 평등주의라 할 수 있다.24) 그러므로 동학은 사회 신분제의 폐지와 전근대적·봉건적 구체제의 근대적 신체제로 변혁을 요구하는 변혁의 종교, 변혁의 사상으로 발전하게 된 것이라 볼 수 있다.25)

(2) 증산의 인존주의

증산의 신분평등 사상은 그의 실천윤리의 바탕을 이루는 '중통인의'를 통한 '인존사상'으로 확장되었다. 증산은 신분의 평등을 주장함에 있어서 다른 사상가들과 마찬가지로 반봉건적 성향을 보인다. 자신보다 신분이 낮은 사람에게도 존댓말을 하는 모범을 보였으며, 앞으로는 적자와 서자의 차별이나 양반과 상놈의 구별이 없어질 것이라고 주장했다.26)

---

24) 오문환,「동학의 도덕적 평등주의」,『동학과 동학경전의 재인식』, 신서원, 2001, pp.296-297.
25) 임형진,『동학의 정치사상』, 도서출판 모시는사람들, 2002, p.131.
26)『대순전경』3장 5절

이때는 해원시대라. 상놈의 운수이니 반상의 구별과 직업의 귀천을 가리지 아니하여야 속히 좋은 세상이 되리니 이 뒤로는 그런 언습을 버리라.27)

이는 신분의 귀천을 토대로 형성된 봉건적 가치를 강하게 부정하는 것이다. 또한 생산의 기저를 이루고 있던 농민계층에 대하여 "이 세상에 상등사람은 농민이니라."28)라고 하여 이상사회의 농민은 봉건 시대의 억압받고 수탈당한 계급이 아니라 대우받는 존재로 그 가치를 인정받게 한다는 것이다. 한편 증산은 양반을 내세우고 조상의 공덕을 자랑하는 일은 망하는 행위이므로, 반상의 구별의식을 버리고 천한 사람들을 우대하여야 하루 빨리 좋은 시대가 될 것이라고 강조하기도 했다.29) 이에 대하여 증산은 직접 공명첩을 불태우는 행위를 하였다.30)

또한 신분의 평등을 해원시대를 맞이하여 선행되어야 할 중요한 과제로 간주하여 "이제는 해원시대라 천한 사람부터 교를 전하리라."31)고 하여 해원상생을 이상세계를 이루는 과정에 있어서 중요한 것으로 여겼다. 그러므로 증산은 "이 때는 해원시대라. 사람도 이름 없는 사람이 기세를 얻고, 땅도 이름 없는 땅에 길운이 돌아오느니라."32)고 하여 신분의 평등을 실현하기 위한 방안으로 '해원상생'을

---

27) 『대순전경』 3장 106절
28) 『대순전경』 3장 130절
29) 『대순전경』 6장 6절
30) 『대순전경』 1장 32절
31) 『대순전경』 7장 1절
32) 『대순전경』 6장 5절

위한 천지공사를 단행했다. 또한 제자들에게 "양반의 습속을 속히 빼고 천민을 우대하여야 좋은 시대가 이르느니라."33)고 하여 신분의 귀천이 없는 세상이 이상사회의 근간이 됨을 주장하였다. 또한 증산은 "농민 화전민 백정 무당 노비 등 남에게 맞고도 저항을 못하는 사람 등을 우대하라."34)고 가르쳤다.

증산의 평등사상에 있어서 특이한 것은 사람과 사람 간의 질서에 대한 평등을 주장하는 데 그치지 않고 인간 존재를 천계(天界)와 지계(地界)라고 하는 타계(他界)의 시공(時空)까지 적용하려고 하였다. 또한 증산은 인간이 기본적으로 신보다 우위에 있는 존재이며, 인간이 신을 부리는 이상세계가 지상에 건설될 것이라고 주장했다. "인망(人望)을 얻어야 신망(神望)에 오르느니라.", "신보(神報)가 인보(人報)만 같지 못하느니라."35)고 하여 인간관계에서 얻을 수 있는 덕이 타계에 의한 그것보다 더 우위에 있다고 주장했다. 또한 인간 개개인의 존엄성을 표현한 말로 "한 사람의 소리가 곧 대중의 소리니라.", "한 사람이 원한을 품음에 능히 천지 기운을 막는다."36)고 했다.

이러한 관점에서 증산의 평등주의를 신과 인간의 관계로 고찰해 보면 기존의 세상에서는 신의 권위를 지배자의 권위와 동일시한 것과는 달리 신의 위상보다 인간존재의 위상을 더 위에 두었다는 점에서 신과 인간의 관계에 있어서 새로운 견해를 보였다.

증산의 평등관은 개성 없는 절대적 평등을 주장한 것이 아니라

---

33) 『대순전경』 6장 6절
34) 『대순전경』 3장 55절
35) 『대순전경』 6장 26절, 6장 70절
36) 『대순전경』 4장 10절

개별적 자율성을 지닌 개체성을 인정한 평등사상으로 볼 수 있다. 성리학적 질서에서 유래한 '천(天)' 중심의 사고는 우주를 주재하는 중심에 '천(天)'이라고 하는 절대권위의 존재가 있으며 이의 순리에 부합되는 것이 인간의 도리라고 인식되었다. 그러나 증산은 이에 대하여 "선천에는 모사재천(謀事在人)하고 성사재천(成事在天)하였으나, 이제는 모사재천(謀事在天)하고 성사재인(成事在人)이니라."[37], "천존(天尊)과 지존(地尊)보다 인존(人尊)이 크니, 이제는 인존시대(人尊時代)라."[38]고 하여 인간이 주도하는 세상의 도래를 예견했다.

여기에 부합되는 인간존재의 이상적 인격체를 '중통인의'를 이룬 존재로 규정하였다. 증산의 계급관은 원칙적으로 봉건적 계급을 완전히 탈피한 절대적 평등관을 이상세계의 궁극적 평등주의로 상정한 것이다. 동시에 그 과정에 있어서는 크게 도인계급과 일반계급으로 분류하여 계급적 위계를 설정하고 있다. 그러나 이러한 분류는 증산이 주장한 주역의 '지천태(地天泰)'[39]의 형국으로 보면 계급은 있으나 위의(威儀)와 형벌로 다스리던 선천의 계급구조와는 다른 조화와 화평의 면모를 볼 수 있다.

증산은 정음정양의 원리[40]를 바탕으로 신분의 평등을 주장했으며 신분의 평등을 구현하기 위한 선행과제로 해원의 필요성을 강조

---

37) 『대순전경』 6장 106절
38) 『대순전경』 6장 119절
39) 후천을 상징하는 '地天泰'는 가장 이상적인 卦象으로 선천의 질서를 상징하는 '天地否'의 卦象과 상대적인 개념을 함의하고 있다.
40) 필자는 증산사상의 '正陰正陽'을 남녀라고 하는 성(姓)의 평등에 제한된 것으로 보지 않고 차별화된 모든 존재에 적용되는 넓은 의미의 평등이라고 생각한다.

했다. 그리고 봉건사회의 전통적 질서 속에서 억압받고 천대받던 하층민이 해원해야 하며, 한층 더하여 천인(賤人)을 우대하여야 한다고 주장했다. 이와 동시에 신분에 대한 인식의 전환이 이루어져야 좋은 세상이 올 것이라고 강조했다. 이는 봉건적 신분질서를 타파함과 동시에 인간존재의 귀천을 규정짓는 신분제의 폐지와 이에 따른 인식의 전환이 이상세계 건설을 위한 중요한 과제임을 명시한 것이다.

(3) 수전의 만민평등

중국 전통문화의 '대동사상'과 역대 농민봉기의 '균빈부(均貧富)' 및 기독교의 '평등사상'에 깊이 영향을 받은 평등주의 사상은 수전의 혁명사상 가운데 아주 중요한 내용의 하나이다. 수전의 이론적 근거는 천하 사람은 모두 상제의 아들로 영혼도 하늘에서 왔기 때문에 모두 형제자매이며 귀천의 차별은 없어야 한다는 것이다.[41]

수전의 신분평등에 관한 생각은 평등주의의 근간을 이루고 있는 '천하일가' 사상에 그 뿌리를 두고 있다. 수전이 말하는 상제는 부귀와 빈천 그리고 남녀와 국가, 민족을 구분하지 않고 신분을 넘어선 모두에게 평등한 대공부(大共父)이다.

"반고 이래 삼대에 이르기까지 군민 모두는 한결같이 황천을 받들었다. 그 때 왕은 상천을 숭배하고 제후, 선비, 서민까지도 모두 그러하였다. 이것은 비유하자면 인간 세상에서 자식이 아버지를

---

41) 노태구, 「동학혁명과 태평천국혁명의 정치사상비교」, 『동학연구』 창간호, 한국동학학회, 1997, pp.212-213.

섬길 때 어질고 못난 자식의 구분 없이 모두 '예기'의 '내칙'을 따라야 하는 것과 같다. 천인(天人)은 일기(一氣)로서 이(理) 또한 둘이 아닌데 어찌 오직 군주만을 받들어 모셔야 하는가?"[42]

수전은 상제의 일원지기에서 나온 세상의 형제자매들이 부귀와 빈천과 남녀를 구분하지 않고 신분을 넘어 모두가 평등해야 하는데 종래의 봉건 황제와 귀족들이 상천(上天)을 그들의 전유물로 삼은 것에 대하여 비판하였다.[43] 사람들의 영혼을 상제가 만들어 보내니 자연적으로 모두 상제의 자녀이고 모두 형제자매이며 상제는 온 천하 인간의 아버지이고 가장인 것이다. 수전의 이 같은 상제대가정의 창조는 태평천국이 지향한 대동세계의 기초로 볼 수 있다.[44] 그러나 수전의 평등관은 절대적, 초월적 존재의 피조물로서 복종하는 존재로서의 평등관으로 볼 수 있다. 이는 수운과 증산의 평등관에서 볼 수 있는 신과의 대등적 평등과는 궤를 달리하는 개념으로 『원도각세훈』의 다음 내용을 통해서 알 수 있다.

---

42) 『原道救世歌』, "盤古以下至三代, 君民一体敬皇天. 其時狂者崇上帝, 諸侯士庶亦皆然. 試辟人間子事父, 賢否俱循內則篇. 天人一气理无二, 何得君王私自傳."
43) 『原道覺世訓』, "천하는 모두 일가이고 모든 인간은 형제이다. 왜냐하면 인간의 육신을 놓고 보면 각기 부모와 성씨가 있고 서로의 지역이 있는 것 같지만 … 인간의 영혼을 말하면 그 영혼들이 어디에서 생기고 어디에서 나오는가? 모두가 황상제의 一元之氣에서 생기고 나오는 것이다.(天下總一家, 凡間皆兄弟. 何也 自人肉身論, 各有父母姓氏, 似有此疆彼界之分, 而万姓同出一姓, 一姓同出一祖, 其原亦未始不同. 若自人灵魂, 其各灵魂從何以生. 從何以出. 皆稟皇上帝一元之气以生以出.")
44) 노태구, 「동학혁명과 태평천국혁명의 정치사상비교」, 『동학연구』 창간호, 한국동학학회, 1997, pp.212-213.

천하 만민은 모두 상제에 의해 창조되어 상제에 의해 살아가는 것인 만큼 먹는 것, 입는 것, 그 어느 것도 상제에 의존하지 않을 수 없다. 따라서 상제는 만민이 모두 함께 모시는 대공부(大共父)인 것이다. 생사화복도 상제에 의해 이루어지고, 입고 자고 먹는 것과 기계의 사용도 모두 상제에 의해 조성된다. 하늘의 일월성진, 뢰풍운우(雷風雲雨)의 그 어느 것도 상제의 영묘함이 깃들이지 않은 것이 없고, 땅 위의 산, 평야, 연못, 새, 물고기, 동물, 식물 그 어느 것도 상제의 공능(功能) 아닌 것이 없다. 그러므로 상제야말로 분명하게 참된 신이니, 따라서 천하 만민이 아침저녁으로 경배함이 마땅하다.45)

이와 같이 수전은 상제를 섬기는 자녀들은 서로 평등하다는 것을 주장했다. 그리고 귀족의 전유물이 되어버린 상제에 대한 숭배를 농민들도 가능한 것으로 주장하여 기존의 지배계층에 대항하기 위한 방편으로 적용하였다.

이러한 평등주의를 강조하기 위하여 수전은 요마론을 주장한다. 이는 스스로를 존대하는 황제뿐 아니라 군벌, 관료, 지방의 토호 및 유지 같은 통치계급과 그들이 조성한 각종의 우상, 그 우상을 선양하는 승려, 도사들까지 포함한 일체를 '염라요'라고 불렀다. 그리고 그들이야말로 모두 독사의 신으로 마땅히 지옥에 처넣어야

---

45) 『原道覺世訓』, "夫天下凡間, 人民雖衆, 總爲皇上帝所化所生, 生于皇上帝, 長亦皇上帝, 一衣一食幷賴皇上帝. 皇上帝天下凡間大共之父也, 死生禍福由其主宰, 服食器用皆其造成. 仰觀夫天, 一切日月星辰雷雨風云莫非皇上帝之灵妙, 俯察夫地, 一切山原川澤飛潛動植莫非皇上帝之功能. 昭然可見, 灼然易知. 如是乃謂眞神, 如是乃爲天下凡間所当朝朝夕拜."

한다고 주장한다.

그래서 "염라요는 독사요 요괴로서 괴이하게 자주 변하여 사람들의 영혼을 옭아매어 홀리고 미혹시킨다. 세상의 모든 형제자매들은 마땅히 모두 함께 이 요괴를 없애야 한다. 단지 이를 빨리 면할 수 없을까만을 걱정해야 한다."46)고 하면서, 염라요인 봉건 통치 세력을 물리칠 것을 강조하였다. 수전이 창도한 상제의 자녀들이 하늘을 받들어 요괴를 물리치는 투쟁이란 종교 형식으로 포장된 농민들의 반봉건 투쟁을 의미한다.47)

수전은 봉건적 계급 사회의 질서를 부정하는 방편으로 사람을 군자와 소인으로 나누어 군자는 소인을 다스리고 소인은 군자의 통치를 받아들여야 한다고 주장한 공자의 가르침에 대해서도 부정한다.

수전은 유가가 주장하는 '삼강오륜'을 한쪽의 일방적 복종을 강요하는 것으로 보았다. 즉, 유가의 주장을 남녀 혹은 빈부의 구분 없이 모든 사람을 상제의 자녀로 보고 있지 않은 것으로 간주한 것이다. 그러므로 수전은 이처럼 종교적 형식을 빌려 여성과 빈천한 자를 위한 평등의 권리를 옹호하였다.48)

---

46) 『原道覺世訓』, "閻羅妖乃是老蛇妖鬼也. 最作怪多變, 迷惑纏捉凡間人灵魂. 天下凡間我們兄弟姊妹所当共擊滅之, 惟恐不速者也."
47) 중국철학회, 『중국철학의 이단자들』, 예문서원, 2000, p.229.
48) 반봉건적 성격을 띤 홍수전의 종교적 평등사상과 거기에 기반을 둔 태평천국 혁명이 중국의 전통적 통치 체제에 얼마나 큰 충격을 주었는지는 중국번의 '토월비격'에 여실히 드러나 있다. "당우삼대 이래 역대의 성인들은 명분과 그에 따른 준칙을 중시하여 인륜을 펴고 군신, 부자, 상하, 존비의 질서를 세워 마치 갓과 신발을 바꾸어 착용할 수 없는 것과 같이 굳게 지켜왔다. 그런데 월(粵) 땅의 비적들이 외국 오랑캐의 신앙을 훔쳐 천주의 가르침을 숭배하면서 군주와 재상으로부터 병잡천역에 이르기까지 모두를 형제라 부르고, 오직 하늘만을 아버지

수전의 평등론은 봉건적 체제를 부정하고 새로운 이상사회의 이념으로 제시되었다는 점에서 긍정적 평가를 내릴 수도 있지만 실제로는 봉건통치의 답습이라는 한계를 지니고 있다는 점도 간과할 수 없다.

(4) 장소의 천부인권(天賦人權)

장소는 '천부인권'의 원리에 근거하여 신분의 평등을 주장했다. 인간이 태어나는 것이 모두 하늘에 의한 것이므로 누구나 형제이므로 신분을 나누고 귀천을 따지며 서로 배척하는 것은 천의 공리에 어긋난다고 보았다. 그러므로 인간을 많은 계급으로 나누어 불평등하게 만들면 사람들은 어리석어지고 고통을 받게 되므로 나라는 약해지고 망하게 된다고 보았다.[49)]

그는 군신 간의 차별과 남녀귀천의 불평등이 중국에서 관습으로 정당시되고 있으나, 이것은 단지 인습에 불과한 것으로 정의와 도리에 어긋난다고 보았다. 그러므로 이를 평등의 원리에 위배되는 봉건의 인습으로 간주했다. 또한 대동의 세계를 실현하기 위해서는 모든 사람이 평등하고 독립된 인격체라는 인식이 선행되어야 한다는 것이다. 따라서 천부인권의 도가 빨리 실행되면 행복이 빨리 실현되며 천부인권의 도가 실행되지 않으면 오직 고통만이 있을 뿐이라 하여

라 칭하며 그 밖의 모든 백성의 아버지는 다 형제요 모든 어머니는 다 자매라 한다. … 이는 중국에 수천 년간 내려온 인륜과 도덕과 시서법전을 하루아침에 모두 쓸어버린 것이니, 어찌 우리 청 왕조만의 변이겠는가? 이는 천지개벽 이래의 인류 도덕의 가르침에 대한 기이한 변괴로 구천에 계신 공자와 맹자께서 통탄할 일이다. 그러니 우리 지식인들이 편히 앉아서 수수방관만 하고 나아가 이를 대처할 생각을 하지 않을 수 있겠는가?"(중국철학회, 앞의 책, pp.229-231.)
49) 최성철, 『강유위의 정치사상』, 一志社, 1988, p.254.

평등이 인간행복의 기본조건임을 분명히 하였다.50)

이와 같은 장소의 사회사상은 평등사상51)이나 신분제 철폐의 경우에서와 같이 진보적인 면을 보이는가 하면, 대중의 분별력을 불신하여 전제정치를 찬양하는 복고적인 면도 나타나고 있다.52) 장소의 평등주의에 나타난 전반적인 방향성은 계급적 차별과 불평등을 철폐하여 모든 사람이 평등해야 함을 강조한 것으로 볼 수 있다. 그러므로 만민의 평등이 실현되는 세상이 그의 이상세계에 부합되는 보편적 진리라고 생각하였다.

한편으로 장소는 국가의 부강을 실행하기 위한 선행과제로 세습되는 신분제도 및 노예제도의 폐지를 주장했다. 그러므로 신분제도나 노예제도를 '천의 공리'에 위배되는 것으로 간주하여 시대의 흐름에 역행하는 것으로 보았다.

> 무릇 모든 사람은 하늘로부터 태어났으며, 국가에 속하는 것이지 한 집안이나 한 사람에게 사사롭게 소유될 수는 없다. 따라서 노예를 해방하는 일은 너무나 당연하다. 또한 노예해방과 함께 평등의 원칙에 위반되는 것은 모두 일소되어야 한다.53)

---

50) 최성철, 앞의 책, p.249.
51) 평등에 대한 장소의 사상은 그의 초기 저작인 '실리공법전서'에서부터 나타난다.
  1. 천지간의 모든 인간은 본질적으로 평등하다.(실리공법전서, 붕우문, 52) 2. 각 개인은 모두가 천지의 원질을 타고났다.(실리공법전서, 총론 인류문, 41.) 3. 모든 사람은 이성을 가진 존재이다.(실리공법전서, 총론 인류문, 41.) 4. 모든 인간은 자주권을 가진다.(실리공법전서, 총론 인류문, 42.) 5. 중용주, 예운주, 논어주, 맹자미 총론, 등에서 평등사상을 강조.(최성철, 앞의 책, p.256.)
52) 최성철, 앞의 책, p.257.
53) 『大同書』「丙部」

인간은 동일한 원질에서 태어났기 때문에 근본적으로 평등하며 따라서 어떠한 차별이나 불평등이 있어서는 안 된다고 보았다. 그리고 윤회설의 관점에서 보더라도 신분의 평등이 이루어져야 하는 것으로 강조했다. 이와 같은 대동세계상은 그것이 무계급사회라고 하는 점에서 공산주의적인 면을 보여주고 있지만 그가 바로 공산주의적 세계상을 이념으로 하고 있다고 할 수는 없다.54)

장소는 조화를 중요시하였을 뿐만 아니라 인간의 행복한 삶의 조건으로 평등을 강조하였다는 점에서 진보된 사상을 보여주고 있다. 한편 서구에 있어서의 인종평등론은 고비니우(H. Gobineau), 챔벌레인(S. Chamberlain), 라파우지(Lapouge), 앰몬(Ammon) 등의 많은 이론가들에 의해 주창되어 19세기에 그 절정을 이루었다.55) 따라서 동시대에 살았던 장소가 이들의 영향을 받지 않았는가 하는 의문이 제기될 수 있다. 그러나 아직까지는 확실한 근거를 찾아볼 수는 없다.56)

계급의 문제에 대해 장소는 "인간은 하늘의 소생이고 국가의 소유이니 한 가족이나 한 인간의 사유가 될 수 없다"는 명제 아래 인간의 자주권을 주장했다. 또 프랑스나 미국, 일본의 메이지유신에서 평등의 추세를 지적하고, 흑인 차별이 있으나 '전 국민이 모두 평민인' 미국의 평등을 승평세의 선구라 찬양했다.57) 인종의 문제에

---

54) 최성철, 앞의 책, p.263.
55) Edwin D. Dickinson, "Equality," Edwin R. A. Seligman and Alvin Johnson eds., *Encyclopedia of Social Sciences*, Vol.5, New York: The Macmillan Company, 1957, p.578.
56) 최성철, 앞의 책, p.267.

대해서 장소는 인류 평등의 공리를 인정하면서도 대동의 진화가 인종 형체의 동화에서 시작한다는 명제를 갖고, 진화론의 '우승열패'가 대동에의 진화 과정에서 열등 인종을 도태시킬 것이며 중국 등 황색인과 서양 백인 사이에는 대등한 관계와 잡혼을 통한 인종 동화가 예견되고 있다. 여기서 중화 의식과 제국주의적 진화 논리의 결합에 따른 논리적 모순이 있으며, 제국주의적 국가 경쟁 속에서 인종과 민족 사이의 개념 혼란이 나타나는 것도 생물진화론과 관련된 현상이다.58)

2) 민족·국가의 평등

(1) 수운의 공동체론

수운은 평등이 구현된 이상사회를 '동귀일체(同歸一體)', '만법귀일(萬法歸一)'의 세상이라고 하였다. '동귀일체'란 우주 만물이 한 몸으로 돌아간다는 통일성을 의미한다. 이와 같은 통일성의 원리가 보편화된 세상을 '전 인류적 공동체'라고 볼 수 있다.

동학의 이상사회에서는 인간과 인간이 평등하고, 인간과 신이 평등하고, 인간과 자연이 평등하다. 그러므로 동학의 평등사상은 "봉건사회에서 근대로 이행되는 과정에서 나타나는 평등사상이기보다는 새로운 후천의 세상을 열어가는"59) 평등사상이라고 볼 수 있

---

57) 조병한, 「'대동서'와 중국 최초의 근대 유토피아론」, 『비평 통권』 7, 생각의 나무, 2002, p.319.
58) 조병한, 앞의 책, p.319.
59) 윤석산, 『동학사상과 한국문학』, 한양대학교 출판부, 1999, p.211.

다.60)

수운은 평등주의를 언급함에 있어서 구체적으로 민족·국가의 평등주의를 언급하지는 않았다. 그러나 수운이 말한 동학의 도덕적 평등주의는 빈부·귀천·반상·적서·남녀의 차별을 가져온 봉건적 체제를 극복한 무극대도의 지상천국을 전 세계의 국가에 적용하려는 것으로 보인다.

주권국가를 기본 단위로 힘의 논리에 기초한 파워 폴리틱스(politics)는 초국가적 실체를 기본 단위로 대등한 상호 의존적 협력 체계에 기초한 디비너틱스(divinitics)로 이행되어야 한다. 국민국가 패러다임에서 초국가적 발전 패러다임으로, 파워 폴리틱스에서 디비너틱스로의 이행은 천시(天時)와 인사(人事)의 연계성, 즉 필연과 자유의지의 조화에 기인하는 것으로 '각지불이(各知不移)', 즉 '옮기지 않음'이 그 요체다. '각지불이(各知不移)'란 인(人)이 시(時)에 머물러 같이 감으로써 하늘을 거스르지 않는 것을 말한다. 이는 곧 우주적 본성에 부합되는 순천(順天)의 삶을 지향하는 것이다. 그러므로 초국가적 발전 패러다임이 진정한 역사 발전의 동력으로 작용할 수 있게 할 것이다.61)

국가와 사회가 개체적 주체들의 계약과 합의로 형성되었다고 보는 자유주의적 시각에 대립되는 시각이 역사의 주체를 프롤레타리아트로 설정하는 계급론이다. 계급론은 정치 사회 역사의 주체성을 개체에 부여하는 것이 아니라 계급에 부여한다. 사회와 역사를 만들어가는 주체성을 국가에 부여할 경우 전체주의로 발전하고 절대

---

60) 오문환, 『동학의 정치철학』, 도서출판 모시는사람들, 2003, pp.299-301.
61) 최민자, 『동학사상과 신문명』, 도서출판 모시는사람들, 2005, pp.202-203.

통치자에 부여할 경우 전제주의로 발전해간다.

그러나 동학은 인간을 본래 우주의 지극한 하나의 기운과 소통하고 합일된 존재로 본다. 이 점에서 동학은 인간 주체가 안으로는 영적 주체이면서 동시에 밖으로는 우주적 공동체성을 갖는 존재로 본다. 즉, 동학은 인간을 우주 기운과 소통된 공동체적 존재로 본다는 점에서 기본적으로 공동체론이다.

그러나 동학의 공동체성은 집단, 민족, 계급, 국가와 같은 인위적 공동체에 한정되지 않는다. 모든 존재가 하나의 기운으로 통하여 연결된 사회를 개벽 사회라 하며, 이러한 정치를 도덕정치라 한다. 동학에서는 이러한 정치가 행해지는 국가 사회를 지상천국이라고 한다.[62] 수운은 이와 같은 지상천국을 건설하기 위하여 신분의 평등을 민족과 국가의 평등으로 확장하는 것이 이상세계 건설의 초석이 된다고 확신하였다.

(2) 증산의 통화귀일(統和歸一)

증산은 후천 이상세계를 세상이 '삼천 개의 나라로 나누어져 통치된다.'[63]고 하여 소국과민의 국가형태를 묘사하였다. 이러한 세상에서 '각 나라의 왕은 자기 나라의 사람이어야 하며'[64] 통치의 주체는 '중통인의'를 이룬 성현이므로 웃음과 선행으로 다스려지는 나라가 된다는 뜻이다. 이는 통치의 주체가 성현이며 통치의 대상 또한 어

---

62) 오문환, 『다시 개벽의 심학』, 도서출판 모시는사람들, 2006, pp.229-238.
63) 『天地開闢經』「甲辰篇」5章, "下訓하시니 萬國活計南朝鮮에 淸風明月金山寺라. 文明開化三千國에 道術이 運通九萬里라."
64) 『天地開闢經』「戊申篇」5章, "我世에 天下万國이 王出自國하고 臣則交代이 可也니라."

느 정도 깨달음의 경지에 도달한 사람이므로 기존의 세상에 비해 부조리와 모순이 많이 완화된 세상이라고 볼 수 있다. 이러한 세상을 증산은 '천지가 합덕하고 천하가 일가를 이루는 세상'65)이라고 하며 해원시대를 맞이하여 모든 민족과 국가가 해원을 하게 된다고 하였다.

그리고 '지방신(地方神)과 지운(地運)을 통일'66)하여 국가와 민족의 개념이 화합의 통일적 '조화정부' 아래에 놓인 작은 단위에 불과하게 되어야 함을 강조했다. 삼천 개나 되는 소국들이 독립된 국가를 형성하면서 상호 긴장된 대립과 갈등의 상황이 발생하는 것이 아니라 화평과 조화의 세계가 형성된다는 것이다. 이러한 대동세계를 증산은 '통화귀일(統和歸一)'하는 세상이라고 언급하였다. 즉, 큰 줄기로 화합하여 하나로 돌아간다는 뜻이다. 이는 곧 증산의 '원시반본' 사상과도 그 맥을 같이한다고 볼 수 있다.

> 후천에는 천하가 한 집안이 되어 위무와 형벌을 쓰지 아니하고 조화로써 창생을 다스리되 … 벼슬아치는 직품에 따라 화권이 열리므로 분의에 넘치는 폐단이 없고 … 청화명려(淸和明麗)한 낙원으로 화하게 되리라.67)

---

65) 『天地開闢經』「辛丑篇」11章, "曰我世난 天地合德之世니 天下一家하고 億兆一德하고 人無我有하고 生生爲德이니라."
66) "예로부터 각 지방을 할거(割據)한 모든 족속(族屬)들의 분란쟁투(紛亂爭鬪)는 각 지방신(地防神)과 지운(地運)이 서로 통일되지 못하므로 인함이라. 그러므로 이제 각 지방신과 지운을 통일케 함이 인류화평(人類和平)의 원동력(原動力)이 되느니라."(『대순전경』5장 6절)
67) 『대순전경』5장 16절

기존세상의 모든 민족과 국가가 해원을 한다는 의미는 상극의 질서에서 핍박받고 지배당한 개인과 마찬가지로 이와 같은 처지에 놓여 있었던 국가나 민족 역시 개인처럼 해원을 해야 한다는 뜻이다. 그러므로 이와 같은 해원의 논리는 종적 지배질서에서의 정치적 관계가 평등한 정치적 관계로 설정된다는 것과, 피지배의 주체가 다시 지배의 주체가 되는 상극의 반복적 관계가 된다는 것으로 양분된다. 이에 증산이 지향한 후천 조화선경의 이상세계는 전자에 해당한다고 볼 수 있다. 그래서 증산은 다가올 세상을 '신분의 질서가 없어지고, 덕의 크고 작음에 따른 구분이 있는 세상'[68]이라고 하여 '도를 통한 신선 그룹과 그렇지 못한 평민계급으로 나뉘는'[69] 정도의 수평적 계급을 묘사하였다. 왜냐하면 도를 통한 도인그룹과 일반 백성의 관계는 지배와 복종의 종적관계가 아니라 부모와 자식, 스승과 제자와의 관계와 같은 상생의 관계이기 때문이다.

이와 같은 내용을 종합해 볼 때 증산은 대망의 이상세계인 후천 용화선경을 구상하는 과정에서 민족과 국가의 평등에 대하여 비중을 두었음을 알 수 있다. 성인의 통치, 신분제도의 철폐, 소국과민, 천하일가 등의 내용으로 미루어 볼 때 증산이 국가와 민족의 경계를 약화한 평등한 세상을 만들고자 염원했음을 알 수 있다. 이를 더욱 구체적으로 '지역의 구분, 인종의 색깔, 언어, 문자, 습관이 다르지 않은 대동의 세계가 이루어질 것'[70]이라고 하여 평등한 세계가 열려

---

68) 『天地開闢經』 「壬寅篇」 9章, "曰 我世에 職無貴賤하고 德有大小하야 上慈下悅하노라."
69) 『天地開闢經』 「戊申篇」 6章, "曰我世에 人有二等하고, 祿則均裕하노라."
70) 『天地開闢經』 「丙午篇」 3章, "我난 作大同世界하야 天下之山河大運을 統和歸一하나니 我世에 地域無分하고 人種無色하고 言語無異하고 文字無殊하고 習

서 조화로운 이상세계가 건설될 것이라고 확신하였다.

증산의 '천지공사'는 '해원상생'을 통한 '중통인의'를 이룬 존재를 양성하여 조화로운 대동세계를 형성함에 목적이 있는 것이며, 이러한 존재들 중 일부가 곧 통치의 정당성을 지닌 통치주체가 되는 것이다. 그러므로 후천 용화선경은 조화와 평등과 자유가 진정으로 실현되는 세상이다.

(3) 수전의 총귀일본(總歸一本)

수전의 평등관 중에서 국가와 민족의 평등에 대한 인식은 그의 종교적 평등사상 전반에 걸쳐서 나타나는 '천하일가' 사상과 그 맥락을 같이한다. 즉, 천지·일월·산천·인물 등이 모두 상제의 일원기(一元氣)를 받아서 이루어졌기 때문에 사람들 역시 하나의 근원을 가지고 있으며 이는 결국 본래의 자리로 돌아가야 한다는 것이다.[71] 수전은 이와 같은 천하일가론을 토대로 한 신분의 평등주의를 민족과 민족, 국가와 국가의 평등주의로 확대한다.

"상제께서는 세계 각국을 마치 부친께서 자식들에게 재산을 나누어 주듯이 해양을 경계로 하여 나누어 주셨으니, 각자는 마땅히 부친의 유언을 존중하여 자신의 재산을 보관해야 할 것이다. 그런데 만주인들은 어찌하여 중국을 침략하여 형제의 재산을 강탈하는가? … 만약 상제께서 우리 조국의 회복을 도와주신다면 나는 마땅히 각국 각자가 자신의 재산을 잘 보관하고 다른 사람의

俗無違하야 無爭强以暴하고 有相生以樂하노라."
71) 『原道覺世訓』, "自人肉身論, 各有父母姓, 若自人靈魂論, … 皆稟皇上帝一元之氣以生以出, 所謂一本散爲萬殊, 萬殊總歸一本"

소유를 침해하지 않도록 가르칠 것이다. 그리고 우리는 앞으로 피차간에 교의를 다지면서 진리와 지식을 추구하고 서로 예로써 대접하도록 할 것이다. 또 우리는 앞으로 모두 함께 누구에게나 동일한 천부를 경배하고 누구에게나 같은 구세주이신 천형의 참된 도를 숭경할 것이다. 이것이 나의 영혼이 접견한 후부터 내 마음속에 간직하고 있던 커다란 바람이다."72)

위의 내용은 수전이 민족·국가 간의 불평등을 반대하고 반봉건적 입장을 견지하고 있음을 보여주고 있다. 원래부터 국가와 민족은 상제께서 형제들을 나눈 것과 같은 것이며 서로 자기의 경계를 만족하고 살아야 함에도 불구하고 이러한 경계를 허물고 상제의 뜻을 거역하는 행위라고 비난했다. 그러므로 수전은 앞으로의 세상은 천하의 사람들이 한 가족으로 함께 태평을 누리려면 민족과 국가의 평등이 선행되어야 함을 강조하고 있다.

여기서 한족(漢族)의 입장에서 만족(蠻族)에게 국권을 빼앗긴 역사적 상황에 대한 수전의 비판적 인식을 볼 수 있다. 또한 아편전쟁을 계기로 밀려든 서구인의 침략을 동시에 비난한 것으로 볼 수 있다. 그리고 반봉건적 성격을 지닌 종교적 평등사상의 확장으로 이해할 수 있지만, 한편으로 한족 중심의 새로운 민족우월주의를

---

72) 「太平天國起義記」, "上帝劃分世界上各國, 以海洋爲界, 猶如父親分家産于兒輩. 各人當尊重父親之遺囑而各自保管其所得之産業. 奈何滿洲人以暴力侵入中國而强奪其兄弟之産耶. … 如果上帝助吾恢復祖國, 我當敎各國各自保管其自有之産業, 而不侵害別人所有. 我們將要彼此有交誼, 互通眞理及知識, 而各以禮相接. 我們將共拜同一之天父, 而共崇敬同一之天兄世界救主之眞道. 這是自從我的靈魂被接上天后之心中大愿也."

표방하는 문제점이 있다.

결과적으로 수전의 태평천국 혁명에 나타난 평등주의는 평등한 사회의 지향이라는 이상에도 불구하고 청 왕조의 통치에서 벗어난 또 다른 한족 중심의 봉건적 민족주의를 답습했다는 점과 국가와 민족에 대한 시원적 경계를 명확히 제시하지 못한 점에 있어서도 한계를 보이고 있다.

(4) 장소의 탈국계론(脫國界論)

장소는 민족과 국가의 평등이 이루어지기 위하여 인종의 차별이 철폐되어야 하며, 국경을 없애야 한다고 주장하였다. 인종차별과 국경철폐가 민족과 국가 간에 화평을 가져올 수 있다는 것이다. 한편으로 국가 간의 평등을 주장하기보다는 오히려 국가제도의 철폐를 주장했다.[73] 전 세계 인류가 고통에서 벗어나는 가장 기본적인 조건이 바로 평등과 독립이기 때문에 국계(國界)를 제거함으로써 대지를 통일하고, 계급을 철폐함으로써 민족을 평등화할 수 있다는 것이다. 이와 더불어 7계를 제거하여 탈 경계를 이루어서 세계정부인 공정부(公政府)를 수립하여 이상세계의 통치를 담당하고 이를 지속할 수 있다고 생각하였다.

장소는 원시사회의 부락에서 봉건제후 및 전국시대의 7국을 거쳐 진시황 이래 대통일의 제국을 이룬 역사는 서양의 로마제국과 더불

---

[73] 장소의 평등주의는 맹자의 '장차 천하가 하나로 평정될 것이다'라는 관념과 연관된 大一統의 개념은 하휴를 통해 문명화 과정은 시간적 진보와 공간적 확대의 과정으로 재해석되었고, 장소는 이것을 자본주의의 세계적 확대 과정과 연관하여 유토피아적으로 재해석하였던 것이다.(이규성, 「강유위의 세계의식과 이상사회」, 『철학사상』 제17호, 서울대학교 철학사상연구소, 2003, p.95.)

어 진화의 필연적 원리였다고 서술했다. 그는 국가 간은 통제가 불가능한 데다 각기 사익(私益)을 추구해 약육강식의 침략전쟁이 불가피하다고 보았다. 그러므로 국가 간 통일이 촉진되므로 국가 간의 통일은 조약 및 군축 회의라는 첫 단계를 거쳐 국가 간 연방국가가 성립되는데 연방 공의회(公議會)와 공정부(公政府)가 수립되며, 연방 내 각국의 내정 자치를 허용하고 군사 외교 통상 법률 등 주요 정치만 공정부에 맡기며, 공직은 일체 선거에 의할 것이며 마지막 단계에 가서 각국을 폐지하는 통일 국가가 완성된다고 했다. 그리고 이 같은 소규모 국가 연합은 더욱 대규모의 연합으로 발전함으로써 궁극적으로 전 지구 국가연합으로서 세계 통일 국가가 완성되는 대동 시대에 이르는 것으로 보았다.74)

그가 상정한 세계 국가는 중국이 포함된 동아주(東亞州)를 비롯해 10주로 구분되며 그 아래 몇 단계의 자치적 소정부들이 나뉜다는 것이다.75) 대동의 시초단계는 전 지구의 각국이 만국공회(萬國公會)를 열고 각국이 입법 주권을 갖되 공의회가 국제법만 논의하는 것이며, 대동의 완성기는 전 지구적 정부에 각국이 통합되어 소멸되고 각지의 입법자치권이 있으나 전 지구의 법률은 공정부의 공의회에서 입법하는 단계라고 한다.76)

이 같은 세계통일론은 세계의 유토피아론 중에서 아주 특징적인 것인데, 이는 중국 유교의 '화이적' 세계 통일론의 변용과 밀접한 관련이 있다. 그리고 중국 전통사회에서 자율적 사회단체가 발달하

---

74) 조병한, 「'대동서'와 중국 최초의 근대 유토피아론」, 『비평 통권』 7, 생각의 나무, 2002, pp.321-322.
75) 『大同書』 「乙部」
76) 『大同書』 「乙部」

지 못한 대신에 전제적 통일국가와 종법(宗法)적 가족제가 세계사에 유래 없이 발달한 점을 생각할 때 『대동서』에서 국가가 유토피아의 구성요소로 중시되고 있는 배경을 알 수 있다. 다만 서구적 공리 공법의 수용에 따라 민권 자치를 통해 국가의 전제성이 억제된 점이 눈에 띈다.77)

장소는 평화를 인간의 행복한 삶을 보장하는 중요한 요소로 보고 있다. 그가 말하는 평화란 적극적인 평화개념으로서, 즉 모든 사람이 전쟁의 공포로부터 해방됨은 물론 차별 없는 평등한 사회에서 인간애에 입각한 조화로운 삶, 행복한 삶을 영위할 수 있는 상태를 평화로 보고 있는 것이다. 그는 전 인류를 하나의 전체로 간주하며, 인간은 종족, 국가 사회적 지위의 여하를 막론하고 공유하는 이성을 소유하고 있다고 보았다.78)

그러므로 장소는 이러한 인류가 개인, 국가, 민족의 차별에서 오는 대립과 갈등을 타파하고 평화로운 이상세계를 실현하기 위해서는 이에 앞서 국가·민족 간의 평등이 선행되어야 한다고 주장한다.

3) 경제의 평등

(1) 수운의 천직천록설(天職天祿說)

수운은 경제적 평등관을 강조함으로써 기존의 사회질서를 부정하고 새로운 현실을 타개하려는 후천개벽 사상을 주장하고 광제창

---

77) 조병한, 앞의 책, pp.321-322.
78) 최성철, 「강유위의 대동사상 연구」, 『통일안보논총』 제4호, 2002, p.244.

생(廣濟蒼生)하여 압박과 착취가 없고 모든 사람이 자유롭고 평등한 지상천국을 건설하려는 이상을 보여주었다.[79] 동학의 창도 동기는 서구 사회주의가 다수인 빈자에 대한 참다운 민주이념의 실현을 위한 경제적 참상에서 야기된 것과 같이 조선 말엽 도탄에 빠진 다수 서민층의 경제 생활에 기인한 갖가지 사회적 참상이 큰 비중을 차지했다는 점은 상호 유사성이 있는 것이다. 이러한 동학의 '사회복지 사상'은 서학의 그것이 과학적 합리적이었음에 비해 시운론(時運論)적 사상에 근거되어 조화론(造化論)적으로 나타났다.[80]

동학의 경제적 평등관은 천직천록설(天職天祿說)에서 제시되고 있다. 수운은 '용담유사'에서 "천생만민(天生萬民) 하였으니 필수지직(必授持職) 할 것이라."[81]고 하였다. 이것은 한울님이 사람을 내고는 반드시 직업을 주었다는 뜻으로 직업은 모든 사람에게 천부적으로 주어지는 것을 의미한다. 그리고 또 '용담유사'에서 말하기를 "한울님이 사람을 낼 때 녹 없이는 아니 내네."[82]라고 하였다. 이것은 사람은 누구나 자기 먹을 것을 타고난다는 것이다.

그러나 동학은 불평등한 현실이 천직을 잘 지키고 부지런한 사람들이 천록을 충분히 받지 못하고 있으며 천직을 지키지 않는 사람들이 남의 천록까지 독점하여 천리 천명에 어긋나므로 근본적 개혁을 거쳐 반드시 이러한 불공평을 없애야 한다는 도리를 말해준다. 특히 모든 경제적 산물을 땅에 일차적으로 의존할 수밖에 없었던 근대 이전 시대에서는 거의 분명한 사실이었다. 동학이 창도되기 이전

---

79) 임형진, 『동학의 정치사상』, 도서출판 모시는사람들, 2002, p.111.
80) 노태구, 「동학의 정치사상」, 『동학사상과 동학혁명』, 1984, pp.180-181.
81) 『용담유사』 「교훈가」
82) 『용담유사』 「안심가」, "天不生無緣之人"

조선에서는 이미 실학자들이 토지의 균분, 여전제와 경자유전의 원칙 등을 제시했으나 어느 곳에서도 실행되지 못하였으며 불평등한 경제 구조는 개선되지 못했다.[83]

수운의 경제적 평등관은 인간평등의 원리가 그대로 적용된 것으로 수운이 꿈꾸던 후천 시대는 단순한 논리에 의해서 부한 자와 천한 자가 뒤바뀌는 그러한 사회가 아니라 '이전 시절에 천하고 빈한 자가 지금 시절에 부하고 귀한 자가 되었고, 지금 시절의 빈하고 천한 자는 모두가 부하고 귀한 자가 되는' 동귀일체가 되는 사회이다. 그러므로 이것은 빈부의 사회계급이 순환적으로 유동되는 가운데 계급질서가 계속된다는 것을 거부하고, 갈등과 대립을 넘어서 상생과 공생하는, 즉 모든 사람이 부하고 귀한 존재로서 생명의 참 삶을 사는 세상을 꿈꾼 것이었다.[84]

아무리 완벽한 복지정책을 제도화했다고 하더라도 모든 사람을 모든 면에서 동일하게 할 수는 없다. 그러므로 수운은 "부자유친(父子有親) 있지마는 운수조차 유친(有親)이며, 형제일신 있지마는 운수조차 일신일까"[85]라고 하고, 또한 "운수야 좋거니와 닦아야 도덕이라 너희라 무슨 팔자 불로자득 하단말가."[86]라고 했다. 행운과 불운이 결코 동서양의 많은 종교사상이 말하듯 신에 의하여 미리 점지된 것이 아니고 순전히 인간적 노력의 결과임을 강조하여 절대적 평등주의가 아니라 공정성(fairness)의 보장이라는 상대적 평등주의의 입장을 보이고 있다.[87]

---

83) 임형진, 『동학의 정치사상』, 도서출판 모시는사람들, 2002, pp.112-113.
84) 이경숙 외, 『한국 생명 사상의 뿌리』, 이화여자대학교 출판부, 2001, pp.85-86.
85) 『용담유사』 「교훈가」
86) 『용담유사』 「교훈가」

(2) 증산의 도술문명(道術文明)

　증산은 경제적 평등이념에 대하여 언급함에 있어서도 '해원상생'의 맥락에서 논의를 전개하였다. 기존 세계에서 사람들이 겪은 고통 중 배고픔과 굶주림을 해결하는 방안을 제시했다. 후천 용화선경의 세상이 오면 생산력과 생산관계의 변화로 인하여 저절로 경제적 평등이 이루어진다고 하였다. 그래서 해원을 하는 방편으로의 경제적 평등을 주장했으며 해원 이후에도 보편적 사회원리로서 지속될 것으로 확신했다. 여기서 특이한 것은 생산력의 변화에 있어서 봉건시대의 농사법에서 기계문명의 대체를 선언했다는 것이다. 그런데 이와 같은 기계문명은 근대의 산업화 과정의 산물인 일반적 문명의 발달에 대해서만 언급한 것이 아니라 고도의 과학문명의 이기를 확신했다는 것이다. 그러므로 필자는 증산의 경제적 평등을 증산이 말한 '도술문명'에 의해 이루어지는 것으로 본다.

　　모든 곡식을 한 번 심어서 다년간 수확토록 하며 소와 말의 노고를 기계가 대신하며 신명들도 사람과 함께 농사를 한다.88)

　이와 같이 생산력의 변화에 있어서 삶을 풍족하게 할 수 있는 산물이 생산된다는 것이다. 고도의 과학문명의 발달로 인한 생산력의 변화가 인류에게 무한한 복락을 가져다 주는 것으로 확신하였다. 그리고 생산관계에 대해서는 구체적 언급은 없지만 '두 종류의 계급

---

87) 류병덕, 『동학·천도교』, 교문사, 1976, p.480-482.
88) 『천지개벽경』 「壬寅篇」 7章, "曰, 我 穀土三尺하니 農作이 大有也니라. 曰, 我난 百穀을 一植而長收也니라. 曰, 我난 牛馬之苦를 代之機械也니라. 曰, 我世에 耕耘稼穡을 神亦爲之也니라."

이 있고, 이는 도를 통한 계급과 그러지 못한 평민으로 나누어지나 식록(食祿)은 균등하다.'89)고 하여 신분에 있어서는 기회의 균등을 전제로 한 상대적 평등주의를 주장하였으나 경제의 분배에 있어 절대적 평등주의를 주장하였다. 그러나 한편으로 '각 도에 부자를 하나씩 두고 나머지는 다 고르게 하여 가난한 자가 없게 하리라.'90) 고 하여 사적소유를 지닌 부자가 극소수 존재한다고 하는 예외를 두고 있다.

증산이 묘사한 이상세계는 과학에 대한 언급이 전혀 없는 자연의 신비적 힘이나 섭리와 같이 추상적 신화적으로 설정된 코케인형의 천국의 모습과는 다른 정신문명과 과학문명을 초월한 도술문명의 세상이다. 이 점에서 증산의 후천세계는 욕구의 적절하고도 자발적인 절제를 전제로 하는 아르카디아나 효율적인 사회조직이나 제도를 통해 인간의 욕망을 제한함으로써 사회적 갈등을 해소하려는 유토피아와 다르다.91)

증산에 있어서 다른 사상가들과 달리 특이한 점은 수명과 복록을 연관지어 해석을 했다는 것이다. "선천은 수명을 먼저 하였으나, 후천은 복록(福祿)을 먼저 함으로써 거지가 없다"92)는 의미는 복록이

---

89) 『天地開闢經』 「戊申篇」 6章, "曰, 我世에 人有二等하고, 祿則均裕하노라."
90) 『대순전경』 3장 193절
91) 김영한, 「이상사회와 유토피아」, 『한국사 시민강좌』 10권, 일조각, 1992, pp.168-197. 참조
92) 『天地開闢經』 「癸卯篇」 4章, "曰先天은 壽先祿后어늘 我世는 祿先壽后니라. 是故로 我世에 無乞人하노라." p.95. 앞의 책, 「丁未篇」 12章, "曰先天은 壽先祿后하고, 我世난 祿先壽后하니, 是故로 我世에 無乞人하고 無餓死하노라." p.387. 앞의 책, 「己酉篇」 10章, "曰舊天은 作天地度數호되 壽先祿后하야 世多慘境하고, 我世난 作天地度數호되 祿先壽后하야 祿絶爲終하노라." p.629.

없이 수명만 남아서 생을 영위한 선천의 구조를 바꾸어 수명과 복록을 동일한 개념으로 간주하겠다는 것이다. 이를 실현하는 방안으로 증산은 "천하창생의 복록과 수명을 복록궁과 수명궁이라고 하는 장소에서 정하겠다."고 하여 복록과 수명을 관장하는 기관을 태인과 고부라는 지역에 설치하겠다고[93] 하였다.

(3) 수전의 천조전무제도(天朝田畝制度)

수전의 경제적 평등사상은 신분의 평등, 국가의 평등과 마찬가지로 '천하일가' 사상을 바탕으로 형성되었다. 수전의 경제적 평등주의는 그가 태평천국을 건립한 후 반포한 건국강령 "천조전무제도"에서 구체적으로 드러난다.[94] '천조전무제도'에서 구상한 사회는 평등적이고 자급자족적이며 공동소유의 농민사회이다. 그러므로 사유재산은 본래 상제가 스스로 창조하여 보유하고 있던 것을 세상 사람들

---

93) 『天地開闢經』「戊申篇」14章, "曰泰仁에 定福祿宮하노라. … 曰, 天下萬世에 億兆衆生之福祿이 定福祿宮하노라. … 曰, 古阜에 定壽命宮하노라. … 曰, 天下萬世에 億兆衆生之壽命이 定壽命宮하노라." p.487.
94) '천조전무제도'와 '자정신편'의 이념이 서로 상반적이고 모순적이라는 점은 지금도 널리 통설로 받아들여지고 있다. 그러나 태평천국 평균이념의 창시자 천왕 홍수전은 왜 '자정신편'의 내용 대부분에 대해서 동의하고 반포하게 되었을까. '천조전무제도'가 국정의 근본방침을 천명한 공상적인 강령인데 비해서, '자정신편'은 시세의 변동에 조응하여 施政에 즉각 적용할 수 있도록 제안한 현실구체적인 개혁방안이기 때문일까? 그러나 '자정신편'의 경제발전 방안이 기본적으로 당시 사회발전 추세에 부합하기는 하지만, 그 방대한 건설계획 역시 태평천국의 국력으로도, 당시 중국의 '國情'으로도 감내하기 힘든 것일 뿐 아니라, 더욱 전쟁 중인 태평천국으로서는 근본적으로 실천해낼 수 없는, 태평천국 후기의 소위 자본주의 사회를 지향한다는 공상적인 강령성 개혁방안이다.(김성찬, 「태평천국 평균이념의 전개와 그 근대적 변모」, 『동양사연구』 76권, 2001, pp.201-202.)

에게 사급(賜給)한 것이므로 만민이 상제일가 대가정의 형제자매라는 것이다.[95]

태평천국혁명은 금전(金田)봉기 전에 벌써 기의(起義)부대 내에 '공거(公庫)'제도를 세워 양식, 복장, 재물 등을 통일적으로 관리하고 평등하게 분배하였다. 그리고 금전에 모인 배상제회 회원들은 '모든 소유물을 공거(公庫)에 바치고 전체의 의식(衣食)은 공금으로 지출하며 일률로 평균하였으며, 전사들은 재물을 사사로이 숨겨두지 못한다.'는 규정을 내놓았다.[96]

태평천국이 남경에 수도를 정한 후 반포한 '천조전무제도'는 농민들의 토지문제를 해결하는 데 중점을 두고 토지를 평등하게 분배하는 방법을 규정하였다.[97] 천조전무제도의 토지분배방법은 전쟁으로 실행하지 못하였지만 태평군이 점령한 지역 내 청나라 관리의 토지, 사찰의 공유재산 및 전쟁에서 피살됐거나 도망간 지주의 토지는 상술한 제도의 정신에 근거하여 땅이 없거나 적은 농민들에게 나누어주어 그들의 이익을 얻었으며 일정한 범위 내에서 봉건세력의

---

95) 김성찬, 앞의 책, p.220.
96) 노태구,「동학혁명과 태평천국혁명의 정치사상비교」,『동학연구』, 1997, p.217. (재인용)
97) 이 방법은 먼저 산출에 근거하여 토지를 9등급으로 나누고 좋고 나쁜 토지를 골고루 하여 "인구에 따라 분배하며 남녀를 불문하고 식구가 많고 적음을 계산하여 식구가 많으면 많이 나누어주고 식구가 적으면 적게 나누어주되 … 토질이 좋은 것과 나쁜 것을 각각 절반씩 나누어주고"만 16세 이상의 남녀 모두가 한 몫을 분배받을 수 있고 15세 이하는 반감하는 것으로 규정하였다. 그리고 "수확할 때 양사마는 오장을 독촉하여 25개 가정의 매 개인이 내년 새 곡식이 나올 때까지 먹을 양식을 제외한 후 나머지는 모두 國庫에 바치고" 양사마가 그 수입과 지출을 장악하고 규정에 의하여 평균적으로 소비장에게 분배하는 형식을 취하였다.[노태구, 앞의 책, p.218.(재인용)]

통치를 타격하였다.[98]

천조전무제도는 배상제교 유일신앙과 중앙집권적 관민(官民) 이원체제에 기초하여 국유제(國有制) 평균주의사회를 구현하려는 향촌변혁론으로서, 그 핵심원리는 향관(鄕官)제도와 분전(分田)이다. 재화생산은 유한하기 때문에, 태평천국은 개인의 소비욕구를 현저히 통제함으로써 향촌과 국가전체의 경제적 안정을 도모하려 하였던 것이다. 태평천국은 등급의 차이와 재화가치 중의 사적 분액을 인정하고 그것을 유상국유화하려 하고 있기 때문에 '천조전무제도'의 평균주의는 순수 절대적 평균주의가 아니라, 개체적 등급적인 특질을 지닌 절대적 국유제 평균주의이다. 결국 천조전무제도는 향촌사회를 '상제일가(上帝一家) 대가정(大家庭)'의 관민(官民) 이원체제(二元體制)로 재편하고 중앙집권적 대동적 평균주의 사회를 수립하려 한 강령이다.[99]

태평천국의 경제적 평등을 실현할 방법으로 수전은 토지 문제를 해결함으로써 해답을 찾으려 했다. 이에 대한 구체적 대안이 '천조전무제도'였다. 그러나 이 제도는 구체적 시행방안이 갖추어지지 않은 공상적 제도라는 한계점을 남겨놓았지만 반봉건적 경제평등을 시도한 점에 있어서는 그 의의가 크다고 본다.

천하의 전답은 천하 만민이 공동으로 경작한다. 그리하여 이곳에서 부족하면 저쪽으로 옮기고, 저쪽이 부족하면 이쪽으로 옮긴다. 천하의 모든 전답의 경작은 풍작과 흉작을 상호 소통시켜 이곳이

---

98) 노태구, 앞의 책, p.218.
99) 김성찬, 「태평천국 평균이념의 전개와 그 근대적 변모」, 『동양사연구』 76권, 2001, pp.207-212.

흉작이면 저곳의 풍작을 옮겨 이곳의 흉작을 구제하고, 저곳이 흉작이면 이곳의 풍작을 옮겨 저곳의 흉작을 구제한다. 그리하여 천하의 모든 사람이 천부(天父)인 황상제(皇上帝)의 위대한 홍복을 같이 누릴 수 있도록 힘쓴다. 전답은 함께 경작하고 음식은 함께 먹으며 옷은 함께 입고 돈은 함께 사용하여 균등하지 않은 곳이 없으며, 배부르게 먹지 못하고 따뜻하게 입지 못한 사람이 없게 한다.100)

이것은 모든 토지가 상제의 소유임을 선포하고 그동안 지주들이 소유했던 토지를 몰수하여 모든 농민이 함께 공동으로 경작하는 토지 국유제를 시행하자는 것이다. 사람들을 경작 농지의 다과에 따라 이주시키고 농작의 풍흉으로 발생하는 기근을 수확물의 소통을 통해 구휼한다는 구상은 그 자체로는 좋은 방안일 수 있다. 하지만 실제로 시행함에 있어서는 어디서부터 어떻게 착수해야 할지 알 수 없는 어려운 문제이기도 하다. 그리고 토지의 공동경작문제와 농산물의 분배문제에 있어서도 그 규정이 공상적인 것일 뿐 현실적으로 실행 가능한 내용이 아니었다.101)

'천조전무제도'에 표현된 천국의 모습은 원시기독교의 '천년왕국'의 설교와 중국 농민들이 전통적으로 이상사회로서 희구해왔던 '신

---

100)「天朝田畝制度」, "凡天下田, 天下人同耕, 此處不足則遷彼處, 彼處不足則遷此處. 凡天下田, 豊荒相通, 此處荒則移彼處豊處以賑彼荒處. 務使天下共享天父上主皇上帝大福, 有田同耕, 有飯同食, 有衣同穿, 有錢同使, 无處不均勻, 无人不飽暖也."
101) 김학권, 「홍수전의 생애와 사상」, 『중국철학』 7, 중국철학회, 2000, pp.312-314.

분상의 귀천이 없는' 그리고 '경제상의 빈부 격차가 없는' 평등사회로서의 '태평'의 이상이 결합된 지상 천국이었다. 그러나 이러한 태평의 '천국'은 농민들이 마음속에 그려온 공상의 사회일 뿐 지상에서 실현될 수 있는 현실 사회의 모습은 아니었다.102)

태평천국에서 토지균분의 평등주의 강령에도 불구하고 관료제적 신분차등은 그대로 존속했다. 이 같은 경제적 평등과 정치·사회적 차등은 오늘날의 민주 이념에는 모순이지만 태평군이 답습한 고대 이래 대동 유토피아에서는 이 모순된 양면이 대립 없이 공존했던 것이다.103)

(4) 장소의 거산계공생업(去産界公生業)

장소는 경제의 평등주의에 대하여 그의 저서인 『대동서』에서 '산업 간의 경계를 없앰으로써 생업을 공평하게 할 수 있다.'고 주장하였다. 농·공·상의 산업에 관해서는 정밀한 학문과 기술의 눈부신 혁신으로 신세계를 이루고 문명이 날로 진보한 반면, 개인 민생의 곤란과 공도덕의 결핍은 구제할 수 없으니, 사유 재산의 폐지로써만 빈부의 균등이 가능하다고 주장했다. 공자에 부회된 중국 고대 정전제도의 전통을 찬양하는 한편, 공산제의 실행이 불가능한 원인은 가족과 국가의 존재 때문이라고 했다.104) 그러므로 농업의 대동, 공업의 대동, 상업의 대동을 주장하면서 농업과 공업과 상업에 있어

---

102) 김학권, 앞의 책, pp.316-318.
103) 조병한, 「태평천국의 종교공동체와 관료체제」, 『역사와 세계』 23, 효원사학회, 1999, p.317.
104) 조병한, 「'대동서'와 중국 최초의 근대 유토피아론」, 『비평 통권』 7, 생각의 나무, 2002, p.319.

서 개인과 공영의 비교를 통하여 공영의 우월성을 강조하였다.

> 농업에서 대동을 행하지 않으면 생산이 균등할 수 없기 때문에 굶주린 인민이 있게 된다. … 공업에서 대동을 행하지 않으면 노동자와 사용자가 따로 국가를 이루려고 다투어 혼란을 일으킬 것이다. … 상업에서 대동을 행하지 않으면 사기의 심성이 생기기 때문에 돈은 많은데 물건은 적을 것이다.105)

> 대동에 이르려면 사유재산을 제거해야만 한다. 농업, 공업, 상업이 각각 반드시 공영되어야 한다.106)

대동서의 경제론은 장소가 무술변법 후 서구 사회의 실상을 체험하고 중국과 서구가 빈부의 격차에 있어서는 큰 차이가 없다는 것을 인식한 후 빈부의 불균형 현상에 대하여 해결해야 할 큰 과제로 여기는 데서 발생했다.

> 큰 공장에서 기계를 사용할 수 있는 사람들은 반드시 대자본을 가져야만 한다. 그러므로 오늘날 큰 제조공장과 철도, 조선소, 큰 시장, 넓은 농장 모두 대자본가들이 소유하고 있다. 노동자들은 이 공장과 시장에서 일해서 먹고 산다. 대자본가들은 노동자들을 적당히 조정해서 그들을 제압하고 억눌러버린다. 그래서 부자들은 더욱 부유해지고 가난한 자는 더욱 가난해진다.107)

---

105) 『大同書』「庚部」
106) 『大同書』「庚部」
107) 『大同書』「庚部」

> 서양의 노동자들이 근년에 무리를 지어 다투어 업주에게 대항하는 것은 다만 시작에 불과하다. 노동자들의 조합 결성은 앞으로 더욱 심해질 것이 분명하니, 아마도 더욱 큰 화를 초래할 것이다. 이제 다툼은 강대국과 약소국 사이에 생기는 것이 아니라 경제력 차이에서 있게 될 것이다. 이후 백년간 전 세계는 이점에 주목해야 한다.108)

장소는 서구의 이와 같은 상황을 중국의 경우와 유사한 것으로 보았다. 이전에 중국에서 논의된 정전법·균전법 등의 제도가 이미 실효성을 얻지 못하였기 때문에 농민들의 소득을 균등하게 하지 못한 것으로 생각했다. 그러므로 이전에는 국가의 부강을 토지의 확대로 보았으나 앞으로는 시장의 확대와 이에 따른 상업이 중요하게 부각될 것으로 보았다.109) 그리고 장소는 사유재산제도가 빈부격차를 유발하는 원인이 된다고 생각한 것이다. 그러므로 사유재산을 대동세에 폐지해야 할 대상으로 여겼다.

> 백성들에게 사유재산의 매매를 허가하였으니 이미 각각 재산을 소유하고서는 빈부의 격차를 없앨 수 없으며 좀처럼 균증하게 할 수도 없었다. … 자기 집이 있고 자기 나라가 있으므로 사리사욕은 더욱 심해진다. 가정이 있으면 자기 한 몸과 처자가 있어 양육을 해야 하고, 국가가 있으면 군사를 기르는 데 조세를 내야

---

108) 『大同書』 「庚部」
109) 『大同書』 「庚部」

한다.110)

세상의 모든 토지를 공유화해서 사유를 금하고 개인적인 매매를 금지해야 한다. 정부는 농부를 설치해서 전 지역의 농토를 관할하게 한다. … 또 공업은 모든 공업 공공에 귀속시킨다. 이때에는 크고 작은 제조공장, 철도 선박들이 모두 공영화되고 개인 사업은 허락되지 않는다.111)

장소의 경제적 평등의식은 사회주의 국가의 성립조건이라고 할 수 있는 사적소유의 철폐, 계획경제, 매점매석과 독점의 방지 그리고 국가의 소멸까지 외형적으로 상당한 유사성을 가지고 있다. 따라서 장소의 사상은 중국 근대 공상적 사회주의 사상에서 중요한 위치를 차지하고 있다고 평가되기도 한다.112)

장소의 대동서에 나타난 사유재산의 철폐를 비롯한 경제적 평등의식은 고자로부터 시작된 서양보다도 2천 년이나 앞선 이론이다. 장소의 이런 '세계낙원'의 환상과 사회의 필연적 발전을 확신하는 견해는 당시 사회발전의 현실적 요구에 부합했고, 객관적으로는 행복한 생활에 대한 수많은 인민군중의 강렬한 바람을 반영한 것이었다. 또한 대동세계가 물질문명이 고도로 발달된 기초 위에 건설된다고 강조한 것은 정확하고 진보적인 생각임에 틀림없다. 이것 또한 장소의 대동서가 천조전무제도와 근본적으로 다른 점이다.113)

---

110) 『大同書』「庚部」
111) 『大同書』「庚部」
112) 리쩌허우,「康有爲 思想硏究」,『中國近代思想史論』, 人民大學, 1979, p.148.
113) 리쩌허우/임춘성,『중국근대사상사론』, 한길그레이트북스, 2005, p.244.

3. 도덕정치를 통한 유토피아

정치사상은 개인과 사회, 국가, 세계에 대한 각각의 정의와 이들 상호간의 관계를 다룬다. 인간성에 대한 탐구와 규정을 바탕으로 구성된 개인 혹은 인간에 대한 영역은 모든 정치사상의 기본 출발점이다. 인간의 공통 목표는 자유롭고 평등한 삶을 누리는 것이다. 그래서 절대적으로 이루어야 할 가치는 자유와 평등이다. 개인과 사회, 국가, 세계에 대한 분석의 초점을 어디에 두는가와 어느 영역에 우선권을 두느냐에 따라 정치이념은 달라진다. 개인의 자유를 사회나 국가보다 우선적인 존재로 규정하는 경우 정치적으로는 개인주의나 자유주의, 민주주의, 자본주의의 입장이 부각되고, 사회의 평등(복지나 분배에 초점을 맞춤)을 개인의 자유나 국가보다 우선적인 존재로 규정하는 경우 사회주의, 공동체주의, 공산주의가 나타난다. 민족 혹은 국가를 개인이나 사회보다 우선적인 존재로 생각하는 경우 민족주의 또는 국가주의가 되고 인류전체를 하나의 세계의 시민으로 보면서 개인, 사회, 국가보다 우선적인 존재로 생각하는 경우 세계주의(cosmopolitanism)가 된다.[114]

수운, 증산, 수전, 그리고 장소는 자유롭고 평등한 삶을 누리기를 원하는 인간의 공통 목표를 자신들의 대망의 이상세계를 통해 구현하기 위해 각각의 방법론을 제시하였다. 수운과 증산의 경우는 조직

---

114) 하종필, 「증산 강일순의 정치사상에 관한 연구」, 『신종교연구』 16권, 한국신종교학회, 2007, pp.246-248.

을 만들거나 무력적 봉기 또는 혁명을 통한 정치적 운동으로서 이를 실행하기보다는 인격적 완성을 통한 군자 혹은 도인공동체에 의해 통치의 정당성을 이루고자 했다. 여기에 부합되는 완성된 인격체가 곧 '도성덕립'과 '중통인의'를 이룬 도인그룹이다.

그러나 수전의 경우는 현실적으로 진행할 수 있는 조직과 혁명적 방법을 통하여 더 나아가 국가라는 체제를 설립함으로써 태평천국의 이상을 실현하고자 했다. 장소의 경우는 기존의 정치체제 안에서 변혁을 통하여 점진적으로 이를 실행하려고 했으나 무술정변의 실패 후 『대동서』라는 자신의 저서를 통하여 이상세계를 향한 대망의 관념을 표출하였다.

플라톤은 완벽한 사물들이 존재하는 이데아 세계의 모습을 가장 잘 떠올릴 수 있는 철학자 왕이 통치할 때 이상국가가 건설될 수 있다고 믿는다. 왜냐하면 철학자는 가장 완벽한 것들이 존재하는 이데아 세계를 조금이나마 보는 사람이기 때문에 철학자가 나라를 통치하게 될 때 좀 더 완벽한 국가를 건설할 수 있는 것이라고 믿는다.[115]

수운은 이상 국가를 건설할 수 있는 통치의 주체를 한 개인의 왕이 아니라 '도성덕립'을 이룬 군자 공동체가 되어야 한다고 주장한다. 왜냐하면 플라톤의 철인이 이데아의 세계를 현실세계에 구현하려고 하는 것처럼 군자공동체가 이상세계를 지상에 구현할 수 있는 주체가 된다고 생각하기 때문이다. 수운이 말한 군자가 곧 '천도(天道)'의 정신을 실현시킬 주체이다.

증산은 '중통인의'를 이룬 '도인그룹'이 통치의 주체가 되어야 한

---

115) 유원기, 『아리스토텔레스의 정치학』, 사계절, 2009, pp.116-117.

다고 주장한다. '중통인의'를 이룬 도인이 이데아와 같은 절대의 진리를 터득한 존재이기 때문이다. 이러한 존재가 곧 증산이 말한 삼교의 통합적 원형개념인 '신도(神道)'의 정신을 구현할 수 있기 때문이다.

수전은 수운이나 증산의 경우처럼 통치의 정당성을 지닐 군자그룹이나 도인그룹과 같은 특정한 공동체에 대해서 언급하지 않았다. 다만 중국화된 기독교의 논리에 의한 삼위일체의 논법에 따라 천왕인 자신과 오대천왕 및 관리들에게 통치의 정당성이 부여되었으며 특히 천왕인 자신에게 부여된 역할을 부각시키는 데 그쳤다. 통치주체의 영속성이나 이를 체계화하기도 전에 '태평천국' 혁명이 실패했기 때문이다.

장소의 경우는 위의 세 사람과는 다른 행로를 통한 정치적 이상을 지향하였다. 우선 장소는 '대동서'라는 이상세계 이론서를 세상에 내어놓기 전에 현실체제 속의 국가라는 기관을 통하여 자신의 이상주의를 실현하려고 하였다. 이는 제도권 안에서의 변혁을 통한 이상 실현이었다. 혁명이 실패하자 장소는 '대동서'를 통하여 거시적인 관점에서의 이상주의를 주장하였다. 장소는 전 인류에게 '거고구락(去苦求樂)'을 실현시켜 '천부인권'에 의거한 '자유와 평등'을 구현할 사람이 통치의 주체가 되어야 한다고 주장하였다.

이들의 정치적 이상은 결국 '도덕정치'를 통한 '정사(政事)'를 주장했다는 점에서 유사성을 지닌다. 기존세상의 정치체제가 종적인 위계질서에 따른 위엄과 권위를 동반한 통치체제였다면 이들이 꿈꾼 이상세계의 정사는 도덕에 의한 '도덕정치'라고 볼 수 있다.

수운은 통치의 주체와 통치의 정당성이 만민에게 열려 있어야 한다고 했으나 통치기구나 통치체제에 관한 구체적인 언급은 하지 않았다. 그러므로 수운의 도덕정치는 '도성덕립'이라는 도덕적 자격을 갖춘 주체들이 '군자정치'를 한다는 관념적 이론을 제시한 것에 머물고 있다.

증산은 삼천 개로 나누어진 지방단위에 불과한 국가를 '조화정부'라고 하는 통치기구가 관할하는 것으로 '하루아침에 36만간의 조화정부가 들어선다.'라는 공상적 미래기관을 언급했다. 수전은 통치기구에 대하여 유일신 상제를 대행할 '신정(神政)'의 통치체제를 언급했는데 이와 같은 통치체제를 '천조정부'의 정사라고 볼 수 있다. 이는 사람에 의하여 주도되는 정사가 아니라 신이 주체가 되고 사람은 신의 대행자로서 '신정'을 행하는 대리정치 체제가 된다.

장소는 '선현여능(選賢與能)'의 통치주체를 중심으로 한 '공정부(公政府)'라는 통치기관에 의한 조화로운 정사의 실현을 기대했다. 그러나 이에 대한 과도적 정부로 '공의정부(公議政府)'의 단계를 거침으로써 이상세계의 완전한 조화정치가 실현될 것으로 예상했다.

그러므로 네 명의 사상가들이 통치의 주체와 이에 따른 정당성을 '도덕정치'를 실행할 사람들에게 부여한 것으로 보인다. 이는 이들이 기성종교의 수용과 비판을 통해 형성한 종교적 통합관념을 바탕으로 이상세계의 정사를 진행하려고 했던 것으로 볼 수 있다.

1) 최제우의 도성덕립(道成德立)을 통한 군자정치 (君子政治)

　수운은 '무왕불복(無往不復)'의 순환론에 의하여 다가올 정치사회의 이상으로 '도성덕립'을 이룬 존재들의 '군자정치'를 주장했다. 그러므로 순환론을 바탕으로 한 도덕적 평등주의는 정치사회적 변혁이념으로 작용하게 된다. 영적·도덕적 평등에서 출발한 변혁이념으로서의 도덕적 평등주의는 구체적인 정치·경제적 평등사상으로 발전되지는 않았지만, 19세기 말 농민들의 불평등에 대한 저항을 결집시키는 정치·사회적 평등주의로 발전하였다.
　이와 같은 '도덕정치'가 현실에서 구현되어 지상천국의 실현을 이루는 것이 '후천개벽'의 관건이 된다고 볼 수 있다. 개인적 차원에서 도덕적 평등주의를 실현하게 된다면 사람은 군자, 성인, 지상신선이 되는 것이고, 정치·사회적 차원에서 이를 구현하게 된다면 사회는 지상천국이 되는 것이다.[116] 여기서 '군자·지상신선'이라 하는 것은 정신적 개벽이 이루어진 즉, '도성덕립'의 상태로서 개인적 의미를 담고 있다. 따라서 그가 의도한 지상천국은 신분제도 폐지라는 단순한 평등주의의 차원을 넘어 인간은 누구나 '한울님'을 모시는 주체라는 뜻에서 본질적 인간성 평등과 자유를 요구한 것이라 하겠다.[117]
　지상에 이상사회를 건설할 수 있는 주체가 군자 동동체가 되며 도덕군자가 되기 위해 반드시 거쳐야 할 과제가 수심정기를 통한

---

116) 오문환, 『동학의 정치철학』, 도서출판 모시는사람들, 2003, pp.298-299.
117) 황선희, 「한국근대사상과 민족운동」, 『한국민족운동사연구』 제14집, 한국민족운동사학회, 1996, p.54.

'도성덕립'이다.118) 이는 외형적으로 군자정치를 주장하면서 내적으로는 이에 부합하지 못한 기성정치의 통치의 정당성을 부정한 것으로 새로운 통치의 정당성을 가질 인격체인 '시천주'를 자각한 군자공동체에게 부여한 것이다.

> 약간 어찌 수신하면 지벌 보고 가세 보아 추세해서 하는 말이 아무는 지벌도 좋거니와 문필이 유여하니 도덕군자 분명타고 모몰염치 추존하니 우습다 저 사람은 지벌이 무엇이게 군자를 비유하며 문필이 무엇이게 도덕을 의논하노.119)

지식과 재산 그리고 문벌을 갖춘 사람이 통치의 정당성을 주장하던 시대는 지나갔으며 '도성덕립'을 갖춘 도덕군자에게 통치의 정당성이 부여되어야 한다는 것이다. 수운은 "열 세자 지극하면 만권시서 무엇 하며 심학이라 하였으니 불망기의 하였어라"120)고 하여 '시천주' 수행을 통한 '도성덕립'의 완성을 주장하였으며 이를 완성한 군자공동체가 '천도'를 실행함으로써 이상적인 도덕정치가 실현된다고 생각했다.

학문적 사유가 발달하기 이전에는 일반적으로 통치의 정당성이 신화에 의하여 제공되었으며 신화적 원형은 사실의 여부를 떠나서

---

118) '도성덕립'을 세 가지 차원에서 보면, 개인적 차원에서는 천주와의 본래적 관계성을 회복하고, 가정적 차원에서는 모든 존재들을 천지부모로서 섬기고, 사회적 차원에서는 사물까지도 하늘로 공경할 수 있어야 비로소 통치의 정당성을 가진다고 하겠다.(오문환,『동학의 정치철학』, 도서출판 모시는사람들, 2003, p. 243.)
119)『용담유사』「도덕가」
120)『용담유사』「교훈가」

일반적인 통치의 자기 정당화 방식으로 작용했다. 플라톤의 철인정치나 유가의 왕도정치도 피지배 계급과는 다른 지식이나 지혜 또는 덕성을 갖춘 지배 계급이 통치의 정당성을 가진다는 논리에 의존한다. 동학을 창시한 수운은 이 문제를 '불연기연'이라는 글에서 권력의 정당성은 궁극적 경지에 대한 성찰적 자각에 기초하고 있음을 주장한다. 이 점에서 동학은 통치의 전통적 논리를 계승하고 있다고 할 수 있다. 그러나 정당화 방식이 철저하게 의식으로 내면화되고 인문주의로 구체화된다는 점에서는 전통을 넘어선다. 이 지점에서 동학은 성리학적인 통치 정당화 논리와 갈라선다.121)

수운의 "유도 불도 누천년에 운이 역시 다했던가?"122)라는 언명에서 유가에 대한 비판적 입장을 볼 수 있지만 유가의 통치의 정당성을 주기론(主氣論)적 도덕관념으로 이해하려 하고 있다. 수운의 경전 속에서 명시되지는 않았으나 유가의 주리설(主理說)은 '이(理)가 기(氣)를 탄다.'는 원리에서 이(理)가 주재하는 상하주종의 질서를 합리화하여 신분차 등의 세계관적 근거가 된다면, 주기설은 이(理)에 의한 주재를 인정하지 않는 점에서 만물제일(萬物齊一)의 평등적 원리를 이끌어낼 수 있게 된다.123) 여기서 수운은 주기론적 통치의 정당성의 맥락에 의한 수심정기를 통한 '도성덕립'을 도덕정치의 핵심으로 보고 있다고 할 수 있다.

도덕적 통치 정당성을 주장한 수운은 당시의 세상을 "십이제국 괴질운수 다시개벽 아닐런가."124)라고 하여 근본적 변혁기 또는 위

---

121) 오문환, 『동학의 정치철학』, 도서출판 모시는사람들, 2003, pp.219-220.
122) 『용담유사』 「교훈가」
123) 신일철, 「최수운의 역사의식」, 『동학사상과 동학혁명』, 청아출판사, 1984, p.35.

기로 인식한다. 뿐만 아니라 세태에 대해서는 한마디로 최고 통치자는 최고 통치자답지 못하고, 관료제는 부패했고, 가정 질서도 무너져버렸으며, 인간성도 붕괴되었다.125)고 보았다. 다시 말해서 당대의 정치는 어떤 경우에도 통치의 정당성을 가지지 못하고 있음을 비판하고 있다.

수운은 "열 세자 지극하면 만권시서 무엇 하며 심학이라 하였으니 불망기의 하였어라."126)라고 하여, 13자 수련을 통한 인격적 변화가 중요하며 무엇보다도 마음공부가 중요함을 강조한다. 수운이 '안으로 도를 닦는' 것을 강조한 것은 새로운 통치의 정당성을 가진 인격체들의 등장 즉, 내적통찰을 통하여 자신이 곧 하늘임을 자각하는, 깨어 있는 새로운 인격체의 탄생을 중요하게 여겼다. 이를 위해서는 자신이 곧 천주를 모신 우주에서 가장 존엄한 존재이며, 우주적 지상명령을 수행하는 존재임을 자각하는 인격체가 먼저 형성되어야 함을 강조하는 것으로 볼 수 있다.

비록 수운은 이러한 인격체를 유가의 개념을 빌려서 군자나 대인 등으로 말하지만 실제로 이는 '도성덕립'을 이룬 천주를 안에 모신 인격체이다. 수운은 통치의 정당성을 도덕에서 찾는다는 점에서 유가의 전통에 동의하고 있으나, 도덕이 특정한 신분, 경제력, 지식, 연령, 남녀 등의 인위적인 차별에 구속되지 않는다는 점에서 새로운 질서를 구상할 수 있었다. 현실적 구체적인 민(民)이 모두 천주를 모시고 있기 때문에 평등하며 통치의 정당성도 가질 수 있다는 주장이다. 이를 이유로 동학은 민본이 민주로 나아갈 수 있는 사상적

---

124) 『용담유사』 「몽중노소문답가」
125) 『용담유사』 「몽중노소문답가」, "君不君, 臣不臣, 父不父, 子不子"
126) 『용담유사』 「교훈가」

기초를 제공하였다고 평가할 수 있다. 모든 민이 통치의 정당성을 가질 수 있지만 도성덕립한 인격체가 되는 것이 앞서기 때문에, 동학은 서구적 맥락의 대중 민주주의적 성격보다는 도덕적 인격체에 의한 도덕적 민주주의의 성격이 보다 강하다.127) 동학은 피지배층으로 길들어온 조선 왕조의 서민들에게 사회적 평등 의식과 주인의식을 일깨워줌으로써 '한국 민족주의'의 정신적 기초를 마련하였다. 동학은 이러한 민족 공동체의 운영을 위한 기준, 즉 정치원리로서 '합리적 토론'의 규칙을 발달시켰다.128)

---

127) 오문환, 『동학의 정치철학』, 도서출판 모시는사람들, 2003, pp.236-254.
128) 임형진은 동학의 공동체 사상이 나타내고 있는 이념적 지향 내지 특징을 다음과 같이 설명하고 있다. 첫째, 동학의 공동체 사상은 국내 정치에서의 계급 화해와 국제 정치에서의 세계 평화주의의 이념적 근거가 될 수 있다. 둘째, 동학의 공동체 사상은 한국 사상 특유의 휴머니즘을 배경으로 하고 있다. 다른 종교들과 비교해 볼 때 동학에서의 신과 인간의 관계는 대단히 가까운 것으로 설명된다. 셋째, 동학사상은 평등주의를 기초로 한 민주주의적 공동체를 이념적 목표로 하였다. 넷째, 동학이 지향하였던 공동체는 한국 사상사의 신인합일주의적 교정일치의 전통을 배경으로 하였다. 다섯째, 동학이 지향하였던 공동체는 평등하고 자유로운 구성원들 사이의 이성적 담론과 합의를 공동체적 결합의 중요한 기초로 하였다.(임형진, 『동학의 정치사상』, 도서출판 모시는사람들, 2002, p.118.)
　민중을 기반으로 하는 비판 세력이 주창하는 민족주의는 세계 지배 체제나 외세에 대해서는 저항성을 띠고 대내적으로 민중 지향성 내지 민주적인 성격을 지닌다. 이에 반해 지배 계층이 주장하는 민족주의는 대외적으로는 외세 의존성을 나타내고 대내적으로는 권력 지향성 내지 독재성을 띤다. "민족주의가 일부 지배층의 이데올로기로 되었을 때, 민족주의의 내용은 추상화되고 관념화되며 공허하게 되어왔다. … 진보적이고 저항적인 민족주의는 민중에 의하여 추진되어 왔다. 이러한 민족주의는 민중의 구체적인 요구의 표현으로 나타났다. 그러므로 이러한 민족주의는 민중의 자유, 평등, 평화에의 요구를 반영하는 이데올로기라는 것이다."(임형진, 『동학의 정치사상』, 도서출판 모시는사람들, 2002, p.124.)

2) 강증산의 조화정부(造化政府)를 통한 도인정치(道人政治)

증산은 '천존(天尊)과 지존(地尊)보다 인존(人尊)이 크다'는 인간 중심의 정치사상을 실현하기 위해 선행과제로서 신분의 평등, 남녀의 평등, 경제의 평등, 국가와 민족의 평등을 비롯한 평등주의의 이념을 주장하였다. 또한 "과거에 신성(神聖)이 입극(立極)하여 정치와 교화를 통제 관장하였다가 중고 이래로 성(聖)과 웅(雄)이 바탕을 달리하여 정치와 교화가 갈려 마침내 여러 가지로 분파되어 진법을 보지 못하였으며 이러한 상황이 현재에까지 지속되고 있다"[129]고 말하였다. 그러므로 이와 같은 상황을 배경으로 발생한 혼란의 상황을 극복하여 미래적 이상사회를 건설할 방법으로 '군사위(君師位)가 한 갈래인 상고의 정치체제로의 회귀'[130]를 주장했다.

필자는 증산의 회귀에 대한 원형을 종교적 통합개념인 '신도(神道)' 정신으로의 복귀라고 본다. 이 '신도' 정신으로의 회귀가 곧 증산이 말한 '원시반본(原始返本)'의 정신이다. 증산의 '원시반본' 사상을 원고(遠古)의 원형으로의 회귀로 볼 수 있으며 반봉건과 원고의 정신으로의 회귀를 토대로 미래지향적 이상세계를 지향한 것으로 볼 수 있다.

증산은 '천지공사'를 진행함으로써 이에 의하여 실현될 이상세계의 정치를 통괄할 기관을 '조화정부(造化政府)'라고 명명하였다. 이는 장소의 '공정부(公政府)'와 유사한 기관으로 증산은 이 조화

---

129) 『대순전경』 6장 125절
130) 『대순전경』 6장 125절

정부에서 진행될 정사(政事)에 대하여 "천변만화(千變萬化)한 일과 이치가 하나로 돌아가게 되고 곤운(坤運)으로 다스려진다."131)고 하였다.

여기서 하나로 돌아가게 된다는 의미는 '원시반본'을 의미하며 곤운(坤運)으로 다스려진다는 것은 군주정이 아닌 민주정의 형태를 의미하는 것으로 보인다. '조화정부'는 실질적으로 전 세계를 통치할 수 있는 기관으로 이상세계를 주도하는 통치기관으로 볼 수 있다. '조화정부'에서 통치의 주체가 되어 통치의 정당성을 부여받을 수 있는 존재가 바로 '중통인의'를 이룬 도인그룹이라고 할 수 있다.

이와 같은 도인그룹은 문명이 개화되어 전 세계의 나라들이 삼천 개의 나라로 나누어진 후천세계에서 이들 나라들을 통치할 '조화정부'라는 기관의 통치주체가 된다. 그리고 '왕의 자리가 세습이 아니라 덕이 높은 사람에게 계승되어야 한다.'132)고 하여 부자 상속의 군주제를 부정한 새로운 정치 체제를 주장하였다. 또한 나라를 다스림에 있어서도 조화로 다스려야 한다고 한 것은 기존의 정치체제인 군주정, 귀족정, 민주정과는 다른 새로운 시스템의 도래를 암시하고 있다. 이는 증산이 그가 추구하는 이상세계에서 '관리들이 그 직분에 따라 새로운 기운이 열린다.'133)고 하는 데서 잘 드러난다. 곧 조화의 다스림을 강조하는 대목이다.134)

---

131) 『천지개벽경』 「辛丑篇」 11章, "大先生曰 我世난 后天이니, 我世에 萬化歸一也니라. 曰我世난 坤運이니, 乾運은 先治后亂하고, 坤運은 先亂后治也니라."
132) 『天地開闢經』 「辛丑篇」 11章, "曰我世에 天下萬邦이 大位를 必以德傳德하고 不以父傳子也니라." 「甲辰篇」 5章, "我世에 不以父傳子하고 必以德傳德하나니, 是故로 我世之王이 受命于天하니 視民如天이라."
133) 『天地開闢經』 「壬寅篇」 10章, "曰我世에 無逆臣하노라. 曰我世에 道術이 隨職也니라."

수운, 수전, 장소와 달리 증산에게 있어서 특이한 점은 그가 주장한 새로운 정치체제가 현실계에서만 시행되는 것이 아니라 그 범위가 천(天), 지(地), 인(人) 삼계(三界)와 신명계(神明界)를 통틀어서 공존한다는 것이다. 그리고 인(人)이 계획하고 천(天)이 이에 대한 결론을 내리던 기존의 구조와 달리 앞으로는 천(天)이 계획하면 이에 대한 성패의 여부는 인(人)에 의하여 결정된다고 하여 그 중심을 인간에 두었다.135)

그리고 세상이 삼천 개의 나라로 나누어지고 성현이 다스리는 세상이므로 웃음과 선행으로 다스려진다는 것은 플라톤의 철인정치나 유가의 왕도정치에서 드러난 모순점을 극복한 새로운 정치체제가 나올 것이라는 증산의 견해로 보아야 할 것이다.

그러므로 증산이 제시한 새로운 이상세계는 기존세상의 이데올로기나 종교적 경제적 갈등을 타파한 조화로운 세계로의 지향이라고 볼 수 있다. 종교적인 관점에서 혼합주의적 성향은 증산의 정치

---

134) 증산의 정치사상에는 영국의 사상가 이사야 벌린의 표현에 의하면 자신의 마음대로 행동을 할 수 있는 소극적 자유와 자신의 목적을 구현할 수 있는 적극적 자유의 측면을 고려해 볼 때 둘 다를 조화롭게 구현할 수 있는 도덕군자의 덕을 강조한 것으로 보인다. 이러한 이상적 군자의 모습은 해원상생을 통한 새로운 질서에서 행해질 수 있다고 보았다.
135) 증산의 개혁대상은 사람만이 아니라 천계, 지계, 인계의 삼계를 統括한 것이다. 낡은 삼계를 뜯어 새로운 후천삼계를 建造하기 위하여 천지도수를 정리, 조정하고 신명을 조화하여 抱恨을 풀어 놓는 일을 시도한다. 이것은 대립과 상극투쟁의 처절한 싸움터에서 화해와 조화의 상생의 길을 트고 厄劫과 病劫을 없애고 다시는 그런 것이 온 누리에 영향을 미치지 못하도록 하는 지상천국건설을 위한 大経略을 포함한다. 증산 정치사회관의 특징은 이와 같이 갈등이론이 아닌 조화이론(harmony theory)에 토대를 두었다는 점이다. 그리고 증산의 정치관은 신인합발의 정치관으로도 이해될 수 있다.(정연선, 「한국신흥종교의 정치사상적 의의」, 고려대학교 박사논문, 1982, pp.115-117.)

적 방향과 같은 맥락에서 이해할 수 있다. 그러므로 증산의 '신도'는 이를 모두 해결할 수 있는 열쇠로 간주된다.

> 선천에는 상극지리가 인간사물을 맡았으므로 모든 인사(人事)가 도의(道義)에 어그러져 원한이 맺히고 쌓여 삼계(三界)에 넘쳐, 마침내 살기가 터져 나와 세상에 모든 참혹한 재앙을 일으키나니, 그러므로 이제 천지도수(天地度數)를 뜯어고치며 신도(神道)를 바로잡아 만고(萬古)의 원(怨)을 풀고, 상생의 도(道)로서 선경을 열고 조화정부를 세워 하염없는 다스림과 말없는 가르침으로 백성을 화(和)하여 세상을 고치리라.136)

증산은 새로운 이상세계를 구체화하기 위해서 천지공사를 단행하고, 이에 부합되는 정치적 윤리강령을 제시하고 있다. 기존 세계가 안고 있는 문제점을 이상적인 정치기획을 통하여 개선하려고 한 증산은 그 실현 방법론에 있어서 특이한 형태를 보인다. 증산이 제시한 조화정부를 통한 도인정치는 생산력과 생산관계에 있어서 큰 변화를 통한 새로운 생상양식을 수반함으로써 실현되는 것이다.

자유와 평등의 실현을 위하여 증산은 후천세상에서 의·식·주 전반에 걸쳐서 큰 변화를 언급하였다. "모든 곡식을 한 번 심어서 다년간 수확토록 하고 소와 말의 노고를 기계가 대신하며 신명들도 사람과 함께 농사를 한다."137)고 하여 새로운 세상에서 이루어질

---

136) 『대순전경』 5장 4절.
137) 『天地開闢經』 「壬寅篇」 7章, "曰, 我난 穀土三尺하니 農作이 大有也니라. 曰, 我난 百穀을 一植而長收也니라. 曰, 我난 牛馬之苦를 代之機械也니라. 曰, 我世에 耕耘稼穡을 神亦爲之也니라."

생산력에 대하여 과학기술문명의 사용을 긍정적으로 평가하였다. 증산이 언급한 정치체제는 이러한 상황을 전제로 한 것이기 때문에 기존의 정치체제나 경제 구조와는 다른 상황에서 이해해야 할 것으로 보인다.

증산은 자신의 '천지공사'에 의해 도래할 이상세계에서 그 중심을 한국에 두었다. 이와 같은 국제질서를 형성하기 위하여 '해원도수를 붙여 조선국운을 돌리려고'138) 했다. 그래서 '조선을 장차 세계의 상등국으로 만들기 위해 서양신명을 불러와야 한다.'139)고 하여 자국 중심의 민족주의적 성향을 보였다. 이는 증산이 직접 지은 다음의 시에서 명확하게 그 의도가 드러난다.

> 천황(天皇), 지황(地皇), 인황(人皇) 이후에 천하에 크나큰 금산 사라네. 만국을 살릴 계책은 남조선에 있고 맑은 바람 밝은 달의 금산사니라. 후천 선경문명의 개화는 삼천 국이요 도술운로는 우주 끝에까지 통하리라. 세계가 이 산으로부터 구원이 있나니 후천 운이 일어나니 만국문명이 개화되느니라.140)(밑줄 필자)

만국을 살릴 계책이 조선에 있으며 조선으로부터 후천 문명의 개화가 시작된다고 하여 조선이 이상세계의 문명의 시작이며 이를 통치할 통치의 정당성도 조선에 있다는 것이다. 이와 같은 계획을 시행하고 혼란한 당대의 세상을 바르게 하기 위하여 증산은 '황극신(皇極神)을 옮겨와야 한다.'141)고 주장한다. 황극신은 천자국(天子

---

138) 『대순전경』 4장 28절
139) 『대순전경』 4장 168절
140) 『대순전경』 3장 136절

國)에 거하는 신으로 이를 조선으로 옮겨 와야 한다는 것은 조선이 곧 통치의 주체국이 된다는 것으로 볼 수 있다.

이러한 내용을 미루어 볼 때 증산이 주장한 '군자정치'는 자신이 주도한 '천지공사'의 중요한 내용인 '해원상생'의 정신을 실현할 수 있는 사람에 의해 주도되는 것이다. 또한 '중통인의'를 이룬 도덕군자 그룹이 통치의 정당성을 지니고 '조화정부'라고 하는 이상세계의 정사를 맡은 기관에서 '신도'의 조화정치를 실현하는 것이다.

3) 홍수전의 천조정부(天朝政府)를 통한 천하일가(天下一家)

수전은 그의 정치적 이상을 펼치는 데 있어서 봉건적 전통에 대한 부정과 이상세계에 대한 갈망을 상제교라고 하는 종교적 매개를 통하여 실현하고자 했다. 상제교를 바탕으로 확장된 태평천국의 국가체제를 형성함에 있어서 수전은 유가적인 천명사상을 적용하여 자신에게 상제의 명을 받아 중국을 요마로부터 구원하고 다스릴 통치의 정당성이 있다고 주장했다.

'천하일가론'을 바탕으로 한 '만민평등' 사상은 수전의 정치적 구세관에서 도덕정치를 함의하고 있다. 수전의 현실에 대한 부정과 이상세계에 대한 갈망은 요·순·우 삼대의 치세를 동경하는 원고에 대한 동경을 보여 "당시의 군·민·신 등은 상제를 숭배하였으나 진시황이 신선(神仙)·괴사(怪事)의 실마리를 열면서 세상의 풍

---

141) 『대순전경』 4장 101절

속과 인심이 날로 침륜(沈淪)되었다."142)고 생각하였다. 이는 수전이 천왕인 자신을 비롯한 천하의 모든 백성들이 상제를 경배하고 그 통제를 받는 데 있어서 종교적으로 평등하지만 이러한 평등주의를 어김으로 해서 세상이 어지럽게 된 것으로 간주하였다. 이에 대해 수전은 종교적 평등주의를 주장하고 있지만 중국 고대의 천명에 의한 통치와 유럽 중세의 신명에 의한 통치와 같은 신권정치의 맥락에서 크게 벗어나지 못하고 있음을 알 수 있다.

이 세상이 천부상제(天父上帝)와 그의 자녀로 이루어진 천하일가(天下一家)인 대가정(大家庭)이라고 설정한 '천하일가'의 '만민평등론'은 수전의 도덕적 정치구세관의 이론적 바탕이 되었다고 볼 수 있다.143) 수전의 도덕적 정치이념은 태평천국의 통치기구인 '천조정

---

142) 『原道覺世訓』, "三代時頗雜有邪神及有用人爲尸之錯, 然其時君民一体, 皆敬拜皇上帝, 仍如故也. 至秦政出, 遂開神仙怪事之厲階, 祀虞舜, 祭大禹, 遣入海求神仙, 狂悖莫甚焉."

143) 소공권은 그의 저서 '중국정치사상사'에서 "태평천국의 권력구조는 천조전묘제도, 과거제도, 자정신편의 자본주의적 이상, 대외정책에 있어서 일원적 이원권력구조로 수전이 남경에 도읍을 정하고부터 성이 돌파되어 자살할 때까지 단지 10여 년 동안 존재했을 뿐이지만, 정치사상사에 대한 의의나 근대 정치사에 대한 실제적 영향은 모두 엄청나게 컸다. 태평천국은 기독교의 교리에 의거했는데, 그것은 외래문화의 자극을 받아 일어난 사상혁명이었다. 지난 역사를 통해 실로 선례가 없는 것이었다. 그렇지만 태평천국의 공헌은 소극적인 파괴에 그쳤다. 그것이 정치사상에 적극적으로 공헌한 것은 별로 없었다. 역사적 배경의 제한을 받음으로 말미암아 태평천국이 포함하고 내건 사상에 자잘하게 잘못된 곳이 많았고 따라서 부강한 근대적 국가의 기초를 건립하기에는 부족했던 것이다. 넓게 말하자면 태평천국은 중국의 역사에서 자주 보이는 교비(敎匪)반란의 한 예였다. 그 선구를 소급하자면 멀리는 동한 말년의 '황건(黃巾)'이 있고, 가까이는 원 이후의 백련교가 있었다. 백련교의 본종 및 지류는 건륭 만년에서 가경 중엽까지 자주 반란을 일으켜 청의 전복을 도모하곤 했다. 태평천국은 기독교의 종교신앙으로 인심을 붙잡으려 했다는 점에서 백련교, 문향교, 천리교, 청수교 등의 미신

부(天朝政府)'를 통하여 '천하일가'의 이상을 실천하는 것이었다. 여기서 수운과 증산의 경우에서 보이는 '군자공동체'나 '도인그룹'과 같은 도덕적 인격체를 지칭하는 내용은 없다.

다만 수전 자신의 통치의 정당성을 강조하면서 유교사상의 수용과정에서 언급한 『논어』, 『맹자』, 『역경』, 『예기』에 나오는 '정(正)'의 개념을 '신(神)이 인간에게 부여한 고귀함을 유지하는 방법'임을 강조하여 태평천국의 '천조정부'가 정의롭고 절대적 공명정대한 통치기관이라고 주장하고 있다. 그러므로 '정(正)'의 원리를 깨닫고 실행하는 자가 곧 '도덕정치'의 주체가 되는 것으로 볼 수 있다. 태평천국의 '정(正)'과 '부정(不正)'에 대하여 '백정가(百正歌)'에서 다음과 같이 언급하고 있다.

> 진실로 정(正)한 자는 천명(天命)을 두려워하여 천록(天祿)을 먹고 공(公), 후(侯)가 되며, 선(善)과 정(正)을 행하기 때문에 귀(鬼)가 복종하고 인(人)이 존경하며, 천심(天心)이 순응하여 민(民)과 나라가 안정되며 사모(邪謀)는 멀리 피한다.144)

요순이 천하를 광정한 것, 우와 후직(后稷)의 후손이 왕이 될 수

과는 내용이 자못 달랐다. 그러나 '신도설교(神道說敎)'했다는 것으로 말하자면 미상불 대동소이했다. 잔존하는 문헌에 실려 있는 것으로 본다면 태평천국의 정치사상은 반청복명, 봉천박애, 평등상현의 세 가지로 압축된다. 반청은 민족주의에 부합되고, 박애는 민생주의에 부합되고, 상현은 또한 국가를 세우고 경영하는 요로이다.(소공권/최명·손문호, 『중국정치사상사』, 서울대학교 출판부, 1998, pp.1078-1081.)

144) 『百正歌』 "眞正食天祿, 眞正畏天命, 眞正作公作侯, 眞正作善作正. 眞正鬼服人欽, 眞正民安國定, 眞正邪魔遠避, 眞正天心順位."

있었던 것, 주실(周室)이 태평가를 구가하게 된 것, 순이 효도를 다하여 부친 고수(瞽瞍)가 기뻐한 것은, 각기 올바른 군주, 올바른 신하, 올바른 부(父), 올바른 아들이 있었기 때문이며, 주 문왕이 제후를 감복시키고 공자가 제자 3천을 가르치고 탕왕, 무왕에게 천과 인민이 감응한 것은 각기 정(正)으로써 일을 처리하고 설교하고 정벌했기 때문이고, 항우가 멸망하고 유방이 흥성하게 된 것도 정(正)이 부정(不正)을 이긴 때문이다.145)

걸주(桀紂)가 나라를 망하게 한 것은 부부(夫婦)의 부정(不正) 때문이고, 장령공(莊靈公)이 시해당한 것은 군신부정 때문이며, 제양공(齊襄公)이 피살된 것은 음매(淫妹)부정 때문이며 초평왕(楚平王)이 사후에 채찍질당한 것은 납식(納媳)부정 때문이며…146)

군신부자의 윤리와 인륜도덕의 문제를 유교적 시각에서 정(正)과 사(邪)로 규정하고 있다. 이는 한편으로는 유교적 전통을 계승하고 있으며 다른 한편으로는 유교적 전통을 부정하고 있음을 보여주고 있다. 부정 패덕자로 고수, 걸주, 장령공, 제양공, 초평왕, 수당의 창업가문, 무삼사, 당헌종을 들고 있고, 정의 유덕자는 요순, 하우,

---

145) 『百正歌』 "堯舜化日光天, 由爲君能正, 禹稷身顯后光, 由爲臣能正. 周家麟趾興歌, 由爲父能正, 虞廷瞽瞍底豫, 由爲子能正. 周文歸心八百, 乃以正事不正, 孔丘服教三千, 乃以正化不正. 湯武天應人順, 乃以正伐不正, 楚漢項滅劉興, 乃以正勝不正."

146) 『百正歌』 "桀紂亡其家國, 乃夫婦不正, 庄靈弑于崔夏, 乃君臣不正. 齊襄生前見殺, 乃淫妹不正. 楚平死后被鞭, 乃納媳不正."

은탕, 주 문무, 공자, 유방, 적인걸을 들고 있는데 이두 부류를 구분하여 권선징악을 적용하고 있다.147)

이와 같은 정과 부정의 논리에 근거하여 도덕적 정치관을 내세웠으며 이를 이상세계 구현을 위한 실천적 윤리강령으로 제시하였다.148) 결론적으로 말하자면 태평천국은 정치적 강령을 형성함에 있어서 유교의 전통적 윤리관을 수용하면서 이에 부응하는 현덕 유공자를 상제교리의 '정(正)'의 모델로 사용하고 있음을 알 수 있다.

태평천국은 정치적 이상을 펼침에 있어서 민족주의적 혁명의 대의를 표출했다고 볼 수 있다. 그러므로 수전의 반청복명에 대한 생각은 전 세계의 인류를 보편적 도덕정치의 대상으로 여기지 않았음을 극명하게 보여주고 있다.

> 내가 생각건대 천하라는 것은 상제의 것이지 호로(胡虜)의 것이 아니다. 의식은 상제의 것이지 호로의 것이 아니다. 자녀와 인민도 상제의 것이지 호로의 것이 아니다. 개탄스럽게도 만주가 독을 내품어 중국을 혼란시켰다. 육합과 구주(九州)의 대중이 오랑캐의 관행을 오로지 따르는 데 익숙하여 괴상하게 여기지 않게 되었다. 중국에 아직 사람이 있다고 할 수 있는가? 요사스런 호로의 포학스런 불꽃이 하늘을 불태우고 … 호로의 죄가 가득 차니 하늘이 진노하셨다. 우리 천왕으로 하여금 천왕의 자리를 엄숙하게 보이고 의로운 깃발을 드날리고 요얼들을 제거하게 하셨다. … 오랫동안 빠진 국토를 건지고 상제의 강상을 일으키게 하셨

---

147) 『百正歌』
148) 金誠贊, 『太平天國 新硏究』, 인제대학교 출판부, 2009, p.400.

다.149)[봉천토호격(奉天討胡檄)]

  수전의 도덕정치의 이상론에 나타난 정(正)과 부정(不正)의 논법에 의한 봉천박애(奉天博愛)에 대한 견해는 천조정부가 신권정체임을 표방하고 있는 것이다. 그래서 수전을 비롯한 태평천국 지도자들은 하늘이 사람에게 내린 천명을 잘 지켜 수행하는 것이 이상정치의 요체라고 인식했다.

  천주를 섬기는 것이 군, 신, 민 공유의 권리라는 종교평등주의를 주장하였으나 천조정부는 군신의 등급을 폐지하지는 않았으며 모든 인류가 상제의 자녀로서 종교생활에서는 근본적으로 평등하다고 인식했다. 그러므로 상제의 권능이 신민에게만 미치는 것이 아니라 천왕인 본인도 실제적으로 그 통제를 받는다고 인식했다.

  관료제 신정국가인 태평천국을 정교일치란 측면에서 전통왕조와 비교하자면, 전통왕조의 경우는 사대부 관료제의 발전을 통해 정교의 기능적 분화가 다소 진전됨에 따라 정교합일이 국가 이데올로기의 수준에서 추상적으로 존재했을 뿐이다. 또 본질적으로 정치 기능이 종교 기능보다 우위에 있어 정체 유지의 수단으로서 종교 교육을 통제했다고 할 수 있다. 이에 반해 신정국가인 태평천국의 이념 제도에는, 천부상제의 절대성에 의존한 신권적 지도력을 통해 종교가 정치보다 우위에 있는 종교 정치 기능의 완전 통합을 구현하고 있었다.150)

---

149) 소공권/최명·손문호,『중국정치사상사』, 서울대학교 출판부, 1998, pp. 1084-1085.(재인용)
150) 조병한,「태평천국의 종교공동체와 관료체제」,『역사와 세계』23, 효원사학회, 1999, p.307.

4) 강유위의 대공정부(大公政府)를 통한 천하위공 (天下爲公)

장소는 자신이 시도한 현실에 대한 개혁정책이 실패로 돌아가자 미래의 이상향을 구체적으로 계획하게 되었다. 이러한 계획 가운데 정치적 이상주의를 함축하여 말하자면 '공정부(公政府)'라는 통치기관을 통한 '천하위공(天下爲公)'이라고 할 수 있다. 장소는 '대동서'에서 세상을 통치할 기관을 '공정부'라고 하였는데 '공정부'의 전 단계인 '공의정부(公議政府)'를 거침으로써 이상적인 통치기구인 '공정부'의 실행이 가능함을 말하고 있다.

또한 '공정부'라는 기관을 통하여 통치의 주체가 될 사람들은 '인인(仁人)'의 정신을 실천할 수 있는 성현이 되어야 한다고 주장했다. 이러한 존재를 도덕적 이상정치를 실행할 수 있는 주체로 보았다.[151]

---

[151] 강유위는 현실세계의 인식으로부터 출발하여 세계국가인 대동세까지의 국가 소멸단계를 그의 대동삼세설에 입각하여 설명하였다. 이러한 대동국가에의 발전과정을 강유위는 차례로 설명하고 去國界의 마지막에 '대동합국삼세표'의 형식으로 정리하여 삼세 즉 '大同始基之據亂世', '大同漸行之升平世', '大同成就之太平世'에 해당하는 제 특징을 열거하고 있다. 1) 대동시기의 거란세 : 각국이 연합하여 전쟁의 방지에 힘쓴 후 '公議政府'가 설치 되는데 모든 국가들로부터 선출되어 온 대표들로 구성됨. 의장은 있으되 통령은 없다. 공의정부 역할 20가지 예. 2) 대동성취의 태평세 : 공정부가 세워져 대동성취의 태평세의 기초가 마련된다. 공정부 대강 13개 항.

이와 같이 하여 달성된 대동세의 통치체제에 관해서는 辛部 거란계에서 仔細히 논급하고 있는데 대동세에는 기존의 국가는 모두 소멸하고 하나로 통합되며 모든 인민은 '세계공민'이 되어 '공의위권'을 통하여 통치되어진다. 각지의 각도는 자치가 허용되나 공정부하에 놓이게 된다.(배영동,「강유위의 대동사상에 관한 연구」, 연세대학교 박사논문, 1981, p.39.)

장소는 역사적으로 전해 내려온 이상적 사회·정치제도가 모든 사람의 행복을 추구하기 위한 이론적 토대를 갖춘 것으로 보았다. 그러나 어떤 국가에서도 이론적 제도를 따르지 못했기 때문에 오히려 인간에게 대립과 갈등을 동반한 고통을 부여했다고 주장했다. 그러므로 그는 현존하는 대부분의 제도가 인간의 행복과 자유, 그리고 평등을 증진하려는 의도에서 만들어진 것이나 오히려 인간에게 고통을 주는 도구로 전락하게 되었다고 생각했다.

따라서 이와 같은 제도는 철폐되고 더욱 실현가능한 제도가 만들어져서 실현되어야 한다고 주장하였다. 그러므로 구계(九界)를 폐지하고 단일 민주정부하의 세계국가로서 사회적으로는 혈족, 종족 및 계층의 구별이 없이 모든 인류를 포용하고, 자본주의의 부작용이 제거되고, 기술적 발전의 혜택이 극대화되는 경제체제를 이루자는 것이다. 요컨대 그것은 인류의 통일과 평등을 통해 완전한 행복이 실현되는 세계를 의미한다. 그의 구상에 의하면 정치적 측면의 변화, 즉 국가라는 제도와 독재체제를 없애고 민주적인 세계정치기구를 만드는 것을 제시했다. 이것이 자신의 대동세계152)를 실현하기 위해 요구되는 최소한의 전제조건이라 하였다.153)

장소는 이상세계를 실현하기 위한 도덕정치를 강조함에 있어서 '천하위공'을 가능하게 할 주도적 인물에 대해서 '선현여능(選賢與

---

152) 대동사상은 중국에서는 古代로부터 전래되어온 보편적 사상이며 공통의 목표였다. 이상의 연원은 극히 오래된 것으로 요순 황제 시대로부터 현대 중국에 이르기까지 일반화된 그들의 이상이라고 할 수 있다. 『예기』「예운편」의 대동사상은 중국의 정치사상적 이상을 가장 간명하게 나타낸 것으로 천하위공의 이념은 예기에 나타난 대동사상의 핵심을 이룬다.
153) 최성철, 『강유위의 정치사상』, 一志社, 1988, pp.203-204.

能)'154)의 논리를 편다. 어질고 능력 있는 사람을 뽑아서 정사를 맡긴다는 뜻이다. 훌륭한 정치를 하기 위해 통치의 주체가 될 사람이 정사보다 선행되어야 한다는 것으로 이것은 군자가 없으면 나라가 성립될 수 없다는 전통적인 중국인의 관념이다. 따라서 '선현여능'은 현인이 정치를 행하여야만 이상적인 정치를 할 수 있다는 중국 전통의 정치논리에 연유한 것이다. 장소가 강조한 '성현정치'는 수운의 '군자정치', 증산의 '도인정치'와 유사한 개념을 지니고 있다.

> 요와 순은 민주를 행하고 태평세를 행하고 인도의 지극함을 행했다. … 공자는 문왕이 군주의 인정을 행했기에 어지러움을 바로잡고 승평(昇平)의 실행을 그에게 기탁했고, 요와 순이 민주의 태평을 행했기에 특히 주의하여 태평을 그들에게 기탁했다.155)

> 무릇 천하의 국가라는 것은 천하 국가의 사람이 공동으로 공유하는 그릇이지, 한 사람, 한 가정이 사유(私有)할 수 있는 것이 아니다. 마땅히 공중의 뜻에 부합하여 어질고 능력 있는 사람을 공공으로 선출하여 그 직책을 맡겨야지, 자손과 형제가 세습해서는 안 된다. 이것이 군신의 공리이다.156)

이는 '선현여능'에 의한 '천하위공'이 실현될 이상세계의 '대동정부'가 요순시대의 태평세의 맥을 이을 것이며 이러한 세상의 통치의

---

154) 『예기』 「예운편」
155) 리쩌허우/임춘성, 『중국근대사상사론』, 한길그레이트북스, 2005, p.256.(재인용)
156) 리쩌허우/임춘성, 앞의 책, p.256.(재인용)

주체들은 주로 '사회의 경제 문화의 관리기관이지, 강제로 압박하는 성격을 가진 국가기구가 아님'157)을 지적한 것이다.

> 대동은 나라가 없으므로 군법의 무거운 규율도 없고, 군주가 없으므로 모반을 일으키는 패륜도 없다. … 세습되는 벼슬이 없으므로 권위와 무력에 의지하여 강제로 차지하고 이익을 빼앗으며, 권세에 빌붙어 이익을 추구하고 아첨하는 일도 없다. 사유재산이 없으므로 농지와 주택, 상공업과 산업의 소송이 없다. … 세금과 무역, 관문과 나루터가 없으므로 도주하고 은닉하고 기만하고 횡령하는 죄도 없다. 명분이 없으므로 윗사람들의 능멸과 압박이 없고 아랫사람들의 범법과 반항이 없다. 이런 일들 이외에 또 어떤 소송이 있고 어떤 형벌이 있겠는가?158)

대동세계는 모든 관리가 다 있지만 병부와 형부의 두 관리만 없다. 군대도 없고 형벌도 없고 군주도 없고 귀족도 없다. '공정부'의 관리자는 모두 인민의 공개선출로 뽑힌 '지혜로운 사람'과 '어진 사람'이다. 태평세계에서는 만인이 평등하다. 하인과 노예도 없고 군주의 통솔도 없으며 교주와 교황도 없다. 공정부를 배반하고 땅을 점거하여 반란을 일으켜 황제나 왕을 참칭하고 세습을 회복하려는 것은 반역의 가장 큰 죄이다. 공정부는 의원만 있을 뿐, 행정관도 없고 의장도 없으며 통령도 없고 더욱이 제왕도 없다. 큰일은 다수에 따라 결정한다. 공정부의 행정관은 상하의

---

157) 『大同書』「辛部」
158) 리쩌허우/임춘성, 앞의 책, p.257.(재인용)

원이 선출하고, 그 직책은 차이가 있지만 업무수행 중에만 사용하고, 업무 외에서는 모두 세계인이고 모두 평등하며 작위의 특수함은 없다. 그리고 의원은 모두 인민이 선출한다. … 그들도 모두 인민이고 … 의원은 다만 세계인민의 대표일 뿐이다. … 3년에 한 번 선출하거나 매년 한 번 선출한다."159)

이와 같은 내용으로 볼 때 장소는 군주정치 체제에서 민주정치 체제로의 급격한 전환이 이루어지기 힘들므로 단계적인 체제변화를 통해서 이상세계의 통치체제가 형성될 것으로 확신했다. 장소는 『대동서』에서 주로 국가로 인해 발생한 끝없는 전쟁의 재난을 꾸짖는 것에서 출발하여 반드시 국가를 폐지해야 한다는 의견을 냈다.

> 그러나 국가가 수립되면 국의(國義)가 따라 생기고 사람마다 자기 나라를 사사롭게 여기며 다른 사람의 국가를 공격하여 빼앗는데, 다른 사람의 국가를 전부 빼앗지 않으면 그치지 않는다. 또는 큰 나라가 작은 나라를 삼키고, 또는 강국이 약국을 삭감하며, 또는 여러 대국을 연합하기도 한다. 그러나 서로 대치하는 까닭에 수천 년 동안 그 전쟁의 화로 생민에게 해독을 끼친 것은 대지의 수천 년을 합하여 계산하면 셀 수도 없고 논할 수도 없다. … 오호라, 이기심에서 비롯되어 서로 다투기 때문에 백성의 재앙이 이에 이르렀다. 어찌 국가가 있기 때문이라고 말하지 않을 수 있겠는가?160)

---

159) 리쩌허우/임춘성, 앞의 책, p.257.(재인용)

그러므로 장소는 전쟁으로 인한 백성의 참화를 구하고자 하면 반드시 먼저 국가의 경계를 제거하는 것부터 시작해야 한다고 말하고 있다.161) 장소의 대동공상은 결코 '대중의 민주의식을 훼손'시키는 '새로운 착취자의 사욕의 은폐물'은 아니었다. 장소가 공개적으로 선포하려 하지 않던 '대동공상'은 중국 근대의 공상적 사회주의사에서 중요한 진보적 지위를 차지하고 있다.

또한 이것은 소박한 태평천국의 농업사회주의 공상에 비해 크게 진전한 것이었다. 사회가 필연적으로 발전한다는 역사 진화론에 근거하여 고도의 물질문명을 경제토대로 삼고, 모든 사람이 노동하고 재산을 공유하는 것을 기본원칙으로 삼으며, 정치민주와 개인의 평등과 자유를 사회구조로 삼는 '대동' 세계를 주장한 것이다.

이것은 중국 선진 인사와 중국 인민의 행복한 생활에 대한 갈망과 과학 발달에 대한 희망, 봉건제에 대한 증오, 인권민주에 대한 요구를 훌륭하게 표현함으로써, 사회주의적인 주관적 공상형식에 민주주의의 객관적 내용을 가득하게 했다.162)

---

160) 리쩌허우/임춘성, 앞의 책, p.259.(재인용)
161) 대동서는 각 측면을 모두 언급하면서 물질문명, 모든 사람의 노동, 개인의 자유 등 수많은 문제를 아주 자세하고 상당히 그럴듯하게 이야기했지만 이 근본적인 문제에 대해서는 대단히 모호하고 간략하게 언급했다. 이는 태평천국의 사회주의, 쑨중산과 혁명파의 '민주주의'가 이 문제를 특히 중시한 것과는 커다란 차이점을 드러낸 것이었다. 이런 차이점은 우연한 현상이 아니라 계급의 본질적 차이를 심각하게 반영한 것이다. 따라서 20세기 초 혁명운동이 봉기했을 때, 장소와 그 제자들은 혁명을 두려워하여 자신들이 원래 이상적이라 생각한 것들을 공격했다. 그들은 혁명파의 '평균지권'과 '토지공유'를 반대했다. 그리고 그들은 또한 민주정치를 반대한 점도 있다.(리쩌허우/임춘성, 앞의 책, pp.262-263.)

장소의 대동사상에 있어서 국가 관념은 개별국가가 아니라 일종의 세계국가였다. 세계에 있어서는 모든 국가가 소멸되고 온갖 차별적인 제도가 없는 평등한 인민으로 구성되어 있는 민주적인 사회이다. 이와 대립되는 현실의 세계는, 장소에 의하면 전쟁의 참화가 그칠 날이 없는 쟁란의 세계이다.163)

장소는 인민에서 가족, 가족에서 부락, 부락에서 방국, 방국에서 대국으로 진행되는 과정은 수많은 사람의 희생을 통한 전쟁을 수반함으로써 일통대국(一統大國)이 형성되었으므로 국계(國界)를 폐지함으로써 평화로운 대동세계가 올 수 있다고 보았다.164)

> 국가라는 것이 백성의 단체 중 제일 높은 차원의 것이고 천제(天帝) 외에는 법률로써 제재할 수 있는 존재가 없어 각자는 사사로운 이익만을 도모하니, 공법으로도 억제할 수 있는 것이 아니며 헛되게 의리 따위로 움직일 수 없는 것이어서, 강대국은 작은 나라를 침략하고 삼켜 약육강식을 하는 것이 형세의 자연스런 것으로 공리(公理)가 미칠 수 없는 일이다. 그러므로 비록 인인(仁人)이 있어 군대를 없애어 백성이 편안하도록 하고 국가를 없애어 천하를 공변되게 하려 해도 반드시 좋은 수를 낼 수 없다.165)

그러므로 국계를 폐지하고 전쟁을 없앰으로써 국민들에게 평화

---

162) 리쩌허우/임춘성, 앞의 책, p.264.
163) 배영동, 「강유위의 대동사상에 관한 연구」, 연세대학교 박사논문, 1981, p.35.
164) 『大同書』 「乙部」
165) 『大同書』 「乙部」

를 가져다 줄 수 있으며 이러한 평화를 바탕으로 평등과 자유가 자연스럽게 실행될 수 있을 것으로 보았다. 그러나 장소에 있어서 '인민'은 정치의 실질적 내용 또는 정치의 대상은 될 수 있어도 정치의 주체가 되는 것을 허용하고 있지 않다.

그는 "민은 다만 자기의 이익을 추구하는 것이므로 인인(仁人)이 주장하는 대동의 즐거움과 이익은 자연히 인심에 꼭 들어맞아 대세가 대동을 주창하면 인심도 따를 것"이라고 하였다. 이것은 그의 성인적인 기본사유 토대에서 나온 것이라고 할 수 있다.166)

---

166) 배영동, 「강유위의 대동사상에 관한 연구」, 연세대학교 박사논문, 1981, p.38.

4. 유토피아 실현을 위한 교육관

　이상세계 구현을 위한 이들의 노력은 교육면에 있어서도 큰 비중을 갖고 있다. 이는 이들이 현실 속에서 실현하고자 하는 세계가 새로운 이념을 갖춘 교육에 의해서 전승되기를 기대했기 때문이라고 볼 수 있다. 세계의 질서를 유지하는 데 있어서 교육은 그 역할이 가장 근본적인 것에 있다. 그러므로 이들은 새로운 질서를 형성함에 있어서 새로운 형태의 교육체제를 설립하고자 하였다. "교육이념이란 교육의 지표가 되는 관건적 개념이요 인간형성의 핵이 되는 사상체로 인간형성의 원리가 되는 것이다."[167]

　또한 교육이념은 "모든 교육의 과정, 또는 모든 교육행위의 책무성을 통제하는 가치기준이나 원리로서 작용할 수 있어야 한다."[168] 그러므로 수운, 증산, 수전, 그리고 장소는 그들의 이상세계관을 교육을 통하여 역사성과 사회성을 지니면서 전승하려 했다고 볼 수 있다. 그들이 주장한 종교적 통합관념과 그 맥락을 이은 평등이념과 도덕정치의 이상이 이와 같은 교육이념 안에 내재해 있다.

　역사 이래 오랫동안 교육은 특권 계급의 전유물이었다. 그러므로 신분과 경제적 불평등을 바탕으로 한 봉건사회에서 어떠한 형태의 교육을 받는가의 문제는 인간존재의 본질을 외형화시키는 관건이 된다고 본다. 봉건적 체제에서 발생한 신분과 남녀의 불평등으로

---

167) 한기언, 『한국교육이념의 탐구』, 태극문화사, 1992, p.78.
168) 한명희, 「한국 교육이념의 이념, 철학의 정립과제」, 『교육학 연구』, 한국교육학회편, 1984, p.74.

인한 교육받을 기회의 박탈은 인간의 본질적 문제에 대한 인식의 부재에 따른 인간의 예속화 현상을 지속화했다고 볼 수 있다. 이에 이들 사상가들은 평등주의의 원리에 따라서 모든 사람에 대한 교육의 기회와 이에 따른 자유를 주장했다.

수운은 이상세계의 교육을 '군자공동체'라는 전인적 인격체를 양성하여 이를 전승하려는 데 그 의의를 지녔다고 볼 수 있다. 이 군자 그룹은 '시천(侍天)'의 사상을 완성한 존재로서 수운이 지향한 이상세계에 부합하는 존재이다. 증산은 이상세계의 교육을 논함에 있어서 '후천대학교'라는 가상의 기관을 설정함으로써 여기서 '중통인의'를 이룬 도인그룹이 양성되어 이상세계의 교육과 정사를 계승하게 되기를 기대했다.

수전은 "경세치용의 교육을 계승하여 중국교육의 근대화를 탐색했다고 할 수 있다. 태평천국의 중심적 임무에 조화하기 위해서는 교육면에서 반드시 그러한 전제통치를 행하는 정신적 지주를 없애고 봉건적인 유교의 전통교육사상을 배척해야 했다."169) 그래서 태평천국이라는 새로운 국가체제에 부응하는 교육이념을 제시하였는데 이는 다소 봉건적 질서에서 크게 벗어나지 않은 이념으로 볼 수 있다. 장소는 그의 저서『대동서』를 통해서 이상적인 교육관을 제시하였다. 이는 자유와 평등 정신의 실천과 함께 실용적 교육의 구현을 대망하는 교육이념이었다.

필자는 이들이 주장하는 교육이념이 곧 '천도'와 '신도', '원도'와 '대동'의 실천이며, 이에 상응하는 실천적 개념이 곧 '시천주', '중통인의', '천하일가', '원기론'이라고 본다. 그러므로 이들은 교육을 통

---

169) 김경식,『중국교육전개사』, 문음사, 2006, p.726.

해서 평등이념과 도덕정치의 바탕이 된 통합적 종교 관념을 전승하고자 한 것이다.

이들 사상가의 공통적인 교육이념은 반봉건적 성향을 강하게 보이고 있으며 근대라는 시점에서 미래지향적 이상교육을 제시하고 있다는 점이다. 이를 교육의 목적과 내용 그리고 교육의 방법을 중심으로 도덕적 측면에서 논의하기로 하겠다. 교육목적은 이들이 체계화한 이상사회를 지속하기 위한 철학을 대대로 전승함에 있는 것이다. 교육내용은 수운의 '시천교육', 증산의 '후천교육', 수전의 '태평교육', 그리고 장소의 '대동교육'으로 이들의 철학이 내재된 교육사상이다. 그리고 교육방법에 있어서 수운은 '수심정기'라는 도덕적 인격의 함양을 통한 '도성덕립'을 이룬 군자를 양성해내는 것으로 이에 대한 구체적인 교육기관이나 체제에 대한 언급은 없다. 증산은 '후천대학교'라고 하는 가상의 교육기관을 통하여 자신이 추구한 교육의 이상이 실현되길 기대했다. 수전은 천조정부의 교육기관을 통한 상제교의 교의와 십관천조를 중심으로, 장소는 대동 교육을 위한 구체적이고 세부적인 교육의 방안을 통하여 이상세계의 교육을 실행하고자 했다.

1) 최제우의 시천교육

수운은 평등이념과 정치이념에 있어서 '시천'의 개념을 토대로 하였던 것처럼 교육이념에 있어서도 '시천'의 교육관을 제시하였다. "시천주 사상은 당시 조선 사회에 있어 근대적 개인의 인격적 존엄성에 대한 사상적 기초를 주고, 대인관계에 타인을 상하주종의 지배

복종 관계로서가 아니라 대등한 횡적인 평등관계를 가르쳐주는 선구적 사상이었다."170) 사람이 시천주의 정신을 실천하면 누구나 군자가 될 수 있으며 이러한 군자공동체들이 모여 이상세계를 건설하고 계승하게 된다는 것이다.171)

수운의 교육사상에 나타난 평등주의는 봉건적 전통에서 형성된 불합리한 모순을 타파하여 이상세계라는 새로운 세계를 형성함에 있어서 만민평등의 민중교육을 지향하고 있다. "만민평등의 교육사상을 주창한 수운은 평등주의에 기초한 민중교육의 가능성과 필요성을 뚜렷이 하고 있으며, 종래의 수직적, 종속적, 주종적 인간관계를 평등적, 수평적인 인간관계로 바로잡고 있는 것이다."172)

수운의 종교적 통합개념인 '천도(天道)'의 사상에는 유·불·도 삼교의 요소가 내재되어 있다. 이와 같은 '천도' 사상은 교육을 통하여 전승될 수 있으므로 수운사상의 핵심인 '시천주(侍天主)', '불연기연(不然其然)', '무왕불복(無往不復)'의 사상이 '천도' 속에 내재되어 수운의 교육이념으로 확립된 것으로 본다.

그러므로 "동학사상은 교육철학적으로 인간성-무궁의 인간관으로부터 교육이념을 제시하고, 무왕불복의 역사관에 의하여 인간이 역사주체자로서 형성될 것을 추구하는 교육목적을 갖고 있으며 불

---

170) 신일철, 『동학사상의 이해』, 사회비평사, 1995, p.56.
171) 사람을 한울님처럼 존엄한 존재로 보고 인간은 바로 한울님의 속성을 담고 있기에 天性이 바로 人性이 된다. 수운에게서 人性은 선악의 기준이나 그 결과는 불변하거나 절대적인 것이 아니라, 스스로 노력에 의해서 개선해 나갈 수 있는 가변적이며 가능성의 자질을 지니고 있다는 인간 신뢰를 전제하고 있다.(손인수, 『한국교육사상사』 4, 문음사, 1989, p.117.)
172) 이원호, 「동학의 인간관과 현대 교육적 의미」, 『한국교육사상연구』, 집문당, 1983, p.258.

연기연의 세계관의 이해에 따라 인간이 세계를 보는 눈을 기르도록 교육내용을 전개하고 있다. 또한 성경신의 수행론을 통해 인간이 인간의 무궁성을 실현하도록 그 교육적 방법을 담아내고 있다."173) 결론적으로 수운의 '천도' 사상은 곧, '시천'의 사상이라고 볼 수 있다. 그러므로 수운이 주장한 이상세계를 향한 도덕교육은 성·경·신을 실천함으로써 '천도'의 정신을 실현하는 것이다.

> 나도 그 말씀에 감동하고 느낀바가 있어 하느님께서 주신 '영부(靈符)'를 받았다. 그대로 그려서 먹어보니 몸이 좋아지고 병이 나은 것이다. 참으로 이것이 선약임을 알게 되었다. 이 '영부'를 다른 사람들의 병에 써 보았더니 어떤 사람은 낫고 어떤 사람은 낫지 않았다. … 그렇게 되는 원인을 잘 살펴보니, <u>정성(精誠)</u>을 다하여 지극히 한울님을 위하는 사람은 번번이 효력이 있고 도덕에 따르지 않는 사람은 모조리 효력이 없었다. 이것은 영부를 받는 사람의 <u>정성(精誠)</u>과 <u>공경(恭敬)</u>에 달려있기 때문이 아닐까?174)(밑줄 필자)

> 비록 그렇다 할지라도 '도성덕립(道成德立)'은 본인의 <u>정성(精誠)</u>에 있고 가르치는 사람에 있도다. 어떤 사람은 떠도는 말을 들어서 도를 닦는다고 하고, 어떤 사람은 떠도는 주문을 듣고 외우고 있으니 어찌 그릇되지 않겠으며 참으로 민망한 일이 아니

---

173) 정혜정, 『동학 천도교의 교육사상과 실천』, 혜안, 2001, p.223.
174) 『동경대전』 포덕문, "吾亦感其言受其符, 書以呑服則潤身差病. 方乃知仙藥矣. 到此用病則或有差不差故, 莫知其端, 察其所然則誠之又誠, 至爲天主者, 每每有中, 不順道德者, 每每有中, 不順道德者, 一一無驗, 此非受人之誠敬耶."

겠는가?175)(밑줄 필자)

대학에 이른 도는 명명기덕(明明其德) 하여내어 지어지선 아닐런가. 중용에 이른 말은 천명지위성이요 솔성지위도(率性之謂道)요 수도지위교(修道之謂敎)라 하여 성경(誠敬) 이자(二字) 밝혀두고176)(밑줄 필자)

우리 도는 넓고도 간략하니 많은 말이 필요 없으며 별로 다른 도리가 없고 성(誠)·경(敬)·신(信) 석자니라. 이 속에서 공부하여 터득한 뒤에라야 마침내 알 것이니 잡념이 일어나는 것을 두려워하지 말고 오직 깨달음이 더딘 것을 두려워하라.177)(밑줄 필자)

수운의 도덕교육 실천적 방법론으로의 성경신(誠敬信)은 '도성덕립'한 군자공동체의 이상세계 교육의 목적을 달성하기 위하여 중요한 사항으로 인식되고 있다. '성'과 '경'의 중요성은 『용담유사』에서 찾아볼 수 있다.178) 또한 신(信)에 대한 교육적 자세에 대한 수운

---

175) 『동경대전』 「수덕문」, "雖然, 道成德立, 在誠在人. 或聞流言而修之, 或聞流呪而誦焉, 豈不非哉, 敢不憫然."
176) 『용담유사』 「도덕가」
177) 『동경대전』 「좌잠」, "吾道博而約, 不用多言義. 別無他道理, 誠敬信三字."
178) 『용담유사』 「권학가」에 "日日時時 먹는음식 誠敬二字 지켜내어", "성지우성 공경해서 한울님만 생각하소 처자불러 효유하고", 「교훈가」에서 "지각없는 이것들아 남의 수도 본을받아 성지우성 공경해서 정심수신.", 「도수사」에서 "매몰한 이내사람 부디부디 갈지말고 誠敬이자 지켜내어 차차차차 닦아내면 무극대도 아닐런가 시호시호 그때오면 도성덕립 아닐런가", 「도덕가」에서 "修心正氣 하여내어 仁義禮智 지켜두고 군자말씀 본받아서 誠敬이자 지켜내어"로 강조되고 있다.

의 생각은 다음과 같다.

> 대체로 우리 도는 마음으로 믿는 것이 정성이 되는 것이니라. 믿음으로서 정성이 되는 것은 사람의 말대로 하는 것이니라. 믿을 신(信) 자를 풀어보게 되면 사람 인(人)변에 말씀 언(言)자이니 말 가운데는 옳게 말하는 것과 틀리게 말하는 것이 있는데 옳은 것은 취하고 틀린 것은 물리쳐서 다시 생각하여 마음을 정하라. 마음을 정한 후에는 딴 말은 믿지 않는 것을 '믿음'이라 일컫느니라. 이와 같이 닦아야 마침내 그 정성을 이루나니라. 정성과 믿음이여 그 수칙이 멀지 않다. 사람의 말로써 이루는 것이니 먼저 믿고 후에 정성을 드리라. 내가 이제 밝게 효유하노니 어찌 미더운 말이 아니겠는가? 공경하고 정성들여 가르치는 말에 어긋남이 없을지어다.179)(밑줄 필자)

수운은 도덕교육의 방법으로 지식습득의 방법이 아닌 "인간의 주체적인 자각을 위한 내면화, 직관화의 방법을 요구한다."180) 이를 통해 수운의 도덕교육이 '수심정기'를 통한 '도성덕립'을 추구하는 것임을 알 수 있다. 또한 수운은 새로운 교육의 방법인 '수심정기'가 기존의 공부와 다름을 "인의예지는 옛 성인이 가르친 바요, 수심정기는 오직 내가 다시 정한 것이니라."181)고 하여 자신이 만든 교육이

---

179) 『동경대전』, 「수덕문」, "大抵此道, 心信爲誠. 以信爲誠, 人而言之. 言之其中, 曰可曰否, 取可退否, 再思心定. 定之後言, 不信曰信, 如斯修之, 乃成其誠. 誠與信兮, 其則不遠. 人言以成, 先信後誠. 吾今明諭, 豈非信言. 敬以誠之, 無違訓辭."
180) 한국교육학회 교육사연구회, 『교육사상가평전1 : 한국편』, 교학연구사, 1987, p.206.

념임을 선포하였다. 여기서 수운의 교육관이 인간에게 그 주체적 위치를 부여하지 않았던 봉건적 유교의 교육관을 탈피하여 '시천'의 주체로서의 도덕군자를 양성하여 이들로 하여금 이상세계의 도덕교육을 전승하고자 했음을 알 수 있다.

수운의 교육목적은 '도성덕립'을 이룬 군자공동체를 양성하여 이들을 통치의 주체이자 교육의 주체가 되게 하려는 데 있다. 이러한 군자공동체의 첫 모델이 하늘로부터 '천도'를 받은 수운 자신에게 있음을 천명하고 이러한 이치가 '무왕불복'의 역사적 순환론과 밀접한 관련이 있음을 말하고 있다. '무왕불복'이란 가서 돌아오지 않음이 없는 이치를 의미한다. 동시에 본래의 근원으로 돌아간다는 증산의 '원시반본'과 같은 맥락을 지닌 개념이다.

> 사방에서 어진 선비들이 나를 찾아와서 묻는 말이, "이제 들으니 한울님의 영(靈)이 선생님에게 강림하셨다고 하나 어떻게 해서 선생님에게 강림하시게 된 것입니까?" 대답하시는 말씀이, "<u>천도(天道)는 한 번 지나가고 다시 돌아오지 않는 이치가 없으니</u>, 그 이치에 의해서 내가 받은 것이니라." 묻는 말이, "그러면 무슨 도(道)라고 이름을 하셨습니까?" 대답하시는 말씀이, "천도(天道)라고 하니라."182)(밑줄 필자)

수운은 유·불·선 삼도의 통합적 개념인 '천도'의 정신을 실천하는 교육이념을 '수심정기'를 통한 공부라고 했다. 그리고 유교적 사유체

---

181) 『동경대전』 「수덕문」, "仁義禮智, 先聖之所敎. 修心正氣, 惟我之更定."
182) 『동경대전』 「논학문」, "曰受其無往不復之理. 曰然則何道, 以名之, 曰天道也."

제에 의한 봉건적 공부법을 인의예지에 국한된 공부라고 했다. 그래서 불연기연(不然其然)적 사고를 토대로 무왕불복(無往不復)하는 '천도(天道)'의 정신을 실현하는 것이 교육의 궁극 목적이라고 생각하였다. 수운은 이러한 교육의 목적을 달성함으로써 '시천주'의 정신을 실현하게 되면 이것이 곧 '조화정(造化定)'의 이상세계가 구현되는 것으로 보았다.

2) 강증산의 후천교육

증산의 실천윤리의 바탕이 되는 '중통인의'의 정신이 그의 교육이념에도 적용된다. 증산이 지향한 이상적인 인간이 곧 '중통인의'를 완성한 존재이므로 이러한 존재를 양성하는 것이 곧 증산에 있어서 교육목적이 된다. 그러므로 증산은 자신이 설정한 교육이념이 '후천대학교'라고 하는 특정 교육기관을 통하여 실행될 것으로 확신하였으며 여기서 '신도(神道)'의 정신을 계승할 유·불·선 삼교 통합의 교육이념이 전승될 것으로 보았다. 이는 "선지조화(仙之造化), 불지양생(佛之養生), 유지범절(儒之凡節)"[183]이라고 하는 구절에서 볼 수 있는 것처럼 선천 고등종교사상의 핵심을 모은 통합적 교육체제를 지향한 것으로 볼 수 있다.

증산의 교육적 역사관은 수운의 '무왕불복'의 시운론과 유사한 '원시반본'론에서 그 의의를 찾을 수 있다. 증산에 있어서 교육이념

---

183) 이는 『현무경』, 『대순전경』, 『중화경』, 『천지개벽경』에서 공통적으로 언급된 내용으로 증산이 후천 사상을 주장함에 있어서 유·불·도 삼교의 기본 정신을 모두 수용한 통합적인 면모를 보여주고 있다.

은 종교적 이념을 함의하고 있다. 왜냐하면 증산의 '원시반본' 사상은 바로 종교와 교육의 일치, 종교와 정치의 일치를 의미하기 때문이다. 그러므로 증산이 지향한 이상세계의 교육관은 바로 후천의 정신에 부합되는 전인적 교육을 실행하고자 한 것이다. 그러나 이러한 이상을 펼치기에 증산이 바라본 당대의 현실은 모든 면에서 암울했으며 특히 교육의 영역에서는 많은 문제점을 안고 있었다.

> 이 세상에 학교를 널리 세워 사람을 가르침은 장차 천하(天下)를 크게 문명케 하여 천지(天地)의 역사(役事)를 시키려 함인데 현하(現下)의 교육이 학인(學人)으로 하여금 비열(卑劣)한 공리(功利)에 빠지게 하니 그러므로 판 밖에서 성도(成道)하게 되었노라.184)

당대의 교육현실을 강하게 부정하여 봉건적 잔재로 파악한 증산은 반봉건적이고 미래 지향적 교육이념을 제시했다. 증산은 봉건적 잔재를 청산하지 못한 당대의 교육현실이 학인들로 하여금 명예와 이익을 획득하는 수단으로 여기게 한 것으로 보았다. 그러므로 증산은 새로운 판을 계획하였으며 이를 '천지공사'를 통하여 실행에 옮겼다. 이는 선천이라는 시공에서 전개된 모든 교육체제의 문제점을 극복한 새로운 교육체제를 지향한 것으로 볼 수 있다.

증산의 교육사상은 미래지향적이며 현실 부정적이라고 볼 수 있다. 증산은 선천에서 형성된 유·불·선 삼교의 가치를 배제한 전혀 다른 교육이념을 제시한 것이 아니라, 삼교의 정신을 혼합한 교육이

---

184) 『대순전경』 3장 12절

념을 제시하였다. 이것이 곧 '신도'의 정신이다.

증산의 교육사상의 근간은 자신을 추종하는 제자들과의 문답이나 훈교(訓敎)를 통해서 알 수 있다. 공부에 임하는 '바른 자세와 고요한 심성'을 강조[185]하고 '척을 짓지 않음'[186]으로서 타인과의 관계에 있어서 덕을 쌓을 것을 강조했다. 그리고 타인의 공부를 부러워하지 말고 자신의 주체성을 가지고 중심을 지닐 것[187]과 말에 덕을 지닐 것,[188] 남 잘되게 하는 공부를 할 것,[189] 반드시 은혜를 갚을 것[190]을 강조함으로써 도인 또는 대인이라는 이상적 인격체가 되기를 희망했다.

이와 같은 공부는 증산이 제자에게 강조한 도덕교육을 이루기 위한 방법 중의 하나이며 이를 위한 이상적 모델이 수운의 '군자(君子)'에 해당하는 '대인(大人)'[191]이다. 증산은 '대인'에 대하여 "대인

---

[185] 항상 종도들을 둘러앉히고 몸을 요동하지 못하게 하시고 "잡념을 떼고 정심하라."(『대순전경』 2장 122절) 하시며, "마음을 속이지 말라."(『대순전경』 2장 112절)

[186] "시속에 무척 잘 산다 이르나니 척이 없어야 잘 산다는 말이라. 남에게 冤抑을 짓지 말라. 척이 되어 갚느니라. 또 남을 미워하지 말라. 그의 신명이 먼저 알고 척이 되어 갚느니라."(『대순전경』 6장 38절) "이웃 사람이 정붙여 주는 음식이 맛이 없어 먹고 병들지라도 사색을 내지 말라. 오는 정이 꺾여서 다시 척이 되느니라."(『대순전경』 6장 39절) "남이 힘들여 말할 때에 설혹 그릇된 점이 있을지라도 일에 낭패만 없으면 반박하지 말라. 그도 또한 척이 되느니라."(『대순전경』 6장 41절) "大軍을 거느리고 敵陣을 쳐 破함이 榮華롭고 壯快하다 할지라도 인명을 殘滅하는 일이므로 惡척이 되어 앞을 막느니라."(『대순전경』 6장 43절)

[187] "만일 남의 자격과 공부만 推仰하고 부러워하여 제일에 懈怠한 마음을 품으면 신명들이 그에게로 옮아가느니라."(『대순전경』 3장 103절)

[188] 『대순전경』 6장 21절

[189] 『대순전경』 6장 29절

[190] 『대순전경』 6장 40절

을 공부하는 자는 항상 남 살리기를 생각하여야 한다."192)고 하여 도덕교육의 이상적 인격인 '중통인의'를 이루려는 사람이 상생의 마음을 가져야 한다고 주장하였으며, "대인의 공부를 닦는 자는 항상 공근하고 온화한 기운을 기를지니"193)라고 하여 도덕적 인격함양에 힘쓸 것을 강조하였다. 또한 "대인의 말은 구천에 사무치나니 나의 말도 그와 같아서 늘지도 줄지도 않고 부절과 같이 합하느니라."라고 하여 말에 있어서의 신뢰성을 강조하였다.

그러므로 이와 같은 대인의 공부를 하는 사람이 지켜야 할 덕목은 '일심(一心)'이다. 증산은 "일심만 가지면 못될 일이 없다."194)고 하여 수행에 있어서 일심을 모으는 것을 강조하였다.

> 인간의 복록을 내가 맡았으나 태워줄 곳이 없음을 한 하노니 이는 일심(一心)가진 자가 적은 연고라 만일 일심자리만 나타나면 유루 없이 베풀어 주리라. … 내가 서축에 있어도 일심(一心)하는 자에게는 찾으리라.195)

이와 같은 심성 훈련을 통한 도덕적 함양을 토대로 하여 '중통인의'를 이룰 수 있으며 이의 완성체가 곧 전인적 인격을 갖춘 '대인'에 해당한다. 증산에 있어서 '대인'은 수운의 군자공동체와 같은 도인그룹의 구성체로서 이상세계를 주도할 주체적 인격이다. 증산은 봉건

---

191) 『대순전경』 2장 94절
192) 『대순전경』 2장 42절
193) 『대순전경』 6장 7절
194) 『대순전경』 6장 92절
195) 『대순전경』 6장 97절

시대에서 발생한 사제(師弟) 간의 문제점을 극복하고 이러한 관계를 재정립해야 한다고 아래와 같이 언급하였다.

> 선천에는 도수가 그르게 되어서 제자로 선생을 해하는 자가 있었으나 이 뒤로는 그런 불의를 감행하는 자는 배사율을 받으리라.196)

> 옛적에 신성(神聖)이 입극(立極)하여 성웅(聖雄)이 겸비하여 정치와 교화를 통제 관장하였으되 중고 이래로 성(聖)과 웅(雄)이 바탕을 달리하여 정치와 교화가 갈렸으므로 마침내 여러 가지로 분파되어 진법을 보지 못하게 되었느니라. 이제 원시반본(原始返本)이 되어 군사위(君師位)가 한 갈래로 되리라.197)

이러한 맥락은 유교적 전통에서 강조되어온 '성경신'을 재해석한 교육내용198)으로 이는 '충효열'에 대한 봉건적 개념을 재해석한 시도와 같다. 신분의 평등과 남녀평등에 내재된 교육이념에 대해서는 다음을 통해 이해할 수 있다.

> 학교는 이 학교가 크리라. 이제는 해원시대라. 천한 사람으로부터 교를 전하리니 무당 여섯 명을 불러 오라.199)

---

196) 『대순전경』 3장 80절
197) 『대순전경』 6장 125절
198) 『중화경해의』 5장, 6장, 7장, 8장, 9장, 14장 참고
199) 『대순전경』 7장 1절

> 이때는 해원시대라. 몇 천 년 동안 깊이깊이 갇혀 있어 남자의 완롱거리와 사역거리에 지나지 못하던 여자의 원을 풀어 정음정양으로 건곤을 짓게 하려니와.200)

위의 내용을 통해 증산의 교육관이 당시의 억압받고 천대받던 민중들에게 희망을 줌과 동시에 선천세계의 모순과 부조리를 새로운 교육이념을 통하여 해결하고자 했음을 알 수 있다. 증산의 교육관은 앞서 언급한 종교적 혼합주의를 토대로 하여 평등이념과 정치이념과 더불어 교육이념으로 체계화된다. 이와 같은 증산의 사상은 '정음정양', '중통인의'를 기저로 한 '인존'을 지향하고 있다. 그러므로 증산의 교육이념의 궁극적 목표는 '중통인의'를 이룬 인간상이라고 말할 수 있다. '중통인의'는 인존사상의 극치에 해당하는 개념으로 후천세계라는 이상세계에 바람직한 인간상이라고 볼 수 있다.

3) 홍수전의 태평교육

수전의 교육목적은 '상제교'에서 태평천국 국가체제에 이르기까지의 종교적 이념과 국가의 체계화가 이루어지는 과정에서 '태평천국'이라는 지상천국의 실현에 부합되는 인재를 양성함에 그 의의가 있었다. 이를 실행함에 있어서 수전은 봉건적인 유교의 전통교육사상을 배척하고 새로운 세계의 질서에 부합되는 교육이념을 제시하였다. 수전은 '천하일가'의 '만민평등'의 이념을 '원도'(原道)라는 통

---

200) 『대순전경』 6장 134절

합적 관념에 근거하여 교육이념에도 적용한 것으로 보인다. 이는 봉건적 유교교육에 반대한 수전이 상제회를 통하여 "중국 고대의 대동사상과 농민계층의 소박한 평등주의 관념을 흡수하여 새로운 교의를 창립한 것, 다시 말하면 중국의 전통도덕, 유교사상과 서구 기독교의 평등 관념을 융합시켜 중국과 서구의 사상이 절충된 '상제'를 창조한"201)것에서 알 수 있다.

수전은 통합적 종교관인 '원도'의 이념을 평등이념과 정치이념에 적용하였으며 이상적인 교육이념에까지 그 범위를 확대한 것으로 볼 수 있다. 수전은 이러한 통합적 종교사상을 교육이념화하기 위하여 『천조서』, 『원도구세가』, 『원도각세훈』과 같은 책을 만들어 보급하였다. "이것은 실질적으로 일종의 농민의 공상적 사회주의로서 당시 봉건적인 차별제도를 부정하고 정치적 평등을 선전하는 면에서 의의가 있었던 바, 이것은 농민들에게 봉건제도를 반대하고 투쟁하는 용기를 고무시켰다."202)

수전을 비롯한 태평천국의 지도자들이 반봉건, 반유(反儒)의 새로운 교육혁명을 실현하기 위하여 종교교의와 더불어 군기법규(軍紀法規)를 담은 『천조서』는 상제회의 교의와 수칙임과 동시에 '태평천국'의 교육내용이었다. 이것은 종교교의와 십관 천조로 양분되었는데 십관 천조의 내용은 다음과 같다.

1. 상제(上帝)를 숭배한다.
2. 사교(邪敎)를 숭배해서는 안 된다.

---

201) 김경식, 『중국교육전개사』, 문음사, 2006, p.726.
202) 김경식, 앞의 책, pp.726-727.

3. 함부로 상제(上帝)의 이름을 빌려서는 안 된다.
4. 상제(上帝)의 은덕을 칭송하고 예배한다.
5. 부모에게 효순(孝順)한다.
6. 간사하고 음란해서는 안 된다.
7. 살인해서는 안 된다.
8. 절도, 강탈해서는 안 된다.
9. 거짓말해서는 안 된다.
10. 탐욕해서는 안 된다.

이상과 같은 내용의 십관 천조는 기독교의 10계명과 같은 종교적 계명으로 상제교 회원의 평상시 행동교칙이며 태평군의 군사기율이었다. 태평천국은 항상 전시상황이었기 때문에 정규적인 새로운 교육제도를 수립할 상황이 되지 못했으므로 태평천국의 교육은 종교의식을 통하여 진행되었다. 상제교의 교당은 종교의식을 진행하는 장소이며 동시에 학교교육을 병행한 정교합일의 교육 장소였다.203)

태평천국의 강령인 '천조전무제도'에서는 종교, 정치, 교육을 일체화한 평등제도를 실시한다고 규정하였다. 이와 같은 평등의 원리에 입각한 여성교육에 대한 중요성을 부여한 것은 여성교육을 경시했

---

203) 태평천국 관할 내에서 아동은 예배당에 나가 매일 聖書 강의를 듣고 성년남녀는 예배일에 예배당에 나가 성서강의를 들었다. 예배당은 입학형태인 외에도 '義學', '育才館', '育才學校' 등과 같은 임시로 이동교육기구를 설치하고 별도로 일종의 '신도들을 이끄는' 교육형식으로서 태평천국 관원이 아동 한 명 또는 수명을 이끄는 방법으로 아동들에게 종교, 정치, 교육 등의 지식을 학습하고 실천하도록 하였다.(김경식, 앞의 책, p.728.)

던 봉건적 전통 관념에 충격을 준 사건이었다. 그러므로 태평천국은 봉건전통의 차별교육 제도를 타파한 평등교육을 받도록 하였다.

유교를 배타적인 사상으로, 타도할 종교로 주장했던 태평천국은 남경에 수도를 정한 후에는 유교경전에 대한 변형을 통하여 요서(妖書)라고 주장한 '사서(四書)'와 '오경(五經)'을 수정하여 교육 자료로 삼았다. 1861년 반포한 '흠정사계조례(欽定士階條例)'에서는 다음과 같이 수정하였다.

> 공맹(孔孟)의 서(書)는 반드시 없애야 하나 그중에는 천정도리(天情道理)에 합당한 것이 많아 성주(聖主)는 친히 흠정하니 모두 이를 보고 유익하게 할 것이며204)

이것은 후기에 태평천국의 투쟁전략 면에서의 변화를 보여주는 동시에 농민계층의 이익을 대표한 태평천국 지도자들이 전통적 교육의 패턴과 정신역량의 제약에서 초월한다는 것은 한계가 있었음을 말해주고 있다.205) 태평천국은 인재의 선발과 육성을 위해 과거제를 실시하였는데 이에 대한 규정은 다음과 같다.

첫째, 봉건적 등급과 가세의 제한을 제거하고 출신성분을 가리지 않고 모두 응시할 수 있었다. 둘째, 시험관의 전용을 사전에 통제하지 않았고 수험생의 범위도 1차례 시험에만 국한시키지 않았던바, 이것은 시험관의 부정을 극복하고 한 차례의 시험으로 일

---

204) 중국사학회주편, 『태평천국』 제1편, 상해인민출판사, 1957, pp.561-562.
205) 김경식, 『중국교육전개사』, 문음사, 2006, p.729.

생을 결정하는 경향을 방지하였다. 셋째, 구 과거에서 수험생에 대한 각박한 대우를 개선하여 수험생의 경비부담과 생활면에서의 부담을 덜어주었다.206)

'흠정사계조례'207)를 통하여 태평천국이 과거제도를 체계적으로 정비하여 등급별로 인재를 뽑으려고 한 노력을 알 수 있다. 이와 같이 청조정부에서 실시했던 과거제의 부패를 극복하여 부정이 없는 과거제도를 확립하려는 의도를 보인다. 그러나 동 조례가 정식으로는 실시되지 못하다가 태평천국의 천도 후 정식으로 과거제도를 수립하고 그것을 현시(縣試), 성시(省試), 경시(京試) 3급으로 나누어 시행하였다. 시험내용은 배상제교의 교의를 위주로 하고 간혹 제왕의 공덕을 가송하는 내용도 있었다. 태평천국의 과거제도도 초현납사(招賢納士 : 인재등용)의 방법의 하나였다. 시험내용, 시험형식과 그 실시에 대한 중시보다도 과거제도를 이용하여 인심을 얻고 태평천국에 대한 문인사자(文人士子)들의 이해와 지지를 얻으며 동시에 태평천국은 전통적인 관념으로 중앙전권만이 과거를 마련하고 실시할 수 있는 과거제도를 실시함으로써 그것을 통하여 태평천국의 합리성과 합법성을 증명하려 하였다.208)

태평천국의 과거제도는 여타 개혁제도와 관련지어 그 의미를 평가해야 한다. 특히 상제교를 이념으로 하여 정치, 경제, 사회, 교육

---

206) 김경식, 앞의 책, p.732.
207) 欽定士階條例에는 과거를 鄕試, 縣試, 郡試, 省試, 天試의 5등급으로 나누어 각각 文科와 武科를 설치하도록 규정하였다.(羅爾綱, 『태평천국사』 권2, 中華書局, 2009, pp.128
208) 김경식, 『중국교육전개사』, 문음사, 2006, pp.730-732.

등 거의 모든 부문에 걸쳐 개혁을 단행한 태평천국의 정책을 바탕으로 초현제(招賢制), 육재관(育才館), 동자교육(童子敎育), 산서아(刪書衙) 등 태평천국의 교육관료 선발의 일부로서 과거제도가 지니는 의미를 유기적으로 분석할 필요가 있다. 이와 관련하여 간우문은 태평천국의 문학체제에 나타난 혁명성을 구비한 신제도로 문장에 표점을 사용한 점, 백화(白話)·속어(俗語) 심지어는 토어(土語)·은어(隱語)를 사용하는 등 쉬운 문자를 사용한 점, 자전(字典)을 자의(字義)로 고치는 등 고전(古典)을 폐한 점, 실용적인 문장을 중시한 점을 들고 이는 '태평천국 문화의 이채이며 또한 금대(今代) 문학혁명을 여는 선하(先河)'라고 높게 평가하였다.[209]

4) 강유위의 대동교육

장소의 교육이념은 그의 정치이념이나 평등이념과 같은 맥락으로 봉건적 제도를 탈피하여 새로운 체제를 지향하는 것으로 '원기론'과 '서구사상'을 바탕으로 한 '천부인권'을 토대로 한 '천하위공'의 '대동교육'이라고 할 수 있다. 전통교육을 개혁하여 신학교제도를 설립하고 평등교육과 실용교육을 구현하여 이상적인 교육체제를 구축하려는 데 그 목적을 두었다. 그러므로 이와 같은 목적은 '거고구락'을 실현하려는 궁극적 이상을 교육적 방법을 통하여 실현하고 후대에 전승하려는 장소의 의지가 반영된 것으로 보인다.

전통교육제도를 개혁하기 위한 방법으로 과거제도를 개혁하여

---

[209] 최진규, 『태평천국의 종교사상』, 조선대학교 출판부, 2002, p.322.(재인용)

새로운 학교제도를 시행하고자 했다. 그리고 새로 형성된 제도를 통하여 평등교육과 실용교육을 실행하고자 했다. 장소는 이와 같은 교육개혁을 제도권을 통하여 실행하려고 하였으나 무술개혁의 실패로 이러한 개혁의 완성을 보지 못한 채 망명에 오르게 되었다.210) 이후 자신의 교육적 이상을 『대동서』를 통하여 서술하였다.

장소의 교육적 이상은 크게 두 갈래로 분류할 수 있다. 하나는 무술개혁 전후의 교육에 대한 이념으로 이는 봉건적 전통교육에 대한 부정으로 '만목초당'에서 '장흥학기'에 이르기까지의 시기에 드러난 교육이념이다. 이 시기에 장소의 교육사상은 구국을 위한 성격

---

210) 1891년 강유위는 廣州에서 '만목초당'을 지어 국가의 동량을 기르려고 강학활동을 하였으나 무술변법이 실패하자 만목초당은 정지되었다. '장흥학기(長興學記)'를 지어 학규로 하였던바, 학교교육의 종지는 중서학설(中西學說)을 모두 알고 지·덕·체 여러 면에서 모두 발달한 유신지사(維新志士)를 양성하는 데 있다고 하였다. 그는 또한 전통적 교육양식을 반대하고 교육의 내용과 방법에 대해서도 개혁을 단행하였다. 그의 교육과정은 다음과 같은 4개의 면을 포괄하였다. 첫째, 의리지학(義理之學) : 공학(孔學), 불학(佛學), 주진제자학(周秦諸子學), 송명학(宋明學), ·서양철학. 둘째, 고거지학(考据之學) : 중국의 경학(經學), 사학(史學), 만국(萬國)의 사학(史學)· 지리·수학·격치학(格致學: 청말에 물리, 화학 등 자연과학을 총칭함). 셋째, 경세지학(經世之學) : 정치원리학, 중국정치연혁득실, 만국정치연혁득실, 정치응용학, 군학(群學: 군중학). 넷째, 문자지학(文字之學) : 중국사장학(中國詞章學), 외국어문 문자학. 이 외로 '과외백과(科外百科)', 섭급연설(涉及演說), 체조, 사격, 유력(遊歷; 유람), 음악, 회화 등 많은 내용의 것이 있었다. 학생들은 수강하는 외에 자기 독서, 서예, 수강필기 등이 중요한 것이었는데 매월 15일마다 1차 강유위는 수업부에 반영된 문제에 근거하여 의견을 표시하거나 또는 강해(講解)하여 학생들이 깊이 있게 연구하도록 지도하였다. 이 외로 '축덕록(蓄德錄)'을 두어 각자 자기 사상 감정의 변화를 기록하도록 하였다. 강유위는 자신이 초당의 총교수, 총감독이 되고 학생 중에서 학장(學長)을 선발하여 각 과에서 협조하도록 하였다. 그는 학생들과 같이 중국의 수천 년의 학술 원류와 역대의 정치 연혁과 득실, 그리고 서구 자본주의의 문화 지식을 연구하였다.(김경식, 『중국교육전개사』, 문음사, 2006, pp.791-792.)

을 지니고 있었다. 그러므로 당시의 과거제도와 같은 교육체제로 인재를 양성하는 방법으로는 국가의 발전을 이루기 어려운 것으로 보았다.211) 그러므로 "그는 팔고취사제도(八股取士制度)212)에 대한 폐지론을 주장하였다. 그래서 장소는 과거제를 비판하고 적극적으로 학교를 일으킬 것을 제창하였다."213) 다른 하나는 무술개혁 실패 후 이상세계에 대한 그의 이념을 담은 『대동서』를 통한 이상적 교육이념이다. 이는 다소 현실성이 결여된 공상적 요소가 보이지만 장소의 대망의 교육철학이 내재된 것으로 미래지향적 의의를 지니는 것이다. 『대동서』의 내용 역시 반봉건적 개혁적 성향이라는 현실적 내용을 내포하고 있지만, 미래에 대한 공상적 희망을 담은 개연성 있는 교육이념을 묘사했다는 점에서 교육사적 의의를 지닌다고 하겠다.

장소는 개화기 교육사조의 이론적 기저를 "구국(救國)과 흥국부

---

211) 중국의 전통문화교육이 봉건사회에서 강대한 역량을 발휘할 수 있었던 것은 상당한 면에서 과거제도의 지지가 있었기 때문으로 생각된다. 과거제도의 폐지는 중국전통교육에 대한 하나의 커다란 타격이었고, 또한 다른 면에서는 신식학교제도가 아직 충족할 만한 힘을 구비하지 못한 상태에서 신교육정신의 보급을 담보할 수 있었다고 볼 수 있다. 따라서 과거제도의 폐지는 결국 중국근대교육 전개상 하나의 장애물이 제거되었다고 볼 수 있을 것이다.(김경식, 앞의 책, p.815.)
212) 八股取士제도는 八股文으로 관리를 뽑는 제도이다. 八股文은 명, 청 시대에 과거시험의 답안용으로 채택된 특별한 형식의 문체를 말한다. 對句法을 사용하며 전편은 여덟 부분으로 구성되어 있다. 팔고취사라는 당시의 과거 제도는 응시자격이 엄격히 제한되었기 때문에 좋은 재주를 가진 자들이 사장되는 경우가 많았으며, 시험장의 부정행위가 만연해 과거시험에 급제하기가 어려웠다. 또한 팔고취사체의 형식적인 문체로는 다양한 사고가 형성되기 어려웠다.
213) 구자억, 「근대 중국 유신운동파의 교육적 관심사와 특징 분석」, 『한국교육』 25, 한국교육개발원, 1998, pp.3-4. 참조

민(興國富民)의 근본적인 전제와 수단으로 삼았다. 그리고 교육 근대화로써 정치의 근대화, 경제의 근대화, 문화의 근대화를 꾀하는 선결조건과 유일한 길로 삼아 서구 자본주의 국가의 부국강병의 근본 원인을 '무기에 있는 것이 아니라 권학(勸學) 궁리(窮理)에 있다.'214)고 했다. 또한 중국이 빈약한 근본적인 원인은 바로 교육이 불량하고 천하의 큰일을 수행할 인재를 양성하지 못한 데 있다고 하였다."215) 그래서 장소는 청개학교석(請開學校析)216)을 통하여 근대 학교제도에 대한 구상을 다음과 같이 체계적으로 제안하였다.

> 향립 소학은 아동이 7세에 입학하고 적령 아동은 반드시 입학해야 하며 학습기간은 8년으로 보통과정, 예컨대 문사(文史), 산술(算術), 여지(輿地), 물리(物理), 가악(歌樂) 등을 학습하는바 이것은 의무교육단계이다. 현립(懸立) 중학은 아동이 14세가 되면 입학하며 학습 년은 2단계로 나누어지는바, 초등과 2년, 고등과 2년으로 나누어지며 학습과정은 소학의 기초 위에서 더욱 심화하며 동시에 외국어와 실용적인 학과를 증설한다. 성(省) 부설 전문고등학교 혹은 대학은 경학(經學), 율학(律學), 의학(醫學) 등 4개로 나누어진다. 경사(京師: 수도)에는 규모가 큰 경사대학당(京師大學堂)을 설립한다.217)

---

214) 『公車上書』, 무술변법 2, 참고
215) 김경식, 『중국교육전개사』, 문음사, 2006, pp.778-779.
216) 1898년 강유위가 청의 황제 광서제에게 올리고 건의한 상소.
217) 周德昌編, 『康南海敎育文選』, 廣東高等敎育出版社, 1989, p.90. 김경식, 『중국교육전개사』, 문음사, 2006, p.781.(재인용)

한편 장소는 『대동서』라는 책을 통하여 자신이 구상하는 이상적인 대동사회의 교육제도를 설계하였다. 그는 국가와 계급과 가정이 없는 인간평등의 정신이 실현되는 '천하위공'의 이상사회에서 '대동교육'을 실시할 수 있는 이상적인 학교체계의 설립을 다음과 같이 구상하였다.

> 사람마다 잉태한 후 태교를 받기 시작하여 20세에 이르러 고등교육을 완성하게 되는데 이것은 연속적인 교육과정 중에 있다. 부녀자는 임신한 후 즉시 '인본원(人本院)'에 들어가 태교를 받는다. 영아가 태어난 후 인본원에서 6개월간 양육하고 "젖을 끊은 후에는 육영원(育嬰院)에 들어가 5-6세까지 학전교육(學前敎育)을 받는다. 그런 연후에는 '소학원(小學院)'에 들어가 초등교육을 받으며 10세-15세까지는 '중학원(中學院)'에서 중등교육을 받는다. 마지막으로 대학원(大學院)에 들어가 20세까지 고등교육을 받는다."[218]

'대동서'를 통한 장소의 교육이념은 그의 종교적 통합개념인 '대동'의 이념이 그대로 전승된 '대동교육'이라고 볼 수 있다. 장소의 이상교육은 '대동교육'을 실행하기 위한 구체적 기관인 '학교'에 대한 언급에서 그 의의를 알 수 있다.

> 태평세에는 사람들의 지혜를 계발하는 일을 우선으로 하고 학교의 운영을 제일 중요시한다. 사람들은 자유원(慈幼院)의 교육에

---

[218] 『大同書』 「己部」

서부터 소학, 중학, 대학에 이르기까지 모두 어려서부터 시작해서 20세까지 배운다. 사람들에게는 가정 일에 따르는 괴로움도 없고 좋지 않은 관습도 없다. 책과 기물이 모두 구비되어 있고 언어와 문자가 모두 같아서 다른 언어와 문자를 배우는 데 소비되던 힘이 절약된다. 생활여건이 모두 좋아지고 도덕적인 생활을 하게 되어 배우는 사람들은 지금에 비해 천만 배 이상 발전하게 된다. 학교에서 가르치는 내용은 때때로 공적으로 의논하여 개선할 수 있는데, 자세한 내용은 지금으로서는 상상할 수가 없다. 덕이 있는 성품과 지혜의 육성 및 체력단련 외에도 실용적인 교육을 제일 중요시하며 대학의 교육도 마찬가지이다. … '공정부'에는 학부(學部)를 두어 통솔하고, 각 도의 '소정부'는 역시 학조(學曹)를 세워서 학무(學務)를 관장하고 주(主)·백(伯)·아(亞)·여(旅)·부(府)·사(史)·서(胥)·도(徒)를 두어 그 일을 관장하게 한다.

태평세에는 지역적인 수준 차이가 없어서 도회지와 시골의 차이가 없으며, 단지 살기에 적당한 지역을 선택해서 생활한다. … 거난세에는 학교가 서울과 시골에 멋대로 세워져서 풍속을 어지럽히고 멋대로 행하지만, 태평세에서는 생각도 할 수 없는 일이다. 태평세에는 지역적인 수준이 같고, 먹고 사는 것을 걱정하지 않으며, 학문을 열심히 한다. 학관(學官)들은 모두 학교에서 학습한 사람 가운데서 배출되며 학부장에까지 승진한다. 만약 학부장이 학제를 의논하며 개선하려 하면 각 도의 학교들을 규합하여 그것을 공적으로 의논하는데, 그 공적인 의논은 모두 전화로 하되 다수결의 원칙을 따른다. 그 학관은 부모처럼 학생을 아끼고 학생은 모두 자식처럼 학관을 공손하게 따라 세계는 한 가족을 이룬다. 후진을 육성하는 것으로 업을 삼으니 그 누가 힘써 하지 않겠는가?[219]

　이러한 교육제도와 교육이상은 교육에 대한 평등한 권리를 주장하는 것으로 '천하위공'의 정치적 이상과도 부합하여 중국의 전통적 교육제도를 근대의 평등적 교육제도로 전환시키는 데 있어서 큰 역할을 했다.
　결국, 장소의 교육사상은 구국(救國)의 입장에서 나온 교육사상으로 과거를 바꾸고, 팔고(八股)를 폐지하며, 학교를 일으켜 백성의 지혜를 열고, 인재를 양성할 것을 주장한 것이다. 또 대동세계의 교육체계를 구상하기도 하였으며, 교육에 대한 이상적인 모습을 그리기도 하였다. 그의 교육사상은 당시와 이후에도 중국 근대교육의 발전에 적지 않은 영향을 끼쳤다.[220]

---

219) 『大同書』 「辛部」
220) 구자억, 「근대 중국 유신운동파의 교육적 관심사와 특징 분석」, 『한국교육』 25, 한국교육개발원, 1998, p.6.

〈표 7〉 이상교육의 내용, 이념, 방법

	교육내용	교육이념	교육방법	이상적 인간
수운	侍天교육 (天道)	상하주종의 지배복종 관계로서가 아니라 대등한 횡적인 평등관계를 가르쳐 주는 선구적 사상	수심정기	'도성덕립'을 이룬 '군자'
증산	후천교육 (神道)	선천세계의 모순과 부조리를 해결하기 위해 새로운 교육이념을 통한 만민평등의 민중교육	후천대학	'중통인의'를 이룬 '도인'
수전	태평교육 (原道)	'천하일가'의 '만민평등'	십관천조	'상제교의'를 실천한 사람
장소	대동교육 (大同)	'천부인권'을 토대로 한 '천하위공'의 '대동교육'	대동기관	'仁人'을 실천한 '군자'

5. 유토피아 실현을 위한 여성해방과 남녀평등

　수운, 증산, 수전, 그리고 장소가 이상세계를 위한 실천적 윤리를 제시함에 있어서 중요한 선행과제로 인식한 것이 남녀평등의 문제였다. 이들은 봉건적 사회질서에서 발생한 여성의 억압과 불평등의 문제를 우선적으로 해결함으로써 새로운 세상을 여는 초석을 마련하고자 했다. 그러므로 여성해방은 곧 남녀평등을 전제로 이행될 수 있는 것이다. 새로운 사회질서의 확립을 위한 남녀평등 사상은 수운의 '시천주', 증산의 '중통인의', 수전의 '천하일가론', 그리고 장소의 '원기론'에 토대를 두고 있다.

　그러므로 이상세계 실천윤리인 '평등이념'과 '도덕정치'로부터 '이상교육'에 이르기까지 남녀평등에 관한 문제가 내포되지 않은 것은 없다. 그럼에도 불구하고 필자가 '여성해방과 남녀평등'에 관한 내용을 따로 한 단원으로 구성하여 논의하고자 하는 것은 이들 사상가들이 새로운 세계를 희망함에 있어서 다른 어떤 과제보다도 '여성해방과 남녀평등'의 문제를 우선시했다고 보기 때문이다. 그리고 남녀평등의 실현이 사회를 구성하는 가장 기본적 단위인 가정에서 시작하여 작은 단위의 공동체에서 국가와 전 세계라고 하는 확장된 범위의 총체적 세계구성에 기본적 토대가 된다고 생각하기 때문이다.

　봉건사회에서 여성이 유교문화의 전통에 의해서 억압받는 존재였으므로 이들은 봉건사회제도 가운데 '남존여비' 관념을 토대로 형성된 여러 제도를 비판하고 남녀평등을 주장하였다. 수운은 '시천주' 사상을 토대로 남녀평등을 내포한 인간평등주의를 주장하였다.

증산은 '해원사상'을 통하여 '남녀평등'을 주장하였다. 이것은 곧 그의 사상 전반에 걸쳐서 기저를 이루는 '정음정양'론이다. 수전은 상제교의 교리나 군사제도, 과거제도, 경제제도를 비롯한 태평천국의 대다수 제도에 있어서 남녀평등을 주장하였다. 이러한 논리는 수전의 '천하일가론'에 바탕을 둔 '만민평등'사상에서 기인한 것이다. 장소는 '대동서'의 무부(戊部) 전체를 통하여 '남녀차별이 없는 평등한 세상'에 대하여 논하였다. 이는 '원기론'을 토대로 하고 '서구사상'을 바탕으로 한 '천부인권'의 뜻에 따라 남녀가 모두 평등하고 독립적이어야 함을 주장한 것이다.

음양사상을 수용한 동양의 유교문화에서는 여성의 속성을 곤(坤) 음(陰) 유(柔) 순(順)으로 분류하여 남성의 속성을 나타내는 건(乾) 양(陽) 강(剛) 건(健)과 대비하여 남녀의 기질과 이에 따른 역할에 대해서 편견과 오해를 가져왔다. 이로 인하여 발생한 여성에 대한 억압과 불평등은 한 사회의 여성을 예속하여왔다. 이들 사상가들은 이와 같은 여성문제를 해결하지 않고는 인류가 꿈꾸어온 이상세계 건설이 불가능하다는 데 공통적인 인식을 한 것으로 보인다. 그러므로 이들의 대망의 이상세계 지향의 선행과제인 현실의 인식과 비판에 있어서 여성해방을 통한 남녀평등의 문제가 중요한 과제로 대두되었다.

1) 최제우의 부화부순(夫和婦順)

수운의 남녀평등 사상은 봉건적 유교전통의 사회가 유지해온 남성우위의 남녀불평등에 대한 철저한 부정으로부터 출발했다. 수운에 있어서 여성은 남성과 마찬가지로 '내유신령(內有神靈), 외유기화(外有氣化)'의 보편적 원리가 적용된 존재로 자아완성을 이룰 수 있는 주체적 존재자인 것이다. 그러므로 "동학사상에 따르면 여성도 남성과 똑같이 마음 안에 하느님을 모시고 있는 '하느님'이다. 더 나아가서 여성은 '하느님을 낳는 하느님'으로서 존귀하기 이를 데 없는 것이다."[221] 수운의 유교적 봉건전통의 여성비하에 대한 인식의 전환을 수운의 「안심가」에서 볼 수 있다.

> 현숙(賢淑)한 내집부녀 이글보고 안심하소 대저생령 초목군생 사생재천 아닐런가 하물며 만물지간 유인이 최령일세…[222](밑줄 필자)

> 그 모르는 세상사람 그거로사 말이라고 추켜들고 하는말이 용담의는 명인나서 범도되고 용도되고 … 종종걸음 치는 말을 역력히 … 거룩한 내집부녀 이글보고 안심하소.[223](밑줄 필자)

> 나도 또한 하늘님께 옥새보전 봉명하내 무병지난 지낸후에 살아나는 인생들은 하늘님께 복록정해 수명을난 내게비내 내나라 무슨운수 그다지 기험할꼬 거룩한 내집부녀 자세보고 안심하소[224](밑줄 필자)

---

221) 신용하, 『동학농민혁명운동의 사회사』, 지식산업사, 2005, p.58.
222) 『용담유사』 「안심가」
223) 『용담유사』 「안심가」
224) 『용담유사』 「안심가」

나도또한 한울님께 신선이라 봉명해도 이런 고생 다시없다. 세상
음해 다하더라. <u>기장하다 기장하다 내집부녀 기장하다</u>. 내가 또
한 신선되어 비상천하더라도225)(밑줄 필자)

　위의 내용에서 수운이 여성 또한 남성과 마찬가지로 '시천주'의
정신을 실천할 수 있는 개벽의 주체로서 '수심정기'를 통한 '도성덕
립'을 할 수 있는 존재로 여겼음을 알 수 있다. "수운의 여성관은
'가화론(家和論)'으로 피력되고 있는데 이는 당시 사회의 제반 구조
에서 소외당했던 여성들의 고통을 남성들이 자각케 하여 여성도
평등한 인간으로서 가족의 중심 구성원이며, 무엇보다 여성의 평온
은 곧 가화(家和)의 근본이 됨을 인식하는 것이었다."226)
　수운은 남녀 모두 평등한 존재로서 인본주의를 실행할 수 있는
'시천주'의 주체가 될 수 있다고 보았다. "수운의 여성에 대한 인식은
그의 인간평등사상에서 시작되었다고 볼 수 있다. 이와 같은 그의
인간평등사상을 남녀평등사상으로 보고 이것이 여성개화사상의 태
동의 계기로 평가되기도 한다."227)
　수운의 남녀 평등관을 완벽한 의미의 평등관으로 보기 어렵다는
평가도 있다. 하지만 봉건적 전통의 유교적 신분제를 탈피하기 시작
한 태동기라는 점에서 중요한 의의를 지닐 수 있다. 이를 위한 실천
으로 두 여자 노비를 한 명은 며느리로 한 명은 양녀로 삼은 수운의
행동에서 '남녀평등'의 정신을 동귀일체(同歸一體)의 지상선경의

---

225) 『용담유사』 「안심가」
226) 황묘희, 「수운 최제우의 여성관」, 『동학연구』 3, 한국동학학회, 1998, p.100.
227) 박용옥, 「한국근대 여성운동사 연구」, 고려대학교 박사학위논문, 1982,
　　 pp.25-26.

보편적 윤리로 자리매김하려 한 의도를 볼 수 있다.228) 수운은 이상세계의 근간이 되는 '가도화순(家道和順)'의 실천적 방법을 '부화부순(夫和婦順)'에서 찾으려고 하였다.

> 자네역시 자아시(自兒時)로 호의호식 하던말을 일시도 아니말면 부화부순(夫和婦順) 무엇이며 강보의 어린자식 불인지사 아닐런가 그말저말 다던지고 차차차차 지내보세 천생만민 하였으니 필수지직 할것이요…229)

> 이는역시 그러해도 수신제가 아니하고 도성덕립 무엇이며 삼강오륜 다버리고 현인군자 무엇이며 가도화순(家道和順) 하는 법은 부인에게 관계하니 가장이 엄숙하면 이런빛이 왜있으며 부인경계 다버리고 저도역시 괴이하니 절통코 애달하다…230)

---

228) 그러나 수운시기의 여성관은 나름의 의미가 존재한다. 첫째, 이 시기는 여성에 대한 존재인식기였다는 점이다. 여기서 말하는 여성에 대한 존재인식이라 함은 기존에 소외되었던 여성 및 하층민들에 대한 인식이 본격화되었음을 말하는 것이다. 그러나 이러한 인식은 기존 연구의 지적처럼 한계점도 존재하고 있고 또 여성 스스로 자기 존재에 대한 인식까지는 나아가지 못한 측면이 있다. 그럼에도 불구하고 이 시기에 천주교를 비롯한 동학과 같은 사상이 혼란한 조선사회안에서 미약하나마 의식의 변화를 일으키고 있었다는 점, 그리고 그 의식의 변화가 모든 계층의 여성에 대해서 이루어지고 있었다는 점에서 나름의 의미를 찾을 수 있다. 둘째, 여성과 일반민을 위한 순 한글 가사체를 만들었다는 점에서 의의를 찾을 수 있다. 그것은 경전을 여성들이 쉽게 읽을 수 있다는 이점이 있을 뿐 아니라 보다 많은 이들에게 사상을 보급할 수 있는 파급력에도 영향을 미친다. 그렇기 때문에 순 한글체로의 저술은 동학이 제시한 인간에 대한 평등사상이 확산될 수 있는 계기를 제공했던 것이다.(김미정, 「동학 천도교의 여성관 변화」, 『한국사학보』 25호, 고려사학회, 2006, pp.366-367.)

229) 『용담유사』「교훈가」

수신제가와 삼강오륜의 원리를 바탕으로 한 '부화부순'의 실천을 통한 '가도화순'은 봉건적 전통유교의 윤리를 그대로 답습한 여필종부를 강요한 남녀의 윤리가 아니라, 남녀평등의 조화로운 가정을 지향한 '시천주' 정신의 구현이라고 보아야 한다. 그리고 수운은 여성들도 '수심정기'하여 '도성덕립'을 이룰 수 있는 현숙한 군자공동체의 일원으로 동등한 자격이 있다고 생각하였다.

　왜냐하면 수운이 주장한 '무극대도'는 역사적 순환론으로 볼 때 '동귀일체'의 새로운 시대를 예견하고 있기 때문이다. 즉, 무극으로의 동귀일체적 원리에서 볼 때 후천개벽 후의 지상선경은 남녀의 차별, 신분의 차별, 민족과 국가의 차별 등 일체의 차별이 없는 평등한 세상이기 때문이다.

　"수운이 후천개벽시대를 무극대도의 운이 열리는 시대라고 하는 것은 모든 인류가 본래적 천부적 인권을 자각하여 모든 사람을 대할 때 하늘님을 대하듯이 하여 민족차별이나 존비귀천의 차별을 철폐하고 본래의 상생(相生)과 상화(相和)의 조화로운 인간관계를 회복하여 '동귀일체'되는 진리가 구현되는 시대임을 예언한 것이다."[231]

2) 강증산의 정음정양(正陰正陽)

　증산의 남녀평등주의는 그의 사상의 바탕을 이루는 '해원사상'의

---

230) 『용담유사』 「도수사」
231) 하정남, 「한국 신종교의 남녀평등사상에 관한 연구」, 원광대학교 박사논문, 1997, p.104.

연속선상에서 이해할 수 있다. 그러므로 여성해방을 통한 남녀평등의 실현을 '천지공사'의 일환인 '해원공사'를 통하여 이루고자 했다. 증산은 봉건세상에서 억압받던 여성의 한을 풀어주고 신분제라는 불평등의 고리에서 벗어나게 하고자 했다. 그리고 이러한 사람들이 남녀평등을 이룬 후 완전한 의미에서의 해원인 '중통인의'를 이룰 때 이상세계의 실현이 가능하다고 생각했다.

그리고 이를 자신이 주도한 '천지공사'라는 제의적 행위를 통하여 실현하려고 했다. 증산은 다른 사상가들과 마찬가지로 반봉건적 사고의 토대 위에 근대비판을 통하여 미래의 이상세계를 지향하는 관건으로 '여성해방'을 주장하였다.

증산은 '정음정양'을 기저로 하는 남녀평등과 여성해방을 실현하기 위해 그 선행조건으로 '모든 존재의 해원'을 주장하였으며 특히 '여성의 해원'을 강조하였다. 여성의 존재가 '선천'이라는 세계질서에서 남자들의 부속물적인 역할을 하는 데 불과하였다고 하며, 남자들의 주도로 이루어진 기존 세계의 질서에 여자들이 원한을 품었으므로 여인의 한을 풀어주어야 한다고 주장하였다.

> 이때는 해원시대라 몇 천 년 동안 깊이깊이 갇혀있어 남자의 완롱(玩弄)거리와 사역(使役)거리에 지나지 못하든 여자의 원(寃)을 풀어 정음정양(正陰正陽)으로 건곤(乾坤)을 짓게 하려니와 이 뒤로는 예법을 다시 꾸며 여자의 말을 듣지 않고서는 함부로 남자가 권리를 행하지 못하리라.232)

---

232) 『대순전경』 6장 134절

이제는 해원시대(解寃時代)라 남녀(男女)의 분별(分別)을 틔워 각기 하고 싶은 대로 하도록 풀어놓았으나 이 뒤에는 건곤(乾坤)의 위차(位次)를 바로잡아 예법을 다시 세우리라.233)

예전에는 억음존양(抑陰尊陽)이 되면서도 항언에 음양(陰陽)이라 하여 양보다 음을 먼저 이르니 기이한 일이 아니리오. 이 뒤에는 음양 그대로 사실을 바로 꾸미라.234)

부인이 천하사(天下事)를 하려고 염주(念珠)를 딱딱거리는 소리가 구천(九天)에 사무쳤으니 장차(將次) 부인의 천지를 만들려 함이로다. 그러나 그렇게 까지는 되지 못할 것이요, 남녀동권시대가 되리라.235)

증산은 여성의 해원에 대하여 '선천'의 구조적 모순을 바꾸는 것으로 총체적 모순을 해결하려 했다. 이에 대한 해결책으로 '정음정양'의 질서 가운데 하나인 남녀의 평등을 강조하고 이를 실현하기 위한 '공사(公事)'를 진행했다. 증산은 '어찌 남장군만 있겠는가, 마땅히 여장군도 있으리라고 하고 대장부(大丈夫) 대장부(大丈婦)를 써서 불사르는' 의례를 행했다. 그리고 앞으로 여성도 남성과 동등한 지위를 지닐 수 있게 되어야 한다고 했다. 그러므로 여성의 원한을 풀어주기 위하여 예법(禮法)도 새롭게 꾸며야 한다고 주장하였다.236) 증산이 남녀평등의 사회적 실천을 위한 방법으로 행한 예법

---

233) 『대순전경』 3장 61절
234) 『대순전경』 6장 135절
235) 『대순전경』 3장 120절

을 바꾸는 공사는, 기존 세상의 예법이 남존여비의 관념을 토대로 형성된 것이기 때문에 이에 대한 인식의 전환을 요구한 의례적 행위였다.

그리고 '사람을 쓸 때에 남녀의 구별이 없어야 한다.'고 하면서 중국 전한(前漢) 시대의 정치가인 진평(陳平)의 고사(古事)인 "옛날에 진평이 밤에 동문으로 여자 이천 명을 내보냈다"[237]란 구절을 비유하여 말하기도 했으며, '남녀동권시대가 되리라.'고 예견하였다.[238] 또한 여성의 사회적 지위에 대하여 자신의 능력에 따라서 남자와 균등한 대우를 받게 된다고 하였다.

> 자고(自古)로 부인(婦人)을 존신(尊信)하는 일이 적었으나 이 뒤로는 부인도 각기 닦은 바에 따라 공덕(功德)이 서고 신앙(信仰)이 모여 금패(金牌)와 금상(金像)으로 존신(尊信)의 표(表)를 세우리라.[239]

금패(金牌)는 이금(泥金)을 발라서 만든 나무패를 말하는 것으로

---

236) 『天地開闢經』「甲辰篇」2章, "曰, 我난 主質素하거늘 舊天은 文飾하고, 我난 主儀簡하거늘 舊天은 禮煩하고, 我난 主歡笑하거늘 舊天은 威嚴하고, 我난 主多情하거늘 舊天은 儼典하고, 我난 主眞實하거늘 舊天은 虛張하고, 我난 主和樂하거늘 舊天은 蕭條하니, 我世에 萬生이 無賤하고, 諸職이 無卑하야 天下이 大同하고, 万化이 入神하고, 器利物華하야 情義이 生生하고, 慈愛이 洋洋하나니 舊天이 此之謂常漢也니라."
237) "夜出東門女子二千人"은 『漢書』의 고제기(高帝記)에 나오는 내용으로 '남녀 구별 없이 상황에 맞게 사람을 쓴다.'는 의미이다.
238) 『天地開闢經』「己酉篇」8章, "有一婦이 願作女世하야 發願念珠之聲이 徹九天이로다. 然而女世난 難哉오, 男女同權호리라."
239) 『대순전경』 3장 59절.

"금패(金牌)와 금상(金像)으로 존신(尊信)의 푯대를 세우리라."는 의미는 여성들도 녹을 받고 사회적 활동을 하게 만든다는 뜻이며, 이렇게 하여 여성이 사회적 위치와 지위를 갖게 된다는 것을 뜻하는 구절이다.

완전한 남녀평등이 구현되는 사회가 되기 위해서 여성의 사회적 지위와 사회참여의 기회가 균등해야 하고, 이를 통한 여성의 권리와 인권이 단순한 여권 신장만을 위한 개혁을 넘어서 이루어져야 한다는 것이다. 이는 기존의 사회에서 전래되던 남존여비의 관념을 뒤바꿔버리는 것이며 이에 따른 실천적 행위를 통해서 이상세계가 구현될 수 있다는 증산의 확신에서 기인한 것이다.

증산은 남편을 따라 죽은 젊은 여인의 죽음에 대하여 유교의 충효열의 윤리가 잘못 적용된 사례에 대하여 비판하고 충효열의 새로운 해석과 윤리적 방편이 나와야 한다고 주장했다.

> "악독한 귀신이 무고히 인명을 살해한다." 하시고 글을 써서 불사르시니 이러하니라. 충효열(忠孝烈)은 나라의 큰 기강(紀綱)이니라 그러나 나라는 '충(忠)'으로써 망하고 가정은 '효(孝)'로써 망하고 몸은 '열(烈)'로써 망하느니라. 이 뒤에 또 '대장부(大丈夫) 대장부(大丈婦)'라 써서 불사르시니라.240)

충효열의 본질적인 가치관에 대한 언급이 아니라 그 시대와 상황에서 발생한 충효열의 잘못된 적용에 대한 비판적인 표현이다.241)

---

240) 『대순전경』 4장 108절
241) 『중화경』에 忠孝烈에 관련된 내용이 보인다. 세상에 충성하는 마음이 없고, 세상에 효도하는 마음이 없고, 세상에 절개를 지키는 마음이 없어 천지 본연의

선천의 세상이 천존지비(天尊地卑)의 관념에 젖어 여자를 천대하고 억압하던 인습에 대한 부정적 견해이다. 또한 여성도 남성과 마찬가지로 동등한 지위를 지녔음을 주장하여 이상세계에는 남녀평등의 세계를 구현하겠다는 증산의 의지가 보인다. 이를 증산은 하늘과 땅을 일체로 받들겠다고 표현하였다.

> 선천(先天)에는 하늘만 높이고 땅은 높이지 아니하였나니 이는 지덕(地德)이 큰 것을 모름이라. 이 뒤에는 하늘과 땅을 일체(一體)로 받들음이 옳으니라.[242]

> "어찌 남장군(男將軍)만 있으리오. 마땅히 여장군(女將軍)도 있으리라." 하시고 종이에 여장군이라 써서 불사르시니[243]

'남장군에 대한 여장군'의 지위를 언급한 것은 '대장부(大丈夫)에 대한 대장부(大丈婦)'의 표현을 한 것과 같은 맥락으로 그 시대에 있어서 남녀평등에 대한 획기적인 묘사였음을 알 수 있다. 또한 증산에게 있어서 몇 천 년간 쌓여온 여성의 원한을 푸는 일은 해원시대를 맞아 행해야 할 중요한 일이었다.

마음을 모두 상실했으므로 천하가 모두 다 병들게 되었다. 세상에 忠孝烈이 사라졌으므로 천하가 다 병이 들었다. 여기서 언급되는 忠孝烈을 어떻게 이해할 것인가? 충효열의 過不及에서 나타나는 부작용을 지적한 내용이다.(天下紛紜하면 自作死黨하여 以不安聖上之心하고 以不安聖父之心하고 以不安敎師之心이니라. 世無忠하고 世無孝하고 世無烈하니 是故로 天下皆病이니라.(『중화경해의』 19장 16절)

242) 『대순전경』 6장 1절
243) 『대순전경』 2장 86절

그리고 여성의 원한을 푸는 방법은 여성과 남성의 본질적 평등성을 인정해주는 것이다. 이에 따라 증산은 정음정양의 원리에 입각한 새로운 예법이 다시 세워질 것이며, 여성의 말을 듣지 않고 남자가 권리행사를 할 수 없으리라고 예견한다. 사람을 쓸 때도 남녀의 구별이 없이 동권의 평등시대가 열려야 한다고 주장하면서 『통감절요(通鑑節要)』 권4 한기(漢紀)에 나오는 내용을 예를 들어 설명하고 있다.

> 사람을 쓸 때에는 남녀의 구별이 없나니 진평(陳平)은 야출동문(夜出東門) 여자이천인(女子二天人) 하였느니라.244)

> 대인의 도를 닦으려는 자는 먼저 아내의 뜻을 돌려 모든 일에 순종하게 하여야 하나니 아무리 하여도 그 마음을 돌리지 못할 때는 더욱 굽혀 예를 갖추어 경배하여 날마다 일과(日課)로 하면 마침내 순종하게 되나니 이것이 옛사람의 법이니라.245)

---

244) 『대순전경』 6장 114절, "장군 紀信이 漢王에게 말하기를 "사태가 급박합니다. 臣이 청컨대 楚나라를 속이겠으니, 왕께서는 이 틈을 타서 나가소서."하였다. 이에 陳平이 밤에 (갑옷 입은) 여자 2천여 명을 東門으로 내보내니, 楚나라가 인하여 공격하였다. 紀信이 마침내 黃室을 하고 纛旗를 매단 漢王의 수레를 타고 말하기를 "양식이 다하여 漢王이 楚나라에 항복한다."하니, 楚나라 군사들이 모두 만세를 부르며 성 동쪽으로 가서 구경하였다. 이 때문에 漢王이 수십 명의 騎兵과 함께 西門을 나가 도망할 수 있었다.("將軍紀信 言於漢王曰 事急矣 臣請誑楚 王可以間出 於是陳平 夜出女子東門二千餘人 楚因擊之 紀信 乃乘王車黃屋左纛 曰 食盡 漢王 降楚 楚皆呼萬歲 之城東觀 以故 漢王 得與數十騎 出西門遁去.")
<出漢書本紀>(成百曉, 『통감절요』 권4, 傳統文化硏究會, 2007, p.366.)
245) 『대순전경』 3장 58절

증산은 후천 오만 년 첫 공사를 행함에 있어서 남녀의 짝을 맺어주는 공사를 함으로써 과부를 열녀라고 하여 수절하게 한 유교문화의 봉건적 잔재를 부정하고, 후천이라는 이상세계의 질서에 전승하지 않으려 하였다.

> 이때에 공우에게 일러 말씀하시기를 "후천 오만 년 첫 공사를 행하려 하나니 너는 잘 생각하여 가장 중대한 것을 들어 말하라." 하시니 공우 지식이 없어서 모른다 하며 사양하다가 이윽고 여쭈어 말하기를 "선천에는 청춘소부(靑春少婦)가 수절(守節)한다 하여 공방(空房)을 지켜 적막(寂寞)히 늙어버리는 것이 불가하오니 후천에는 이 폐단을 없애시어 젊은 과부는 젊은 홀아버지를 늙은 과부는 늙은 홀아비를 각기 가려서 일가와 친구를 모두 청하여 공중예석(公衆禮席)을 벌리고 예를 갖추어서 개가하게 하는 것이 옳을 줄 아나이다." 천사 칭찬하여 말씀하시기를 "네가 아니면 이 공사를 보지 못하겠으므로 네게 맡겼더니 잘 처결하였도다. 이제 결정한 이 공사가 오만 년을 내려가리라."[246]

증산은 남녀평등을 새로운 이상세계 건설을 위한 '천지공사'의 첫 공사에 해당할 만큼 중요한 것으로 간주하였다. 이는 증산이 여성의 해원이 선행된 평등의 사회적 질서가 확립되지 않고는 이상세계의 실현이 불가능하다고 생각하였기 때문이다.

---

246) 『대순전경』 4장 40절.

3) 홍수전의 남녀분리(男女分利)

수전의 여성해방을 통한 남녀평등의 지향은 '천하일가'의 '만민평등론'에 토대를 두고 있다. 이를 실천하기 위한 방안을 '상제교'와 '태평천국'의 교리와 제도를 통하여 구체화시켰다. 여성에 대한 봉건적 관념을 '인습'으로 규정한 수전은 봉건제도의 여성억압의 상징으로 여성의 자유로운 활동에 제한을 가했던 전족(纏足)을 폐지시키고,247) 여성을 관직에도 임명하였다. 그리고 창부제(娼婦制)를 폐지하고, 축첩(蓄妾)을 금지시키고 남영(男營)과 여영(女營)을 엄격하게 분리하고, 매매혼(賣買婚)을 금지하고248), 일부일처제(一夫一妻制)를 주장하는 등의 여러 가지 정책을 단행했다. 태평천국의 여성정책을 진정한 남녀평등정책, 근대적 여성해방운동이라고 평가하기에는 무리가 있다고 보는 견해249)도 있지만 태평천국의 여성정책은 중국

---

247) 전족(纏足) 폐지는 원래부터 전족의 악습을 받아들이지 않았던 客家의 전통이 자연스럽게 계승된 것으로 보인다. 전족에 대해서만 아니라 다른 한족과 여러 면에서 다른 전통을 이어온 客家의 여성에 대한 문화는 羅香林의 『客家研究導論』(臺北出版, 1933)과 金三洪의 『中國을 이끌어온 客家』(弘益齋, 1998, pp.169-186.)에 상세히 기술되어 있다.
248) 남영(男營)과 여영(女營), 매매혼(賣買婚)에 관해서는 최진규의 논문(「太平天國의 男女分離 制度」, 『역사학연구』 제28집, 호남사학회, 2006)에서 상세히 서술되어 있다.
249) 고지마신지는 "천경을 활보하고 있던 여성은 각 왕부의 고급 여관 혹은 군수 이상의 관에 임명되어 여관의 신자매(新姉妹)를 관리하는 등의 특권적 존재가 된 소수의 노자매(老姉妹)였으며 여성 일반의 모습은 결코 아니었다. 요컨대 태평천국에 있어서 여성의 지위는 매우 모순되는 것으로 결코 근대적인 남녀평등의 관념을 적용할 수 없다."고 하여 태평천국의 남녀평등에 대해 부정적인 입장을 보였다.(고지마신지/최진규, 『유토피아를 꿈꾼 태평천국의 지도자 홍수전』, 고려원, 1995, p.163.)

역사상 전례가 없는 것으로 매우 주목할 만한 부분이다.

> 천하에 많은 남자들이 있으니 모두 형제가 되고, 천하에 많은 여자들이 있으니 모두 자매가 되는데, 어찌 서로 간에 경계를 만들어 사사로움을 가질 수 있는 것인가? 어찌 서로 합병하려는 생각을 품을 수 있겠는가?[250]

위의 내용은 수전이 평등의 원리를 적용한 사상적 배경이 된 만민평등사상으로 상제교에서는 모든 사람이 상제의 자손이므로 세상의 모든 남녀가 형제자매라고 하였다. "이를 유교의 천하일가 사상, 온 천하 사람들이 모두 형제라는 사상과 합하여 일종의 새로운 평등사상을 창출하였지만 여전히 군장(君長, 能子), 선정(善正, 肖子), 서민(庶民, 愚子), 강폭(強暴, 頑子)의 차별을 인정[251]하고 있어 명실상부하게 완전한 평등과는 거리가 있었다."[252] 그리고 여성해방의 실천논리에 근거한 여성정책은 인간평등이라는 전제하에 진행되었다. 즉, 모든 사람이 상제의 가족이므로 평등하다는 논리는 곧 인간평등에 이어 남녀평등의 논리로 구체화된다.

이 세상의 모든 사람들은 천부상주(天父上主) 황상제(皇上帝)의

---

250) 『原道醒世訓』, "天下多男人, 盡是兄弟之輩, 天下多女子, 盡是姉妹之輩, 何得存此疆彼界之私, 何可起爾吞我幷之念."
251) 羅爾綱/王慶成, 『太平天國』券1, 廣西師范大學出版社, 2004, p.1. "皇上帝天下凡間大共之父也, 君狂是其能子, 善正是其肖子, 庶民是其愚子, 強暴是其頑子, 如謂君狂方拜得."
252) 최진규, 「상제교의 사상적배경과 종교적구세관」, 『전통문화연구』 3, 조선대학교 전통문화연구소, 1994, p.76.

가족으로 존재한다. 따라서 세상 사람들은 개인적으로 어떤 것도 사용할 수 없고, 모든 것을 상주께 바치면 상주께서 모든 사람이 공동으로 사용할 수 있게 운용한다. 모든 땅과 모든 장소를 균등하게 소유하면 누구나 옷을 입고 배불리 먹을 것이다. 이것이 바로 천부상주 황상제께서 굳이 태평진주(太平眞主)를 내려 보내 세상을 구원하게 하신 이유이다.253)

그들은 상제 앞에서 모든 인간의 귀천과 남녀 간의 차별이 없는 평등한 사회를 염원했다. 이에 대한 실천으로 토지를 남녀 구분 없이 식구 수에 따라 공평하게 가족단위로 분배하고 생산물도 공유(共有)하는 것을 원칙으로 하였다.254) 이러한 그들의 이상을 특히 토지문제를 중심으로 하여 구체화한 '천조전무제'에 대하여는 그 성격과 내용을 두고 아직까지 논란이 있다. 그러나 적어도 태평천국이 사유권의 통제를 통하여 균등한 경제 체제를 지향했던 점은 분명하다.255)

중국은 유교의 이념이 국가의 정책으로 채택된 이래로 여자의 존재를 남자의 예속물로 보는 인식이 보편적으로 자리 잡고 있었다. 태평천국의 군사적 목적에 의하여 실시된 남관(男館)과 여관(女館)의 제도를 비롯한 남녀 평등적 조치가 그 후 그들이 보여준 행적

---

253) Franz Michael and Chung-li Chang, "*The Taiping Rebellion: History and Documents*," vols. 2-3, 2007, pp.314-315. "盖天下皆是天父上主皇上帝一大家, 天下人人不受私, 物物歸上主, 則主有所運用, 天下大家處處平均, 人人飽暖矣, 此乃天父上主皇上帝特命太平眞主教世旨意也." 『太平天國印書』
254) 임계순, 『淸史』, 신서원, 2000, pp.383-384.
255) 오수열, 「태평천국의 성립배경과 성격에 관한 연구」, 『한국동북아논총』 제13권, 한국동북아학회, 2008, p.95.

때문에 확고한 사상적 기초에서 시작되었다기보다는 현실적 필요에 의한 것일 뿐이라는 비판의 여지도 없지 않다.256) 왜냐하면 태평천국 지도자들이 후기에 들어서 자신들이 정한 천조십관(天條十款)과 같은 엄정한 기율을 유지하지 못하였기 때문이다. 예를 들어 수전이 융안에서 공포한 「幼學詩」에 언급된 부부관계에 대한 구절에서 현대적 관점에서의 남녀평등에 관한 모순점이 보인다.

> 남편의 도(道)는 굳건함에 있다.
> 아내를 사랑하는 도(道)에도 자신의 방법을 가져야 한다.
> 아내의 질투가 심하더라도 결코 공포와 놀라움으로 기가 꺾여서는 안 된다.
> 아내의 도(道)는 삼종(三從)에 있다.
> 남편의 통제를 거슬러서는 안 된다.
> 암탉이 새벽에 울면 온 집안을 고통에 빠뜨릴 것이다.257)

한편으로 수전은 유교의 '삼강오륜'을 여성의 일방적 복종을 강요하는 것으로 보아 이를 타파하려고 했으며, 태평천국의 사상적 바탕을 이루는 '천하일가'의 '만민평등론'에도 위배되는 것으로 간주하였다. 그래서 모든 사람을 '하나의 근본에서 유래한 만 가지로 된' 상제의 자녀로 보아 평등의 권리를 옹호했다.258) 수전은 『원도성세훈』

---

256) 앞의 책, p.96.
257) Franz Michael and Chung-li Chang, *The Taiping Rebellion: History and Documents*, 2007, p.166. 「幼學詩」, 『太平天國印書』 上. p.62. "夫道本于剛, 愛妻要有方, 河東獅子吼, 切莫膽驚慌, 妻道在三從, 無違爾夫主, 牝鷄若司晨, 自求家道苦."

에서 억압과 압제 속에서 박탈당한 인권의 회복에 대한 당위성을 주장하고 있다.

> 지금 이 세상에는 얼마나 많은 업신여김과 강탈과 싸움과 살인이 만연한가? 이것이 일단 변하지 않고서 어찌 강자가 약자를 범하지 않으며, 많이 가진 자가 적게 가진 자를 핍박하지 않으며, 지모가 있는 자가 어리석은 자를 속이지 않으며, 용감한 자가 겁이 많은 자를 고통 주지 않는 세상이 되겠는가?259)

태평천국은 여성의 정치참여와 여군의 조직과 진영의 설치에 있어서도 남녀 장군을 나란히 언급하였으며, 사회적 경제적 지위를 부여함에 있어서도 남녀의 평등을 강조하였다. 그러므로 여성을 차별하고 노예화하는 사회관습을 철폐하였다. 그러나 태평천국은 여러 가지 문제점을 남긴 채260) 실패로 끝났다. 그럼에도 불구하고 태평천국의 남녀평등에 대한 시도는 중국 역사상 여성해방을 통한 남녀동등의 권리를 부여하려 했다는 점에 있어서는 의의를 지닌다고 하겠다.

남녀평등사상을 여성시책에 적용261)하여 남영과 여영의 분리, 매

---

258) 김학권, 「홍수전의 생애와 사상」, 『중국철학』 7, 중국철학회, 2000, p.309. 참고
259) 『原道醒世訓』 "幾何陵奪鬪殺之世, 其不一旦變而爲强不犯弱, 衆不暴寡, 智不詐愚, 勇不苦怯之世也."
260) 예를 들어 남녀평등을 주장하면서도 다른 한편으로는 남녀의 교제를 엄격히 금하고 기생이나 첩을 반대하면서도 홍수전과 동왕, 서왕 등은 처첩과 비빈을 수없이 두었던 것이다.(루링/이은미, 『중국여성』, 시그마북스, 2008, pp.416-418.)

매혼의 금지, 일부일처제의 시행 등 태평천국의 여성정책은 기독교의 여성관이나 금욕주의 등의 영향을 받았으리라 추측할 수 있다. 또한 태평천국의 여성정책은 기독교의 여성관과 중국의 전통적인 봉건윤리 관념이 혼합되어 나타난 것이었다.262)

4) 강유위의 거계독립(去界獨立)

장소는 '원기론'을 바탕으로 서구의 '민주주의' 사상을 받아들여 '천부인권'을 주장하였으며 이를 '여성해방'을 통한 '남녀평등'의 이념에 적용하였다. 그러므로 장소는 이를 구체화하는 과정에서 신분제도의 폐지와 함께 남녀차별에 대해서도 비판을 하였다.

장소는 봉건적 사회윤리가 여성을 억압한 정도가 매우 컸으나 이를 중요한 사항으로 여겨서 해결하려고 한 사람이 드물었음을 지적하였다. 여자의 고통에 대하여 고금을 통하여 구제한 사람이 없었던 것에 대하여 통탄한 마음을 드러내었다.

> 이 세상에는 오랜 세월 동안 현인과 성인 철인들이 끊이지 않고 나와서 법을 세우고 새로운 이론을 창시한 일이 아주 많이 있었

---

261) 女官: 조내관, 군중관, 수사관, 鄕官 등으로 구분되었다. 女爵: 6등으로 나눔. 女科: 혁신적인 제도였으나 금방 중지됨.

262) "不好奸邪淫亂, 天下多男人, 盡是兄弟之輩. 天下多女子, 盡皆姉妹之群, 天堂子女, 男有男行, 女有女行, 不得混雜, 凡男人女人奸淫者名爲變怪, 最大犯天條.."(太平天國歷史博物館, 「天條書」, 『太平天國印書』上, 江蘇人民出版社, 1979, p.32.)

다. 그러나 여자들에 대한 구휼과 보살핌은 베풀어지지 않았고, 이러한 부당하고 그릇된 일이 계속해서 이어져 내려왔으니, 지금까지의 오랜 세월 동안 성인 철인들이 행한 어짊과 연민의 대상은 인류의 절반에 지나지 않을 따름이다. 그 나머지 절반은 구석에서 눈물을 흘리며 온갖 수난을 겪고 있으니, 저들은 사람이 아니란 말인가? 어찌하여 이처럼 구휼을 받지 못한단 말인가? 불교에서는 자비를 부르짖지만 여자들은 그 자비의 은혜를 알지 못한다. 기독교에서는 세상을 구원한다고 일컫지만 여자들은 그 구원을 얻을 수가 없다. 브라만교나 이슬람교는 또 남자를 중시하고 여자를 경시하는 종교이니 더욱 논할 가치가 없다. 이상과 같은 사실로부터 말하자면 세상의 교주도 한결같이 질책을 면할 수가 없다. 그렇게 된 까닭을 미루어 헤아려보면, 여성을 억압하던 풍속이 오랜 세월을 두고 이어져 내려왔기 때문이다.[263]

여성에 대한 불평등과 소외에 대하여 기성의 고등종교와 사회가 여성의 문제를 등한히 한 것에 대해 신랄한 비판을 가했다. 그러나 장소가 여성의 문제를 인식하는 가운데 비판한 종교의 대상은 유교에 해당되는 경우가 거의 대부분이다. 중국에서 여성의 지위와 역할은 유교와 도교 그리고 불교의 영향을 받아서 형성되어왔는데 그중에서도 유교의 영향력을 가장 많이 받았다. 반면에 도교는 여성들의 상황을 개선시키는 데 기여하였다. 왜냐하면 자연의 길에 대한 도교의 철학적인 면은 여러 가지 면에서 여성적인 측면을 많이 지니고 있기 때문이다.[264]

---

263) 『大同書』「戊部」

철학적 도교와 마찬가지로 사회적 차별성보다는 평등성을 더 강조한 불교의 불성 내재설은 유교적 억압에서 여성들이 벗어날 기회를 제공해주었다.265) 장소는 기존의 세상에서 여성을 억압함으로써 이상적인 세상이 도래하지 못하였으며 여성의 원한이 세상에 가득 차 있어서 사회문제의 본질적 요인을 차지하고 있다고 하였다.

> 나는 이제부터 <u>하늘에 가득 찬 여자들의 원망을 대신하여 호소</u>하려고 한다. 나에게는 한 가지 큰 소원이 있으니, 그것은 현재 8억이나 되는 <u>여자들을 고통의 늪에서 구원하고자</u> 하는 것이다. 그리고 나머지 한 가지는 큰 욕망이니, 그것은 <u>미래의 수많은 여자들을 평등과 대동 및 자립의 즐거움에 도달할 수 있도록 하는 일</u>이다. … 이 세상에서 예로부터 지금에 이르기까지 여자를 어떻게 대해왔는가를 보면 경악과 분노가 치밀어 눈물이 난다. 그 불평등을 어찌 말로 다 표현할 수 있겠는가? 나는 지난날 억울하게 수많은 여자들을 억압해온 고약하고 못된 무수한 남자들을 용납할 수가 없다.266)(밑줄 필자)

---

264) 도교인이 無爲에 의해서 얻을 수 있는 덕은 또한 물과 계곡, 어린 아이 그리고 여성을 통해 상징되기도 한다. 비록 이러한 상징들이 여성을 진부화시킬 위험성을 분명히 지니고 있기는 하지만, 이러한 가능성보다는 이 상징들이 우주적인 힘 자체가 움직이는 길을 나타내고 있다는 사실 때문에 만물의 존재 방식인 도가 '여성적인' 우아함과 온화함을 지니고 있다고 주장한다. 게다가 중국 사상이 일반적으로 여성의 본질은 음이고 좀더 긍정적인 양에 종속된다고 생각하고 있는데 비해서, 도교인들은 음은 양의 상관물로서 균형과 완전을 위해서 필수적이라고 주장하고 있다(D. L. 카모디/강돈구 옮김, 『여성과 종교』, 서광사, 1992, pp.87-88.)

265) D. L. 카모디/강돈구 옮김, 『여성과 종교』, 서광사, 1992, pp.82-92. 참고
266) 『大同書』「戊部」

위의 내용에서 장소는 여성의 문제를 해결하지 않고서 이상세계를 실현할 수 없음을 강조하고 있으며 여성해방을 통한 남녀평등의 실현이 곧 자신의 중요한 과업임을 천명하고 있다. 장소는 봉건적 전통사회가 여성에게 부여한 억압과 불평등에 대하여 '대동서'에서 구체적으로 언급하고 있다. 예를 들면 '여성에게 과거에 응시하여 벼슬을 못하게 한 것,[267] 의원(議員)이 되지 못하게 한 것,[268] 공민(公民)이 되지 못하게 한 것,[269] 공적인 일(公事)에 참여하지 못하게 한 것,[270] 학자가 되지 못하게 한 것,[271] 자립하지 못하게 한 것,[272]

---

[267] 대부분의 나라가 여자는 벼슬을 못하도록 법률로 정하고 있다. 그런 풍속이 오래도록 계속되어 여자들 스스로가 벼슬을 할 수 없음을 알고 분에 넘치는 희망을 갖지 않는다. … 과거와 미래의 갖가지 불평은 그만두더라도, 바로 지금에도 남자는 등용되고 여자는 배척당하고 있는 것이 사실이다. … 학교를 설립하여 재능 있는 사람을 뽑고 과거제도를 설치하여 뛰어난 사람을 발탁하는 데에는 다만 능력이 문제 될 뿐이지 어찌 남녀의 구별이 문제가 되겠는가? … 옛날에 공자가 학교를 세워 인재를 길러 창설했을 때, 원래 불평등한 세습관직 때문에 이를 바로잡고자 했던 것이니, 마치 인도에서 수드라 계급을 브라만 계급과 동등한 지위로 하라는 생각을 처음 했을 때처럼 세상을 놀라게 하는 행위였다. … 인재를 억누르고 문명을 가로막으니 이것이 천심을 등지고 공리를 거역하는 두 번째 일이다.『大同書』「戊部」

[268] 사람은 하늘이 낳았으므로 이 몸이 있으면 그 권리가 있다. 그러므로 이 권리를 침해하는 것은 하늘이 부여한 권리를 침해하는 것이라 하고, 그 권리를 양보하는 것을 하늘이 준 직분을 포기하는 것이라 한다.『大同書』「戊部」

[269] 나라는 백성이 모여서 형성되며, 백성의 개념에는 또한 남녀의 구별이 없다. 그런데 나라의 존망 강약 성쇠에 따른 기쁨과 슬픔을 남자들이 독점하고 이것에서 유독 여자만을 제외시킬 수 있겠는가? … 공민은 곧 하늘이 부여한 직분으로서, 어느 곳에서도 그것을 박탈당할 수는 없다. … 장차 태평세에 이르고자 한다면, 제일 먼저 해야 할 일은 여자를 공민이 되게 하는 것이다.『大同書』「戊部」

[270] 중국에서 여자를 억압하는 풍습은 단지 벼슬을 할 수 없고 과거를 볼 수 없는 것뿐만이 아니다. 공적인 일을 담당하는 데에는 오직 재능 있는 사람만이 참여할

자유를 누리지 못하게 한 것,273) 죄수 취급을 하고 형벌을 받게 한 것,274) 노예 취급하여 사유물로 여긴 것'275) 등이다.

    수 있다는 것은 평범한 사람도 다 아는 일이다. … 그러나 여자는 비록 귀부인이거나 재능 있는 여자라고 할지라도 참여할 수가 없다.『大同書』「戊部」

271) 하늘이 사람을 낳아, 보고 듣고 생각할 수 있는 신령스런 힘을 주었으니, 이것은 모두가 서로 힘을 합하여 함께 일하라는 임무를 준 것이다. 학문이라는 것은 그것을 익혀 재주와 식견을 넓히고 견문을 증대시켜 안으로는 자신을 수양하고 밖으로는 세상을 위해 활용하는 것이다. 그러므로 세상에 태어난 사람이면 누구나 학문을 닦지 않아서는 안 된다. … 여자들이 학문을 해야 할 필요성은 남자보다도 더욱 두드러진다. … 그러므로 인류가 자립하기 위해서는 여자가 배우지 않아서는 안 되고, 인종을 개량하기 위해서는 더욱 여자가 배우지 않아서는 안 된다.『大同書』「戊部」

272) 세상 사람은 모두 하늘이 낳은 존재이고, 남녀를 막론하고 누구나 하늘이 준 신체가 있다. 즉, 인간에게는 누구나 자립할 권리가 있는 것이다. 모두가 하늘이 낳은 백성으로 서로 평등하므로, 형체에서 오는 차이는 없다. 그 교합에 있어서도 역시 모두가 평등하다. … 여자와 남자는 똑같이 하늘의 백성이며 똑같이 하늘이 낳았기 때문에 그 親交와 마음이 맞는 일도 친구간의 대등한 교제에 지나지 않는다. 비록 서로 아주 좋아하고 사랑한다고 할지라도 제각기 일신에 자립 자주 자유의 권리를 지니고 있음은 똑같다. … 일가의 시조가 될 수 없고, 성명을 보존할 수 없으며, 친부모를 돌볼 수 없다. … 이는 공자가 여자도 평등하게 자립할 수 있다는 것을 大義로 세운 것이니, 그 뜻을 저버릴 수는 없다. … 예기의 예운편에 공자가 大同制를 세웠다는 기록이 있는데, "여자는 홀로 우뚝 서 있다"라고 하였다. "홀로 우뚝 서 있다"는 것은 당연히 독립된 형상이니, 따라서 여자도 자립할 권리를 갖게 되는 것이다.『大同書』「戊部」

273) 사람은 누구나 하늘이 부여한 신체가 있으므로 모두 하늘이 부여한 자유권이 있다. 그러므로 모든 사람은 자기 의사대로 학문을 배울 수 있고 의견을 표현할 수 있으며, 여행할 수 있고 향연을 즐길 수 있으며, 출입을 자유로이 할 수 있고 자기가 좋아하는 상대와 交合을 마음대로 할 수 있다. 이것은 사람이면 누구나 다 공유하는 권리인 것이다. … 속된 선비들이 망령되게 의라는 고상한 도덕을 만들어 여자는 모두 평생토록 정절을 지키게 했다.『大同書』「戊部」

274)『大同書』「戊部」
275)『大同書』「戊部」

여성에 대한 이러한 사회적 모순들은 장소의 이상사회를 향한 실천윤리의 바탕이 되는 '원기론'과 서구 '민주주의' 사상에 위배되는 것으로 '천하위공'의 '대동세계'와는 거리가 먼 내용들이다. 그러므로 장소는 이와 같은 현실인식을 통하여 '거고구락(去苦求樂)'의 대동세계를 실현하기 위하여 우선적으로 남녀평등 실현을 위한 가계(家界)의 경계로부터 벗어난 독립권을 가져야 한다고 주장했다.

> 모든 사물은 기우(奇偶)와 음양(陰陽)의 원리로 이루어졌으므로 암컷과 수컷의 구분이 생긴다. 사람에게는 남자와 여자가 있으며 이것은 자연의 이치다. 이미 사람으로 태어난 이상 남녀의 구별 없이 지혜도 같고 성정(性情)276)과 기질도 같고, 덕의(德義)와 기호(嗜好)도 같다. … 그러므로 여자들도 농업과 공업 상업에 종사하여 남자와 똑같이 일을 해낼 수 있다. … 이것은 우주의 원리로 보더라도 지극히 공정하고, 사람의 도리로 보더라도 매우 평등한 일로서, 이 세상 어느 곳에서도 바뀔 수 없는 진리이다.277)

위의 내용은 '천부인권'의 뜻에 따라 남녀 모두가 독립적 평등을 누려야 할 인권을 지니고 있음을 말하고 있다. 이것이 곧 장소에 있어서 남녀의 평등은 독립권을 가짐으로써 이상세계의 초석이 될 수 있다는 것이다. 또한 가계(家界)의 폐단을 벗어나는 것이 독립권을 갖는 수단임을 말하고 있다. 장소에 있어서 독립이란 개성적 차이를 제외한 모든 면에서의 평등을 의미하는 것으로 볼 수 있다.

---

276) 性情은 本性과 감정을 말하는 것으로 仁義禮智의 四德과 喜怒哀樂愛惡慾의 七情을 뜻한다.
277) 『大同書』 「戊部」

"이와 같이 대동지세가 태평지경에 이르고자 하면 남녀평등 즉 남녀 각자가 독립지권이 있음을 밝히는 것부터 시작해야 하는데, 이것이 천부인권이라고 하였다. 바로 여기에 대동사상의 근본이 있고 의의가 있다 하겠다."278)

'대동서'의 내용을 이루는 초석은 개인의 자유・평등・독립이었고, 개인의 권리와 개성의 해방이었다. 장소는 '농・공・상의 대동을 이끄는 것은 남녀의 인권을 분명하게 하는 데에서 시작한다.'고 생각했다. '대동서에서 그는 모든 고통의 근원이 아홉 가지 경계'에 기인한다고 결론 내리고, '아홉 가지 경계를 제거'하고 '대동에 이르는' 관건적인 고리는 '남녀가 평등하고 각자가 독립'하는 것에 있다고 했다. 장소는 중국 봉건사회의 종법가정이 사회생산력의 발전을 저해하고 노동력의 해방을 제한하였으므로 '가정의 사적인 것'이 사회진화의 장애로 작용한다고 인식했다.279)

---

278) 최성철, 『강유위의 정치사상』, 一志社, 1988, p.262.
279) 리쩌허우/임춘성, 『중국근대사상사론』, 한길그레이트북스, 2005, pp.247-250. 참고

6. 실천윤리의 이동(異同)과 의의

1) 평등이념

(1) 유사성과 상이성

　수운, 증산, 수전, 그리고 장소는 전근대적인 봉건체제가 무너지고 근대로 나아가는 역사의 격동기에 출현하여 그들의 유토피아 사상을 펼친 인물들이다. 이상세계를 향한 이들의 실천윤리에 있어서 평등의 문제는 이들이 해결해야 할 하나의 관건이었다. 그러므로 필자는 이들이 주장한 평등주의를 신분의 평등, 민족 국가의 평등, 경제의 평등으로 나누어 언급했다. 신분의 평등을 주장함에 있어서 이들은 각각 '인본주의', '인존주의', '만민평등', '천부인권'의 사상을 주장하였다.

　이러한 사상의 배경은 봉건적 신분제도가 인간의 근본적 존재이유인 자유와 평등의 가치에 위배되는 사회를 구성하는 역할을 담당하였다는 것에 대한 반감적 정서에서 기인한 것으로 보인다. 이는 이들이 비판과 수용을 통하여 형성한 종교적 통합관념을 토대로 하여 반 휴머니즘적인 요소들을 타파함으로써 새로운 이상세계를 실현할 수 있다는 확신과 신념에 기인한 것이라고 볼 수 있다.

　그러므로 이들이 주장한 신분평등은 봉건적 신분질서를 형성하는 데 토대가 된 종적인 위계질서가 내재된 사상들을 부정하고 인간의 존엄과 가치를 중요하게 여기는 평등주의적 관점에 있어서 유사성을 지닌다. 그러나 이들 각각의 사상은 인간의 존엄성과 신성(神

性)과의 관계를 정의하는 데 있어서는 상이성을 보인다.

  수운의 '인본주의'는 인간의 억압과 착취를 사회의 보편적 현상으로 간주해온 배경이 된 '신본주의'적 전통을 부정하고 '시천주'의 내재성과 초월성의 원리에 입각한 평등주의라고 볼 수 있다. 그러므로 인간의 신분적 차별이라고 하는 것은 '시천주'의 실천적 윤리에 어긋나는 것이며 안으로 각자 모신 '신령'의 존엄성을 훼손하는 것이 된다.

  증산의 '인존주의'는 인간의 존엄성에 대하여 "천존과 지존보다 인존이 가장 크다."라고 언급함으로써 인간존재의 가치를 평가함에 있어서 최고의 존엄성을 부여했다. 그러므로 봉건적 기준에 의한 신분의 귀천제도는 당연히 타파되어야 할 대상이었다.

  수전은 '만민평등' 사상을 주장함으로써 봉건적 신분질서에 대한 비판적 견해와 함께 새로운 제도를 시도했다. 그러나 수운과 증산의 신분평등 사상에서 볼 수 있는 인격과 신격의 내재적이면서 초월적인 존재성에 대한 인식과, 인격을 신격보다 더 높은 존엄성을 지닌 존재로의 인식과는 다른 신분 평등관을 주장했다. 수전의 신분평등은 초월적 유일신의 자녀라는 범주 내에서 자녀로서의 존재에 대한 상호간의 평등성을 인정한 '천하일가'의 사상이다. 그러므로 수전의 신분평등 사상은 봉건적 종적 신분질서를 '천하일가'라는 명제를 근거로 하여 부정하는 것이다. 초월적 신과의 관계에 있어서는 인간이 그 '원질'에 있어서 신으로부터 파생된 존재이지만 '실재'하는 신과 동일한 존엄과 위상을 지닐 수는 없는 것으로 이해되고 있다.

  장소는 '원기론'을 토대로 '천부인권' 사상을 수용하여 근대적인 평등관을 확립함으로써 봉건적 신분질서를 비판하였다. 그러므로 인간의 출생이 '천부인권'의 이치를 지닌 하늘의 뜻에 의한 것이므로 만민이 모두 평등하다고 생각했다. 따라서 신분의 귀천을 나누는 것에 대하여 천(天)의 공리(公理)에 어긋나는 것으로 여겼다.

장소가 인식한 천은 중국전통의 천 관념에 의거한 것으로 '천도를 본받아 인도를 세움으로써 만물이 조화를 이룰 수 있다'는 신념으로 '천이 곧 우주의 주재자이며 천리가 곧 천의'이므로 만유의 본원이자 인신의 주재자로 인식하고 있다. 그러므로 장소의 천은 수운의 천주와 증산의 천존, 그리고 수전의 상제와 다른 개념의 천으로 중국 전통의 천관과 가장 유사한 개념의 천으로 이해되고 있다.

결국 이들 사상가들이 신분의 평등을 주장함에 있어서 근저로 삼은 '인본주의', '인존주의', '만민평등', '천부인권'의 사상은 모든 사람이 평등하고 존엄성을 지닌 독립된 인격체로 인정받아야 한다는 전제하에 이상세계가 실현될 수 있다는 생각에는 유사성을 볼 수 있다. 그러나 이와 같은 존엄성을 지닌 인간이라는 존재가 초월적이고 절대적인 신과의 관계에서 어떠한 위상을 지니는가에 대한 견해는 네 사람 모두 상이성을 지닌다.

민족·국가의 평등을 주장함에 있어서는 각각 '공동체론',[280] '통

---

[280] 동학은 인간을 본래 우주의 지극한 하나의 기운과 소통하고 합일된(造化定) 존재로 본다. 이 점에서 동학은 인간 주체는 안으로는 영적 주체이면서 동시에 밖으로는 우주적 공동체성을 갖는 존재로 본다. 헤겔처럼 사유를 통하여 절대정신을 발전시키든, 마르크스처럼 노동을 통하여 프롤레타리아트 계급 의식을 터득하든 역사를 창조해 나가는 주체는 공동체적 주체라는 점에서 동학은 공동체론의 범주에 속한다고 볼 수 있다. 즉, 동학은 인간을 우주 기운과 소통된 공동체적 존재로 본다는 점에서 기본적으로 공동체론이다. 그러나 동학의 공동체성은 집단, 민족, 계급, 국가와 같은 인위적 공동체에 한정되지 않는다. 동학의 공동체성을 잘 보여주는 조화정 개념에서 이 점이 뚜렷하게 드러난다. 조화정은 무위이화하는 자연 법칙과 어떤 차이점도 없으며 한 기운과 결코 떨어질 수 없다는

화귀일', '총귀일본', '탈국계론'을 제시했다. 이들은 국가나 민족의 대립과 갈등이 개인이나 민족 또는 국가의 존재의미가 '우주의 기운과 소통된 공동체적 존재', '원래의 뿌리에서 나왔기 때문에 다시 큰 줄기로 화합하여 하나로 돌아갈 존재', '상제의 일원기에서 나왔으므로 다시 근원으로 회귀해야 할 존재', '만물이 동일한 기에서 생성되었으므로 평등한 존재'라는 우주 공동체적 인식의 결여에서 발생한 것으로 보았다. 결국 국가·민족 간의 차별적 개념에 의한 지배와 피지배의 관계가 국가·민족 발생 이전의 근원을 망각한 데서 유래한 것으로 인식하고 이에 따른 상생의 대의를 제시한 점에 있어서 유사성이 있다.

그러나 이들 사상이 국가·민족 간의 질서를 형성함에 있어서 봉건적 종적질서가 아니라 수평적 조화와 화합이라는 관계적 형성을 지향했다는 유사성이 있지만 이를 실행하는 방법이나 구상에 대해서는 각각의 상이성을 보인다.

수운은 사회와 역사를 주도하는 주체성이 국가나 절대군주에 부여된 전체주의나 전제주의 체제를 부정하고, 인간을 안으로 영적 주체이면서 동시에 밖으로 우주적 공동체성을 갖는 존재로 보았다. 그러므로 이와 같은 공동체주의에 입각하여 볼 때 민족과 국가라는 개념 또한 실체로서의 주체가 될 수 없으며 '보편적 관계성' 또는 '우주 공동체성'의 관계적 집합인 것으로 인식했다고 볼 수 있다.[281]

점을 강조한다는 점에서 우주적 공동체주의라 할 수 있다. 이것이 서구의 공동체론과의 뚜렷한 차이점이다.(오문환, 『다시 개벽의 심학』, 도서출판 모시는사람들, 2006, pp.231-232.)
281) 오문환, 『다시 개벽의 심학』, 도서출판 모시는사람들, 2006, pp.229-234. 참조

증산은 국가와 민족의 양상이 소국과민의 상태로 되는 것을 이상적인 국가의 모델로 생각했다. 그리고 이러한 국가가 서로 간에 조화와 화합의 정치를 함으로써 평등의 대의가 실행된다고 확신했다. 그리고 통치의 주체에 대해서는 도인정치를 주장한 가운데 '자기나라의 사람이 왕이 되어야 하고, 신하는 다른 나라의 사람도 무방하다'[282]고 하여 통치의 체제가 봉건시대의 군왕과 신하의 체제를 답습하는 듯한 양상을 언급했다. 그러나 증산은 과거로의 단순한 복귀가 아니라 원고(遠古)의 모델을 근저로 한 새로운 정치체제를 지향했으며 이것이 증산사상의 중심개념 중의 하나인 '원시반본' 사상과도 일치한다.

수전은 국가와 민족의 분쟁과 갈등이 유일신 황상제의 해양을 경계로 한 분배에 만족하지 못한 상황에서 발생한 것으로 생각했다. 그러므로 '천하일가론'에 바탕을 둔 '총귀일본'의 대의에 부합한 인식의 전환이 필요하다고 역설했다.

장소는 민족과 국가 간 갈등의 원인이 인종차별과 국가 간의 경계에 있으므로 국가 간의 탈경계를 통한 '공정부'라는 통합정부에 의해서 통치되어야 한다고 주장했다. 그리고 모든 인종을 하나로 통합하여 차별의 근원을 없앰으로써 평등의 근거를 마련할 것으로 주장했다.

결론적으로 국가와 민족의 실체에 대한 네 명의 사상가들의 인식은 '민족과 국가가 개별적 실체로서의 주체가 될 수 없으므로 관계적 집합에 불과하다는 수운의 인식과 달리, 국가와 민족은 원고의

---

[282] 『천지개벽경』 「戊申篇」 5章, "我世에 天下万國이 王出自國하고, 臣則交代이 可也니라."

상태를 유지한 고유의 실체로서 존재해야 한다는 증산의 인식과, 국가와 민족이 상제에 의하여 탄생되고 경계가 주어진 실체를 지속해야 한다는 수전의 생각은 국가와 민족의 실체적 정의에 있어서 상이성을 보여준다. 장소의 경우는 위의 세 명과는 달리 전 세계를 국가와 민족의 모든 경계를 제거하여 통일된 하나의 체제로 만듦으로써 존재자체를 소멸해야 한다고 주장함으로써 실체의 문제는 장소에 있어서 중요한 관건이 될 수 없는 문제였다.

경제의 평등을 주장함에 있어서는 '천직천록설', '도술문명', '천조전무제도', '거산계공생업'의 이론을 제시했다. 이들의 경제적 평등관에서 보이는 유사성은 '경제의 평등이 곧 인간의 존엄성을 유지하는 토대'가 되므로 신분의 평등과 함께 이상세계 건설을 위해 선행되어야 할 관건으로 보았다는 점과 농업 중심적 경제관을 크게 벗어나지 못했다는 점에 있어서 유사성을 지닌다. 또한 이들이 주장한 경제적 평등주의가 구체적 시행방안을 지닌 현실성 있는 제도가 아니라 공상적 제도에 지나지 않은 점에 있어서도 유사성을 지닌다. 그러나 경제적 평등에 대한 관점과 이의 실행여부에 대해서는 상이성을 보인다.

수운은 하늘에서 사람을 낼 때 천직과 함께 부여한 천록을 받음에 있어서 공평성의 원칙이 적용되어야 한다고 생각했다. 그러나 천리와 천명에 어긋난 사람들에 의해 불공평한 경제적 구조가 형성되었으므로 이를 바로잡는 것이 이상세계를 향한 관건이라고 보았다. 그러나 수운의 경제관은 농업적 생산력과 생산관계의 체제를 바탕으로 한 원시공동체 사회의 성격을 지닌 것으로 근대 자본주의적 경제구조에 대한 이해를 토대로 한 해결책이 아니라 경제의 평등을 조화론적 관점에서 주장하는 데 그쳤다.

증산은 경제의 평등을 '해원상생'의 맥락에서 해결되어야 할 중요한 관건으로 생각했다. 그러나 이를 해결하는 방법론에 있어서 다른 사상가들에 비해 특이한 이론을 주장한다. 이는 생산력과 생산관계의 변화를 통한 경제적 평등을 주장한 현실적 방법론과는 달리 그 변화가 '미륵대성불경'이나 '미륵하생성불경'에서 언급된 것과 유사한 점이 있다. 생산력이 자연의 조화로움으로 대체되는 상황과 인간존재의 도덕적 완전성에 따른 조화로운 현실화를 예견함으로써 자연스러운 경제적 평등상황의 도래를 확신했다.

수전의 '천조전무제도'는 '천하일가'에 바탕을 둔 '공동경작, 공동분배'라는 생산관계에 따른 평등주의로 생산력의 변화에 대해서는 큰 변화가 없는 농업적 평등주의를 지향했다. 그러나 '천조전무제도'는 구체적 실행에 옮기지 못한 이상적 공상제도에 지나지 않았다.

장소의 경제적 평등주의는 농·공·상의 공영에 따른 사유재산의 폐지를 전제로 하는 것으로 사회주의의 성립요건과 외형상 많은 유사성을 지니고 있다. 그러므로 장소의 경제적 평등사상은 과학의 발달로 인한 생산력과 생산관계의 변화에 따른 생산양식을 토대로 한 단순한 재산의 공동소유가 아니라 그것을 매개로 한 인간소외의 극복, 인간성 본질의 적극적인 회복을 의미한 공산주의적인 것으로 볼 수 있다. 그러므로 이는 농업을 근간으로 하는 원시공동체적 평등주의의 성향을 지닌 수전의 '천조전무제도'와는 궤를 달리하는 경제적 평등관이다.

이들 사상가들의 평등사상에 대한 인식과 이에 근거한 실행방법론에 있어서 유사성과 상이성이 나타나는 것은 이들이 기존의 세상에 대한 현실인식과 종교관을 바탕으로 한 사회 및 역사관의 차이에서 유래한다고 볼 수 있다. 또한 이와 같은 비판을 중심으로 대안으로 제시한 이상사회가 기성종교의 수용과 비판에 따른 종교 관념을 토대로 형성되었다는 점에서도 유사성과 상이성의 근저를 이해할 수 있다.

(2) 의의와 한계

수운, 증산, 수전, 그리고 장소의 평등주의는 전 세계의 모든 사람과 이들의 집합적 기관인 '국가와 민족'이 평등해야 함을 강조하고 있다. 신분의 평등에 있어서 이들은 봉건적 종적질서를 탈피하여 인간의 평등과 자유를 주장함으로써 이상세계를 지향했다는 점은 근대국가의 형성시기에 중요한 의의가 있다. 그러나 평등에 대한 구체적이고 세부적인 정의와 설명이 부족했으므로 그 적용범위에 있어서도 구체적 실현성에 한계점을 지녔다고 할 수 있다.

그리고 경제적 평등이 인간의 존엄성을 위한 바탕이 된다는 인식과 이에 따른 실천은 근대를 맞이한 시점에서 탈봉건에 따른 미래지향적 희망을 제시했다는 의의를 가진다. 그렇지만 평등에 대한 당위성 강조에 치우쳤으며 또한 추상적이고 공상적 평등관을 주장하여 구체적인 실현여부에 대한 불투명한 대안을 제시했다는 점에 있어서 한계를 보인다.

이들의 평등주의가 신분과 경제의 평등과 동시에 민족과 국가의 평등실현을 주장함으로써 미래지향적 이상세계를 제시하였다는 점에 있어서 그 의의를 지닌다. 그럼에도 불구하고 이와 같은 방향성에 있어서 자국 중심의 민족주의적 성향을 벗어나지 못한 경향이 드러난다. 수운은 '아국운수보전',[283] '12 제국에 대한 괴질',[284] '일본에 대한 적개심'[285] 등으로 미루어 자국 중심적 이상세계를 언급하고 있으며, 증산 역시 '남조선'286) 사상을 통하여 후천문명 개화의 주체적 위상을 지닌 나라로 한국을 언급하고 있다.

수전은 한족 중심주의적 사상을 벗어난 세계 평화와 평등주의를 주장하지 못했다. 그러나 장소의 경우는 "민족 혁명 자체가 말이 안 되는 것이고, 정치혁명은 중국의 상황에 맞지 않는다고 주장"287) 함으로써 세 명의 사상가와는 민족에 대한 개념을 달리하고 있다. 장소의 경우는 민족이라는 개념보다 애국이라는 개념에 중심을 둔 사고를 지녔다. 이러한 상황은 근대국가의 형성시기에 이들 사상가들이 반봉건과 근대의 극복을 통한 인류의 화평과 조화를 향한 시대적 과제의 방향을 어떻게 인식했는가에 대한 차이를 보여준 것이다. 동시에 절대적 평등주의를 궁극적 이상으로 한 세계주의를 지향했지만 자국 중심의 애국심을 완전히 벗어나지 못한 한계를 드러내고 있다.

2) 도덕정치

(1) 유사성과 상이성

이상세계 구현을 위한 과정상의 방법이나 이상세계 실현 이후 지속적인 체제전승의 방법 문제에 있어서 수운, 증산, 수전, 그리고

---

283) 『용담유사』 「안심가」
284) 『용담유사』 「몽중노소문답가」
285) 『용담유사』 「안심가」
286) 『대순전경』 3장 136절
287) 소공권/최명·손문호, 『중국정치사상사』, 서울대학교 출판부, 1998, p.1138.

장소는 각자의 정치적 이념을 표방했다. 이들이 주장한 정치이념은 봉건적 통치원리인 권위와 위엄에 의한 것이 아니라 조화와 화합의 원리에 따른 평화의 정치이다. 그리고 인격과 도덕의 함양을 전제로 한 통치의 정당성을 부여받은 존재에 의한 평등의 이념이 실현되는 '도덕적인 정치'를 이상세계 정치의 표본으로 삼았다.

이와 같은 이상세계를 구현함에 있어서 이들은 다원주의적 원리에 입각하여 기성종교의 전통을 수용함과 동시에 새로운 시대정신에 부합되지 못한 종교의 인습적 요소들을 타파한 통합적 종교이념을 주장하였다. 이의 결론은 신분의 평등, 국가·민족의 평등, 경제의 평등을 전제로 한 이상세계의 실현이다. 그러므로 이와 같이 형성될 이상세계의 체제는 새로운 정치적 이념에 부합하는 통치주체들에 의하여 지속된다고 볼 수 있다.

이들이 희망하는 이상세계가 자유와 평등을 바탕으로 한 평화로운 세계이며 통치의 정당성에 대한 가능성이 모든 백성에게 열려 있다는 점에 있어서는 네 사람의 세계관이 유사하지만 실질적인 통치의 주체는 일반백성이 아니란 점에서 그 차이점을 알 수 있다.

수운은 통치의 주체를 '도성덕립'을 이룬 '군자공동체'에 두었으며, 증산은 '중통인의'를 이룬 '도인그룹'으로 보았다. 수전은 '신정(新政)'의 원리에 의한 '신권정치'를 실행할 수 있는 태평천국 관료에 통치의 정당성을 부여했다. 그리고 장소는 '천하위공'을 할 수 있는 '성현그룹'에 통치의 정당성을 부여함으로써 이들을 이상세계의 정사를 주도할 주체로 인식했다. 이러한 인식의 바탕에 일반백성들도 통치의 정당성을 지녔으므로 언제라도 통치의 주체가 될 수 있다는 점에 있어서는 유사성이 있다.

또한 이들의 정치적 이념이 '원고(遠古)의 정치'를 이상적인 모델로 하고 있다는 점에서 유사성을 지니고 있다. 수운은 '천명에 순종한 삼대(三代)의 정치'[288]와 이를 잘 계승해온 '공자의 정치이념'을, 증산은 정치와 교화가 갈라지기 이전의 '상고(上古)의 정치이념'을, 수전은 반고 이래의 '삼대의 정치'를, 장소는 인도(人道)의 지극함을 행한 '삼대의 정치'와 유교를 창시한 '공자의 정치이념'을 중심으로 이상세계의 '도덕정치'를 체계화 하려고 했다.

이들의 이상정치가 원고로의 지향이라는 점에 있어서 유사성이 있다. 수운의 경우는 '무왕불복'의 순환적 역사관에 토대를 두고 있으며, 증산의 경우는 '원시반본'의 역사관에, 수전의 경우 유일신 상제의 천명으로의 복귀라는 원형사관에, 장소의 경우 '태평세'를 향한 진화론적 역사관에 바탕을 둔 것으로 보인다. 결국 네 명의 사상가들이 원고의 이상을 모델로 삼은 것은, 원고라는 원형적 제도가 가장 이상에 가까운 것이라고 보았기 때문이다. 그러나 역사적 상황에 따른 불이행으로 인해 이상세계가 실현되지 못했으므로 자신들이 주장한 방법에 의하여 새로운 세계가 펼쳐질 것으로 확신했음을 알 수 있다.

(2) 의의와 한계

네 명의 사상가들이 주장한 '도덕정치'는 반봉건, 근대의 극복, 원고로의 회귀를 통한 인간존재의 자유와 평등을 실현할 수 있는 미래지향적 이상을 제시했다는 점에 있어서 역사적 의의를 지닌다고 볼 수 있다.

---

[288] 요순성세 다시 와서 국태민안 되지마는 그때가 오기 전까지 우리나라의 운수가 몹시 험할 것이다.(『용담유사』「안심가」)

수운의 사상은 민족주의적 경향을 완전히 배제하지 못한 근대 민주주의 사상의 한국적 체계화라고 볼 수 있다. 이는 그의 '평등사상'과 '인존사상'에서 볼 수 있는 것처럼 신분제도에 따른 계급적 차별을 기본 질서로 한 봉건제도에 대한 부정으로 인간의 평등과 존엄성을 주장하는 민주주의 사상의 표현이라고 볼 수 있다. 이는 모든 인간개체가 천주를 모시고 있다는 '시천주' 사상을 바탕으로 형성된 평등과 자유의 정신이 서민계층들로 하여금 억압과 착취로부터 탈피하여 민권의 주체임을 자각하게 한 동기를 부여했다는 데 있어서 그 의의를 지닌다. 그러나 유교에 대한 부정이 성리학의 주리론적 성향에서의 탈피라는 한계를 보임으로써 전체적으로는 유교의 범주를 수용했다고 볼 수 있다.

증산의 정치사상은 정신개벽과 물질개벽의 과정을 통하여 형성될 세상을 '조화정부'의 정사(政事)를 중심으로 통치할 '원시반본'의 도덕정치사상이다. 그러므로 증산의 개벽사상은 낡고 병든 세상을 바꾸어 새로운 세상을 건설하려는 '개벽정치관'으로 명시될 수도 있다. 그리고 증산의 개벽정치관은 삼계를 모두 개조한다는 의미에 있어서 인간에 한정된 수운, 수전, 장소의 개혁적 정치관과 다른 차원의 범주를 형성하고 있다. 그러므로 '해원'을 통한 이상사회의 범위를 전 존재로 확장했다는 점에 있어서 휴머니즘의 범위를 넘어선다.

이와 같은 증산의 이상적 정치관은 그 시대의 민중들로 하여금 봉건적 억압과 압제를 벗어나 고원한 이상을 향한 시각을 열어준 점에 있어서 역사적 의의를 지닌다. 또한 "왕의 자리는 세습이 아니라, 덕이 높은 사람에게 계승되어야 한다."고 주장하여 이를 실천할 이상적인 모델을 요순과 같은 인물로 삼았다. 이는 도덕과 조화의 정치를 주장한 증산의 정치이념을 그대로 반영한 것이다. 이러한 정치사상에 내재된 관념적이고 추상적인 요소 때문에 구체적이고 체계적인 제도에 대한 실천적 방법론의 부재라는 한계성이 보이지만 조화로운 이상사회를 구현할 수 있는 해원상생의 가치를 제시했다는 점에 있어서는 의의가 있다.

수전의 태평천국은 한족 중심의 민족주의를 표방함과 동시에 피지배계급을 중심으로 일어난 혁명적 역량을 보여주었다. 그리고 청조의 통치에서 벗어나 농민에게 경제적 균등을 부여하려 했다는 점에 있어서 긍정적 평가를 내릴 수도 있다. 하지만 '천하일가'의 만민평등사상은 진정한 민권주의 정치체제로 나아가지 못하고 신정(神政)의 관료제 국가로서의 한계를 남긴 채 실패했다. 또한 태평천국은 평등사회의 지향이라는 이상에도 불구하고 실제로는 구시대의 봉건 통치를 답습했다는 정치 구조적 한계도 지니고 있었다. 그러나 근대중국의 혁명운동에 커다란 영향을 주었으며 이후 민족혁명의 선구로써 손문(孫文)이나 중국공산당의 사상 및 군대의 편성과 규율의 확립에 큰 영향을 끼쳤다는 역사적 의의를 지닌다.

장소의 정치이념은 '거고구락(去苦求樂)'을 위한 '천하위공(天下爲公)'의 정치실현을 목표로 한 것으로 정치, 경제, 교육, 종교 등의 광범위한 부분에 걸쳐서 구체적이고 세부적인 사항에 대하여 실천적 방법론을 언급하였다. 이러한 내용은 봉건적 사회제도가 지닌 문제점들을 극복함과 동시에 더 나은 세계를 위한 실현가능성을 제시했으며 구체적인 실천 방법론을 구상했다는 점에 있어서 의의를 지닌다.

장소는 제국주의와 식민주의가 대동세계 건설에의 촉진적 지표이며, 민족해방운동은 그의 역전을 의미하는 것이라고 하였다. 이에 대하여 『대동서』가 "민족독립과 민주혁명운동을 반대하고 제국주의 침략의 확장을 위한 것이었으며 식민주의와 패권주의정책을 합리화하는 것"289)이었다는 비판이 있게 되었다. 이러한 장소의 주장은 손문 등의 "멸만흥한(滅滿興漢)" "민주공화(民主共和)"에 대한 그의 "만한불분(滿漢不分)" "군민동체(君民同體)"란 정치적 입장의 반영이라고 할 수 있을 것이다.290)

장소의 대동사상의 통치체제론은 중국과 근대서구의 이념적 정치체제를 절충 조화하여 구성한 것이라 생각된다. 즉 예운 대동의 '천하위공(天下爲公)', '선현여능(選賢與能)' 사상에 근대민주주의적인 개념을 절충하여 집대성한 것이다. 하지만 그 기본사유에 있어서는 어디까지나 전통적인 것이다. 즉 그의 대동세의 세계국가상은 본질적으로는 중국적 세계주의의 연장으로 근대적 민주주의와는 다른 것이다. 그리고 그는 선거나 의회를 통한 현실의 정당정치에 대해 그 가치를 인정하지 않았다. 이러한 장소의 정당정치 또는 근대적인 의회정치에 대한 태도는 말할 것도 없이 그의 사인의식(士人意識)의 발로이다. 여기에 장소의 서구 정치사상에 대한 이해의 한계성이 있다고 생각된다.291)

이들의 정치사상은 서세동점의 역사적 상황에서 동아시아 국가들이 직면한 제국주의와 민족주의, 자유주의와 사회주의, 군주정과 민주정의 갈등 속에서 반봉건적 정치적 성향과 함께 근대의 극복을

---

289) 배영동, 「강유위의 대동사상에 관한 연구」, 연세대학교 박사논문, 1981, p.37. (재인용)
290) 배영동, 앞의 책, p.37.
291) 배영동, 앞의 책, pp.40~41.

도모했다. 또한 원고의 이상을 수용한 미래지향적인 이상을 제시했다는 점에 역사적 의의를 지닌다. 그리고 당시의 정치, 경제, 사회, 문화, 종교 전반에 걸친 변화와 변혁의 노력이 근대국가를 형성함에 있어서는 물론이고 오늘날의 정치문화와 정치질서 형성에 지속적으로 영향을 끼쳤다. 그리고 미래사회의 이상적 정치를 향한 방향성 제시에 있어서도 지대한 영향을 끼쳤다는 점에 있어서 의의를 갖는다.

〈표 8〉 이상세계의 도덕정치

	수운	증산	수전	장소
국가의 존재	있음	있음	있음	없음
민족의 존재	있음	있음	있음	없음
군주의 존재	언급 없음	있음	있음	없음
통치의 주체	군자, 대인	도인, 대인	신정대행자	선현여능
통치 주체가 될 자격	도성덕립	중통인의	正의 실천자	천하위공

3) 이상교육

(1) 유사성과 상이성

 네 명의 사상가들에게서 볼 수 있는 이상세계를 향한 도덕교육은 인간존중을 바탕으로 한 평등사상을 토대로 했다는 점에서 유사성을 지닌다. 이는 종교적 이념 및 정치적 평등관과 같은 맥락에서 이해할 수 있으며 반봉건적 평등이념을 이상세계에 계승하여 영속하는 교육적 가치를 확립하려는 의도라고 볼 수 있다. 또한 이들은 여성에게 교육의 기회를 부여함으로써 평등주의를 여성교육에도 적용한 것에서 유사성이 있다.

 이들의 교육내용에 있어서 상당 부분 유교적 교육의 전통을 수용하여 교육이념으로 확립하려고 했다는 점에 있어서도 유사성이 있다. 그러나 수운은 인의예지(仁義禮智)의 사단(四端)을 수용하면서도 동학의 도가 이와는 약간 다른 '수심정기'를 기본으로 한다고 하였으며, 증산은 인의예지에 대하여 다른 해석을 내림으로써 이를 토대로 한 새로운 윤리관을 확립했다. 이는 충효열에 대한 재해석으로 기존 동아시아 세계질서의 혼란과 부조화의 원인을 바른 교육의 부재에서 찾고자 한 것에서도 드러난다.

 수전은 삼강오륜에 입각한 전통적인 도리를 강조함과 동시에 상제교의 교의에 바탕을 둔 유교적인 덕목을 중시했다. 수전은 전통교육을 혁명교육으로 대치하기 위하여 반유(反儒)정책을 추진하였으나 실제로는 『백정가(百正歌)』에서 언급한 진정한 도덕이나 양심을 가진 사람인 '정인(正人)'을 인간본연의 양심을 지닌 사람으로 해석하여 이를 교육이념에도 적용하고자 했다. 이는 『논어』와 『맹자』에서 언급된 정(正)과 부정(不正)의 논리를 수용하여 태평천국의 종교이념에서 교육이념으로 확장한 것으로 보인다.

장소는 『신학위경고』와 『공자개제고』를 통하여 공자의 '인(仁)'을 강조하여 대동교육의 목적이 이상세계를 주도할 '인인(仁人)'의 양성에 있음을 주장했다. 이와 같은 사실로 미루어 네 명의 사상가들은 이상세계의 교육관을 형성함에 있어서 유교적 도덕관을 수용했다는 유사성과 이를 수용하는 범위나 이에 대한 해석과 실천적 방법론에 있어서는 상이성이 있다.

수운과 증산은 이와 같은 도덕교육의 실천적 방법으로써 윤리적인 교시(敎示)와 함께 주문(呪文)을 통한 수행을 강조한 점에서 유사성을 지닌다. 이는 도덕교육을 윤리학적 지식의 전달이나 인격의 함양을 위한 방편으로만 생각한 것이 아니라 영육(靈肉)의 조화를 위한 실천적 방법으로 생각했다는 점에서 유사성이 있다.

수전과 장소는 구 교육을 개혁하려는 의도에서 과거제도를 개혁하여 새로운 교육이념을 적용하려고 했으며 전통적 전제군주정에서 제한되었던 여성에 대한 교육의 기회를 확립하려고 했다는 점에 있어서 유사성이 있다.

수운과 증산은 과거에 응시하지 않았으며 교육의 개혁 및 교육의 이상을 주장함에 있어서 과거제도에 대한 구체적인 언급을 하지 않은 점에 유사성이 있다. 수전과 장소는 과거에 응시했으며 교육의 개혁을 과거제도와의 관련성 속에서 해결하고자 한 점에 있어서 유사성이 있다. 수운과 증산이 과거에 응시하지 않았으며 과거제도에 대해 중요한 언급을 하지 않은 이유는 세상에 대한 이들의 인식이 무왕불복의 개벽관이나 천지공사라는 권능에 의한 거시적인 안목에서 기인한 것이기 때문이다. 그러므로 이들의 교육이념은 종교적 신념을 바탕으로 한 도덕적 인격의 함양과 신인(神人)적 존재로의 도달이라는 추상적 성향을 지님으로써 현실적 교육제도와 방법, 내용에 있어서 구체적 제시가 없었다.

이와 달리 수전과 장소는 당면한 현실적 문제의 해결방안으로 과거제도에 대하여 중요한 의미를 부여했다. 수전의 새로운 세상을 향한 인식의 동기가 자신의 과거에 대한 실패와 이에 따른 체제부정에 의한 것으로 수전은 자신이 새로운 과거제도를 창시하여 국가교육체제의 일환으로 삼고자 했다. 그러나 장소는 과거에 합격한 현직 관료로서 과거제의 폐단을 잘 알고서 이의 문제점을 바꾸려고 했다는 점에 있어서 상이성을 보인다.

수운, 증산, 수전, 그리고 장소의 교육이념은 스스로의 깨달음이라는 측면 외에도 그 시대의 상황에서 드러난 문제들을 해결하여 이상세계를 이루고자 한 자신들의 의지가 반영되었다는 점에 있어서 유사성이 있다. 그리고 인간의 본질적인 문제해결의 중요한 요소를 교육이라는 매개를 통해서 해결하고자 한 점에는 유사성이 있지만 실현가능한 구체적인 방안을 제시함에 있어서 네 사람 모두 뚜렷한 상이성을 보이고 있다.

수운과 증산은 장기적인 시간을 염두에 두고 이상적인 교육이념을 제시한 가운데 구체적인 이론을 체계화시키지는 못했다. 수전은 안정되지 못한 국가체제의 상황에서 종교적 교리를 중심으로 교육이념을 제시한 한계를 지니고 있다. 그러나 장소는 그 실현성에 있어서 한계를 지니기는 했으나 당시 교육현실의 제반문제를 개혁할 구체적인 이론을 정립했으며 이것이 동아시아 교육사상의 전기를 마련한 점에 있어서 다른 사상가와 명확한 차이점을 보여준다.

(2) 의의와 한계

이들이 교육을 통하여 자신이 주장한 교육이념을 전승하려는 의도가 인간 불평등의 체제를 넘어서 인간존중과 존엄성을 사회의 지속적인 가치로 확립하려는 노력으로 이어졌다는 점에 있어서 의의를 지닌다. 또한 이들의 교육이념이 경세치용의 교육을 계승하여 일어난 동아시아 교육의 근대화를 위한 노력이었다는 점에 있어서도 역사적 의의가 있다고 볼 수 있다. 그리고 이러한 노력이 봉건적 유교의 전통에서 벗어나 유교이념의 재해석에 따른 근대교육의 지향이었다는 것과 교육의 민주화와 교육의 평민화를 촉진시켰다는 점에 있어서 중요한 의의를 부여할 수 있다. 그러나 다양한 사상과 학설을 수용하는 과정에서 유학적 사고를 완전히 벗어나지 못한 한계를 보인다.

수운의 교육사상은 '시천주' 사상에 바탕을 둔 인간평등의 교육관으로 유교전통 사회의 신분제 질서에서 지배계급의 교화의 대상이었던 민중에게 주체적 각성을 가져다 주었다. 이는 전통사회의 교화적 교육관에서 근대사회의 인본주의적 교육관으로의 전환을 의미한다. 즉, 전통사회의 차별적 교육관에서 근대사회의 평등교육관으로 전환을 표명하였으며 민중들의 자각과 긍지를 일깨웠다. 이로써 사회와 역사 발전의 주체적 역할을 담당케 하려는 민중교육관을 표방했다.[292] 또한 동학의 인본주의적 전통을 교육이념을 통해 확립하려고 했다는 점에 있어서 의의를 지닌다. 하지만 전통적 유교교육의 한계와 모순을 극복한 계몽적 사회교육의 방향이 민중의 공감을 얻었으나 이러한 교육이념을 현실에서 실행할 제도적 장치를 마련

---

292) 김병희 외 6, 『교육학 개론』, 공동체, 2008, pp.102-103. 참고.

하기 위한 현실적 방안을 형성하지 못했다.

수운의 교육사상이 새로운 사회의 교육이념으로서 민중의 주체적 자각을 통한 새로운 방향성을 제시하였으나 기본적으로 도덕적 교화에 의하여 인간과 사회의 개량을 실현하려고 한 도덕지상주의 성격 때문에 근대 교육에 소극적이었다.[293] 수운의 교육사상은 개벽의 이념을 담고 있으나 그것이 사회개혁의 구체적인 구도나 미래사회에 대한 실현방법을 체계적으로 제시하였다고는 볼 수 없다.[294] 또한 수행의 방법론에 있어서 반주지주의적 성향으로 흐를 경향이 있다. '수심정기'를 통한 '도성덕립'을 이룸으로써 '군자'라는 이상적 인격체가 되어 이상세계의 주도적 역할을 한다는 것은 객관적이고 합리적 보편성이 결여된 이상론으로 내면적 자기수양에만 치중한 신비주의로 흐를 수 있다.

증산의 '후천교육'은 '해원상생'을 통한 인간존재의 평등 실현을 교육의 이념에 확장시킨 것으로 전통교육을 부정함으로써 새로운 교육사상의 근대화를 지향했다. 그리고 모든 사람이 '중통인의'를 통한 '대인'이라는 전인적 인격체를 이루어 '후천세상'의 주도적 역할을 할 수 있는 주체가 될 수 있다는 희망을 주었으며, 양반관료에 한정된 교육의 기회와 이를 통한 통치의 정당성이 전체 민중에게도 부여될 수 있다는 믿음을 주었다. 이는 교육기회에 대한 평등을 통한 인간의 존엄성을 실현함과 동시에 증산의 종교적 관념과 정치적 관념을 이상세계에 전승 및 지속하려는 의도로서 시대를 앞선 선구적 면모이다.

---

293) 윤건차, 『한국근대교육의 사상과 운동』, 청사, 1987, p.93.
294) 황준연, 『한국사상의 새 길라잡이』, 박영사, 2003, p.209.

그러나 증산의 교육이념은 수운의 교육사상에서 드러난 교육방법과 현실성에 있어서의 문제점과 유사한 한계점을 보이고 있다. 개인을 올바르게 교육시키기 위해서는 사회가 공정한 교육의 기회를 제공해야 한다. 교육기회의 공정성은 누구나 자신의 교육이 다른 사람과 동등한 기회 속에서 진행됨을 의미한다. 그리고 교육이 진행됨에 따라 개인 간의 재능과 노력의 차이를 구분하고 그 능력에 따라서 적절한 사회적 지위를 갖도록 하는 것이다. 이런 과정들이 사회에서 총체적으로 잘 이루어질 때 사회의 정의를 위한 교육이 곧 개인의 정의를 위한 교육이 된다.295) 증산은 고원한 교육의 이념을 주장함에 있어서 관념적 도리와 당위성을 주장하였으나 이를 현실사회의 제도화로 인하여 어떻게 실현시킬 것인가에 대한 구체적 명시와 방법을 제시하지 않았다. 그러므로 신비적 이상주의에 그칠 한계성을 보이고 있다.

수전의 교육사상은 상제교의 교리를 체계화하는 가운데 형성된 것으로 태평천국의 교육이념으로 제시되었다. 그러므로 종교의 교의를 정리한 '십관천조'를 중심으로 한 윤리강령에 머물렀다. 이는 항상 전시체제로 군사작전에 바쁜 관계로 정규적인 새로운 교육제도와 교육기관을 설립할 여유가 없었으므로 상제교 교당에 모여 예배를 보는 것으로 교육을 대체했다. 그러므로 근대교육으로의 진전을 이루지 못한 한계를 지니고 있다.

그리고 태평천국의 과거제도는 팔고문이나 시첩을 가지고 답안을 작성하는 한계를 벗어나지 못했다. 그러나 시제(試題)의 출전이 전통적인 유교경전에 집중되어 있던 전통적인 과거제도에서 탈피

---

295) 이명준, 『유토피아와 교육』, 문음사, 2001, p.53.

하여 반봉건적인 성향을 보여주었다. 그리고 모든 사람에게 평등한 시험기회를 제공했다는 데 있어서는 의의가 있으나 결국 전통적인 과거제의 목적인 적절한 인재를 선발하는 데에 한계가 있었다. 그러나 태평천국 과거의 시험답안에서 쉽고 실용적인 문자를 사용한 것은 교육에 있어서 평등의 기회를 제공할 구체적인 방안을 마련하여 교육의 대중화를 함으로써 독서인 중심의 폐쇄성을 탈피했다는 의의를 지닌다.

장소의 교육사상은 처음에는 내우외환의 시대적 상황으로 인한 구국교육론의 성격을 지니고 있었다. 이는 국가의 부강이 곧 교육을 통해서 실현될 수 있다는 믿음에서 기인한 것이다. 그러므로 유교이념의 전통적 학문체계를 토대로 한 과거제도가 창의적인 사상의 발전을 저해하고 서구과학기술의 수용에 있어서 문제를 야기하므로 근대국가의 발전을 주도할 인재를 양성하기 어렵다고 판단하여 새로운 학교제도와 교육이론을 제시했다. 그러나 교육의 정치적 기능 강조와 인재양성을 위한 주장에 치우쳐 실제 교육의 실현을 위한 구체적이고 세부적인 노력부재의 한계를 지니고 있었다.[296]

결국 장소의 교육실천은 무술변법의 실패로 인하여 막을 내리게 되었다. 이에 대한 원인은 과거제도에 대한 개혁이 완전한 철폐로 이어지지 못한 팔고제의 폐지에 국한되었으며, 개혁론자들이 하층

---

296) 유신교육 사상가들의 사고는 상당부분 교육목적, 교육내용, 학제 등과 같은 교육의 거시적 방면에 기울어져 있어, 교육과정 편제, 교재개발, 교육방법의 선택 등과 같은 교육의 미시적 방면은 소홀히 취급되는 문제가 발생하였고, 이것이 결국은 교육구국론이 소기의 성과를 거두지 못하도록 하는 한 원인이 되었다. (구자억, 「근대 중국 유신운동파의 교육적 관심사와 특징 분석」, 『한국교육』 25, 한국교육개발원, 1998, p.17.)

의 신사(紳士) 계층과 정치관료 계층의 범위를 넘지 못한 위로부터의 개혁인 점에서 기인했다. 그러나 그의 교육이념은 전통교육의 개혁, 새로운 학교제도의 설립, 평등교육의 주장으로 인하여 중국의 근대교육 발전에 큰 역할을 했다는 점에 있어서 의의를 가진다.

4) 여성해방과 남녀평등

(1) 유사성과 상이성

수운, 증산, 수전, 그리고 장소는 봉건전통의 유교적 사유에서 유래된 여성억압과 불평등에 대하여 비판을 통한 새로운 방향을 모색한 점에 있어서 유사성을 지닌다. 이들은 남녀평등이 천부적으로 사람에게 부여된 권리라고 생각하여 이상세계 실현의 선행과제로 여성해방을 통한 남녀평등을 주장하였다. 그리고 이들의 주장이 당시의 현실에서는 실현 불가능한 공상적 경향이었으나 적극적으로 실현 가능성과 그 당위성을 강조하여 민중에게 자각을 일깨운 점에 있어서 유사성이 있다.

그리고 종래의 남녀 불평등에 대한 기존세상의 견해가 유교적 구습에서 기인한 것이라는 생각과 이를 해결할 새로운 방안을 불교와 도교와 같은 타종교적 사상에서 수용한 점에 있어서 유사성을 볼 수 있다. 이와 같은 견해는 동아시아의 전통에서 여성의 위치가 유교, 도교, 그리고 불교의 영향을 받아왔으며 이중 가장 여성을 열등한 존재로 여긴 종교를 유교로 보았기 때문이다. 또한 음과 양의 균형을 강조한 도교의 철학적 사고와 불성이 모든 실재에 내재해 있다는 불교적 사유에서 남녀의 차별성보다 평등성이 더 강조된 점이 이들의 통합적 종교 관념에 그대로 전승되었기 때문이라고 볼 수 있다.

그러나 유교적 인습에 대한 비판의 강도나 그 대상에 대해서는 현격한 상이성을 볼 수 있다. 수운은 주자학적 사상에서 유래한 봉건적 구습을 여성의 억압과 남녀불평등의 원인으로 간주하였으며 유교의 창시자인 공자에게 그 원인을 부여하지는 않았다. 반면에 증산은 유교의 종조인 공자에 대한 비판의 시작을 '삼대출처'라는 사건을 통한 인습의 형성으로 규정하여 정음정양의 평등관에 부합하지 못한 것으로 간주하였다. 그러나 수전은 남녀불평등의 문제를 공자나 유교 전체적 사유와 직접적인 관련성을 부여하지는 않았지만 천하일가론에 위배되는 당시의 현실을 비판함으로써 간접적으로 유교를 비판하였다. 이와 달리 장소는 봉건윤리를 반대하여 여성해방을 강조하였다. 그는 정통유교주의에서 발생한 종적 위계질서를 타파하고 시대에 맞는 변법을 강행해야 한다고 주장하였다. 장소는 잘못된 불평등의 제도를 유교적 이상을 왜곡한 자들의 탓으로 돌리고 진정한 공자의 가르침이 아니라고 주장했다.

이들은 여성억압과 남녀의 불평등을 비판하고 새로운 대안을 제시하는 가운데 기성종교로서의 유교에 대한 해석을 다르게 평가했다. 이 가운데 장소는 공자사상으로의 복귀를 주장했으며 모든 불평등의 원인이 유교를 왜곡한 사상가들에게 그 책임이 있는 것으로 여겨 공자중심의 전통유교로 회귀하고자 한 점에 있어서 다른 세 명의 사상가들과 상이성을 보인다. 수운과 장소는 여성의 가사노동에 대하여 높게 평가하여 여성에 대한 존엄성의 근거로 삼고자 한 부분에 있어서 유사성을 지닌다. 그러나 남녀평등의 주장을 남녀의 절대동권으로까지 확대하여 정음정양을 주장한 증산의 견해는 다른 세 명의 사상가들의 남녀평등관에 비해 그 주장의 강도가 제일 강하다고 볼 수 있다.

증산과 장소는 여성의 해방을 '천하일가'나 '시천주'라는 평등적 존재성에서만 찾고자 한 수전이나 수운과 달리 억눌린 원한에 대한 '해원'의 차원에서 해석하고 이에 대한 해결방안을 제시했다는 점에 있어서 유사성을 지닌다.

(2) 의의와 한계

이들이 주장한 남녀평등주의는 봉건주의를 탈피하여 새로운 시대정신에 부합하는 대안을 제시하여 근대 여성해방 사상에 영향을 주었다는 점에 있어서 의의를 갖는다. 그러나 여성의 해방을 어떠한 방법으로 이루어낼 것인가에 대한 구체적이고 현실적인 실현 가능한 방법론을 제시하지 못하고 당위성만을 주장하는데 그쳤다는 한계가 있다.

수운의 남녀평등 사상은 유·불·도의 통합주의를 바탕으로 하여 자생적으로 발생했지만 전체적인 맥락에서 살펴보면 많은 부분 유학의 윤리를 그대로 답습한 한계를 보이고 있다. 그러나 여성에 대한 존중과 실천을 강조하고 여성의 가사노동에 대하여 긍정적 평가를 한 것은 중요한 의의를 지닌다.

수운의 여성관의 유교윤리 답습에 대해서는 상반되는 견해가 있다. 이는 '부화부순'에 대한 해석의 차이에서 연유한 것으로 "상하관계의 유교적 부부지배 질서와는 근본적으로 다른 상호 협조하는 수평적 관계"[297]이므로 "부부유별이라고 하는 유교적 가족제도에

---

297) 박용옥,「동학의 남녀평등사상」,『역사학보』제91집, 역사학회, 1981, p.118.

대한 일대 반기"[298]라는 견해가 있다. 이와 달리 수운의 남녀관이 유교의 가정과 부부에 관한 윤리에서 따온 것이며 수운 스스로가 부부유별을 강조함으로써 유교의 차별적 윤리를 그대로 답습하고 있다는 견해[299]로 양분된다.

이에 대하여 필자는 수운의 여성관에 대하여 수평적 평등을 지향한 봉건의 탈피라고 생각한다. 다만 수운의 어휘사용에 있어서 유교적 훈습을 벗어나지 못한 결과로 기성유교 전통의 용어를 그대로 답습함으로써 발생된 문제라고 본다.

왜냐하면 수운은 '천도'를 삼교합일의 원형적 개념으로 정의하였으나 통합성을 지닌 새로운 용어를 사용한 것이 아니라 유교전통의 '천도'라는 용어를 그대로 사용하였다. 이외에도 용어 사용에 있어 유교적 훈습을 벗어나지 못한 경향을 보이고 있다.

수운은 인간의 근본바탕을 '시천주'하는 절대 평등한 존재로 규정했다. 그리고 이러한 사람들로 구성된 이상세계를 지향했다. 그러므로 필자는 '가도화순'의 실천적 방법론인 '부화부순'을 봉건적 유교윤리의 개념으로만 이해하려는 의도는 잘못된 견해라고 생각한다. 왜냐하면 전체적인 맥락에서 수운의 남녀평등주의를 이해해야만 수운의 진정한 의도를 볼 수 있다고 생각하기 때문이다.

증산은 기존의 세상에서 억압받고 멸시당한 여성에 대하여 철저한 '해원'을 통하여 '원'과 '한'을 풀어주는 것을 선행과제로 생각했다. 이를 통하여 남녀의 권리를 '정음정양'의 원리아래 절대동권이 부여되어야 한다고 생각했다. 이에 더 나아가 증산은 '천지공사'라는

---

298) 박용옥, 앞의 책, p.111.
299) 김경애, 「동학, 천도교의 남녀평등사상에 관한 연구」, 『여성학논집』 1권, 이화여자대학교 한국여성연구원, 1984, pp.179-180.

자신의 종교적 의례를 통하여 이러한 세상의 실현을 확신했으며 이상세계의 질서를 구성함에 있어서 다른 누구보다 여성해방을 통한 평등의 실현에 중점을 두었다.

이는 수천 년간 당연시해온 여성억압의 정당성에 대한 강력한 도전으로 여성의 사회적 위상에 능동성을 부여한 점에 있어서 의의를 찾을 수 있다. 또한 남녀평등에 대한 증산의 주장은 정음정양을 기저로 했지만 오히려 후천의 주체를 여성에게 더 크게 부여하여 곤운(坤運)의 후천세계를 지향했다는 점에 있어서 네 명의 사상가들 중 가장 강력한 여권신장을 주장했다고 볼 수 있다.

수전은 태평천국시기 여성들이 정치적으로 남자들과 동등한 지위를 차지하고 문무 관료를 지낼 수 있었으며 남경에 수도를 정한 후 중앙정권 기관에는 여관(女官)을 설치하고 요직을 맡기기도 했다고 한다.300) 이는 태평천국이 남존여비의 관념을 반대하고 부녀지위를 제소하여 남녀행동을 주장하는 정책을 실행하여 부녀들이 봉건예의의 속박에서 벗어나게 함으로써 부녀들의 중차대한 해방을 가져왔다는 데 있어서 의의를 지닌다.

당시의 외국인이 발행하는 신문 '화북선구(華北先驅)'는 한 편의 평론에 이르기를 태평천국부녀들이 남자들과 어깨를 나란히 하여 작전하는 것은 "세계에서 보지 못한 기관(奇觀)이며 인류의 환상도 그의 위대함을 형용하지 못한다."301)고 감탄하였다.302)

장소는 여성해방을 통한 남녀평등의 문제를 대동의 이상세계를

---

300) 范文瀾, 『中國近代史』, 中華書局, 1977, p.95.
301) 『태평천국』, 상해인민출판사, 1979. p.203.
302) 노태구, 「동학혁명과 태평천국혁명의 정치사상비교」, 『동학연구』, 한국동학학회, 1997, p.220.

이루기 위한 중요한 사안으로 생각하였다. 오늘날까지도 중요한 의미를 지니고 있는 여성의 정치 사회적 권리에 대하여 장소가 "이런 사상과 주장을 내놓을 수 있었던 것은 계몽사상가로서 그의 두뇌의 명석함과 용감함을 선명하게 보여주는 것이지만, 봉건적 윤상에 반대하고 여성과 개인의 해방을 요구했을 때에도 여전히 그 자유주의적 개량주의의 연약한 일면을 가지고 있었다는 것"[303]에서 한계를 볼 수 있다.

이는 한편으로 여성해방에 대해서 "여성의 학습이 완성되지 않고 인격이 갖추어지지 않은 상태에서 여성의 독립이 이루어지면 남편을 등지고 음란하게 될 것이다."[304]라고 하여 여성의 자유와 평등을 반대하는 발언을 한 내용을 통해 확고한 개혁의 의지에 한계점을 드러내기도 했다.

---

303) 리쩌허우/임춘성,『중국근대사상사론』, 한길그레이트북스, 2005, pp.253-254.
304) 리쩌허우/임춘성, 앞의 책, pp.262-265.

VI. 결론

이 논문은 근대기 동아시아의 사상가인 수운, 증산, 수전, 그리고 장소의 신종교 관념을 종교 다원주의적 관점에서 고찰하고 반봉건과 근대의 극복이라는 관점에서 그 종교 관념에 내재한 실천윤리로서의 평등이념, 도덕정치, 이상교육, 여성해방을 통한 남녀평등의 사상 등을 살피고자 시도한 연구다.

　이 논문의 의의는 우선 이들 근대 동아시아인의 종교 관념이 기성종교를 수용하거나 비판한 통합관념으로서의 유사성을 찾아낸 데 있다. 사실상 이 네 인물을 각자 다루다 보면, 한국의 수운이나 증산은 고등종교로 인정받지 못하는 유사종교의 창시자로만 여겨지고, 수전이나 장소는 실패한 정치인으로만 여겨지는 경향이 있다.

　그러나 이들이 각자 기성종교의 섭렵과 각성을 통해 다원주의적 종교관을 형성했다고 볼 때 분명 신종교의 교조(敎祖)다운 면모를 지니고 있다. 비록 '종단과 경전, 사제조직과 구원의 논리' 등 종교로서 갖추어야 할 필요충분조건을 남김없이 구비했다고 보기는 어렵다. 그렇다 하더라도 경서를 통해 당대의 민중에게 인식의 각성을 유도하여 종단이나 사제조직과 유사한 자발적 조직을 떠올리게 하고, 특히 나름의 이상세계관을 제시하여 구원의 논리를 설파한 것은 신종교의 특징으로 손색이 없다고 본다.

　특히 이들의 다원주의적 혼합주의는 그들이 살던 시대로부터 100여 년이 지난 오늘날 세계적으로 시대의 조류로 떠오르고 있는 '종교다원주의'의 원류(原流)와 같다고 본다. 세계가 이를 추구하는 이유는 하나의 공동체를 추구하는 현실 때문인데,1) 동아시아의 근대기에 나타난 네 사상가의 종교적 견해도 공통의 고민을 해결하는 과정에서 유사한 사고를 갖게 되었다는 점에서 오늘날의 그것과 전혀 다르다고 말하기는 어렵다.

이처럼 필자는 이들 네 인물의 사상을 비교하여 제시하면서 다원주의적 혼합주의가 어떻게 형성되어 신종교 교리로서 위상을 굳혀 갔는지를 제시해보고자 했다.

그러나 필자는 이들의 사상을 신종교의 연구에 한정하고자 하는 것은 아니다. 흔히 종교적 사유는 교조 개인의 종교적 경험을 개념화하는 과정에서 스스로 깨닫지 못한 것까지를 공유하거나 집단의 위세에 순종하도록 강요하는 성향을 지닐 수 있다. 필자가 보기에 네 사상가는 비단 종교적인 차원에만 머물지 않고 시야와 사고의 폭을 넓혀 역사와 사회의 변화 내지 발전의 규칙을 찾아내기 위해 노력했다고 본다.2) 즉, 이들이 제시한 이상사회 건설과 지향의 구체적 실천윤리 및 모델은 현실을 비판하거나 극복하면서 미래를 지향하는 역사발전의 논리였다는 것이다.

물론 수운과 증산의 이상세계관은 고원(高遠)한 신선의 세계를 동경하면서 이를 현실적으로 실현가능한 세계라고 언급한 면이 있지만, 도교의 신선과 같은 존재를 궁극적으로 지향해야 할 대상이라 여기면서 수행(修行)의 방안을 제시하기도 했다. 수전과 장소도 기독교와 유교를 중심으로 사상을 체계화하면서 『예기』의 「예운편」에 나오는 '대동세계'를 이상세계의 모델로 삼아 현실과 다소의

---

1) H. 카워드/한국종교연구회, 앞의 책, pp.10-11.
2) 강문호, 「동학사상과 태평천국혁명의 민족의식」, 『동학연구』 제13집, 한국동학학회, 2003, p.101.

거리를 지닌 이론을 내놓기도 했다.

그러나 그들이 제시한 이상세계는 맹목적 자연과의 합일(合一)이나 비합리적인 청빈낙도(淸貧樂道), 혹은 몽환적인 신선의 세계 따위가 아니었다. 당대 현실에서 부닥친 절박한 실존에의 물음에 적절하고 현실적인 대안을 제시하고자 애썼던 인물이기에 이들이 제시한 이상세계 역시 영성(靈性)의 회복을 통해 도달할 수 있는 깨달음의 경지였다.

예를 들어 수운이 지향한 이상세계는 '황금시대'나 '파라다이스', '천년왕국' 같은 서양의 이상향과 달리 동양적 이상향인 '대동세계'나 '선경'인데, 그것은 폐쇄적이고 초월적 공간이 아니라 '무극대도가 실현될 현실세계'였다. 증산이 제시한 이상세계 역시 서양의 이상향인 '황금시대'를 뛰어넘어 동양의 이상향인 '옥야'와 '낙토'의 개념에 '삼신산형', '선경', '대동사회'를 아우른 세계이다. 수전이 지향한 이상세계는 '기독교식 천년왕국'에 그치지 않고 중국의 '대동사상', '낙토사상'의 영향을 받아 형성된 것이다. 장소가 주장한 이상세계 역시 서양의 '황금시대'에 머물지 않고 동양의 '옥야'와 '낙토', '동천복지', '선경'의 개념에 '삼신산형', '대동사회'의 요소를 고루 내포한 세계였다.

이를 가능케 하는 '원고(遠古)로의 회귀'라는 방법은 융화와 질서, 그리고 안정과 통일을 이룬 조화의 세계를 지향하지만, 단지 미래에 저절로 다가올 세상을 낙관적 기대감으로 기다리라는 안이한 권유가 아니었다. 근대라는 역사적 전환기를 맞이하는 시점에서 반봉건과 근대의 극복을 통해 그런 미래지향적 이상세계를 추구하라고 한 만큼 어디까지나 자신이 주체가 되어 시기와 상황에 가변적으로 대처하며 노력하라고 역설했던 것이다. 따라서 원고(遠古)에 의탁

할 것을 말하지만, 그것은 막연히 원시사회를 동경하거나 비인간의 세계를 추구하라는 가르침은 아니었다. 순서대로 보면 현실과의 접점에서 반봉건과 근대 극복을 위해 온 힘을 기울인 결과, 혹은 그 이상의 변증법적 지향의 결과로써 이상세계를 실현하도록 노력하라는 권유였다. 따라서 '원고(遠古)'의 관념은 결코 전통이나 보수로의 회귀가 아니라 근대 사회변동에 필요한 영성(靈性) 회복을 위한 변증법적 승화의 과정이었던 것이다.

그런데도 혹자는 그 '반봉건 - 근대 극복 - 이상세계 실현'의 순서를 무시하거나 폄훼(貶毁)하여 마지막에 제시된 이상세계에만 주목하고자 한다. 그렇게 되면 이들의 사상은 무지한 민중이 맹신하던 신비주의적 색채의 신종교이거나 과격할 뿐인 정치사상으로 포폄(襃貶)되게 마련이었다. 더구나 동아시아의 철학이나 사상에 서구 중심의 논리를 대입하여 적절성을 재단하려는 왜곡된 관점이 개입함으로써 이들의 사상은 본래의 의도와 무관하게 기복적인 구원을 바라는 교리처럼 이해되기도 했다.[3]

필자가 보기에 이들의 이상세계관은 인간의 존엄성과 평등성에 대한 가치의 제시만으로도 결코 프랑스혁명의 이념에 뒤지지 않는다고 할 수 있다. 평등이념 하나만 보더라도 이는 봉건사회의 계급제도에 대한 대안일 뿐만 아니라, 이를 통해 근대 시민사회 형성의 기반이 되는 자유·평등·박애의 사상을 민중들이 자각하게 만들 수 있는 실마리였다. 나아가 수운의 '동귀일체'의 '지상선경', 증산의 '중통인의'의 '용화선경', 수전의 '천하일가'의 '지상천국', 장소의 '거고구락'의 '대동합국' 실현 요구에 나타난 사고는 민중으로 하여금 개

---

[3] 노길명, 『한국신흥종교연구』, 경세원, 2003, p.138-147. 참고

아에 대해 자각케 하고 이를 평등, 교육, 정치에 대한 새로운 안목으로 연결시켜 당대 현실에 대한 개혁의 의지와 미래에 대한 희망을 갖게 하려던 사상이었다.

그러므로 이들의 사상은 동아시아인으로서의 정체성을 갖고 주도적으로 근대 사회를 변동시켜가기를 권하는 사상이었다. 사회변동을 촉진시킬 수 있는 가치를 제공하면서 인간적이고 개아적인 자아에 눈뜨고 차차 자신의 영성에 의한 구원을 바라던 민중에게 봉건적인 가치와 제도를 거부하게 하고 새로운 안목을 갖고 사회를 변혁하도록 유도하고자 했다.

이와 같이 이들의 사상을 되짚어 보면 이들이 신종교는 주창하였으되 종교가 결코 사회와 동떨어진 것이 아님을 역설했음을 이해할 수 있다. 이들이 내세운 신종교의 관념이야말로 사회변동에 동기를 부여하기도 하고 사회변동을 설명하려 한 것이었다. 다소의 비약이 허용된다면 종교적 통합관념에 내재한 실천 윤리의 바탕인 수운의 '시천주', 증산의 '중통인의', 수전의 '천하일가론', 그리고 장소의 '원기론'은 오늘날의 민주주의사상과 일치하는 면도 지니고 있다. 이를 바탕으로 신분의 평등과 민족·국가의 평등 그리고 경제의 평등을 이루어 이상세계를 구체화하는 실천방안을 만들 수 있다고 역설한 것이라 볼 수 있다.

따라서 필자는 이제부터라도 이들의 행적이나 사상을 신종교의 그것으로만 이해할 게 아니라 당대현실에 대한 이해, 당대사회의 개조에 필요한 실천윤리의 제시라는 개방적이고 적극적인 논리로서 소구(遡求)할 필요가 있다고 본다.[4] 시대를 이끌어가고자 한 신

---

4) 김성윤, 「姜甑山의 理想社會論과 '天地公事'」, 『지역과 역사』 제7호, 부산경남

종교로서의 사상, 시대성을 중시하면서 현실의 시공에서 구현하고자 한 이상세계관, 이 두 가지 주제만으로도 앞으로 이들의 사상을 역사학이나 민속학, 종교학에서 더욱 폭 넓게 다룰 가치가 충분하다고 본다.

본고는 감히 그 논의에 선편을 제시하고자 했으나 막상 논의를 전개해보니 능력의 부족을 절감하지 않을 수 없다. 하지만 본고를 계기로 삼아 장차 더 깊고 넓은 논의를 펼쳐나가겠다는 다짐으로 현재의 부족함에 대한 변명을 대신하고자 한다.

역사연구소, 2000, p.42.

참고문헌

1. 경전류

『동경대전(東經大全)』
『용담유사(龍潭遺詞)』
『동경대전(東經大全)·용담유사(龍潭遺詞) 해의(解義)』

『현무경(玄武經)』
『중화경(中和經)』
『증산천사공사기(甑山天師公事記)』
『대순전경(大巡典經)』
『천지개벽경(天地開闢經)』

『원도구세가(原道救世歌)』
『원도성세훈(原道醒世訓)』
『원도각세훈(原道覺世訓)』
『권세양언(勸世良言)』

『대동서(大同書)』
『신학위경고(新學僞經考)』
『공자개제고(孔子改制考)』
『강유위전집(康有爲全集)』

2. 단행본

강돈구·고병철,『근대 한국 신종교의 민족 개념 : 동학·증산교를 중심으로』, 종교문화비평, 청년사, 2004
강유위/이성애,『대동서』, 을유문화사, 2006
강유위/강예화·장영화,『공자개제고』, 중국인민대학출판사, 2010
강진아,『문명제국에서 국민국가로』, 창비, 2010
고지마신지/최진규,『유토피아를 꿈꾼 태평천국의 지도자 홍수전』, 고려원, 1995
금장태,『유교의 사상과 의례』, 예문서원, 2000
김경동 외 공저,『근대화』, 서울대학교 출판부, 1982
김경식,『중국교육전개사』, 문음사, 2006
김병희 외 6,『교육학 개론』, 공동체, 2008
金三洪,『中國을 이끌어온 客家』, 弘益齋, 1998
金誠贊,『太平天國 新硏究』, 인제대학교 출판부, 2009
김승동,『道敎思想事典』, 부산대학교 출판부, 2004
_____,『佛敎·印度敎思想辭典』, 부산대학교 출판부, 2000
김열규,『동북아시아 시베리아샤머니즘』, 아카넷, 2003
김 탁,『증산 강일순』, 한국학술정보, 2006
김학관,『중국교회사』, 이레서원, 2005
김형기,『후천개벽사상연구』, 한울아카데미, 2004
김홍철,『한국 신종교 사상의 연구』, 집문당, 1989
노태구,『韓國民族主義의 政治理念-동학과 태평천국의 비교-』, 새밭, 1981
D. L. 카모디/강돈구 옮김,『여성과 종교』, 서광사, 1992
다니엘 벨/김진욱 역,『자본주의의 문화적 모순』, 문학세계사, 1990
동경대 중국철학연구실 지음, 조경란 옮김,『중국사상사』, 동녘, 1992
동학학회 편저,『동학과 전통사상』, 도서출판 모시는사람들, 2004
루링/이은미,『중국여성』, 시그마북스, 2008
류병덕,『동학·천도교』, 교문사, 1976

리쩌허우/임춘성,『중국근대사상사론』, 한길그레이트북스, 2005
미르치아 엘리아데/이동하 옮김,『성과 속』, 학민사, 1983
박경환,『동학과 전통사상』, 도서출판 모시는사람들, 2004
박호강,『유토피아 사상과 사회변동』, 대구대학교 출판부, 1998
박호성,『평등론』, 창비신서, 2009
三石善吉/崔震奎譯,『중국의 천년왕국』, 고려원, 1993
서광선,『종교와 인간』, 이화여자대학교 출판부, 1994
成百曉,『통감절요』권4, 傳統文化硏究會, 2007
소공권/최명·손문호,『중국정치사상사』, 서울대학교 출판부, 1998
시게자와 도시로/이혜경,『역사 속에 살아있는 중국사상』, 예문서원, 2003
신용하,『동학농민혁명운동의 사회사』, 지식산업사, 2005
손인수,『한국교육사상사 4』, 문음사, 1989
신일철,『동학과 전통사상』, 도서출판 모시는사람들, 2004
_____,『동학사상의 이해』, 사회비평사, 1995
신정철,『강유위의 대동사상』, 범우사, 1973
옌푸/양일모,『정치학이란 무엇인가』, 성균관대학교 출판부, 2009
오문환,『동학의 정치철학』, 도서출판 모시는사람들, 2003
_____,『다시 개벽의 심학』, 도서출판 모시는사람들, 2006
유원기,『아리스토텔레스의 정치학』, 사계절, 2009
윤건차,『한국근대교육의 사상과 운동』, 청사, 1987
윤석산,『동학교조 수운 최제우』, 도서출판 모시는사람들, 2004
_____,『동학사상과 한국문학』, 한양대학교 출판부, 1999
_____,『도원기서』, 문덕사, 1991
윤철상,「세계근대혁명과 동학농민혁명의 비교」, 갑오동학농민연구회,『국회보』통권 442호, 국회사무처, 2003
임계순,『淸史』, 신서원, 2000
임석진 감수,『철학사전』, 이삭, 1983
임지현,『마르크스·엥겔스와 민족문제』, 탐구당, 1990
임형진,『동학의 정치사상』, 도서출판 모시는사람들, 2002
이경숙 외,『한국 생명 사상의 뿌리』, 이화여자대학교 출판부, 2001

이돈화, 『천도교창건사』, 천도교중앙종리원, 1982
이명준, 『유토피아와 교육』, 문음사, 2001
李正立, 『대순철학』, 甑山敎敎化部, 1947
이종록, 『21세기 사회와 종교 그리고 유토피아』, 생각의 나무, 2002
이효재, 『여성해방의 이론과 현실』, 창작과비평사, 1996
이화여자대학교 한국여성연구소, 『여성학』, 이화여자대학교 출판부, 2003
장동진 외, 『이상국가론』, 연세대학교 출판부, 2004
장왕식, 『종교적 상대주의를 넘어서』, 대한기독교서회, 2002
장유교/고재욱, 『중국근대철학사』, 서광사, 1977
佐伯有一, 野村浩一 外 著/ 吳相勳 譯, 『中國現代史』, 한길사, 1980
정경홍, 『한울님에 이르는 길』, 도서출판 모시는사람들, 2006
정규훈, 『한국의 신종교 : 동학, 증산교, 대종교, 원불교의 형성과 발전』, 서광사, 2001
정재서, 『도교와 문학 그리고 상상력』, 푸른숲, 2000
정재식, 『종교와 사회변동』, 연세대학교 출판부, 1982
정혜정, 『동학과 전통사상』, 도서출판 모시는사람들, 2004
_____, 『동학 천도교의 교육사상과 실천』, 혜안, 2001
제베데이 바르부/임철규 역, 『역사심리학』, 창작과비평사, 1983
趙東杰, 『韓國近代史의 試鍊과 反省』, 지식산업사, 1989
조경란, 『중국 근현대사상의 탐색』, 삼인, 2003
Jonathan D. Spence/양휘웅 옮김, 『신의 아들 홍수전과 태평천국』, 도서출판 이산, 2006
조용일, 『동학 조화사상 연구』, 동성사, 1988
조환래, 「東學亂과 太平天國亂에 對하여」, 『대원기』 3집, 1962
주칠성, 『중국철학약사』, 신성출판사, 2005
중국사학회주편, 『태평천국』 제1편, 상해인민출판사, 1957
중국철학회, 『중국철학의 이단자들』, 예문서원, 2000
陳正炎·林其錟/李成珪, 『중국의 유토피아 사상』, 지식산업사, 1990
최민자, 『동학사상과 신문명』, 도서출판 모시는사람들, 2005
차남희, 『한국정치학회보 제41집』 제1호, 한국정치학회, 2007

千寬宇, 『韓國史의 再發見』, 일조각, 1979
최석영, 『일제의 동화이데올로기의 창출』, 서경문화사, 1997
최성철, 『강유위의 정치사상』, 一志社, 1988
_____, 『현대정치이론과 현상』, 홍익제, 2007
최진규, 『태평천국의 종교사상』, 조선대학교 출판부, 2002
K. 만하임/임석진 옮김, 『이데올로기와 유토피아』, 1991
한국교육학회 교육사연구회, 『교육사상가평전1 : 한국편』, 교학연구사, 1987
한국철학회, 『한국철학사(下)』, 동명사, 2002
한기언, 『한국교육이념의 탐구』, 태극문화사, 1992
한인철, 『종교다원주의의 유형』, 한국기독교연구소, 2000
한자경, 『한국철학의 맥』, 이화여자대학교 출판부, 2008
韓鍾萬, 『불교와 유교의 현실관』, 원광대학교 출판국, 1981
황선명, 『민중 종교 운동사』, 종로서적, 1980
황준연, 『한국사상의 새 길라잡이』, 박영사, 2003
洪 又, 『동학입문』, 일조각, 1977
H. 카워드/한국종교연구회, 『종교다원주의와 세계종교』, 서광사, 1990

3. 논문

강문호, 「동학사상과 태평천국혁명의 민족의식」, 『동학연구』제13집, 한국동학학회, 2003
강영한, 「新宗敎로서의 拜上帝敎와 東學의 비교」, 『한국사회학』제31기, 1997
고남식, 「解冤 주제 강증산 전승 연구」, 건국대학교 박사논문, 2003
구자억, 「근대 중국 유신운동파의 교육적 관심사와 특징 분석」, 『한국교육』25, 한국교육개발원, 1998
김경애, 「동학, 천도교의 남녀평등사상에 관한 연구」, 『여성학논집』1권, 이화여자대학교 한국여성연구원, 1984

김경재,「최수운의 神개념」,『동학사상과 동학혁명』, 청아출판사, 1984
김미정,「동학 천도교의 여성관 변화」,『한국사학보』25호, 고려사학회, 2006
김성윤,「姜甑山의 理想社會論과 '天地公事'」,『지역과 역사』제7호, 부산경남역사연구소, 2000
김성찬,「태평천국 평균이념의 전개와 그 근대적 변모」,『동양사연구』76권, 2001
김수중,「고래의 대동사상 현대적으로 확대 해석」,『철학과 현실』34, 철학문화연구소, 1997
_____,「양명학의 '대동' 사회의식에 관한 연구」, 서울대 박사논문, 1991
김열규,「怨恨意識과 怨靈信仰」,『甑山思想硏究』제5집, 증산사상연구회, 1979
김영한,「이상사회와 유토피아」,『한국사 시민강좌』10권, 일조각, 1992
김종윤,「천연론 이전 강유위의 자연진화관」,『전주사학』6, 전주대학교 전주사학연구소, 1998
김죽산,「수운 최제우의 후천개벽사상」,『민족문제연구』8, 경기대학교 민족문제연구소, 2000
김 탁,「증산 강일순의 공사사상」, 정문연 박사논문, 1995
_____,「한국종교사에서의 동학과 증산교의 만남」,『증산사상연구』제22집, 증산사상연구회, 2000
김학권,「홍수전의 생애와 사상」,『중국철학』7, 중국철학회, 2000
노길명,「한국 신흥종교의 민족의식과 사회변동 : 초기 증산교운동을 중심으로」,『인문대론집』15, 고려대학교, 1997
노영택,「일제 침략과 민족의 종교문제」, 단국대 동양학연구소,『한국 근대민속의 이해I』, 민속원, 2008
노재식,「동학농민전쟁과 태평천국농민전쟁의 비교연구 : 두 농민전쟁의 목표와 유가사상에 대한 태도를 중심으로」,『인문과학연구』제20집, 강원대학교 인문과학연구소, 2008
노태구,「한국민족주의의 이념모색을 위한 소고-동학과 태평천국의 비교를 중심으로-」, 고려대학교 박사논문, 1981

_____,「동학의 정치사상」,『동학사상과 동학혁명』, 1984

_____,「중국태평천국의 민족주의정치사상 : 동학혁명과 비교」,『국제정치논총』36집, 한국국제정치학회, 1996

_____,「동학혁명과 태평천국혁명의 정치사상비교」,『동학연구』창간호, 한국동학학회, 1997

배영기,「동학사상과 증산사상의 대비론」,『고조선단군학』제6호, 고조선단군학회, 2002

배영동,「강유위의 대동사상에 관한 연구」, 연세대학교 박사논문, 1981

박규태,「한국 신종교의 이상적 인간상 : 죠화의 이상과 관련하여」,『종교와 문화』7, 서울대학교 종교문제연구소, 2001

박맹수,「동학 한말 불교계와의 교섭」,『신인간』, 1991

박용옥,「동학의 남녀평등사상」,『역사학보』제91집, 역사학회, 1981

_____,「한국근대 여성운동사 연구」, 고려대학교 박사논문, 1982

신일철,「최수운의 역사의식」,『동학사상과 동학혁명』, 청아출판사, 1984

양일모,「근대중국의 지식인과 '종교' 문제」,『종교문화비평』제4호, 한국종교문화연구소, 2003

양은용,「한국 도교의 흐름과 신종교」,『신종교 연구』제10집, 한국신종교학회, 2004

오문환,「동학의 도덕적 평등주의」,『동학과 동학경전의 재인식』, 신서원, 2001

오수열,「태평천국의 성립배경과 성격에 관한 연구」,『한국동북아논총』제13권, 한국동북아학회, 2008

오출세,「미륵사상과 동학 : 민간 신앙적 측면을 위주로」,『불교어문논집』3, 한국불교어문학회, 1998

서태원,「東學의 後天開闢思想과 彌勒思想」,『역사와 실학』제14집, 역사실학회, 2000

王曉秋,「중국 태평천국 농민혁명과 한국 동학 농민혁명의 비교」, 동학농민기념사업회편,『동학 농민혁명의 동아시아사적 의미』, 서경문화사, 2002

윤미영, 「강유위의 '대동서'에 나타난 여성해방사상」, 한국중국근현대사학회, 2008

윤석산, 「최제우와 홍수전 비교 고찰」, 『동학학보』 15권, 2008

윤승용, 「증산교의 한국종교사적 의미 -민중 신앙의 흐름을 중심으로-」, 『종교문화 비평』 4호, 2003

이강오, 「韓國의 新興宗敎」, 『資料篇 第一部』, 전북대 논문집, 1966

이규성, 「강유위의 세계의식과 이상사회」, 『철학사상』 제17호, 서울대학교 철학사상연구소, 2003

이연도, 「대동과 유토피아 : 강유위 사상의 특색」, 『한국철학논집』 제18집, 2006

이원호, 「동학의 인간관과 현대 교육적 의미」, 『한국교육사상연구』, 집문당, 1983

임태홍, 「종교와 사회변혁-동학을 중심으로 : 배상제교와 동학의 신관비교 -황상제와 한울님-」, 『동학학보』 8권, 동학회, 2004

장석만, 「돌이켜보는 '망국의 종교'와 '문명의 종교'」, 역사문제연구소 엮음, 『전통과 서구의 충돌』, 역사비평사, 2001

전형준, 「한중 문학과 동아시아문학」, 정문길 외, 『발견으로서의 동아시아』, 문학과지성사, 2000

정규훈, 「한국민족종교에 미친 유교의 영향 : 동학·증산교·원불교를 중심으로」, 『동양철학연구』 제29집, 동양철학연구회, 2002

정연선, 「한국 신흥종교의 정치사상적 의의」, 고려대학교 박사논문, 1982

조병한, 「강유위의 초기 유토피아 관념과 中西文化 인식」, 동양사학연구, 1999

_____, 「'대동서'와 중국 최초의 근대 유토피아론」, 『비평 통권』 7, 생각의나무, 2002

_____, 「태평천국의 종교공동체와 관료체제」, 『역사와 세계』 23, 효원사학회, 1999

조 빙, 「홍수전과 최제우 사상 비교연구」, 서울대학교 국제학과 한국학전공, 석사논문, 2005

竹內好, 「方法としてのアジア」, 정문길 외, 『동아시아 문제와 시각』, 문

학과지성사, 1996
최근덕, 「강유위, 그 대동사상과 이상사회」, 『철학과 현실』 12, 철학문화
　　　연구소, 1992
최성철, 「康有爲의 大同思想 考察 ; 大同書를 中心으로」, 『사회과학논
　　　총』 3, 한양대학교, 1984
_____, 「강유위의 대동사상 연구」, 『통일안보논총』 제4호, 2002
최준식, 「증산의 가르침에 나타나는 혼합주의의 구조」, 『종교신학연구』
　　　2, 1989
_____, 「증산이 보는 전통종교」, 『현상과 인식』 44, 1988
최진규, 「上帝敎의 求世觀에 관한 硏究」, 고려대학교 박사논문, 1992
_____, 「홍수전의 환몽과 상제교의 창립」, 『史叢』 제43집, 고려대학교
　　　역사연구소, 1994
_____, 「태평천국운동의 성격」, 동북아 2, 동북아문화연구원, 1995
_____, 「태평천국 상제교의 정치적 구세관」, 『대구사학』 제86집, 대구사
　　　학회, 2007
_____, 「상제교의 사상적배경과 종교적구세관」, 『전통문화연구』 3, 조
　　　선대학교 전통문화연구소, 1994
_____, 「太平天國의 男女分離 制度」, 『역사학연구』 제28집, 호남사학회,
　　　2006
최현덕, 「서양에 있어서 유토피아사상의 역사」, 『21세기 사회와 종교 그
　　　리고 유토피아』, 생각의나무, 2002
하정남, 「한국 신종교의 남녀평등사상에 관한 연구」, 원광대학교 박사논
　　　문, 1997
하종필, 「증산 강일순의 정치사상에 관한 연구」, 『신종교연구』 16권, 한
　　　국 신종교학회, 2007
한명희, 「한국 교육이념의 이념, 철학의 정립과제」, 『교육학 연구』, 한국
　　　교육학회편, 1984
한평수, 「강유위와 담사동의 유교관」, 『인문연구』 26, 인하대학교 인문과
　　　학연구소, 1997
황묘희, 「수운 최제우의 여성관」, 『동학연구』 3, 한국동학학회, 1998

황선명,「후천개벽과 정감록」,『한국종교』23, 종교문제연구소, 1998
황선희,「한국근대사상과 민족운동」,『한국민족운동사연구』제14집, 한국민족운동사학회, 1996

4. 중문서적 및 논문

簡又文,『太平天國起義記』, 中華書局, 1967
_____,『太平天國全史』, 簡氏猛進書室, 1973
唐徐産,『春秋公羊傳注疏』, 全二冊, 臺灣中華書局, 1980
羅爾綱,『太平天國史』券1-4, 中華書局, 2009
羅香林,『客家硏究導論』, 臺北出版, 1933
茅家琦,「基督敎・儒家思想與洪秀全」『南京大學學報』, 1979
牟安世,『太平天國』, 上海人民出版社, 1959
范文瀾,『中國近代史』, 中華書局, 1977
蕭一山,『太平天國詔書』, 北京大學出版部, 1935
梁啓超,『南海康先生傳』『飮氷室文集』, 第3策 券6, 臺北, 臺灣中華書局, 1978
呂産博,「康有爲的辨證法思想初探」『哲學硏究』第5期, 1982
王慶成,『影印太平天國文獻十二種』, 中華書局出版, 2004
程演生,『太平天國史料』1, 北京大學出版部, 1929
湯志鈞編,『康有爲政論集』上, 中華書局, 1981
羅峻,「洪秀全, 康有爲大同理想之比較硏究」,『船山學刊』4期, 2003
北京大學 哲學系,「洪秀全與崔濟遇의 神學思想比較硏究」,『當代韓國』, 北京大學, 2001
臧世俊,「論洪秀全, 康有爲, 孫中山의 理想社會의 異同」,『學術硏究』1期, 1997
楊家駱主編,『太平天國文獻彙編』第2冊, 鼎文書局, 1973

5. 영문서적

Franz Michael and Chung-li Chang, *"The Taiping Rebellion: History and Documents,"* vols. 2-3, 2007

Davis, J. C., *"Utopia and the Ideal Society"*: A Study of English Utopian Writing Cambridge University Press, 1983

Hamberg, *"The Vision of Hung-Siu-tshuen and Orgion of the wang-si Insurrection"*, Yenching University Library, 1935

Joyce Oramel Hertzler, *"The History of Utopian Thought"*, University Press of the Pacific, 2000

Hsiao Kung-chuan, *"A Modern China and a New World; Kang Yu-wei, Reformer and Utopian"*, University of Washington Press, 1975

Vincent Y. C. Shin, *"The Taiping Ideology : its sources interpretations, and influences"*, Seattle:University of Washington Press, 1963

Edwin D. Dickinson, *"Equality,"* Edwin R. A. Seligman and Alvin Johnson eds., Encyclopedia of Social Sciences, Vol.5 (New York: The Macmillan Company, 1957

찾아보기

개벽 57, 73-77, 97, 137, 177, 179, 198, 211-214, 223-225, 232, 256, 321, 374, 407
거계독립 34, 389-395
거고구락 135, 144, 202, 203, 246-250, 260
거란세 71, 337
거산계공생업 313-316, 401
공교 87, 93, 127, 196, 197
공교운동 125, 126
공동체론 295-297, 398
공자 23, 57, 71, 87, 94, 97, 107-121, 125-135, 144-147, 165, 170, 179, 180, 183, 188, 193-197, 200, 201, 205, 236, 239, 243, 249, 252, 291, 313, 334, 335, 339, 406, 412, 419
공자개제고 23, 125, 127, 131, 412
공정부 93, 302, 303, 340
군자정치 320-325, 331, 339
권세양언 23, 65, 81-85, 167, 172, 237-241, 259, 273

기독교 21, 23, 30-34, 39, 65, 67, 81-85, 101, 120, 123, 142, 145, 155, 160-172, 180, 188-193, 196-204, 234, 238, 243, 252, 254, 273, 288, 319, 352, 360, 389, 428

나무아미타불 140, 180
남녀분리 384, 389
남녀평등 21, 34, 39, 134, 267, 271, 357, 371-395, 418-423
남존여비 113, 115, 371, 379, 380, 422

담병산 94, 194, 253
대공정부 33, 337-344
대동 42, 48, 71, 85-90, 93, 97, 131, 132, 145, 156-159, 168-172, 193-197
대동교육 263-370
대동서 94, 131, 147, 314, 316
대동합국 246-250

대순전경　22, 41, 78, 116, 181
도교　23, 30, 39, 87, 95, 96, 101, 106, 119, 136, 138, 142, 147, 150-159, 167-180, 188, 191, 193, 194, 198, 200, 202, 227, 252, 257-261, 390, 391, 418, 428
도성덕립　92, 150, 174, 211, 213, 215, 216, 227, 251, 280, 318, 320-325, 347-352, 370, 374-376, 405, 410, 415
도술문명　307-309, 401
도인정치　326-330, 339, 400
동경대전　22, 74, 76, 107, 133, 136
동귀일체　57, 92, 137, 203, 216-220, 251, 295, 306, 374, 376, 430
득도　22, 73-80, 85, 94-97, 161, 163, 198, 203, 270
마테오리치　165, 166
무극대운　16, 32, 175, 178, 209-219, 223
무술변법　17, 21, 89, 314, 417
미륵　20, 41, 78, 79, 95, 139-141, 180, 201, 203, 227, 233, 251

백정가　121, 236, 333, 411
부화부순　34, 372-375, 420, 421
불교　21, 23, 30, 39-41, 87, 96, 101, 106, 191, 135-158, 168-172, 179, 188, 191-202, 227, 248, 249, 252, 261, 274, 390, 418
불연기연　137, 258, 323, 348, 349, 353
불지양생　180, 187, 353

삼세진화론　90, 275, 276
상수심법　117
상제　61, 67, 82, 83, 95, 120, 134, 155, 167, 182, 189, 191, 192, 202, 203, 237, 239, 240, 243, 251, 254, 259, 260, 261, 272-274, 279, 280, 288-290, 300, 391, 309, 312, 320, 331, 332, 336, 360, 385-387, 401, 406
상제교　23, 66-68, 85, 120, 143, 155, 192, 234-236, 252, 254, 331, 335, 347, 360, 362, 372, 381, 411, 416
상통천문　77
석가모니　139, 146, 180, 183, 233
선지조화　154, 159, 180, 187, 353
선천　60, 77, 78, 92, 149, 184-186, 209, 212, 220, 222, 225-228, 231, 287, 309, 353, 354, 358, 381
수심정기　92, 110, 111, 150, 174,

215, 251, 321, 323, 347, 351, 352, 370, 374, 376, 411, 415
승평세　71, 90, 294
시천교육　347-352
시천주　59, 76, 77, 97, 135, 137, 150, 179, 199, 212, 266, 268-271, 279-284, 322, 346, 347, 348, 353, 371, 374-376, 397, 407, 414, 420, 421, 431
신도　27, 31, 62, 63, 79, 97, 101, 179-186, 199, 204, 224, 225, 266-282, 319, 326, 329, 331, 346, 353, 355
신망　286
신민　117, 336
신선　24, 33, 144, 151, 154-160, 179, 189, 194, 195, 200, 202, 227, 230, 248, 251, 261, 283, 299, 331, 374, 428, 429
신선술　132, 144, 145, 156-159, 180, 248, 249, 260
신학위경고　23, 125, 131, 412
실천윤리　23, 26, 46, 49, 77, 132, 235, 263-423

여성해방　21, 34, 39, 266, 267, 371-395, 418-423
연화세계　94, 132, 145, 194, 252

영부　75, 76, 95, 150, 159, 173, 349
요순　57, 97, 111, 211, 216-221, 333, 334, 339, 407
용담유사　22, 74, 76, 107, 111, 133, 136, 173, 305, 350
용화선경　16, 32, 92, 159, 198, 203, 220, 225, 227-233, 251, 258, 259, 271, 299, 300, 307, 430
원고　36, 68, 91, 94, 240, 243, 245, 271, 326, 331, 400, 406, 410, 429
원기론　86, 266, 269, 274-277, 279, 346, 363, 371, 372, 389, 394, 397, 431
원도　92, 187-192
원도각세훈　23, 121, 187, 188, 235, 237, 239, 289, 359
원도구세가　23, 67, 121, 187, 235, 237, 242, 359
원도성세훈　23, 121, 187, 235, 237, 239, 240, 387
유교　21, 23, 30, 33, 39, 41, 42, 44, 54, 58, 65, 79, 91, 97, 101, 104-138, 152-153, 156, 168-173, 180, 188, 193, 196-201, 205, 252, 275, 303, 333-335, 352, 358-361, 380, 385, 386, 387, 390, 391, 406, 407, 411, 412,

414-421, 428
유리세계 139, 227
유지범절 116, 119, 187, 353
윤집궐중 117
을묘천서 54
의통 140, 180
인망 286
인본주의 135, 279, 281-284, 374, 396-398, 414
인존주의 279, 284-288, 396-398, 414
일심 356

적멸 141, 142, 149, 181, 185, 201, 279
정음정양 34, 114, 134, 135, 268, 287, 358, 372, 376-383, 419, 421, 422
조화정부 33, 63, 224, 253, 298, 320, 326-331, 407,
종교다원주의 31, 32, 44, 427
중통인의 33, 77, 78, 92, 95, 117, 203, 227-233, 251, 266, 268, 271, 279, 280, 284, 287, 297, 300, 318, 319, 327, 331, 346, 353, 356, 358, 370, 371, 405, 410, 415, 430, 431
중화경 22, 258

지상선경 32, 92, 97, 198, 214, 216-219, 251, 279, 374, 376, 430
지상천국 32, 97, 135, 187, 203, 205, 216, 218, 235, 236-244, 251, 252, 255, 286, 297, 305, 321, 328, 358, 430
진묵 184, 226

천국 80-84, 97, 121, 165, 180, 188, 198, 202, 252, 253, 258, 273, 279, 308, 312, 313
천도 62, 78, 87, 108, 109, 162, 173-178, 204, 235, 362
천부인권 274, 279, 280, 292, 319, 363, 370, 372, 388, 394-398
천조서 121, 359
천조전무 42, 93, 235, 309-316, 360, 386, 401, 402
천조정부 33, 320, 331-336, 347
천지개벽경 22, 181, 229, 259
천지공사 16, 20, 41, 78, 80, 92, 95, 140, 141, 183, 203, 220-233, 254, 256, 268, 279, 286, 300, 326, 329, 330, 354, 377, 383, 412, 421
천직천록 304-306, 401
천하위공 94, 135, 188, 203, 238, 245, 269, 337-344, 363, 367,

369, 370, 394, 405, 408-410
천하일가　34, 67, 93, 198, 235-244, 252, 266, 268, 272, 273, 279, 288, 299, 300, 309, 331, 336, 346, 358, 370-372, 384-387, 397, 400, 402, 408, 419, 420, 430, 431
총귀일본　300-302, 399, 400

탈국계론　302-304, 399
태평교육　347, 358-362, 370
태평세　90, 94, 132, 169, 184, 245, 247, 248, 252, 339, 367, 368, 406
태평천국　17, 19, 20, 23, 29, 32, 42, 46-48, 65, 70, 81, 83-85, 91, 93, 95, 189, 234-244, 279, 319, 358, 359, 384, 408, 412, 416, 417, 422
통화귀일　297, 298, 399

평등　21, 26, 32-34, 39, 58, 96, 113, 115, 124, 135, 183, 204, 268,

271, 278-317, 319, 321, 326, 329, 332, 338, 342, 344, 346, 357-364, 385, 388, 396-403
포두주　258

하찰지리　77, 78
해원　77-79, 97, 198, 226, 285-288, 298, 299, 307, 357, 358, 377, 378, 381, 383
현무경　22, 116, 133, 140, 141, 149, 154, 181, 185, 186
환몽　65, 66, 80-85, 94, 95, 97, 120, 155, 167, 203, 240
후천　60, 62, 114, 177, 220, 222, 223, 226, 227, 231, 258, 259, 279, 295, 297, 299, 300, 306-308, 327, 330, 383, 422
후천개벽　40, 92, 148, 150, 209-216, 272, 304, 376
후천교육　353-357
후천대학　346, 347, 353, 370